Weber/Köppert **Baurecht Bayern**

JURIQ Erfolgstraining

Herausgegeben von JURIQ® Juristisches Repetitorium, Köln

Baurecht Bayern

von

Tobias Weber
Richter am Bayerischen Verwaltungsgericht Augsburg
Lehrbeauftragter der Universität Augsburg

und

Rechtsanwalt Prof. Dr. Valentin Köppert, LL.M.
Hochschule für angewandtes Management[FH]

4., neu bearbeitete Auflage

C.F. Müller

Bibliografische Information der Deutschen Nationalbibliothek
Die Deutsche Nationalbibliothek verzeichnet diese Publikation in der Deutschen Nationalbibliografie; detaillierte bibliografische Daten sind im Internet über <http://dnb.d-nb.de> abrufbar.

ISBN 978-3-8114-4874-2

E-Mail: kundenservice@cfmueller.de
Telefon: +49 89/2183-7923
Telefax: +49 89/2183-7620

www.cfmueller.de
www.cfmueller-campus.de

Satz: TypoScript, München
Illustrationen: Mattfeldt & Sänger, München
Druck: Westermann Druck, Zwickau

Liebe Leserinnen und Leser,

die Reihe „JURIQ Erfolgstraining" zur Klausur- und Prüfungsvorbereitung verbindet sowohl für Studienanfänger als auch für höhere Semester die Vorzüge des klassischen Lehrbuchs mit meiner Unterrichtserfahrung zu einem umfassenden Lernkonzept aus Skript und Online-Training.

In einem ersten Schritt geht es um das **Erlernen** der nach Prüfungsrelevanz ausgewählten und gewichteten Inhalte und Themenstellungen. Einleitende Prüfungsschemata sorgen für eine klare Struktur und weisen auf die typischen Problemkreise hin, die Sie in einer Klausur kennen und beherrschen müssen. Neu ist die **visuelle Lernunterstützung** durch

- ein nach didaktischen Gesichtspunkten ausgewähltes Farblayout
- optische Verstärkung durch einprägsame Graphiken und
- wiederkehrende Symbole am Rand

= Definition zum Auswendiglernen und Wiederholen

= Problempunkt

= Online-Wissens-Check

Illustrationen als „Lernanker" für schwierige Beispiele und Fallkonstellationen steigern die Merk- und Erinnerungsleistung Ihres Langzeitgedächtnisses.

Auf die Phase des Lernens folgt das **Wiederholen und Überprüfen** des Erlernten im **Online-Wissens-Check**: Wenn Sie im Internet unter **www.juracademy.de/skripte/login** das speziell auf das Skript abgestimmte Wissens-, Definitions- und Aufbautraining absolvieren, erhalten Sie ein direktes Feedback zum eigenen Wissensstand und kontrollieren Ihren individuellen Lernfortschritt. Durch dieses aktive Lernen vertiefen Sie zudem nachhaltig und damit erfolgreich Ihre baurechtlichen Kenntnisse!

Frage 1 (Punkte: 1)

Welche der folgenden Fehler sind bei der Aufstellung eines Bebauungsplans grundsätzlich unbeachtlich für die Wirksamkeit des B-Plans?

Antwort

Aussagen	Antwort	Aussagerichtigkeit und Kommentar
a) Fehlende öffentliche Auslegung des Planentwurfs gem § 3 Abs. 2 BauGB	☐ ✓	Falsch. Eine Verletzung des § 3 Abs. 2 BauGB ist nach § 214 Abs. 1 Nr. 2 BauGB grundsätzlich beachtlich.
b) Fehlende Durchführung der frühzeitigen Öffentlichkeitsbeteiligung, § 3 Abs. 1 BauGB	☑ ✓	Richtig. § 3 Abs. 1 BauGB ist in § 214 BauGB nicht genannt.
c) Fehlender Aufstellungsbeschluss gem. § 2 Abs. 1 BauGB	☑ ✓	Richtig. Der Aufstellungsbeschluss ist nicht zwingend erforderlich.
d) Der Bebauungsplan wurde nicht ortsüblich bekannt gemacht	☐ ✓	Falsch. Ein solcher Fehler ist gem. § 214 Abs. 1 Nr. 4 BauGB grundsätzlich beachtlich.

→ **Richtig**
Punkte für diese Antwort: 1/1.

Schließlich geht es um das **Anwenden und Einüben** des Lernstoffes anhand von Übungsfällen verschiedener Schwierigkeitsstufen, die im Gutachtenstil gelöst werden. Die JURIQ **Klausurtipps** zu gängigen Fallkonstellationen und häufigen Fehlerquellen weisen Ihnen dabei den Weg durch den Problemdschungel in der Prüfungssituation.

Das **Lerncoaching** jenseits der rein juristischen Inhalte ist als zusätzlicher Service zum Informieren und Sammeln gedacht: Ein erfahrener Psychologe stellt u.a. Themen wie Motivation, Leistungsfähigkeit und Zeitmanagement anschaulich dar, zeigt Wege zur Analyse und Verbesserung des eigenen Lernstils auf und gibt Tipps für eine optimale Nutzung der Lernzeit und zur Überwindung evtl. Lernblockaden.

Das Baurecht ist eines der häufigsten Prüfungsgebiete sowohl im ersten als auch im zweiten Staatsexamen. Hier stellen sich Fragen des Zusammenspiels mit anderen Rechtsmaterien ebenso wie umfangreiche Probleme im Bereich des Rechtschutzes. Wir haben mit diesem Skript versucht, alle relevanten Problemfelder für Klausuren abzudecken, dies erklärt auch den größeren Umfang des Skripts. Gerade bei den verschiedenen Klagearten und Anträgen im einstweiligen Rechtsschutz werden auch viele Grundlagen des Verwaltungsprozessrechts relevant, die wir in diesem Skript aufgrund der Klausurorientierung ebenfalls darstellen wollten.

Auf geht's – ich wünsche Ihnen viel Freude und Erfolg beim Erarbeiten des Stoffs!

Und noch etwas: Das Examen kann jeder schaffen, der sein juristisches Handwerkszeug beherrscht und kontinuierlich anwendet. Jura ist kein „Hexenwerk". Setzen Sie nie ausschließlich auf auswendig gelerntes Wissen, sondern auf Ihr Systemverständnis und ein solides methodisches Handwerk. Wenn Sie Hilfe brauchen, Anregungen haben oder sonst etwas loswerden möchten, sind wir für Sie da. Wenden Sie sich gerne an C.F. Müller GmbH, Waldhofer Straße 100, 69123 Heidelberg, E-Mail: kundenservice@cfmueller.de. Dort werden auch Hinweise auf Druckfehler sehr dankbar entgegen genommen, die sich leider nie ganz ausschließen lassen. Oder Sie wenden sich direkt an den Verfasser unter Tobias.Weber@vg-a.bayern.de.

Augsburg, im März 2019

Tobias Weber
Prof. Dr. Valentin Köppert, LL.M.

JURIQ Erfolgstraining – die Skriptenreihe von C.F. Müller mit Online-Wissens-Check

Mit dem Kauf dieses Skripts aus der Reihe **„JURIQ Erfolgstraining"** haben Sie gleichzeitig eine Zugangsberechtigung für den Online-Wissens-Check erworben – ohne weiteres Entgelt. Die Nutzung ist freiwillig und unverbindlich.

Was bieten wir Ihnen im Online-Wissens-Check an?

- Sie erhalten einen individuellen Zugriff auf **Testfragen zur Wiederholung und Überprüfung des vermittelten Stoffs**, passend zu jedem Kapitel Ihres Skripts.
- Eine individuelle **Lernfortschrittskontrolle** zeigt Ihren eigenen Wissensstand durch Auswertung Ihrer persönlichen Testergebnisse.

Wie nutzen Sie diese Möglichkeit?

Online-Wissens-Check

Registrieren Sie sich einfach für Ihren kostenfreien Zugang auf **www.juracademy.de/skripte/login** und schalten sich dann mit Hilfe des Codes für Ihren persönlichen Online-Wissens-Check frei.

Ihr persönlicher User-Code: 191154830

Der Online-Wissens-Check und die Lernfortschrittskontrolle stehen Ihnen für die **Dauer von 24 Monaten** zur Verfügung. Die Frist beginnt erst, wenn Sie sich mit Hilfe des Zugangscodes in den Online-Wissens-Check zu diesem Skript eingeloggt haben. Den Starttermin haben Sie also selbst in der Hand.

Für den technischen Betrieb des Online-Wissens-Checks ist die JURIQ GmbH, Unter den Ulmen 31, 50968 Köln zuständig. Bei Fragen oder Problemen können Sie sich jederzeit an das JURIQ-Team wenden, und zwar per E-Mail an: info@juriq.de.

Inhaltsverzeichnis

Literaturverzeichnis

Battis/Krautzberger/Löhr	BauGB, Kommentar, 13. Aufl. 2016
Bauer/Böhle/Ecker	Bayerische Kommunalgesetze, Stand: September 2018
Becker/Heckmann/Kempen/ Manssen	Öffentliches Recht in Bayern, 7. Aufl. 2017
Brenner	Öffentliches Baurecht, 4. Aufl. 2014
Dürr/König	Baurecht Bayern, 4. Aufl. 2000
Erbguth/Mann/Schubert	Besonderes Verwaltungsrecht, 12. Aufl. 2015
Huber/Wollenschläger	Landesrecht Bayern Studienbuch, 2019
Jäde/Dirnberger	BauGB, BauNVO, Kommentar, 9. Aufl. 2018
Molodovsky/Famers/Waldmann	Bayerische Bauordnung Stand: November 2018
Kopp/Schenke	Verwaltungsgerichtsordnung, 24. Aufl. 2018
Kopp/Ramsauer	Verwaltungsverfahrensgesetz, 19. Aufl. 2018
Lissack	Bayerisches Kommunalrecht, 3. Aufl. 2009
Maunz/Dürig	Grundgesetz, Kommentar, Stand: August 2018
Simon/Busse	Bayerische Bauordnung, Kommentar, Stand: Oktober 2018
Weber/Köppert	Kommunalrecht Bayern, 3. Aufl. 2015

Tipps vom Lerncoach

Warum Lerntipps in einem Jura-Skript?

Es gibt in Deutschland ca. 1,6 Millionen Studierende, deren tägliche Beschäftigung das Lernen ist. Lernende, die stets ohne Anstrengung erfolgreich sind, die nie kleinere oder größere Lernprobleme hatten, sind eher selten. Besonders juristische Lerninhalte sind komplex und anspruchsvoll. Unsere Skripte sind deshalb fachlich und didaktisch sinnvoll aufgebaut, um das Lernen zu erleichtern.

Über fundierte Lerntipps wollen wir darüber hinaus all diejenigen ansprechen, die ihr Lern- und Arbeitsverhalten verbessern und unangenehme Lernphasen schneller überwinden wollen.

Diese Tipps stammen von *Frank Wenderoth*, der als Diplom-Psychologe seit vielen Jahren in der Personal- und Organisationsentwicklung als Berater und Personal Coach tätig ist und außerdem Jurastudierende in der Prüfungsvorbereitung und bei beruflichen Weichenstellungen berät.

Wie lernen Menschen?

Die Wunschvorstellung ist häufig, ohne Anstrengung oder ohne eigene Aktivität „à la Nürnberger Trichter" lernen zu können. Die modernen Neurowissenschaften und auch die Psychologie zeigen jedoch, dass Lernen ein aktiver Aufnahme- und Verarbeitungsprozess ist, der auch nur durch aktive Methoden verbessert werden kann. Sie müssen sich also für sich selbst einsetzen, um Ihre Lernprozesse zu fördern. Sie verbuchen die Erfolge dann auch stets für sich.

Gibt es wichtigere und weniger wichtige Lerntipps?

Auch das bestimmen Sie selbst. Die Lerntipps sind als Anregungen zu verstehen, die Sie aktiv einsetzen, erproben und ganz individuell auf Ihre Lernsituation anpassen können. Die Tipps sind pro Rechtsgebiet thematisch aufeinander abgestimmt und ergänzen sich von Skript zu Skript, können aber auch unabhängig voneinander genutzt werden.

Verstehen Sie die Lerntipps „à la carte"! Sie wählen das aus, was Ihnen nützlich erscheint, um Ihre Lernprozesse noch effektiver und ökonomischer gestalten zu können!

Lernthema 5
Mentale Techniken und Entspannung

Im Folgenden finden Sie konkrete Anwendungs- und Übungsvorschläge, um Ihre Aufmerksamkeit so zu lenken, dass es Ihnen leichter fällt, sich zu entspannen oder sich nach Arbeitsphasen zu regenerieren. Jeder Mensch besitzt die Fähigkeit, das natürliche Phänomen der Alltagshypnose oder Trance gezielt zu nutzen. Sie haben es selbst schon erlebt, z.B. bei Tagträumen mit offenen Augen, wenn Ihre Aufmerksamkeit „wegdriftet"! Sie können auch absichtlich Ihre Gedanken und Aufmerksamkeit in bestimmte Richtungen lenken, so dass Sie sich entspannter, leichter, motivierter oder auch kompetenter fühlen. Ihre Aufmerksamkeitslenkung bestimmt also auch Ihr Erleben und die damit verbundenen Gefühle. Diese Trancefähigkeit von Menschen macht man sich bei Hypnoseverfahren in der Psychotherapie und Medizin zu Nutze (Ängste, Schlafstörungen, Depressionen oder starke Schmerzen). Im Führungskräftecoaching nutzt man mentale Techniken, die den Umgang mit Stress und Konflikten erleichtern. Warum sollten wir diese nicht auch zur Entspannung beim Prüfungslernen nutzen?!

Lerntipps

Nutzen Sie Ihre mentalen Möglichkeiten stärker als bisher aus!

Damit Sie sich in Trance „hypnotisieren", müssen Sie aktiv mitarbeiten und üben. Nur wenn Sie wollen, können Sie sich aktiv auf bestimmte für Sie vielleicht neue Vorgehensweisen, Gedanken und Innenbilder einlassen. Mit mentalen Techniken kann man durch relativ einfache Übungen schnell eine tiefe Entspannung erreichen. Entspannung dient der Erholung, dem Stressabbau und der Wiederherstellung körperlicher und seelischer Ausgeglichenheit. Mit viel Übung z.B. auch in einem „Selbsthypnosetraining" bei einem Coach können Sie innerhalb weniger Minuten, häufig manchmal sogar Sekunden sich tiefenentspannen oder akute Blockaden lösen. Weil wir in Trance für Anweisungen (Suggestionen) empfänglicher sind, können Sie geeignete Autosuggestionen sogar nutzen, um Ihr Lernverhalten positiv zu beeinflussen.

Es geht los mit einem Bild – wählen Sie Ihr Ruhebild aus!

In allen „Hypnosesitzungen" ist das „Ruhebild" zum Einstieg zentral. Es dient dazu, die Entspannung zu verbessern und so das innere Gleichgewicht leichter herzustellen. Das Bild sollte angenehm und mit Ruhe verbunden sein. Häufig werden als angenehm erlebte Szenen aus dem Urlaub gewählt, wie z.B. der Blick von einer Alpenwiese auf die Berge, oder man betrachtet die Hügel der Toskana, man liegt auf einer Wiese oder am Strand, schaut auf das Meer oder geht im Wald spazieren. In diesen Bildern sollten Sie ausreichend Zeit haben und länger dort verweilen können. Das Interessante ist, dass unser Gehirn in der Wirkung plastische Innenbilder nicht von äußeren Gegebenheiten unterscheidet. Eine kleine Anmerkung: Das ist bei Problemen und Ängsten übrigens genauso. Wir sind es letztendlich selbst, die diese erzeugen und das können wir auch in förderlicher Weise nutzen.

Lassen Sie die Sinneseindrücke auf sich wirken!

Wenn Sie Ihre Augen schließen, können Sie die Sinneseindrücke noch besser auf sich wirken lassen. Die Eindrücke werden mit der Zeit plastischer und reichhaltiger. Auch wenn jeder von Ihnen ein anderes Bild und Erleben haben wird, lassen Sie sich von dieser Beschreibung animieren.

„Ruhe am Meer"

Sie sitzen am Meer und sehen die Wellen, den Horizont ... Sie spüren dabei die angenehme Wärme, die über Ihre Stirn und die Wangen streicht. Sie merken mitunter, dass ein angenehm frischer Luftzug Ihre Stirn kühlt. Sie hören dann die typischen Geräusche der Szenerie, das Kommen und Gehen der Wellen, vielleicht auch den Ruf der Möwen ... Sie fühlen die unterschiedlichen Berührungen an den Händen, den feinen Sand, den Sie vielleicht in die Hand nehmen und durch die Finger rieseln lassen. Sie nehmen auch die typischen Gerüche wahr, die würzig-salzige Meeresluft und spüren sogar etwas Salz auf den Lippen ... Vielleicht legen Sie sich jetzt hin und schließen die Augen ...

Lesen Sie die Zeilen noch einmal und achten darauf, in Richtung welcher Wahrnehmungsqualitäten Sie Ihre Aufmerksamkeit gerichtet haben (Sehen, Fühlen, Hören, Riechen, Schmecken).

Positive Innenbilder fördern!

Begünstigen Sie Ihre Innenbilder, indem Sie stets mehreren Sinneskanälen Beachtung schenken. Je komplexer und plastischer das Bild, umso stärker werden die an die Wahrnehmung gekoppelten Erlebenskomponenten aktiviert, also die Gefühle. Die Innenrealität wirkt am besten, wenn Sie sich von der Außenrealität und Außenreizen abschirmen. Halten Sie die Augen geschlossen – Sie können auch eine Augenbinde oder Augenmaske zu Hilfe nehmen (siehe auch unten den Lerntipp zur Augenfixierung).

Da unsere Innenbilder vielfältige innere Verarbeitungsprozesse hervorrufen und damit verbunden sind, können auch unangenehme Gefühle auftreten, die uns nicht erklärbar sind. Damit sollten Sie ganz gelassen umgehen, weil das normal ist und die Gelassenheit schon ein Abklingen bewirken kann.

Falls Bilder erscheinen, die unangenehm sind und sich „verfestigen", so brechen Sie abrupt ab und schalten bewusst auf ein schönes Bild, eine schöne Erinnerung um. Sie brauchen lernförderliche Bilder.

Finden Sie einen geeigneten Rahmen!

Schalten Sie vor der Entspannung mögliche Störgeräusche aus (Telefon, geöffnetes Fenster). Achten Sie darauf, dass Sie nicht gestört werden (Schild an die Tür ...). Benutzen Sie einen bequemen Sessel, Stuhl oder ein Sofa, auf dem Sie abschalten können. Achten Sie darauf, dass die Übungen räumlich in Ihrem Freizeitbereich, also nicht im Arbeitsbereich durchgeführt werden, wenn es Ihnen möglich ist. Legen Sie zu Beginn jeder Übung fest, wie lange sie dauern soll (Ruhebild in der Trainingsphase z.B. nach 15 Minuten die Augen öffnen). Verlassen Sie sich darauf, dass Sie nach Ihrer Zeitvorgabe, die Augen wieder öffnen, stellen sie sich eventuell einen leise summenden Wecker, den Sie bald aber entbehren können. Entspannung erreichen Sie natürlich nach viel Kaffee- oder Colakonsum nur schlecht. Bei Übermüdung oder nach Alkoholgenuss wird man wahrscheinlich nur durch eine Portion Schlaf frischer.

Leiten Sie Ihre „Selbsthypnose" durch eine Augenfixierung ein!

Die Einleitung verschiedener mentaler Techniken besteht darin, die Aufmerksamkeit von äußeren Geschehnissen weg immer mehr zu innerem Erleben zu lenken. Das können Sie folgendermaßen leichter erreichen:

- Setzen Sie sich bequem hin und rücken Sie sich gemütlich zurecht.
- Suchen Sie sich einen kleinen Punkt im Raum in Augenhöhe vor möglichst ruhigem Hintergrund, damit Sie sich gut konzentrieren können.
- Sie können auch einen Papierschnipsel aus einem Aktenlocher nehmen und ihn an eine bestimmte Stelle kleben.
- Verwenden Sie in der Übungsphase möglichst den gleichen Stuhl und den gleichen Fixationspunkt.
- Sie beobachten den Punkt intensiv und werden feststellen, dass der Hintergrund und die Ränder verschwimmen, milchig werden, mal ist der Punkt scharf, dann wieder unscharf zu sehen.
- Betrachten Sie den Punkt mit Geduld, die Augen werden automatisch müder. Sie können die Augen dann schließen, wieder leicht öffnen, schließen …
- Beobachten Sie dann Ihre Atmung und bemerken, wie Sie ruhig ein- und ausatmen. Mit jedem Atemzug werden Sie und Ihr Körper lockerer und entspannter.
- Wenn Sie Umweltgeräusche zu Beginn lauter hören, arbeiten Sie nicht dagegen an.
- Richten Sie die Aufmerksamkeit dann verstärkt auf Ihren Körper, z.B. die Bauchdecke, die sich hebt und senkt, die Füße, Beine, das Gesäß … die Hände, die Arme … die Geräusche werden Ihnen gleichgültiger.
- Stellen Sie sich nun Ihr Ruhebild vor – so lange Sie wollen.
- Wenn Sie sich entspannt fühlen und die Augen öffnen möchten, zählen Sie rückwärts von 3 bis 0.
- Stehen Sie dann auf und Sie werden sich frischer fühlen.

Jeden Tag das gleiche Ritual, nach einer Woche können Sie das!

Wahrscheinlich werden Sie feststellen, dass Sie die erlebten Prozesse auch aus dem Alltag kennen (Dösen, Tagträume, mit offenen Augen andere Inhalte sehen, während die Realität in den Hintergrund tritt …). Diese andere Welt des Alltags ist der menschliche Trancezustand und wird hier methodisch nutzbar gemacht. Folgende methodische Hinweise dazu:

- Üben Sie das Vorgehen der Augenfixierung und des Ruhebildes täglich möglichst zweimal.
- Planen Sie die Übungszeiten fest als Erholungszeit in größeren Zwischenpausen für ca. 15 Minuten ein, vielleicht nach einer Arbeitseinheit von 90 Minuten am späten Vormittag oder am Nachmittag (wenn das Lerntief naht).

- Manche setzen die Übung auch direkt nach dem Wachwerden, also vor Lernbeginn ein, manche werden dann müder.
- Auch wenn die Übung anfangs noch als unangenehme Pflicht erlebt wird, werden Sie schnellen Erfolg haben.
- Nach ca. 1 Woche täglichen Übens werden Sie die Übung als hilfreich erleben und sich darauf freuen.
- Nach ca. 2 Wochen und täglich zweimal üben können Sie schon die Kurzform der Autohypnose ausprobieren, es wird auf jeden Fall schneller gehen, sich zu entspannen

Falls Ruhebilder – selbst die schönsten – nicht mehr wirken, so ersetzen Sie diese durch andere.

Nutzen Sie die Entspannung auch für gezielte Autosuggestionen!

Nach ca. 1 bis 2 Wochen täglicher Übung werden Sie die Einleitung der Autohypnose zielgerichtet kombiniert mit „Selbstbeauftragungen“ und „Autosuggestionen“ einsetzen können, z.B. zu Beginn einer Lernphase. Nach einer Pause können Sie sich z.B. das wieder „Warmlaufen“ erleichtern.

Beispiel „Gezielte Lernvorbereitung“:

Verschaffen Sie sich einen kurzen Überblick über die gestellte Aufgabe, indem Sie sich orientieren, z.B.

- Definition einmal durchlesen, in einem Kapitel eines Buches Überschriften, Stichworte ansehen, ohne sie sich merken zu wollen.
- Aufbauschemata durchlesen.
- Bei schriftlichen Ausarbeitungen die Gliederung ansehen, Stichworte lesen.

Das dauert nur wenige Minuten. Durch diese Übersicht ist Ihr Arbeitsspeicher auf die zukünftige Arbeit vorbereitet. Das Gehirn hat Grobinformationen für den kommenden Auftrag und stellt seine Mittel bereit.

Nun legen Sie eine Pause von einer knappen Minute mit einer Kurzentspannung mit geschlossenen Augen ohne Ruhebild ein und betrachten die anstehenden Aufgaben. Jetzt ist der Auftrag (Suggestion) erteilt und Sie können zügig mit der Weiterarbeit beginnen.

Überlegen Sie sich Ihre Autosuggestionen oder „Selbstbeauftragungen" vor der Entspannung. Es kann z.B. auch motivationsförderliches Selbstlob sein („Ich habe schon etwas länger arbeiten können, Pausen besser eingehalten, folgende Dinge erledigt …") oder andere lernförderliche Übungen und Selbstverbalisierungen.

Diese Lerntipps helfen und haben ihre Grenzen!

Autohypnose hilft nur, wenn sie regelmäßig und konsequent, also in der Übungsphase auch mehrmals täglich angewendet wird. Wenn Sie sehr viele Tagträume haben, die eher in Richtung Angstphantasien, Schwarzmalereien oder Realitätsflucht gehen, sollten Sie vorsichtiger mit der Anwendung sein. Sie können natürlich auch einen Experten wie einen Coach zu Rate ziehen. Bei sehr starken Lern- und Leistungsstörungen oder Depressionen, Ängsten, Lebenskrisen sollten Sie einen Psychotherapeuten oder eine Beratungsstelle konsultieren. Unsere Übungen können kein Ersatz dafür sein, sind aber eine hervorragende Grundlage zur direkten Entspannung, aber auch um seine mentalen Techniken an anderer Stelle weiterzuentwickeln (durch Bücher, in Übungsgruppen).

1. Teil
Grundlagen und Grundbegriffe

A. Einleitung

1 Bauliche Tätigkeit stellt eine Grundtätigkeit des Menschen dar, die vielfältige Auswirkungen auf die Allgemeinheit und die natürliche Umgebung hat.

Mit diesen Auswirkungen beschäftigt sich das Baurecht.

Dem Begriff des Baurechts unterfallen dabei sowohl das öffentliche wie das private Baurecht.

I. Das private Baurecht

2 Das private Baurecht beurteilt sich überwiegend nach den Vorschriften des BGB. Dabei sind insbesondere sachenrechtliche Bestimmungen von Bedeutung. Daneben können aber auch Bestimmungen aus dem Werkvertragsrecht (§§ 631 ff. BGB) sowie das Deliktsrecht (§§ 823 ff. BGB)[1] relevant werden.

» Ein Hinweis vorweg: Erarbeiten Sie sich das Baurecht anhand der gesetzlichen Bestimmungen. Das Gesetz sollte bei Lektüre dieses Skriptums Ihr ständiger Begleiter sein. «

II. Das öffentliche Baurecht

3 Das öffentliche Baurecht versucht die Bautätigkeit in geordnete Bahnen zu lenken, indem es die Belange normiert, auf die beim Bauen Rücksicht zu nehmen ist. So wird beispielsweise in den §§ 30 ff. BauGB die Bautätigkeit auf bestimmte Bereiche konzentriert, um dergestalt eine völlig ungeordnete Bautätigkeit zu verhindern. Daneben bestimmt das öffentliche Baurecht aber auch, wie das einzelne zu errichtende Gebäude beschaffen sein muss und wie viel Meter Abstand es beispielsweise zum Gebäude auf dem Nachbargrundstück einhalten muss.

Das öffentliche Baurecht umfasst demnach die Summe der Rechtsregeln, die sich auf Zulässigkeit, Ordnung, Grenzen und Förderung der Errichtung baulicher Anlagen und auf deren bestimmungsgemäße Benutzung beziehen.[2] Dabei ist nun der Verteilung den Gesetzgebungskompetenzen im Grundgesetz (GG) folgend weiter zwischen **Bauplanungsrecht** und **Bauordnungsrecht** zu unterscheiden. In diese beiden Rechtsmaterien ist das öffentliche Baurecht zu unterteilen.

1. Bauplanungsrecht

4 Das Bauplanungsrecht (Städtebaurecht) ist gemäß Art. 74 Abs. 1 Nr. 18 GG eine Materie der konkurrierenden Gesetzgebung. Von dieser hat der Bund mit dem Erlass des Baugesetzbuches (BauGB) Gebrauch gemacht.

Kennzeichen des BauGB ist dessen **Flächenbezogenheit**. Das Bauplanungsrecht sieht das einzelne Bauvorhaben im größeren städtebaulichen Zusammenhang. Es regelt, wie die städtebauliche Ordnung beschaffen sein soll, wie diese erreicht und bewahrt werden kann und wie sich das einzelne Vorhaben darin einzufügen hat.[3]

---
1 *Brenner* Öffentliches Baurecht S. 2 Rn. 5.
2 *Brenner* Öffentliches Baurecht S. 3 Rn. 8.
3 *Dürr/König* Baurecht Bayern S. 16 Rn. 3.

Maßgebliche Gegenstände des Bauplanungsrechts sind das **Recht der Bauleitplanung** (§§ 1–13b BauGB), die **Sicherung der Bauleitplanung** (§§ 14–28 BauGB) und die **Regelung der baulichen und sonstigen Nutzung** (§§ 29–38 BauGB).

5 Daneben ermächtigt das BauGB in § 9a das Bundesministerium für Verkehr, Bau- und Wohnungswesen **Rechtsverordnungen** zu erlassen. Auf dieser Grundlage ist die Baunutzungsverordnung **(BauNVO)** erlassen, die maßgebliche Bestimmungen über Darstellungen und Festsetzungen in den Bauleitplänen enthält (§ 9a Nr. 1 BauGB).

JURIQ-Klausurtipp

Prägen Sie sich an dieser Stelle bereits ein, dass BauGB und BauNVO die maßgeblichen Normkomplexe für die bauplanungsrechtliche Zulässigkeit eines Bauvorhabens darstellen. Kommentieren Sie sich neben § 9a Nr. 1 BauGB die BauNVO als auf dieser Ermächtigungsgrundlage erlassene Rechtsverordnung.

2. Bauordnungsrecht

6 Das Bauordnungsrecht wird nicht von Art. 74 Abs. 1 Nr. 18 GG erfasst, sondern fällt nach Art. 30, 70 GG in die Zuständigkeit der Länder. In Bayern ist das Bauordnungsrecht überwiegend in der Bayerischen Bauordnung (BayBO) geregelt.

Anders als das flächenbezogene Bauplanungsrecht ist das Bauordnungsrecht **objektbezogen** und betrifft die einzelne bauliche Anlage.

Das Bauordnungsrecht regelt zum einen materiell-rechtliche Anforderungen an bauliche Anlagen und Bauprodukte (Art. 1 Abs. 1 S. 1 BayBO) sowie an Grundstücke und andere Anlagen und Einrichtungen (Art. 1 Abs. 1 S. 2 BayBO). Zum Bauordnungsrecht gehören aber auch die die Bautätigkeit betreffenden Verfahrensvorschriften. Geregelt sind u.a. die Anforderungen an das Genehmigungsverfahren und die Aufgaben, Zuständigkeiten und Befugnisse der Bauaufsichtsbehörden.

Das materiell-rechtliche Bauordnungsrecht mit seinen Anforderungen an die einzelne bauliche Anlage stellt dabei eine Rechtsmaterie des **besonderen Sicherheitsrechtes** dar und dient insoweit primär Zielen der Gefahrenabwehr.[4]

7 **Hinweis**

Daher wird das Bauordnungsrecht häufig auch als Baupolizeirecht bezeichnet.

Soweit die BayBO verfahrensrechtliche Bestimmungen enthält, verdrängt sie als das speziellere Gesetz das allgemeine Verwaltungsverfahrensrecht (vgl. Art. 1 Abs. 1 S. 1 BayVwVfG).

Als weiteren landesrechtlichen Regelungskomplex gilt es in Bayern noch die **Zuständigkeitsverordnung im Bauwesen (ZustVBau)**[5] zu beachten, die abweichende Regelungen zur allgemeinen Zuständigkeit im bauordnungsrechtlichen Verfahren schafft (vgl. Art. 53 Abs. 2 BayBO).

4 *Brenner* Öffentliches Baurecht S. 4 Rn. 15.
5 *Ziegler/Tremel* Nr. 63.

3. Zusammenhänge zwischen öffentlichem und privatem Baurecht

Privates und öffentliches Baurecht stehen grundsätzlich selbstständig nebeneinander. So prüft die Bauaufsichtsbehörde im Rahmen des Genehmigungsverfahrens auch nur die Übereinstimmung des Vorhabens mit öffentlich-rechtlichen Vorschriften, vgl. Art. 68 Abs. 1 S. 1 BayBO, der bestimmt, dass die Baugenehmigung zu erteilen ist, wenn dem Vorhaben keine **öffentlich-rechtlichen Vorschriften** entgegenstehen, die im bauaufsichtlichen Genehmigungsverfahren zu prüfen sind. Weiter normiert Art. 68 Abs. 4 BayBO, dass die Baugenehmigung **unbeschadet von Rechten** Dritter erteilt wird. 8

JURIQ-Klausurtipp

Prägen Sie sich ein, dass eine Baugenehmigung nicht wegen entgegenstehender privater Rechte versagt werden kann.[6] Privatrechtliche Rechtsvorschriften gehören nicht zum Prüfungsgegenstand des öffentlich-rechtlich determinierten bauaufsichtlichen Genehmigungsverfahrens.

Lediglich in Fällen, in denen von vornherein feststeht, dass ein Bauvorhaben wegen offensichtlich entgegenstehender privatrechtlicher Gründe unter keinen Umständen ausgeführt werden kann, darf die Bauaufsichtsbehörde einen Bauantrag **wegen fehlenden Sachbescheidungsinteresses** ablehnen.[7] 9

Beispiel Wenn der bekannte Stadtstreicher A sich einen Scherz dahingehend erlaubt, dass er für das Villengrundstück des Großindustriellen B einen Bauantrag für ein Wohnhaus stellt, und dieser Sachverhalt offensichtlich ist, darf die Bauaufsichtsbehörde ausnahmsweise die Durchführung eines bauaufsichtlichen Genehmigungsverfahrens ablehnen, da offenkundig ist, dass A keine private Berechtigung hat, ein Gebäude auf dem Grundstück des B zu errichten. Es fehlt dann am Sachbescheidungsinteresse für ein Baugenehmigungsverfahren des A. ■

4. Zusammenhänge zwischen Bauplanungs- und Bauordnungsrecht

Anders als privates und öffentliches Baurecht können Bauplanungsrecht und Bauordnungsrecht nicht isoliert voneinander betrachtet werden. Die Grenzen zwischen Bauplanungsrecht und Bauordnungsrecht sind fließend. Ausgangspunkt dieser Überlegung ist wiederum die Bestimmung des Art. 68 Abs. 1 S. 1 BayBO, wonach die Baugenehmigung zu erteilen ist, wenn sie nicht öffentlich-rechtlichen Bestimmungen widerspricht, die im bauaufsichtlichen Genehmigungsverfahren zu prüfen sind. Unter diesen Begriff des öffentlichen Rechts lassen sich nicht nur Bestimmungen der BayBO fassen, sondern insbesondere auch solche des Bauplanungsrechts. Art. 59 S. 1 Nr. 1 und Art. 60 S. 1 Nr. 1 BayBO bestätigen diese Überlegung. Unabhängig von der Art der zu errichtenden Anlage ist stets im Genehmigungsverfahren die Übereinstimmung mit den **bauplanungsrechtlichen Vorschriften** der §§ 29–38 BauGB zu untersuchen. Art. 60 S. 1 Nr. 2 BayBO bestimmt darüber hinaus, dass weiterer Prüfungsgegenstand bei Vorliegen eines Sonderbaus (Art. 2 Abs. 4 BayBO) die Vereinbarkeit mit Normen der BayBO ist. Bei Vorhaben, die nicht dem Art. 2 Abs. 4 BayBO (Sonderbau) unterfallen, ist die 10

6 *BayVGH* BayVBl. 1966, S. 351 ff.
7 BVerwGE 42, 115; BVerwGE 20, 124.

Prüfung der BayBO hingegen eingeschränkt. Geprüft werden hier nur die Vorschriften über das Abstandsflächenrecht (Art. 6 BayBO), örtliche Bauvorschriften (Art. 81 Abs. 1 BayBO und Abweichungen nach Art. 63 Abs. 1, Abs. 2 S. 2 BayBO (Art. 59 S. 1 Nr. 1b, 1c, Nr. 2).

Zusammenfassend lässt sich also feststellen, dass Bauplanungs- und Bauordnungsrecht durchaus materiell-rechtliche Schnittstellen aufweisen (Art. 68 Abs. 1 S. 1 BayBO, Art. 59, 60 BayBO) und auch verfahrensrechtlich verknüpft sind.[8]

Beispiel Wenn Bauträger A ein Hochhaus (vgl. Art. 2 Abs. 4 Nr. 1 BayBO) im Innenbereich der Gemeinde B errichten will, beurteilt sich dessen bauplanungsrechtliche Zulässigkeit nach § 34 Abs. 1 bzw. 2 BauGB. Es ist bauplanungsrechtlich insoweit die Frage zu stellen, ob sich das Hochhaus in seine nähere Umgebung „einfügt". Ob das Hochhaus die Abstandsflächen zum Nachbargrundstück einhalten kann, ist dagegen eine objektbezogene Frage an das Einzelbauvorhaben. Diese Frage der Abstandsflächen ist bauordnungsrechtlich über die Bestimmung in Art. 6 BayBO zu beantworten. Wegen Art. 60 S. 1 Nr. 1 (Prüfung der Vereinbarkeit mit § 34 BauGB) bzw. Art. 60 S. 1 Nr. 2 BayBO (Vereinbarkeit mit Art. 6 BayBO), Art. 2 Abs. 4 Nr. 1 BayBO (Hochhaus), darf die Bauaufsichtsbehörde die Genehmigung für das Hochhaus nur dann erteilen, wenn das Vorhaben *kumulativ* die öffentlich-rechtlichen Bestimmungen aus BauGB und BayBO einhält. ■

Hinweis

Beachten Sie aber an dieser Stelle bereits, dass die bauliche Tätigkeit nicht ausschließlich durch das Bauplanungsrecht des BauGB und das Bauordnungsrecht der BayBO geregelt wird, sondern dass auch eine Vielzahl anderer öffentlich-rechtlicher Vorschriften relevant werden kann. Dies können beispielsweise Vorschriften aus dem Bereich des Naturschutzrechts, Wasserrechts, Denkmalschutzrechts oder auch des Glücksspielrechts sein. Letztlich ist dies abhängig von der Art des zu verwirklichenden Vorhabens (vgl. Art. 59 S. 1 Nr. 3 bzw. Art. 60 S. 1 Nr. 3 BayBO; näheres dazu später) und seiner Umgebung.

B. Verfassungsrechtliche Vorgaben für das öffentliche Baurecht

11 Die bauliche Tätigkeit wird maßgeblich durch verfassungsrechtliche Vorgaben beeinflusst. Zu nennen sind hier die Eigentumsgarantie aus Art. 14 GG sowie die in Art. 28 Abs. 2 GG, Art. 11 Abs. 2 BV verfassungsrechtlich abgesicherte gemeindliche Planungshoheit.

I. Eigentumsgarantie und Baufreiheit

12 Der verfassungsrechtlichen Garantie des Eigentums kommt im Gesamtgefüge der Grundrechte die Aufgabe zu, dem Träger des Grundrechts einen Freiheitsraum im vermögensrechtlichen Bereich zu sichern und ihm dadurch die eigenverantwortliche Gestaltung seines Lebens zu ermöglichen.[9] Art. 14 Abs. 1 S. 1 GG schafft damit eine grundsätzliche Herrschafts- und Nutzungsbefugnis des Eigentümers über sein Grundstück.

8 *Brenner* Öffentliches Baurecht S. 5 Rn. 16.

9 BVerfGE 24, 367 ff.; BVerfGE 31, 229 ff.

Bestandteil dieser durch Art. 14 Abs. 1 S. 1 GG gewährleisteten Eigentumsgarantie ist die **Baufreiheit**. Zum Inhalt des Eigentums gehört das Recht, den Boden zu nutzen und Erträge aus dem Grundeigentum zu ziehen.[10]

Die bauliche Nutzbarkeit eines Grundstücks ist damit wesentlicher Bestandteil des Eigentums.[11]

Für den Grundstückseigentümer bestimmen nun die Normen des öffentlichen Baurechts **13**
Inhalt und Schranken seines Eigentums im Sinne von Art. 14 Abs. 1 S. 2 GG.[12] Die das Eigentum beschränkenden Normen des Baurechts sind dabei wiederum im Lichte des Art. 14 Abs. 1 S. 1 GG auszulegen.

Die verfassungsrechtliche Eigentumsgarantie äußert sich insbesondere in den nachfolgenden baurechtlichen Regelungsbereichen:[13]

- **Gebundener gesetzlicher Anspruch** auf Erteilung einer Baugenehmigung in Art. 68 Abs. 1 S. 1 BayBO.
- **Bestandsschutz** in der Gestalt, dass eine bisher gesetzeskonforme Nutzung auch nach einer dem Bauherrn nachteiligen Rechtsänderung *unverändert* fortgesetzt werden kann.
- **Entschädigungsregelungen** in den §§ 39 ff. BauGB.

Bei einem Bauherrn, der nicht Eigentümer ist (vgl. gesetzlicher Wortlaut in Art. 50 BayBO), findet die Baufreiheit als Teil der allgemeinen Handlungsfreiheit (Art. 2 Abs. 1 GG) ihre Grenzen ebenfalls in den allgemeinen öffentlich-rechtlichen Vorschriften des Baurechts.[14]

II. Planungshoheit der Gemeinde (Art. 28 Abs. 2 GG, Art. 11 Abs. 2 BV)

Die **Planungshoheit** stellt nur einen Teilaspekt der verfassungsrechtlich umfassend garantierten **14**
kommunalen Selbstverwaltung dar. Sie ist zu verstehen als planerische Gestaltungsfreiheit im Rahmen der Gesetze.[15] Zentrale Norm dieser Ausprägung ist § 2 Abs. 1 S. 1 BauGB, wonach die Gemeinden die Bauleitpläne (vgl. § 1 Abs. 2 BauGB) **in eigener Verantwortung** aufzustellen haben.

10 *Brenner* Öffentliches Baurecht S. 14 Rn. 44, S. 15 Rn. 48.
11 *Papier/Shirvani* in *Maunz/Dürig* Art. 14 Rn. 166 ff.
12 *BVerfG* BayVBl. 1973, 465; *BVerfG* DÖV 1999, 777 ff.
13 Vgl. *Brenner* Öffentliches Baurecht S. 16 Rn. 50.
14 *BVerwG* BayVBl. 1973, 590 ff.
15 BVerwGE 48, 56 ff.

2. Teil
Kommunale Bauleitplanung

A. Grundbestimmungen für die Bauleitplanung

I. Überblick

15 Nach dem Konzept des BauGB soll sich die Bautätigkeit auf der Grundlage von Bauleitplänen vollziehen, sobald und soweit es für die städtebauliche Ordnung erforderlich ist (§ 1 Abs. 3 BauGB).

Das Gesetz bestimmt in § 1 Abs. 1 BauGB als Aufgabe der Bauleitplanung, die bauliche und sonstige Nutzung der Grundstücke der Gemeinde nach Maßgabe des BauGB **vorzubereiten** und zu **leiten**. In § 1 Abs. 1 BauGB ist damit bereits die **Zweistufigkeit der Bauleitplanung** angelegt. Folglich bestimmt § 1 Abs. 2 BauGB den Flächennutzungsplan als vorbereitenden und den Bebauungsplan als verbindlichen Bauleitplan.[1]

Weiter bestimmt § 1 Abs. 3 und § 2 Abs. 1 S. 1 BauGB die Bauleitplanung als Aufgabe der Gemeinde sowie deren Planungsbefugnis und Planungspflicht. Daran schließen sich die wesentlichen Bestimmungen über den Inhalt der Bauleitpläne an.

II. Die Verfassungsgarantie der kommunalen Selbstverwaltung

16 Das Recht der örtlichen Bauleitplanung ist den Gemeinden verfassungsrechtlich garantiert. Art. 28 Abs. 2 S. 1 GG sichert den Gemeinden das Recht, **alle** Angelegenheiten der örtlichen Gemeinschaft im Rahmen der Gesetze in eigener Verantwortung zu regeln. Vor diesem Hintergrund bestimmt das BauGB in § 1 Abs. 3 und § 2 Abs. 1 S. 1 die Bauleitplanung als Aufgabe der Gemeinde, die diese in eigener Verantwortung wahrzunehmen hat **(gemeindliche Planungshoheit)**.[2] Den gesetzlichen Rahmen, innerhalb dessen sich die Gemeinden bei der Bauleitplanung bewegen dürfen und müssen, bilden dabei insbesondere das BauGB und die BauNVO. Diese Regelungskomplexe schaffen zum einen die Typen der Bauleitpläne und ihren möglichen Inhalt, geben der Gemeinde aber andererseits insbesondere in § 1 Abs. 7 BauGB einen weiten Entscheidungs- und Gestaltungsspielraum. Letzterer ist wiederum Ausfluss der gemeindlichen Selbstverwaltungsgarantie.[3]

» Kommentieren Sie sich bitte zu § 2 Abs. 1 BauGB die verfassungsrechtlichen Bestimmungen der Art. 28 Abs. 2 GG, Art. 11 Abs. 2 BV, damit klar erkennbar wird, dass die Bauleitplanung dem Ortsrecht und der gemeindlichen Selbstverwaltungsgarantie unterfällt. «

Hinweis

Da der Erlass der Bauleitpläne Gegenstand und Ausfluss kommunaler Selbstverwaltung ist, wird die Gemeinde im Rahmen von §§ 1 Abs. 3, 2 Abs. 1 S. 1 BauGB im eigenen Wirkungskreis tätig. Sie unterfällt insoweit den rechtlichen Bestimmungen der Kommunalaufsicht. Im eigenen Wirkungskreis unterliegt die Gemeinde den rechtsaufsichtlichen Bestimmungen aus Art. 109 Abs. 1, 112, 113 GO.

---

1 vgl. zum Ganzen *Dürr/König* Baurecht Bayern S. 22 Rn. 14.
2 *Brenner* Öffentliches Baurecht S. 16 Rn. 51.
3 *Brenner* Öffentliches Baurecht S. 40 Rn. 134 ff.

Einschränkungen der gemeindlichen Planungshoheit ergeben sich aus den gesetzlichen Bestimmungen der §§ 203 ff. BauGB. Diese weisen jedoch eine nur geringe Prüfungsrelevanz auf.

Da die Bauleitplanung in den §§ 1 ff. BauGB gemeindegebietsbezogen geregelt ist, scheidet eine Bauleitplanung im gemeindefreien Gebiet (vgl. Art. 10a GO) aus.[4] Die Kompetenz zum Erlass von Bauleitplänen geht auch nicht in eine staatliche Kompetenz über (vgl. Art. 10a Abs. 5 GO), da Staatsbehörden insbesondere keine Satzungsautonomie zukommt (vgl. § 10 Abs. 1 BauGB).[5] 17

III. Bindungen und Grenzen der kommunalen Bauleitplanung

Die Planungshoheit der Gemeinde aus Art. 28 Abs. 2 S. 1 GG bzw. Art. 11 Abs. 2 BV ist den Gemeinden nicht uneingeschränkt gewährleistet. Art. 28 Abs. 2 S. 1 GG bestimmt, dass die Garantie der kommunalen Selbstverwaltung „nur im Rahmen der Gesetze" gewährleistet wird. Die Gemeinde hat demnach die gesetzlichen Einschränkungen aus BauGB und BauNVO bei Erlass der Bauleitpläne zu beachten.[6] Im Wesentlichen sind dies die nachfolgenden Bestimmungen: 18

- § 3 BauGB: Frühzeitige Beteiligung der Öffentlichkeit im Aufstellungsverfahren
- § 4 Abs. 1, 2 BauGB: Beteiligung von fachlich berührten Trägern öffentlicher Belange
- § 1 Abs. 3 BauGB: Befugnis und Rechtspflicht zur Aufstellung von Bauleitplänen bei entsprechender zeitlicher und sachlicher Erforderlichkeit
- § 1 Abs. 4 BauGB: Anpassungspflicht an die Ziele der Raumordnung
- § 1 Abs. 5, 6 BauGB: Beachtung der gesetzlichen Planungsziele und Planungsleitlinien
- § 1 Abs. 7 BauGB: Umfassendes Abwägungsgebot der berührten öffentlichen und privaten Belange
- § 2 Abs. 2 BauGB: Interkommunales Abstimmungsgebot; Verpflichtung zur Rücksichtnahme auf Planungen der Nachbargemeinden
- § 8 Abs. 2 BauGB: Grundsätzliche Verpflichtung zur Entwicklung von Bebauungsplänen aus dem Flächennutzungsplan

Hinweis

Diese Bestimmungen bilden im Wesentlichen auch die Voraussetzungen, die die Gemeinde beim Erlass von Bebauungsplänen und Flächennutzungsplänen zu beachten hat. Sie begegnen Ihnen wieder im Bereich der formellen und materiellen Anforderungen an die Bauleitplanung. Wir müssen uns dort erarbeiten, welche Bestimmungen zur formellen und welche zur materiellen Seite der Bauleitplanung zu rechnen sind.

4 *BVerwG* NVwZ 1996, 265 f.

5 *BVerwG* DVBl. 1996, 47 ff.; *Zöllner* BayVBl. 1987, 549 ff.

6 *Brenner* Öffentliches Baurecht S. 44 Rn. 149.

B. Zweistufigkeit der Bauleitplanung

19 Das BauGB sieht für die Bauleitplanung ausgehend von § 1 Abs. 2 BauGB ein **zweistufiges System** vor. Der **Flächennutzungsplan** bildet dabei den vorbereitenden Bauleitplan, aus dem der verbindliche Bauleitplan, der Bebauungsplan, zu entwickeln ist.

Damit stellt der Flächennutzungsplan die erste vorbereitende Ebene der Bauleitplanung dar. Die zweite Ebene der städtebaulichen Planung bilden die Bebauungspläne, die als Satzungen (§ 10 Abs. 1 BauGB) **verbindliche** Regelungen für die Zulässigkeit der Bebauung treffen.[7]

I. Der Flächennutzungsplan (1. Stufe der Bauleitplanung)

20 Im Rahmen dieses grundsätzlich zweistufigen Systems hat die Gemeinde zunächst den Flächennutzungsplan als den die Bauleitplanung vorbereitenden Bauleitplan aufzustellen (§ 5 Abs. 1 BauGB). Der Flächennutzungsplan soll dabei die sich aus der beabsichtigten städtebaulichen Entwicklung ergebende Art der Bodennutzung in den **Grundzügen** darstellen.[8] Der Flächennutzungsplan gilt dabei nach § 5 Abs. 1 S. 1 BauGB für **das gesamte Gemeindegebiet.**

21 Für den Flächennutzungsplan besteht eine gemeindliche **Planungspflicht**. Abgesehen von der gesetzlichen Ausnahmebestimmung in § 8 Abs. 2 S. 2 BauGB, wonach ein Bebauungsplan ausreicht, um die städtebauliche Ordnung zu regeln, ist eine geordnete städtebauliche Entwicklung nur dann gewährleistet, wenn ihre Grundzüge in dem hierfür vorgesehenen Flächennutzungsplan festgelegt wurden.[9]

Im Anschluss daran soll aus dem vorbereitenden Flächennutzungsplan der rechtsverbindliche Bebauungsplan entwickelt werden, § 8 Abs. 2 S. 1 BauGB. Das Gesetz geht daher zum einen vom Vorhandensein zweier Bauleitpläne aus (**Flächennutzungsplan und Bebauungsplan**; **Zweistufigkeit** der Bauleitplanung), zum anderen von einer bestimmten zeitlichen Reihenfolge. Um einen Bebauungsplan als verbindlichen Bauleitplan aus einem Flächennutzungsplan entwickeln zu können, muss es im Regelfall eine **zeitliche Priorität** des Flächennutzungsplanes geben.[10] Durchbrochen wird diese gesetzlich im BauGB angelegte Chronologie von Flächennutzungsplan und Bebauungsplan nur im Rahmen der nachfolgenden Bestimmungen:

- § 8 Abs. 2 S. 2 BauGB: Diese Norm stellt eine Durchbrechung der Zweistufigkeit der Bauleitplanung dar. Nach § 8 Abs. 2 S. 2 BauGB ist ein Flächennutzungsplan dann nicht erforderlich, wenn ein Bebauungsplan ausreicht, um die städtebauliche Entwicklung zu ordnen **(selbstständiger Bebauungsplan)**. Dies kommt in der Praxis nur in ganz kleinen Gemeinden mit geringer Bautätigkeit in Betracht.
- § 8 Abs. 3 S. 1 BauGB ermöglicht es, Bebauungsplan und Flächennutzungsplan gleichzeitig aufzustellen, zu ändern oder zu ergänzen **(Parallelverfahren)**.
- § 8 Abs. 4 BauGB: Aus Gründen der Dringlichkeit kann ein Bebauungsplan aufgestellt, geändert, ergänzt oder aufgehoben werden, bevor der Flächennutzungsplan aufgestellt ist, sofern der Bebauungsplan der beabsichtigten städtebaulichen Entwicklung nicht entgegensteht **(vorzeitiger Bebauungsplan)**.

---

7 vgl. zum Ganzen *Dürr/König* Baurecht Bayern S. 24 Rn. 20.
8 *Brenner* Öffentliches Baurecht S. 49 Rn. 172.
9 *Dürr/König* Baurecht Bayern S. 29 Rn. 27.
10 vgl. *Brenner* Öffentliches Baurecht S. 49 Rn. 172.

II. Der Bebauungsplan (2. Stufe der Bauleitplanung)

Der Bebauungsplan ist anders als der nur vorbereitende Flächennutzungsplan ein **rechtsverbindlicher Bauleitplan**, der im Regelfall für bestimmte Teilgebiete der Gemeinde die rechtsverbindlichen Festsetzungen für die städtebauliche Ordnung enthält (§ 8 Abs. 1 S. 1 BauGB). Der Bebauungsplan ist dabei anders als der Flächennutzungsplan, der sich auf die Darstellung der Grundzüge beschränkt, **parzellengenau** und enthält für die einzelnen Grundstücke die rechtsverbindlichen planerischen Festsetzungen, die es in einem Genehmigungsverfahren zu beachten gilt.[11] Der Bebauungsplan stellt demnach im Regelfall die **höhere Konkretisierungsstufe** der gemeindlichen planerischen Vorstellungen gegenüber dem Flächennutzungsplan dar. Was der Flächennutzungsplan für das gesamte Gemeindegebiet grobmaschig aussagt, wird im Bebauungsplan parzellenscharf festgesetzt, um dergestalt die Zulässigkeit von Bauvorhaben im Einzelfall (!) beurteilen zu können.[12] 22

Der Bebauungsplan schafft damit, sofern er wirksam ist, unmittelbar Baurecht. Anders als beim Flächennutzungsplan kann auf seiner Grundlage die Zulässigkeit von Bauvorhaben beurteilt werden (§ 30 BauGB).

JURIQ-Klausurtipp

Prägen Sie sich ein, dass ein wirksamer Bebauungsplan Grundlage einer baurechtlichen Zulässigkeitsprüfung nach § 30 BauGB sein kann. Der Bebauungsplan schafft bei Wirksamkeit unmittelbares Baurecht!

Für Bebauungspläne besteht regelmäßig **keine Planungspflicht**. Dies lässt sich damit begründen, dass eine bauliche Tätigkeit der Gemeinde auch ohne das Vorhandensein von Bebauungsplänen denkbar erscheint. Eine baurechtliche Tätigkeit ist nämlich auch im Rahmen der gesetzlichen Bestimmungen in § 34 (Innenbereich) und § 35 BauGB (Außenbereich) möglich. Diese Normen über die bauplanungsrechtliche Zulässigkeit von Vorhaben im Innen- bzw. Außenbereich treten an die Stelle der fehlenden Bebauungspläne. Man spricht insoweit bei §§ 34, 35 BauGB von gesetzlichen „Ersatzplänen".[13] 23

III. Verhältnis von Flächennutzungsplan und Bebauungsplan

Wie die beiden gesetzlich vorgesehenen Stufen der gemeindlichen Bauleitplanung ineinandergreifen, zeigt die Bestimmung des § 8 Abs. 2 S. 1 BauGB. Nach dieser Bestimmung sind die Bebauungspläne aus dem Flächennutzungsplan zu entwickeln **(Entwicklungsgebot)**. Entwickeln im Sinne von § 8 Abs. 2 S. 1 BauGB bedeutet dabei keine sklavische 1:1-Umsetzung im Verhältnis von Bebauungsplan und Flächennutzungsplan, sondern lässt im Rahmen der im Flächennutzungsplan angelegten Grundkonzeption auch gewisse Abweichungen zu. Entscheidend für die Wahrung des Entwicklungsgebotes ist letztlich, dass die im Flächennutzungsplan angelegte grobmaschige Struktur im Bebauungsplan aufgegriffen wird und in eine höhere Konkretisierungsstufe überführt wird. Damit ist der Grad der Abweichung im Verhältnis Bebauungsplan zu Flächennutzungsplan maßgeblich für die Wahrung des Grund- 24

11 *Brenner* Öffentliches Baurecht S. 50 Rn. 173.
12 vgl. zum Ganzen *Brenner* Öffentliches Baurecht S. 50 Rn. 173.
13 *Dürr/König* Baurecht Bayern S. 29 Rn. 27.

satzes in § 8 Abs. 2 S. 1 BauGB. Je stärker der Grad der Abweichung ist, umso eher ist das Entwicklungsgebot des § 8 Abs. 2 BauGB verletzt. Je geringer der festgestellte Abweichungsgrad ist, umso naheliegender ist die Beachtung von § 8 Abs. 2 S. 1 BauGB.[14]

Beispiel 1 Wenn der Flächennutzungsplan die grundsätzliche Darstellung enthält, dass eine Wohnbaufläche (W) (vgl. § 1 Abs. 1 Nr. 1 BauNVO) entstehen soll, verstößt ein nachfolgender Bebauungsplan, der gewerbliche Bauflächen in Form eines Gewerbegebietes schafft (§ 1 Abs. 2 Nr. 8 BauNVO, § 8 BauNVO) gegen das Entwicklungsgebot. Wohnbauflächen als Grundaussage und spätere Gewerbegebietsausweisung im Bebauungsplan sind nicht kompatibel; die Abweichung im Verhältnis von Flächennutzungsplan und Bebauungsplan ist wesentlich. Dies zeigt bereits die unterschiedliche Erfassung in § 1 Abs. 1 Nr. 1 BauNVO einerseits und § 1 Abs. 1 Nr. 3 BauNVO andererseits. Es liegt damit ein Verstoß gegen die Bestimmung des § 8 Abs. 2 S. 1 BauGB vor. ■

Beispiel 2 Wenn im oben genannten *Beispiel* im Bebauungsplan ein Allgemeines Wohngebiet (WA) (§ 1 Abs. 2 Nr. 3 BauNVO, § 4 BauNVO) festgesetzt wird, ist es auch unschädlich, wenn für dieses im nachfolgenden Bebauungsplan eine Spielplatzfläche vorgesehen wird, die im Flächennutzungsplan nicht dargestellt wurde. Dieser Kinderspielplatz ist mit der grundsätzlichen Aussage im Flächennutzungsplan „Wohnbaufläche" durchaus vereinbar. Im Übrigen ist auch festzuhalten, dass der grobmaschige Flächennutzungsplan gar keine Detailaussage zu Spielplätzen etc. trifft bzw. treffen kann. Er beschränkt sich seinem Wesen nach auf die Grundaussage zur allgemeinen baulichen Nutzung (vgl. § 1 Abs. 1 BauNVO). Detailanforderungen bleiben zwangsläufig dem späteren Bebauungsplan vorbehalten. ■

Beispiel 3 Verstoß gegen das Entwicklungsgebot des § 8 Abs. 2 S. 1 BauGB durch Festsetzung einer Straßenverkehrsfläche, die einen im Flächennutzungsplan durchgängig dargestellten Grünzug durchschneidet.[15] ■

» Behalten Sie den § 8 Abs. 2 S. 1 BauGB gut im Gedächtnis. Sie benötigen ihn später wieder, wenn Sie sich die Anforderungen der Bauleitplanung in formeller und materieller Hinsicht erarbeiten. «

25 Dieses grundsätzliche Verhältnis von Flächennutzungsplan (erste Stufe der Bauleitplanung) und Bebauungsplan (zweite Stufe der Bauleitplanung) wird in drei Fällen durchbrochen:[16]

- Ein Flächennutzungsplan ist nicht erforderlich, wenn ein Bebauungsplan ausreicht, um die städtebauliche Entwicklung zu ordnen **(selbstständiger Bebauungsplan)**.
- Nach § 8 Abs. 4 S. 1 BauGB kann ein Bebauungsplan aufgestellt, geändert, ergänzt oder aufgehoben werden, bevor der Flächennutzungsplan aufgestellt ist, wenn dies **dringende Gründe** erfordern und wenn der Bebauungsplan der beabsichtigten Entwicklung des Gemeindegebiets nicht entgegenstehen wird. Dringende Gründe im Sinne dieser Bestimmung liegen dann vor, wenn durch das Abwarten des Flächennutzungsplans die städtebauliche Entwicklung stärker gefährdet wird als durch den Erlass eines vorzeitigen Bebauungsplanes.[17]
- **Parallelverfahren** nach § 8 Abs. 3 S. 2 BauGB. Aus Gründen der Beschleunigung der Bauleitplanung eröffnet § 8 Abs. 3 S. 1 BauGB die Option, Flächennutzungsplan und Bebauungsplan zeitgleich (parallel) durchzuführen. In diesem Parallelverfahren kann der parallel entwickelte Bebauungsplan nun nach § 8 Abs. 3 S. 2 BauGB vor dem Flächennutzungsplan bekannt gemacht werden, wenn nach dem Stand der Planungsarbeiten anzunehmen ist,

---

14 vgl. *Dürr/König* Baurecht Bayern S. 25 Rn. 22; *BVerwG* DÖV 1999, 733 ff.; *HessVGH*, UPR 1989, 394 ff.
15 *NdsOVG* NVwZ-RR 1999, 563 ff.
16 vgl. *Dürr/König* Baurecht Bayern S. 26 Rn. 23.
17 *Brenner* Öffentliches Baurecht S. 73. Rn. 262 ff.

dass der Bebauungsplan aus den künftigen Darstellungen des Flächennutzungsplanes entwickelt sein wird. Dies erfordert eine hinreichende Planreife des Flächennutzungsplanes (vgl. insoweit für Bebauungspläne die gesetzliche Bestimmung in § 33 BauGB).

JURIQ-Klausurtipp

Prägen Sie sich diese drei Durchbrechungen der grundsätzlichen Chronologie von Flächennutzungsplan und Bebauungsplan gut sein. Sie benötigen diese erneut, wenn Sie sich mit der Genehmigungspflicht von Bebauungsplänen beschäftigen (§ 10 Abs. 2 BauGB).

C. Der Flächennutzungsplan

I. Funktion, Zuständigkeiten, Genehmigungserfordernis und Rechtsnatur des Flächennutzungsplanes

1. Funktion des Flächennutzungsplanes

Gemäß § 5 Abs. 1 S. 1 BauGB soll der Flächennutzungsplan **für das gesamte Gemeindegebiet** die städtebauliche Ordnung in **Grundzügen** darstellen.[18] Der Flächennutzungsplan ist damit, wie § 1 Abs. 2 BauGB auch klarstellt, ein **vorbereitender Bauleitplan**. Ausgehend von § 5 Abs. 1 S. 1 BauGB hat der Flächennutzungsplan grundsätzlich **gemeindeumfassend** zu sein. Eine Ausnahme hierzu schafft lediglich § 5 Abs. 1 S. 2 BauGB. **26**

Aus dem Flächennutzungsplan hat die Gemeinde im Regelfall zeitlich nachfolgend den Bebauungsplan als verbindlichen Bauleitplan zu entwickeln, § 8 Abs. 2 S. 1 BauGB. Erst mit dem Bebauungsplan schafft die Gemeinde rechtsverbindliches Baurecht. Der Flächennutzungsplan ist damit anders als der Bebauungsplan nicht parzellenscharf. Er legt nur eine auf der zweiten Ebene der Entwicklung der Bebauungspläne zu beachtende Grundordnung der Bebauung für die jeweilige Gemeinde fest.[19] § 204 Abs. 1 BauGB schafft die Möglichkeit gemeinsamer Flächennutzungspläne benachbarter Gemeinden.

2. Zuständigkeiten und Genehmigungserfordernis (Genehmigungspflicht; Organkompetenz)

Der Flächennutzungsplan wird anders als der Bebauungsplan, für den § 10 Abs. 1 BauGB zwingend die Satzung als Rechtsform vorschreibt, durch **einfachen Gemeinderatsbeschluss** erlassen. § 10 Abs. 1 BauGB gilt für den Flächennutzungsplan nicht. **27**

Die **Verbandskompetenz** zum Erlass des Flächennutzungsplanes ist in § 2 Abs. 1 BauGB geregelt. Demnach ist die Gemeinde zuständig für den Erlass eines Flächennutzungsplanes. **28**

18 vgl. hierzu *BVerwG* DVBl. 2005, 1583 ff.

19 vgl. zum Ganzen *Dürr/König* Baurecht Bayern S. 24 Rn. 20; *Brenner* Öffentliches Baurecht S. 50 Rn. 173, S. 61, Rn. 223 f.

29 Die Frage der **Organkompetenz** innerhalb der jeweiligen Gemeinde lässt sich nicht durch das BauGB beantworten. Die Verfahrensvorschriften des BauGB werden insoweit ergänzt durch die Bestimmungen der Gemeindeordnung (GO). Für die Frage der Organkompetenz ist nach Auffassung des Bundesverwaltungsgerichts allein das landesrechtliche Kommunalrecht maßgeblich.[20]

JURIQ-Klausurtipp

Denken Sie bitte daran, dass bei Zuständigkeit einer Gebietskörperschaft (Gemeinde, Landkreis, Bezirk) eine saubere Trennung zwischen Verbands- und Organkompetenz von Ihnen erwartet wird. Machen Sie sich noch einmal klar, dass die Zuständigkeit der erste Prüfungspunkt bei der Erörterung der formellen Rechtmäßigkeit eines Verwaltungsaktes/einer Satzung/einer Verordnung ist.

30 An dieser Stelle gilt es nun die Bestimmung des § 6 Abs. 1 BauGB zu beachten, wonach der Flächennutzungsplan der **Genehmigung der höheren Verwaltungsbehörde** bedarf. Bei diesem gesetzlich vorgeschriebenen Genehmigungsverfahren handelt es sich um eine **besondere Ausprägung der staatlichen Aufsicht** über die Gemeinde (vgl. Art. 83 Abs. 4 BV, Art. 37 Abs. 1 S. 2 LKrO). Da Bauleitplanung Angelegenheit der kommunalen Selbstverwaltung und damit des eigenen Wirkungskreises der Gemeinde ist, liegt ein Fall der **Rechtsaufsicht** vor.[21] Die Genehmigung teilt damit auch die allgemeine Rechtsnatur rechtsaufsichtlicher Maßnahmen als **Verwaltungsakt**.[22] Nach dem allgemeinen Aufbau des Freistaates Bayern ist höhere Verwaltungsbehörde grundsätzlich die jeweilige Bezirksregierung. Diese Regierungszuständigkeit wird in Bayern über die Vorschriften in § 203 Abs. 3 BauGB, § 2 Abs. 1 und 2 ZustVBau[23] modifiziert.

JURIQ-Klausurtipp

Kommentieren Sie sich die Bestimmungen der § 203 Abs. 3 BauGB, § 2 Abs. 1 und 2 ZustVBau neben § 6 Abs. 1 BauGB, damit Ihnen die Bestimmung der zuständigen Genehmigungsbehörde bei Flächennutzungsplänen keine Schwierigkeiten bereitet.

31 Bei einem Flächennutzungsplan einer kreisangehörigen Gemeinde gilt demnach § 6 Abs. 1 BauGB, § 203 Abs. 3 BauGB, § 2 Abs. 1 ZustVBau. Damit ist zuständige Genehmigungsbehörde in Abweichung von § 6 Abs. 1 BauGB in diesen Fällen das jeweils örtlich zuständige Landratsamt.

Hinweis

Sofern die Genehmigung eines Flächennutzungsplanes einer **Großen Kreisstadt** in Streit steht, gilt es § 2 Abs. 2 ZustVBau zu beachten, der bestimmt, dass § 2 Abs. 1 ZustVBau nicht für Große Kreisstädte gilt. Demnach verbleibt es bei der Grundregel in § 6 Abs. 1 BauGB; die Regierung ist zuständige Genehmigungsbehörde. Bei Flächennutzungsplänen einer **kreis-**

20 vgl. *BVerwG* DVBl. 1988, 958 ff.

21 *Reidt* in *Battis/Krautzberger/Löhr* BauGB § 6 Rn. 2.

22 *Reidt* in *Battis/Krautzberger/Löhr* BauGB § 6 Rn. 5.

23 *Ziegler/Tremel* Nr. 63.

freien Stadt schafft § 2 ZustVBau keine Sonderregelung. Es bleibt in diesen Fällen bei der Regierungszuständigkeit aus § 6 Abs. 1 BauGB. Dies ist auch sachlogisch, da kreisfreie Städte kein zugehöriges Landratsamt (vgl. § 2 Abs. 1 ZustVBau) kennen.

Die zuständige staatliche Behörde darf die Genehmigung eines Flächennutzungsplanes nur versagen, wenn dieser nicht ordnungsgemäß zustande gekommen ist (beachtlicher Verfahrensverstoß) oder gegen Normen des BauGB („dieses Gesetzbuchs"), gegen auf der Grundlage des BauGB erlassene Rechtsvorschriften oder sonstige Rechtsvorschriften verstößt. 32

Hinweis

Beachten Sie, dass im Genehmigungsverfahren für den Flächennutzungsplan eine voll umfängliche Vereinbarkeitsprüfung des vorgelegten Planes mit dem gesamten berührten materiellen Recht stattzufinden hat (vgl. § 6 Abs. 2 BauGB). Dies ist Folge dessen, dass der Flächennutzungsplan in der Regel chronologisch die erste planerische Entscheidung der Gemeinde ist, die dann von dieser über § 8 Abs. 2 S. 1 BauGB in rechtsverbindliche Bebauungspläne umzusetzen ist **(Entwicklungsgebot)**.

Diese Genehmigung stellt für die jeweilige Staatsbehörde eine rechtlich gebundene Entscheidung dar. Ein Ermessen bei der Erteilung/Versagung steht der Aufsichtsbehörde nicht zu.[24] 33

JURIQ-Klausurtipp

Beachten Sie, dass Ihnen diese Konstellation in Klausuren durchaus begegnen kann. Sofern das Landratsamt bzw. die Regierung die Genehmigung für einen gemeindlichen Flächennutzungsplan versagt, ist in diesen Fällen ein Rechtsschutz der Gemeinde eröffnet. Mittels einer Verpflichtungsklage in Form der Versagungsgegenklage, § 42 Abs. 1 Alt. 2 VwGO, muss die Gemeinde die Genehmigung ihres Flächennutzungsplanes gerichtlich erstreiten.

Da Flächennutzungspläne grundsätzlich ein genehmigungsbedürftiges Rechtsgeschäft darstellen, gilt es im Bereich der Organkompetenz jetzt Art. 32 Abs. 2 S. 2 Nr. 1 GO zu beachten. Aufgrund der Genehmigungspflicht aus dem BauGB (§ 6 Abs. 1 BauGB) scheidet eine Übertragung des Verfahrens auf einen eventuell vorhandenen Bauausschuss aus. Flächennutzungspläne sind stets vom **Gemeinderat** zu erlassen.[25]

JURIQ-Klausurtipp 34

Kommentieren Sie sich Art. 32 Abs. 2 S. 2 Nr. 1 GO neben § 6 Abs. 1 BauGB, damit Ihnen die gedankliche Verbindung von Genehmigungspflicht und Organkompetenz verdeutlicht wird. Auch hier sehen Sie die inhaltliche Verknüpfung von Bau- und Kommunalrecht!

---

24 *Reidt* in *Battis/Krautzberger/Löhr* BauGB § 6 Rn. 14; *BVerwG* NVwZ 1995, 267 f.
25 *Dürr/König* Baurecht Bayern S. 53 Rn. 55.

Beispiel Wenn die kreisangehörige Gemeinde A-Dorf einen neuen Flächennutzungsplan erlassen will und innerhalb der Gemeinde die Organe erster Bürgermeister, Gemeinderat und Bauausschuss vorhanden sind und die Gemeinde in ihrer Geschäftsordnung sämtliche Bauangelegenheiten auf den Bauausschuss übertragen hat (Art. 32 Abs. 2 S. 1 GO), so verdrängt der Bauausschuss den Gemeinderat nicht für die Angelegenheit „Flächennutzungsplan" (vgl. Art. 30 Abs. 2 GO). Es gilt hier die Bestimmungen in § 6 Abs. 1 BauGB und Art. 32 Abs. 2 S. 2 Nr. 1 GO zu beachten. Für ein Rechtsgeschäft, das der Genehmigung bedarf, bleibt der Gemeinderat organzuständig. Die Genehmigung selbst ist, da A-Dorf kreisangehörig ist, durch das zuständige Landratsamt zu erteilen (§§ 203 Abs. 3 BauGB, 2 Abs. 1 ZustVBau). ■

3. Rechtsnatur des Flächennutzungsplanes

35 Da § 10 Abs. 1 BauGB für den Flächennutzungsplan nicht gilt, hat der Flächennutzungsplan **keine Rechtsnormqualität.**[26] Im Wesentlichen erschöpft sich seine Bedeutung in der Forderung von § 8 Abs. 2 S. 1 BauGB an die Gemeinde, aus dem Flächennutzungsplan den rechtsverbindlichen Bebauungsplan zu entwickeln. Der Flächennutzungsplan hat damit grundsätzlich nur **verwaltungsinterne Bedeutung**, indem er die Gemeinde verpflichtet, dem Entwicklungsgebot Rechnung zu tragen. Der Flächennutzungsplan enthält damit keine für jedermann verbindlichen Regelungen und erzeugt grundsätzlich keine Rechte und Pflichten für Dritte.[27] Insbesondere verleiht er auch keinen Anspruch auf Umsetzung seiner Darstellungen in Bebauungspläne. Da § 1 Abs. 3 S. 2 BauGB insoweit von Bauleitplänen spricht, gilt diese Bestimmung selbstverständlich auch für Flächennutzungspläne.

36 Der Flächennutzungsplan kann auch nicht als **Verwaltungsakt** im Sinne von Art. 35 BayVwVfG begriffen werden. Er stellt keine hoheitliche Maßnahme zur Regelung eines Einzelfalles mit unmittelbarer Rechtswirkung nach außen dar.[28]

37 Damit sind Flächennutzungspläne hoheitliche Äußerungen sui generis, die die Gemeinde lediglich über die gesetzliche Bestimmung des § 8 Abs. 2 S. 1 BauGB binden.[29]

> Der **Flächennutzungsplan** ist ein die Gemeinde über § 8 Abs. 2 S. 1 BauGB planungsbindender **Plan eigener Art** bzw. ein kommunales Verwaltungsprogramm.

II. Inhalt des Flächennutzungsplanes

38 Im Flächennutzungsplan kann die Gemeinde darstellen, was baurechtlich im zeitlich nachfolgenden Bebauungsplan als rechtsverbindliche Festsetzung umgesetzt werden soll. Die Gemeinde hat sich bei ihrer Darstellung, wie es § 5 Abs. 1 S. 1 BauGB fordert, auf die Grundzüge zu beschränken. Erst der Bebauungsplan stellt die höhere Konkretisierungsstufe dar, die verbindliches Baurecht auch für Dritte schafft. Da Bauleitplanung Angelegenheit der kommunalen Selbstverwaltung ist, kommt der Gemeinde bei Ausgestaltung des Flächennutzungsplanes ein **weites planerisches Ermessen** zu (vgl. Wortlaut „können" in § 5 Abs. 2 BauGB).[30]

---

26 *Spieß* in *Jäde/Dirnberger* BauGB, BauNVO § 5 Rn. 2; *Brenner* Öffentliches Baurecht S. 55 Rn. 202.
27 *Brenner* Öffentliches Baurecht S. 55 Rn. 202.
28 *Brenner* Öffentliches Baurecht S. 55 Rn. 202.
29 *Mitschang* in *Battis/Krautzberger/Löhr* BauGB § 5 Rn. 45.
30 *Brenner* Öffentliches Baurecht S. 56 Rn. 203; *Mitschang* in *Battis/Krautzberger/Löhr* BauGB § 5 Rn. 11.

Der **Katalog der Darstellungsmöglichkeiten ist in § 5 Abs. 2 BauGB** geregelt. Wie der Wortlaut „insbesondere" indiziert, ist diese Aufzählung **nicht abschließend.**[31]

§ 5 Abs. 2 Nr. 1 BauGB ermöglicht als in der Praxis maßgebliche Bestimmung die Darstellung von für die Bebauung vorgesehenen Flächen nach der allgemeinen Art ihrer baulichen Nutzung (Bauflächen) bzw. nach der besonderen Art ihrer baulichen Nutzung (Baugebiete).

An dieser Stelle verläuft eine zu beachtende Verbindungslinie zur BauNVO.[32] Nach § 1 Abs. 1 BauNVO können im Flächennutzungsplan die Flächen als Bauflächen nach ihrer allgemeinen Art dargestellt werden (z.B. als Wohnbauflächen oder als gewerbliche Bauflächen, § 1 Abs. 1 Nrn. 1, 3 BauNVO). § 1 Abs. 2 BauNVO ermöglicht einen höheren Konkretisierungsgrad bereits auf der Stufe des vorbereitenden Flächennutzungsplanes durch Darstellung einzelner Baugebiete nach ihrer besonderen Nutzung (z.B. als Allgemeines Wohngebiet oder als Gewerbe- oder Industriegebiet, § 1 Abs. 2 Nrn. 3, 8, 9 BauNVO).

Hinweis

§ 5 Abs. 4 BauGB eröffnet die Möglichkeit, sonstige Planungen Dritter bzw. sonstige Nutzungsregelungen aufgrund anderer gesetzlicher Bestimmungen in den Flächennutzungsplan **nachrichtlich zu übernehmen**. Diese nachrichtlichen Übernahmen nehmen an der Rechtsnatur des Flächennutzungsplanes nicht teil. Sie sind rein deklaratorischer Natur.[33]

III. Verfahren zum Erlass eines Flächennutzungsplanes

Da das BauGB in den §§ 1 ff. BauGB grundsätzlich von Bauleitplänen spricht, gelten die Verfahrensbestimmungen grundsätzlich sowohl für den Flächennutzungsplan wie auch für den Bebauungsplan. Im Rahmen des Verfahrens zum Erlass des prüfungsrelevanteren Bebauungsplanes werden wir diese Detailanforderungen des BauGB näher kennenlernen. Auf diese Ausführungen sei an dieser Stelle verwiesen. **39**

Hinweis

Machen Sie es sich an dieser Stelle möglichst einfach. Wer das Verfahren zum Erlass eines Bebauungsplanes kennt und beherrscht, tut sich auch im Bereich eines Flächennutzungsplanes leicht. Sie müssen hier nur darauf achten, dass, wenn das Gesetz von **Bauleitplänen** spricht, die Anforderungen für Flächennutzungs- und Bebauungsplan gemeinsam gelten. Nur wenn das Gesetz den Flächennutzungsplan explizit in Bezug nimmt (z.B. § 5 Abs. 5 BauGB) gilt diese Anforderung dann selbstverständlich nur für Flächennutzungspläne, nicht aber für Bebauungspläne.

Dennoch gibt es einige Besonderheiten im Bereich der Flächennutzungspläne, auf die an dieser Stelle hingewiesen sei.

---

31 *Reidt* in *Battis/Krautzberger/Löhr* BauGB § 5 Rn. 11.

32 vgl. *Spieß* in *Jäde/Dirnberger* BauGB, BauNVO § 5 Rn. 11.

33 *Brenner* Öffentliches Baurecht S. 58 Rn. 211.

40 Zunächst gilt es noch einmal zu beachten, dass **zuständiges Organ** innerhalb der Gemeinde zum Erlass eines Flächennutzungsplanes ausschließlich der Gemeinderat ist (Art. 32 Abs. 2 S. 2 Nr. 1 GO). Der Flächennutzungsplan ist darüber hinaus ein stets **genehmigungspflichtiges Rechtsgeschäft** nach § 6 Abs. 1 BauGB.

Dem Flächennutzungsplan ist nach § 5 Abs. 5 BauGB eine **Begründung** mit den Angaben nach § 2a BauGB beizufügen. Die Begründung hat demnach die Ziele, Zwecke und wesentlichen Auswirkungen des Flächennutzungsplanes und die Ergebnisse der durchgeführten Umweltprüfung **(Umweltbericht)** wiederzugeben. Die Begründung ist ähnlich einer Gesetzesbegründung nicht Teil der Flächennutzungsplanung selbst, sondern wird dieser „beigefügt". Damit erlangt nur der Flächennutzungsplan selbst Rechtswirksamkeit.[34]

IV. Rechtliche Wirkungen des Flächennutzungsplanes

1. Anpassungspflicht für öffentliche Planungsträger

41 Gemäß § 7 BauGB haben sämtliche öffentlich-rechtlichen Planungsträger, die am Bauleitplanverfahren beteiligt wurden und der gemeindlichen Planungsabsicht nicht widersprochen haben, ihre Planungen dem Flächennutzungsplan anzupassen. Hat der Planungsträger widersprochen, unterliegt er keiner Anpassungspflicht. Gemeindlicher Plan und Fachplanung bestehen dann selbstständig nebeneinander.[35]

2. Rechtliche Bindung der Gemeinde (Entwicklungsgebot)

42 § 8 Abs. 2 S. 1 BauGB verpflichtet die Gemeinde, soweit der Flächennutzungsplan zeitlich vorausgehend zum Bebauungsplan erlassen wurde, die Bebauungspläne aus dem Flächennutzungsplan zu entwickeln. Damit erfolgt eine Selbstbindung der Gemeinde an ihre im Flächennutzungsplan dargestellte planerische Grundkonzeption. Um § 8 Abs. 2 S. 1 BauGB zu genügen, muss die Grundkonzeption des Flächennutzungsplanes im Bebauungsplan aufgegriffen werden und lediglich einem höheren Konkretisierungsgrad zugeführt werden.[36] Da sich die Forderung des § 8 Abs. 2 BauGB an die Gemeinde richtet, hat der Flächennutzungsplan grundsätzlich keine verbindliche Außenwirkung gegenüber Dritten.[37]

Hinweis

Aus einem unwirksamen Flächennutzungsplan kann kein wirksamer Bebauungsplan entwickelt werden.

3. Rechtliche Wirkungen gegenüber Dritten

43 Grundsätzlich hat der Flächennutzungsplan nur die dargestellte verwaltungsinterne, gemeindebindende Wirkung über die gesetzliche Bestimmung in § 8 Abs. 2 S. 1 BauGB. Für den ein-

34 *Brenner* Öffentliches Baurecht S. 58 Rn. 213.
35 vgl. zum Ganzen *Brenner* Öffentliches Baurecht S. 60 Rn. 219.
36 vgl. zum Ganzen *Dürr/König* Baurecht Bayern S. 25 Rn. 22.
37 *Spieß* in *Jäde/Dirnberger* BauGB, BauNVO § 5 Rn. 3.

zelnen Grundstückseigentümer schafft der Flächennutzungsplan kein Baurecht.[38] Dazu ist nur der Bebauungsplan als verbindlicher Bauleitplan imstande. Nur für Bebauungspläne gilt die Bestimmung in § 30 BauGB.

Mittelbare Außenwirkung erlangt der Flächennutzungsplan allerdings bei Bauvorhaben im 44
Außenbereich, § 35 BauGB[39]. § 35 Abs. 3 S. 1 Nr. 1 BauGB bestimmt insoweit, dass ein Bauvorhaben im Außenbereich insbesondere dann öffentliche Belange beeinträchtigt, wenn es den Darstellungen des Flächennutzungsplanes widerspricht. Mithin ist es nicht ausgeschlossen, dass die Darstellungen des Flächennutzungsplanes, obwohl dieser grundsätzlich nur die Gemeinde in § 8 Abs. 2 S. 1 BauGB verpflichtet, zur Versagung eines Bauvorhabens im Außenbereich führen.[40] Wann diese Voraussetzungen gegeben sind, werden wir im Rahmen der Erläuterung der bauplanungsrechtlichen Zulässigkeit von Bauvorhaben im Außenbereich näher erläutern.

Eine **weitere mittelbare Außenwirkung** schafft § 35 Abs. 3 S. 3 BauGB, wonach einem Bau- 45
vorhaben nach § 35 Abs. 1 Nr. 2 bis 6 BauGB öffentliche Belange auch dann entgegen stehen, wenn hierfür im Flächennutzungsplan eine Ausweisung an anderer Stelle erfolgt ist.

Beispiel Diese letzte Konstellation hat insbesondere Bedeutung im Bereich der Errichtung von Windkraftanlagen. Hier kann die Gemeinde mit Hilfe des Flächennutzungsplanes so genannte **Konzentrationszonen** für Windkraftanlagen **(Vorrangfläche)** auf ihrem Gemeindegebiet ausweisen. Diese haben dann über § 35 Abs. 3 S. 3 BauGB die Wirkung, dass die grundsätzlich privilegierten Windkraftanlagen (§ 35 Abs. 1 Nr. 5 BauGB) im Außenbereich dieser Gemeinde nur noch in den ausgewiesenen Konzentrationszonen zulässig sind, im Übrigen ihnen aber trotz der gesetzlichen Privilegierung öffentliche Belange entgegenstehen. ■

Schließlich ermächtigt § 34 Abs. 4 Nr. 2 BauGB die Gemeinde dazu, durch Satzung bebaute 46
Bereiche im Außenbereich als im Zusammenhang bebaute Ortsteile festzulegen, wenn die diesbezüglichen Flächen im Flächennutzungsplan als Bauflächen dargestellt sind. Diese gesetzliche Möglichkeit einer **Innenbereichssatzung** ermöglicht der Gemeinde eine rechtliche Aufwertung von Außenbereichsflächen (§ 35 BauGB) zu einem Innenbereich nach § 34 BauGB. Die weitere bauplanerische Prüfung hat dann bei Wirksamkeit einer derartigen Innenbereichssatzung am Maßstab des § 34 BauGB zu erfolgen.[41]

V. Rechtsschutz bei Flächennutzungsplänen

1. Für die Gemeinde

Kommt es zur Versagung der Genehmigung für einen Flächennutzungsplan (§ 6 Abs. 1 47
BauGB), so hat die Gemeinde hierauf mit einer **Verpflichtungsklage in Form der Versagungsgegenklage** § 42 Abs. 1 Alt. 2 VwGO zu reagieren. Die abgelehnte Genehmigung stellt für die Gemeinde einen sie belastenden Verwaltungsakt dar, den sie rechtlich angreifen kann. Die Klagebefugnis der Gemeinde ergibt sich aus einem möglichen Anspruch auf Genehmi-

38 *Brenner* Öffentliches Baurecht S. 61 Rn. 221.
39 vgl. *Kment* NVwZ 2004, S. 314 ff.
40 *Spieß* in *Jäde/Dirnberger* BauGB, BauNVO § 5 Rn. 3.
41 *Brenner* Öffentliches Baurecht S. 61 Rn. 221.

gung aus § 6 Abs. 1, 2 BauGB und einer möglichen Verletzung der gemeindlichen Selbstverwaltungsgarantie aus Art. 28 Abs. 2 GG, Art. 11 Abs. 2 BV.[42]

Hinweis

Denken Sie noch einmal daran, dass bei der Klagebefugnis für eine Verpflichtungsklage die Adressatentheorie (Art. 2 Abs. 1 GG) niemals ausreicht. Sie müssen hier immer auf einen möglichen Anspruch des Klägers abstellen. Hinzu kommt bei Klagen einer Gemeinde, dass für diese Art. 2 Abs. 1 GG ohnehin nicht gilt. Sie müssen bei Klagen der Gemeinde daher stets auf die kommunale Selbstverwaltungsgarantie aus Art. 28 Abs. 2 GG, Art. 11 Abs. 2 BV als mögliches verletztes Recht abstellen.

48 Die Klage der Gemeinde ist dabei gegen den Freistaat Bayern zu richten, da das Genehmigungsverfahren nach § 6 Abs. 1 BauGB einen **Sonderfall staatlicher Aufsicht** über die Gemeinde darstellt (Rechtsaufsicht im eigenen Wirkungskreis).

Die Klage der Gemeinde ist schließlich nach § 113 Abs. 5 S. 1 VwGO begründet, wenn der Gemeinde ein **Anspruch** auf Genehmigung des Flächennutzungsplanes zur Seite steht. Dies wiederum ist dann der Fall, wenn der Flächennutzungsplan formell und materiell rechtmäßig durch die Gemeinde erlassen wurde. Es liegt dann **Spruchreife** vor, da der Staatsbehörde bei Erteilung/Versagung der Genehmigung in § 6 Abs. 1 BauGB kein Ermessensspielraum zukommt. Für den Bürger handelt es sich bei der Genehmigung nur um einen unselbstständigen Teil des Planaufstellungsverfahrens, der nicht isoliert angegriffen werden kann.[43]

2. Für Dritte

49 Da der Flächennutzungsplan einen **Plan sui generis** darstellt und er nicht gemäß § 10 Abs. 1 BauGB als Satzung erlassen wird, kann er dem Grunde nach nicht im Wege der prinzipalen Normenkontrolle nach § 47 Abs. 1 Nr. 1 VwGO angegriffen werden.[44]

Eine Ausnahme hiervon stellt ein Flächennutzungsplan dar, der nach § 35 Abs. 3 S. 3 BauGB eine entsprechende Flächenzuweisung für bestimmte privilegierte bauliche Anlagen nach § 35 Abs. 1 BauGB ausspricht.[45]

Ein derartiger Flächennutzungsplan kann mittels einer Normenkontrolle angegriffen werden. Dabei kann zumindest in Bayern dahingestellt bleiben, ob diese Fallkonstellation in Analogie zu § 47 Abs. 1 Nr. 1 VwGO zu lösen ist oder ob insofern ein Fall von § 47 Abs. 1 Nr. 2 VwGO vorliegt. Da in Bayern die Bestimmung des Art. 5 AGVwGO das Normenkontrollverfahren auch gegen sonstige untergesetzliche Rechtsakte außerhalb des BauGB eröffnet, spielt dieser Streit in bayerischen Examensklausuren keine Rolle.

Begründet wird diese ausnahmsweise Zulässigkeit einer Normenkontrolle ungeachtet der unstreitig fehlenden Satzungsqualität eines Flächennutzungsplanes damit, dass ein Flächennutzungsplan mit dem Inhalt des § 35 Abs. 3 S. 3 BauGB eine abschließende rechtsverbindliche

42 *Reidt* in *Battis/Krautzberger/Löhr* BauGB § 6 Rn. 5.
43 *Reidt* in *Battis/Krautzberger/Löhr* BauGB § 6 Rn. 5.
44 *Spieß* in *Jäde/Dirnberger* BauGB, BauNVO § 5 Rn. 2.
45 *BVerwG* NVwZ 2007, 1081 ff.; *Brenner* Öffentliches Baurecht S. 61 Rn. 221.

Planungsaussage trifft. Mit Zuweisung der privilegierten Anlagen auf bestimmte Außenbereichsstandorte wird gleichzeitig quasi spiegelbildlich die Aussage getroffen, dass derartige Anlagen außerhalb der gewählten Standorte unzulässig sind. Insoweit trifft bereits der Flächennutzungsplan auf der ersten planerischen Stufe eine verbindliche Entscheidung, die auch im Einzelgenehmigungsverfahren bindend ist. Der Flächennutzungsplan schafft bzw. verweigert auf dieser frühen planerischen Ebene damit Baurecht und ist insofern „bebauungsplanähnlich" (2. Stufe der Bauleitplanung). Diese ausnahmsweise Gleichstellung rechtfertigt die Erstreckung des Normenkontrollverfahrens auf den Flächennutzungsplan in Fällen des § 35 Abs. 3 S. 3 BauGB.[46] Ist die Regelung über die Ausweisung von Konzentrationszonen bzw. der Ausschluss von Anlagen im übrigen Gemeindegebiet rechtswidrig erfolgt, so ist nach Auffassung des Bundesverwaltungsgerichts nur diese konkrete Regelung im betroffenen Flächenutzungsplan unwirksam, dieser aber im Übrigen rechtsgültig. Das Bundesverwaltungsgericht hat dies in einer noch nicht veröffentlichten Entscheidung vom 13.12.2018 klargestellt.

JURIQ-Klausurtipp

Diese ausnahmsweise Möglichkeit der Normenkontrolle gegen eine Darstellung im Flächennutzungsplan nach § 35 Abs. 3 S. 3 BauGB müssen Sie kennen. Kommentieren Sie sich den § 47 Abs. 1 VwGO neben die Bestimmung des § 35 Abs. 3 S. 3 BauGB. Denken Sie aber auch noch einmal daran, dass der Flächennutzungsplan ein Plan eigener Art und keine Satzung nach § 10 Abs. 1 BauGB ist.

Bitte beachten Sie, dass das Umwelt-Rechtsbehelfsgesetz (UmwRG) für anerkannte Umweltverbände (§ 3 UmwRG) eine erweiterte Möglichkeit des Rechtsschutzes gegen Flächennutzungspläne geschaffen hat. Dies ergibt sich aus § 1 Abs. 1 Nr. 4, § 2 Abs. 7 des Gesetzes über die Umweltverträglichkeitsprüfung (UVPG) und Nr. 1.8 der Anlage 5 Liste „SUP-pflichtiger Pläne und Programme", die auf § 6 BauGB verweist. Auch insoweit steht anerkannten Umweltverbänden (aber nur diesen, nicht aber Privatpersonen) künftig die Möglichkeit einer Normenkontrolle zur Verfügung. Bei einer solchen gilt es aber folgende Besonderheiten zu beachten. In Abweichung von § 47 Abs. 2 S. 1 VwGO bedarf es in diesen Fällen keiner Geltendmachung der Verletzung in eigenen Rechten (§ 2 Abs. 1 UmwRG). Allerdings gilt es die Präklusionsvorschrift in § 7 Abs. 3 UmwRG zu beachten. Die Begründetheit einer derartigen Normenkontrolle regelt § 2 Abs. 4 UmwRG. Beachten Sie an dieser Stelle weiter, dass sich der Rechtsbehelf vom sonst in § 47 VwGO üblichen objektiven Normbesanstandungsverfahren löst und in der Begründetheit ausnahmsweise eine Rechtsverletzung fordert.

Online-Wissens-Check

Welche Rechtsnatur hat der Flächennutzungsplan?

Überprüfen Sie jetzt online Ihr Wissen zu den in diesem Abschnitt erarbeiteten Themen. Unter **www.juracademy.de/skripte/login** steht Ihnen ein Online-Wissens-Check speziell zu diesem Skript zur Verfügung, den Sie kostenlos nutzen können. Den Zugangscode hierzu finden Sie auf der Codeseite.

46 vgl. zum Ganzen *BVerwG* NVwZ 2007, 1081 ff.; *BVerwG*, NVwZ 2013,1011 ff.; *OVG RP* NVwZ 2006, 1442 ff.

D. Der Bebauungsplan

I. Funktion, Zuständigkeiten, Genehmigungserfordernis und Rechtsnatur des Bebauungsplanes

1. Funktion des Bebauungsplanes

50 Gemäß § 8 Abs. 1 S. 1 BauGB enthält der Bebauungsplan die **parzellenscharfen rechtsverbindlichen Festsetzungen** für die städtebauliche Ordnung. Er bildet nach § 8 Abs. 1 S. 2 BauGB die Grundlage für weitere zum Vollzug des BauGB erforderliche Maßnahmen.[47] Da der Bebauungsplan über das Entwicklungsgebot des § 8 Abs. 2 S. 1 BauGB die Darstellungen des Flächennutzungsplanes in rechtsverbindliche Festsetzungen überführt, schafft er **unmittelbares Baurecht.**[48] **§ 30 BauGB** bestätigt diese Überlegung. Anders als auf der Grundlage des Flächennutzungsplanes kann mit dem Bebauungsplan gemäß den planerischen Vorgaben der Gemeinde gebaut werden. Mit dem Bebauungsplan beschränkt die Gemeinde das Privateigentum im Sinne von Art. 14 Abs. 1 S. 2 GG, da im Geltungsbereich eines Bebauungsplanes ein Vorhaben nur zulässig sein kann, wenn es den rechtswirksamen gemeindlichen Festsetzungen nicht widerspricht.

Der Bebauungsplan ist insoweit das **Hauptinstrument zur Umsetzung der gemeindlichen Planungshoheit.**[49]

2. Zuständigkeiten und Genehmigungserfordernis

a) Verbands- und Organkompetenz

51 Die **Verbandskompetenz** zum Erlass eines Bebauungsplanes liegt wiederum gemäß § 2 Abs. 1 BauGB bei der Gemeinde. Die **Organkompetenz** beurteilt sich wiederum nach **kommunalrechtlichen Bestimmungen.** Auch hier gilt es erneut die Vorschrift des Art. 32 Abs. 2 S. 2 GO zu beachten. Da es sich bei Bebauungsplänen um **Satzungen nach § 10 Abs. 1 BauGB** handelt, ist die Organkompetenz bei Vorhandensein von Bauausschüssen am Maßstab von Art. 32 Abs. 2 S. 2 Nr. 2 GO zu messen. Hierbei gilt es folgende Systematik zu beachten: Grundsätzlich schließt Art. 32 Abs. 2 S. 2 GO die Übertragung des Erlasses von Satzungen auf beschließende Ausschüsse aus. Dies gilt aber nicht uneingeschränkt. Art. 32 Abs. 2 S. 2 Nr. 2 GO schafft insoweit eine Ausnahme für **alle** Bebauungspläne und sonstigen Satzungen nach dem BauGB (z.B. Innenbereichssatzungen nach § 34 Abs. 4 BauGB oder Außenbereichssatzung, § 35 Abs. 6 BauGB oder auch die Satzung über eine Veränderungssperre nach § 16 Abs. 1 BauGB). Diese können aufgrund der gesetzlichen Rückausnahme damit auf beschließende Ausschüsse übertragen werden.[50] Da die GO den Passus „alle" verwendet, gilt Art. 32 Abs. 2 S. 2 Nr. 2 GO damit sowohl für nicht genehmigungspflichtige Bebauungspläne (Regelfall) als auch für ausnahmsweise genehmigungspflichtige Bebauungspläne (dazu gleich).[51]

47 *Brenner* Öffentliches Baurecht S. 61 Rn. 223.
48 *Dürr/König* Baurecht Bayern S. 25 Rn. 21.
49 *Brenner* Öffentliches Baurecht S. 62 Rn. 224.
50 *Dürr/König* Baurecht Bayern S. 53 Rn. 55.
51 *Bauer/Böhle/Ecker* Bayerische Kommunalgesetze Art. 32 Rn. 13.

JURIQ-Klausurtipp

Prägen Sie sich ein, dass, sofern in einer Gemeinde ein Bauausschuss als beschließender Ausschuss eingerichtet ist, dieser für den Erlass von Bebauungsplänen organkompetent ist. Dies gilt auch dann, wenn der Bebauungsplan ausnahmsweise genehmigungspflichtig ist. Art. 32 Abs. 2 S. 2 Nr. 1 GO findet insoweit keine Anwendung, da Art. 32 Abs. 2 S. 2 Nr. 2 GO **alle** Bebauungspläne dieser Regelung unterstellt. Sofern eine Gemeinde keinen Bauausschuss eingerichtet hat, verbleibt es selbstverständlich bei der Organzuständigkeit des Gemeinderats zum Erlass von Bebauungsplänen und sonstigen Satzungen nach dem BauGB.

b) Genehmigungserfordernis bei Bebauungsplänen

Bebauungspläne sind nur ganz **ausnahmsweise genehmigungspflichtig**.[52] Die einzigen Fälle normiert insoweit die gesetzliche Bestimmung des § 10 Abs. 2 BauGB. Nur Bebauungspläne nach § 8 Abs. 2 S. 2 BauGB (selbstständiger Bebauungsplan), § 8 Abs. 3 S. 1 BauGB (parallel entwickelter, aber vorzeitig bekannt gemachter Bebauungsplan) und § 8 Abs. 4 BauGB (vorzeitiger Bebauungsplan) bedürfen der Genehmigung durch die höhere Verwaltungsbehörde. 52

Dieses Genehmigungserfordernis wird dadurch ausgelöst, dass in den drei genannten Fällen von §§ 8 Abs. 2 bis 4 BauGB die grundsätzliche Chronologie von Flächennutzungsplan und Bebauungsplan nicht eingehalten wird bzw. eingehalten werden kann.[53]

Im **Regelfall** erlässt die Gemeinde in einem ersten Schritt den Flächennutzungsplan, der der Genehmigung der höheren Verwaltungsbehörde nach § 6 Abs. 1 BauGB bedarf. Wenn die Gemeinde nun zeitlich nachfolgend einen Bebauungsplan erlässt, bedarf sie nicht mehr der erneuten Genehmigung.[54] Diese wäre auch eine bloße Förmlichkeit. Insoweit gewährleistet jetzt allein die Bestimmung des § 8 Abs. 2 S. 1 BauGB die grundsätzliche konzeptionelle Übereinstimmung von Flächennutzungsplan und nachfolgendem Bebauungsplan. Es bedarf keiner weiteren Genehmigung.

In den **Fällen des § 8 Abs. 2, 3 und 4 BauGB** verhält es sich nun so, dass entweder gar kein Flächennutzungsplan erlassen wird (§ 8 Abs. 2 S. 2 BauGB), oder aber der Bebauungsplan die erste Stufe der grundsätzlich zweistufigen Bauleitplanung darstellt und der Flächennutzungsplan erst nachträglich (zeitlich nach dem Bebauungsplan) bekannt gemacht wird (§ 8 Abs. 3 S. 2 und § 8 Abs. 4 BauGB). In diesen Fällen ist es vom Gesetzgeber konsequent, den Bebauungsplan als nunmehr ersten Akt der Bauleitplanung dem Genehmigungserfordernis aus § 10 Abs. 2 BauGB zu unterwerfen. Sofern der Bebauungsplan die erste Stufe der Bauleitplanung darstellt, kann auch begrifflich eine Überprüfung des Entwicklungsgebotes aus § 8 Abs. 2 S. 1 BauGB nicht stattfinden. Dem folgend bestimmt § 8 Abs. 3 S. 2 BauGB beispielsweise, dass der Bebauungsplan nur dann vor dem Flächennutzungsplan bekannt gemacht werden darf, wenn anzunehmen ist, dass der Bebauungsplan aus den künftigen Darstellungen des Flächennutzungsplanes entwickelt sein wird.[55] 53

52 *Spieß* in *Jäde/Dirnberger* BauGB, BauNVO § 10 Rn. 6.
53 *Spieß* in *Jäde/Dirnberger* BauGB, BauNVO § 10 Rn. 6.
54 vgl. *Brenner* Öffentliches Baurecht S. 86 f. Rn. 307, 311.
55 vgl. zum Ganzen *Spieß in Jäde/Dirnberger* BauGB, BauNVO § 10 Rn. 6.

54 Die **zuständige Genehmigungsbehörde** lässt sich in Bayern wiederum über die Bestimmungen in § 203 Abs. 3 BauGB, § 2 Abs. 1 und 2 ZustVBau[56] ermitteln. Sofern keine Sonderregelung in der ZustVBau zutrifft, verbleibt es bei der Zuständigkeit der höheren Verwaltungsbehörde. Nach dem allgemeinen bayerischen Staatsaufbau ist dies dann wiederum die jeweils zuständige Bezirksregierung.

JURIQ-Klausurtipp

Auch wenn die Genehmigungspflicht eines Bebauungsplanes nicht der Regelfall ist, sollten Sie dennoch neben dem insoweit einschlägigen § 10 Abs. 2 BauGB die weiterführenden Bestimmungen der § 203 Abs. 3 BauGB, § 2 Abs. 1, 2 ZustVBau kommentiert haben, um für den Ernstfall vorbereitet zu sein.

Beispiel Wenn in unserem oben genannten *Beispiel* die Gemeinde A-Dorf einen Bebauungsplan erlassen will, gilt für diesen Folgendes: Die Organkompetenz beurteilt sich bei Vorhandensein eines Bauausschusses als beschließendem Ausschuss nach Art. 32 Abs. 2 S. 2 GO. Anders als der Flächennutzungsplan ist dieser Bebauungsplan, der dem Flächennutzungsplan zeitlich nachfolgt, nicht genehmigungspflichtig. Damit beansprucht Art. 32 Abs. 2 S. 2 Nr. 1 GO keine Geltung. Da der Bebauungsplan in der Rechtsform einer Satzung erlassen wird, § 10 Abs. 1 BauGB, gilt hier nun anders als beim Flächennutzungsplan Art. 32 Abs. 2 S. 2 Nr. 2 GO. Der Bauausschuss ist für diesen Bebauungsplan organzuständig und verdrängt insoweit nach Art. 30 Abs. 2 GO den Gemeinderat.

Sofern in **Abwandlung** der Bebauungsplan vor dem Flächennutzungsplan bekannt gemacht wird, verbleibt es bei der Organzuständigkeit des Bauausschusses, da Art. 32 Abs. 2 S. 2 Nr. 2 GO alle Bebauungspläne, d.h. auch die ausnahmsweise genehmigungspflichtigen nach § 10 Abs. 2 BauGB erfasst. Da der Bebauungsplan jetzt vor dem Flächennutzungsplan bekannt gemacht wird (§§ 8 Abs. 3 S. 2 bzw. 8 Abs. 4 BauGB) bedarf er der Genehmigung der höheren Verwaltungsbehörde. Zuständig für diese ist wiederum das örtlich zuständige Landratsamt. Dessen Zuständigkeit ergibt sich bei der kreisangehörigen Gemeinde A-Dorf aus §§ 10 Abs. 2, 203 Abs. 3 BauGB, § 2 Abs. 1 ZustVBau. ■

3. Rechtsnatur des Bebauungsplanes

55 Gemäß § 10 Abs. 1 BauGB wird der Bebauungsplan anders als der Flächennutzungsplan als **Satzung** erlassen.

Diese Rechtsform der Satzung eröffnet auch die Möglichkeit einer prinzipalen Normenkontrolle in § 47 Abs. 1 Nr. 1 VwGO gegen Bebauungspläne.[57]

JURIQ-Klausurtipp

Kommentieren Sie sich zu § 10 Abs. 1 BauGB die gesetzliche Bestimmung in § 47 Abs. 1 Nr. 1 VwGO, damit Sie erkennen, dass gemeindliche Bebauungspläne der prinzipalen Normenkontrolle vor dem BayVGH unterliegen.

56 *Ziegler/Tremel* Nr. 63.

57 *Spieß* in *Jäde/Dirnberger* BauGB, BauNVO § 10 Rn. 1.

Unterschiede Bebauungsplan Flächennutzungsplan

	Flächennutzungsplan	Bebauungsplan
Planungsgebiet	erfasst nach § 5 Abs. 1 BauGB gesamtes Gemeindegebiet	erfasst jeweils nur Teilbereiche
Verbindlichkeit	allgemein gehalten (§ 1 Abs. 2 BauGB: „vorbereitend")	rechtsverbindliche Festsetzungen (§ 8 Abs. 1 BauGB)
Genauigkeit	„grobmaschig" (§ 5 BauGB: „Grundzüge")	parzellengenau und exakt (§ 9 BauGB)
Rechtsqualität	Verwaltungsinternum	Satzung (§ 10 Abs. 1 BauGB)
Außenwirkung	grundsätzlich keine	ja
Begriffe	Darstellung (§ 5 Abs. 1 BauGB), „Begründung"	Festsetzung (§ 8 Abs. 1 BauGB), „Begründung"
Anfechtbarkeit	Eingeschränkt; soweit unmittelbare Regelungswirkung, § 35 Abs. 3 S. 3 BauGB, Normenkontrolle § 47 Abs. 1 VwGO	Normenkontrolle § 47 Abs. 1 Nr. 1 VwGO, Popularklage Art. 98 S. 4 BV
Ziel	soll Bebauungsplan vorbereiten	soll Baurecht konkret regeln
Zuständigkeit	Gemeinde (§ 2 Abs. 1 BauGB)	Gemeinde (§ 2 Abs. 1 BauGB)
Genehmigung	ja (§ 6 Abs. 1 BauGB)	nur bei § 10 Abs. 2 BauGB
Baurecht?	nein	ja

II. Inhalt von Bebauungsplänen

Der **Katalog der Festsetzungsmöglichkeiten** für Bebauungspläne ist in § 9 Abs. 1 BauGB geregelt. Diese gesetzliche Aufzählung ist anders als bei Flächennutzungsplänen **abschließend**.[58] 56

Der Gemeinde steht daher über den Katalog des § 9 Abs. 1 BauGB kein Festsetzungsfindungsrecht zu.[59]

Hinweis

Die einzige gesetzliche Ausnahme hierzu normiert § 12 Abs. 3 S. 2 Hs. 1 BauGB für den vorhabenbezogenen Bebauungsplan nach § 12 BauGB.[60] Dieser ist nicht an die abschließenden Festsetzungen in § 9 Abs. 1 BauGB gebunden.

58 *Spieß* in *Jäde/Dirnberger* BauGB, BauNVO § 9 Rn. 2; *BVerwG* DVBl. 1993, 1097 ff.
59 *BVerwG* NVwZ 1995, 696 ff.; *VGH BW* NVwZ 1999, 548 ff.
60 *Mitschang/Reidt* in *Battis/Krautzberger/Löhr* BauGB § 9 Rn. 5.

57 Es ist darauf hinzuweisen, dass die Gemeinde keine Verpflichtung trifft, alle nach dem Katalog des § 9 BauGB möglichen Festsetzungen zu treffen. Vielmehr gilt es auch hier § 1 Abs. 3 BauGB zu berücksichtigen, wonach die jeweilige Festsetzung städtebaulich erforderlich sein muss. Allerdings hat die Gemeinde ein weites städtebauliches Ermessen im Hinblick auf diese Erforderlichkeit.[61]

Alle Festsetzungen in einem Bebauungsplan müssen dem **Grundsatz der Planbestimmtheit** entsprechen. Dies ist Folge der Eigenschaft des Bebauungsplans als rechtsverbindlicher Satzung, die Baurecht für den jeweiligen Eigentümer des Grundstücks schafft (vgl. § 30 BauGB). Die Festsetzungen im Bebauungsplan müssen deshalb so konkret, verständlich und bestimmt sein, dass die zugelassene Nutzung für Eigentümer und Nachbarn zweifelsfrei erkennbar ist.[62]

58 § 9 Abs. 1 BauGB enthält die **bauplanungsrechtlichen Festsetzungen**. § 9 Abs. 1 BauGB ist hierbei Ausdruck des Städtebaurechts.[63] § 9 Abs. 2b BauGB eröffnet der Gemeinde die Möglichkeit, Regelungen über die Zulässigkeit von Vergnügungsstätten zu treffen. Nach § 9 Abs. 3 S. 1 BauGB kann die Gemeinde im Rahmen von Abs. 1 auch die Höhenlage festsetzen. Daneben eröffnet aber § 9 Abs. 4 BauGB der Gemeinde die Möglichkeit, **bauordnungsrechtliche Festsetzungen** in die Satzung aufzunehmen.[64] Von der Möglichkeit des § 9 Abs. 4 BauGB ist in Bayern durch die landesrechtliche Bestimmung in Art. 81 Abs. 2 BayBO Gebrauch gemacht worden. Danach können örtliche Bauvorschriften im Sinne von Art. 81 Abs. 1 BayBO auch durch Bebauungspläne erlassen werden. Diese Bestimmungen nehmen dann an der Rechtsnatur des Bebauungsplanes als gemeindlicher Satzung teil.

Beispiel So ist es in Bebauungsplänen möglich, planerische Vorgaben zur Gestaltung von Hausfassaden oder Fensterläden zu machen (§ 9 Abs. 4 BauGB, Art. 81 Abs. 1 Nr. 1, Abs. 2 BayBO) oder aber die Zahl der erforderlichen Stellplätze vorzuschreiben (§ 9 Abs. 4 BauGB, Art. 81 Abs. 1 Nr. 4, Abs. 2 BayBO). ■

JURIQ-Klausurtipp

Kommentieren Sie sich die Bestimmungen der Art. 81 Abs. 1 und 2 BayBO neben § 9 Abs. 4 BauGB, um sich zu verdeutlichen, dass ein Bebauungsplan sowohl bauplanungsrechtliche wie bauordnungsrechtliche Festsetzungen enthalten kann.

61 *Spieß* in *Jäde/Dirnberger* BauGB, BauNVO § 9 Rn. 3.
62 vgl. *Brenner* Öffentliches Baurecht S. 63 Rn. 232.
63 vgl. *Mitschang/Reidt* in *Battis/Krautzberger/Löhr* BauGB § 9 Rn. 9.
64 vgl. *Spieß* in *Jäde/Dirnberger* BauGB, BauNVO § 9 Rn. 102.

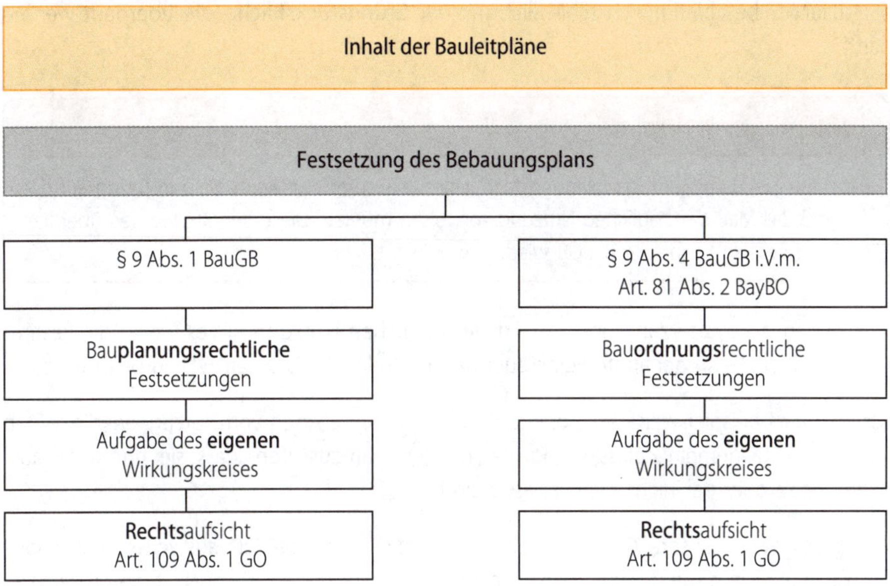

Bei den bauplanerischen Festsetzungen nach § 9 Abs. 1 BauGB sind § 9 Abs. 1 Nr. 1 (Festsetzung über Art und Maß der baulichen Nutzung) und § 9 Abs. 1 Nr. 2 BauGB (Bauweise, überbaubare Grundstücksflächen) von besonderer Relevanz. Die näheren Bestimmungen zu diesen Begriffen finden sich sämtlich in der BauNVO.

Für die **Art der baulichen Nutzung** gelten insoweit die Bestimmungen in den §§ 2–15 BauNVO. Die Gemeinde kann mit Hilfe dieser Bestimmungen den **Gebietscharakter** in den einzelnen Baugebieten festlegen.[65] **59**

Beispiel Die Gemeinde kann in ihrem Bebauungsplan beispielsweise ein „Allgemeines Wohngebiet" festsetzen. Mit dieser Festsetzung wird der Katalog der allgemein zulässigen bzw. ausnahmsweise zulässigen Nutzungen in § 4 BauNVO über die Bestimmung des § 1 Abs. 3 S. 2 BauNVO Bestandteil dieses Bebauungsplanes. Damit ist beispielsweise ein Wohnhaus in diesem Bebauungsplan allgemein zulässig (§ 4 Abs. 2 Nr. 1 BauNVO); ein Hotel als Betrieb des Beherbergungsgewerbes wäre hingegen nur ausnahmsweise zugelassen (§ 4 Abs. 3 Nr. 1 BauNVO). ■

Für das **Maß der baulichen Nutzung** gelten die §§ 16–21a BauNVO.[66] Die Gemeinde kann hier beispielsweise die Zahl der Vollgeschosse (§ 20 BauNVO) festlegen oder auch die Höhe der baulichen Anlagen nach § 18 BauNVO, um so auf das **Volumen der Baukörper** Einfluss zu nehmen. **60**

Für die **Bauweise** gilt schließlich § 22 BauNVO.[67] Es kann hier u.a. die offene (freistehendes Gebäude mit Grenzabstand) oder die geschlossene Bauweise (Reihenhaus ohne Grenzabstand) gewählt werden. **61**

65 vgl. *Mitschang/Reidt* in *Battis/Krautzberger/Löhr* BauGB § 9 Rn. 11 ff.
66 *Spieß* in *Jäde/Dirnberger* BauGB, BauNVO § 9 Rn. 15.
67 *Spieß* in *Jäde/Dirnberger* BauGB, BauNVO § 9 Rn. 16.

62 § 23 BauNVO beschäftigt sich schließlich mit der **Grundstücksfläche**, die **überbaut** werden darf.[68]

JURIQ-Klausurtipp

Beachten Sie, dass Sie in bauplanungsrechtlichen Klausuren nur Kenntnisse in Bezug auf die Art und das Maß der baulichen Nutzung vorweisen müssen. Diese Begriffe werden überdies im Innenbereich nach § 34 BauGB wiederum relevant.

63 Im Rahmen der Festsetzung über die **Art der baulichen Nutzung** gilt es weiter die Bestimmungen über die so genannte **Feinsteuerung** in § 1 Abs. 5 bis 9 BauNVO zu beachten.[69]

So erlaubt es beispielsweise § 1 Abs. 5 BauNVO, bestimmte Arten von Nutzungen, die in den Baugebieten allgemein zulässig sind, dahingehend **umzustufen**, dass sie nur noch ausnahmsweise oder gar nicht mehr zulässig sind.

Beispiel Wenn unsere Gemeinde ein „Allgemeines Wohngebiet" ausweisen will, Sportplätze aber in diesem verhindern möchte, eröffnet ihr § 1 Abs. 5 BauNVO die Möglichkeit hierzu. Sportplätze sind grundsätzlich nach § 4 Abs. 2 Nr. 3 BauNVO im Allgemeinen Wohngebiet zulässig (Anlagen für sportliche Zwecke). Wenn die Gemeinde sie nun dahingehend abstufen möchte, dass sie in einem Allgemeinen Wohngebiet unzulässig sind, muss sie sich der Feinsteuerung nach § 1 Abs. 5 BauNVO bedienen. ■

64 § 1 Abs. 6 BauNVO eröffnet der Gemeinde die Option, alle oder einzelne Ausnahmen in den Baugebieten dahingehend umzustufen, dass sie entweder gar nicht Bestandteil des Bebauungsplanes werden (§ 1 Abs. 6 Nr. 1 BauNVO) oder aber fortan allgemein zulässig sind (§ 1 Abs. 6 Nr. 2 BauNVO).

Beispiel Wenn im oben genannten *Beispiel* (Allgemeines Wohngebiet) die Gemeinde Betriebe des Beherbergungsgewerbes gänzlich ausschließen möchte, muss die Gemeinde den Weg über § 1 Abs. 6 Nr. 1 BauNVO wählen, da Beherbergungsbetriebe dem Grunde nach im Allgemeinen Wohngebiet zumindest ausnahmsweise zulässig sind (§ 4 Abs. 3 Nr. 1 BauNVO).

Genauso wäre es der Gemeinde möglich über die Regelung in § 1 Abs. 6 Nr. 2 BauNVO Beherbergungsbetriebe für allgemein zulässig zu erklären, sofern die allgemeine Zweckbestimmung des Allgemeinen Wohngebiets erhalten bleibt. ■

Hinzuweisen ist darauf, dass eine Feinsteuerung der Gemeinde in Fällen untersagt ist, in denen eine bestimmte Nutzungskategorie im jeweiligen Baugebiet nach der gesetzgeberischen Grundentscheidung bereits unzulässig ist. § 1 Abs. 5 und 6 BauNVO ermöglichen nur eine Umstufung im Rahmen von Nutzungen, die entweder allgemein oder zumindest ausnahmsweise nach der BauNVO zulässig sind. Stellt man fest, dass eine Nutzungsart im betreffenden Baugebiet gesetzlich ausgeschlossen ist, kann die Gemeinde diese auch nicht über § 1 BauNVO in diesem Baugebiet für (allgemein oder ausnahmsweise) zulässig erklären.[70]

68 *Spieß* in *Jäde/Dirnberger* BauGB, BauNVO § 9 Rn. 16.
69 vgl. *Mitschang/Reidt* in *Battis/Krautzberger/Löhr* BauGB § 9 Rn. 16 ff.
70 vgl. *Decker* in *Jäde/Dirnberger* BauGB, BauNVO § 1 BauNVO Rn. 41.

Beispiel Vergnügungsstätten sind im „Allgemeinen Wohngebiet" in § 4 BauNVO weder in Abs. 2 noch in Abs. 3 genannt und damit unzulässig. Die Gemeinde kann nun nicht hergehen und über § 1 Abs. 5 bzw. Abs. 6 Vergnügungsstätten für zulässig (allgemein oder ausnahmsweise) erklären. Diese Bestimmungen sind schon von ihrem Wortlaut und ihrer Intention her nicht einschlägig. ■

JURIQ-Klausurtipp

Dies stellt eine beliebte Klausurfalle dar. Achten Sie genau auf den Wortlaut der Regelungen in § 1 Abs. 5 und 6 BauNVO. Merken Sie sich, dass nur solche Nutzungsarten auf- oder abgestuft werden können, die nach der gesetzgeberischen Grundentscheidung Teil des jeweiligen Baugebiets sein können. Nutzungsarten, die von vornherein im jeweiligen Baugebiet unzulässig sind, können nicht über eine Feinsteuerung in die Baugebiete eingeführt werden.

Hinweis

Wie im Bereich der Flächennutzungspläne eröffnet § 9 Abs. 6 BauGB die nachrichtliche Übernahme von Planungen Dritter. § 9 Abs. 6a BauGB fordert die nachrichtliche Übernahme festgesetzter Überschwemmungsgebiete sowie den Vermerk von noch nicht festgesetzten Überschwemmungsgebieten. Auch diese nachrichtlichen Übernahmen und Vermerke sind nicht Ausdruck des planerischen Willens der Gemeinde und nehmen daher nicht an der Rechtsverbindlichkeit des Bebauungsplans teil.

III. Arten von Bebauungsplänen

1. Der qualifizierte Bebauungsplan

Ein Bebauungsplan, der mindestens Festsetzungen über die Art (§ 9 Abs. 1 Nr. 1 BauGB; §§ 2–15 BauNVO) und das Maß der baulichen Nutzung (§ 9 Abs. 1 Nr. 1 BauGB, §§ 16–21a BauNVO), die überbaubaren Grundstücksflächen (§ 23 BauNVO) und die örtlichen Verkehrsflächen (§ 9 Abs. 1 Nr. 11 BauGB) enthält, ist ein **qualifizierter Bebauungsplan** nach § 30 Abs. 1 BauGB. 65

Ob der Bebauungsplan über diese vier Mindestfestsetzungen hinaus baurechtliche Festsetzungen enthält, ist irrelevant.[71] Bereits diese vier Mindestfestsetzungen ermöglichen es der Gemeinde, die Bebauung im Hinblick auf eine geordnete städtebauliche Entwicklung zu leiten.

Hält ein Vorhaben die Festsetzungen eines qualifizierten Bebauungsplanes ein, so ist es baurechtlich zulässig, vgl. § 30 Abs. 1 BauGB. Widerspricht es diesen Vorgaben im Bebauungsplan, ist es vorbehaltlich einer Befreiung im Sinne von § 31 Abs. 2 BauGB unzulässig.

Der qualifizierte Bebauungsplan im Sinne von § 30 Abs. 1 BauGB ist dabei eine abschließende Beurteilungsgrundlage für die Zulässigkeit eines Bauvorhabens. Ein wirksamer qualifizierter

71 vgl. *Brenner* Öffentliches Baurecht S. 69 Rn. 250.

Bebauungsplan sperrt damit die Anwendbarkeit von § 34 und § 35 BauGB.[72] Die bauplanungsrechtliche Zulässigkeit eines Vorhabens ist ausschließlich an den Festsetzungen des Bebauungsplanes zu messen.

2. Der vorhabenbezogene Bebauungsplan

66 Die Gemeinden können durch einen **vorhabenbezogenen Bebauungsplan** die Zulässigkeit bestimmter Vorhaben bestimmen, wenn der Vorhabensträger auf der Grundlage eines mit der Gemeinde abgestimmten Plans zur Durchführung der Vorhaben und der erforderlichen Erschließungsmaßnahmen **(Vorhaben- und Erschließungsplan)** bereit und in der Lage ist und sich zur Durchführung innerhalb einer bestimmten Frist und zur Tragung der Planungs- und Erschließungskosten ganz oder teilweise vor dem Satzungsbeschluss nach § 10 Abs. 1 BauGB verpflichtet **(Durchführungsvertrag)**, § 30 Abs. 2 BauGB, § 12 Abs. 1 S. 1 BauGB. Der Vorhabens- und Erschließungsplan des Vorhabensträgers wird dabei integrativer Bestandteil des jeweiligen Bebauungsplans.[73]

Der vorhabenbezogene, projektbezogene Bebauungsplan ist dabei nach § 12 Abs. 3 S. 2 BauGB nicht an den Festsetzungskatalog des § 9 BauGB gebunden.

Wie der qualifizierte Bebauungsplan in § 30 Abs. 1 BauGB ist auch der vorhabenbezogene Bebauungsplan des § 30 Abs. 2 BauGB eine **abschließende Beurteilungsgrundlage** für die Zulässigkeit eines Bauvorhabens. Bei Wirksamkeit des Bebauungsplanes nach § 30 Abs. 2 BauGB darf ein Rückgriff auf die §§ 34, 35 BauGB nicht erfolgen.[74]

3. Der einfache Bebauungsplan

67 Enthält ein Bebauungsplan nicht die vier Mindestfestsetzungen, die ihn zum qualifizierten nach § 30 Abs. 1 BauGB machen, so handelt es sich um einen **einfachen Bebauungsplan** im Sinne von § 30 Abs. 3 BauGB. Der Gesetzgeber geht davon aus, dass mit diesem einfachen Bebauungsplan die geordnete städtebauliche Entwicklung nicht vollständig geleitet werden kann. Damit ist der einfache Bebauungsplan **ausfüllungsbedürftig**. Soweit der einfache Bebauungsplan im Vergleich zum qualifizierten Bebauungsplan nach § 30 Abs. 1 BauGB „Lücken" aufweist, kommt es nach § 30 Abs. 3 BauGB zur ergänzenden Heranziehung von §§ 34, 35 BauGB.[75]

Der einfache Bebauungsplan ist damit anders als die Bebauungspläne in § 30 Abs. 1 und 2 BauGB **keine abschließende Beurteilungsgrundlage**. § 30 Abs. 3 BauGB ist in dem Umfang ausfüllungsbedürftig, wie der einfache Bebauungsplan von den vier Mindestfestsetzungen in § 30 Abs. 1 BauGB abweicht.

Für die **baurechtliche Zulässigkeitsprüfung** im Bereich eines einfachen Bebauungsplanes, § 30 Abs. 3 BauGB, bedeutet dies: Soweit die Festsetzungen des einfachen Bebauungsplanes reichen, beurteilt sich die Zulässigkeit des Bauvorhabens allein nach den Festsetzungen des Bebauungsplanes. Erst in einem **zweiten Schritt** ist für die im Vergleich mit § 30 Abs. 1 BauGB fehlenden Mindestfestsetzungen zu prüfen, ob eine Innenbereichslage (§ 34 BauGB) vorliegt oder aber Flächen im Außenbereich (§ 35 BauGB) betroffen sind. Je nachdem beurteilt sich die weitere Prüfung nach § 34 BauGB bzw. nach § 35 BauGB.[76]

---

72 *Dürr/König* Baurecht Bayern S. 67 Rn. 81.

73 *Brenner* Öffentliches Baurecht S. 70. Rn. 253.

74 *Dürr/König* Baurecht Bayern S. 67 Rn. 81.

75 *Dürr/König* Baurecht Bayern S. 67 Rn. 81 und S. 102 Rn. 145.

76 *Dürr/König* Baurecht Bayern S. 103 Rn. 145.

Beispiel Sofern ein einfacher Bebauungsplan nur eine Festsetzung über die Höhe der Baukörper (§ 18 BauNVO) vorsieht, enthält er nur eine Festsetzung über das Maß der baulichen Nutzung (§§ 9 Abs. 1 Nr. 1 BauGB, 16 ff. BauNVO). Im Vergleich zum qualifizierten Bebauungsplan in § 30 Abs. 1 BauGB fehlen ihm Festsetzungen über die Art der baulichen Nutzung, die überbaubaren Grundstücksflächen und über die örtlichen Verkehrsflächen. Bezüglich der Höhe eines neu zu errichtenden Hauses im Geltungsbereich dieses Bebauungsplanes gilt nun, dass sich dessen Höhe am Maßstab des einfachen Bebauungsplanes zu beurteilen hat. Im Bereich der fehlenden Festsetzungen ist nun zu prüfen, in welchem baurechtlichen Rahmen die künftige Bebauung erfolgen soll. Liegt eine Innerortslage vor, muss nun weiter gewürdigt werden, ob sich das Bauvorhaben in die nähere Umgebung „einfügt", § 34 Abs. 1, 2 BauGB in Bezug auf die Art der baulichen Nutzung, die überbaubaren Grundstücksflächen und die Verkehrsflächen. ■

JURIQ-Klausurtipp

Prägen Sie sich gut ein, dass Ihnen in Klausuren diese drei Arten von Bebauungsplänen begegnen können. Merken Sie sich, dass bei qualifizierten und vorhabenbezogenen Bebauungsplänen – die Wirksamkeit dieser unterstellt – ein Rückgriff auf die planungsrechtlichen Normen der §§ 34, 35 BauGB untersagt ist. § 30 Abs. 1 und 2 BauGB sind **abschließende Beurteilungsgrundlagen**. Nur beim einfachen Bebauungsplan ist ein **zweistufiges Vorgehen** von Ihnen verlangt. Im ersten Schritt prüfen Sie, ob das Vorhaben im Einklang mit dem Bebauungsplan steht, soweit dessen Festsetzungen reichen. In einem zweiten Schritt fordert § 30 Abs. 3 BauGB für die im Vergleich mit § 30 Abs. 1 BauGB fehlenden Mindestfestsetzungen (nur für diese) eine ergänzende Würdigung anhand von §§ 34, 35 BauGB. Nur der einfache Bebauungsplan ist damit eine **ausfüllungsbedürftige Beurteilungsgrundlage**.

4. Der Bebauungsplan der Innenbereichsentwicklung

Den Gemeinden ist es nach § 13a Abs. 1 und 4 BauGB ermöglicht, für bestimmte Flächen bis zu 68
70 000 Quadratmeter einen **Bebauungsplan der Innenentwicklung** im **beschleunigten Verfahren** für die Wiedernutzbarmachung von Flächen, die Nachverdichtung oder für andere Maßnahmen der Innenentwicklung aufzustellen, zu ergänzen oder zu ändern. Innenentwicklung bezieht sich dabei in erster Linie auf Innenbereichsflächen im Sinne von § 34 Abs. 1 S. 1 BauGB, aber auch auf so genannte Außenbereichsinseln im Innenbereich.[77] Das **beschleunigte Verfahren** ist dabei über die Bestimmung des § 13a Abs. 2 BauGB dem **vereinfachten Verfahren** nach § 13 BauGB angepasst. § 13b BauGB erlaubt es der Gemeinde zeitlich befristet Außenbereichsflächen (mit weniger als 10 000 m^2) der Regelung in § 13a BauGB zu unterstellen.

Online-Wissen-Check

Wann ist ein Bebauungsplan genehmigungspflichtig?

Überprüfen Sie jetzt online Ihr Wissen zu den in diesem Abschnitt erarbeiteten Themen. Unter **www.juracademy.de/skripte/login** steht Ihnen ein Online-Wissens-Check speziell zu diesem Skript zur Verfügung, den Sie kostenlos nutzen können. Den Zugangscode hierzu finden Sie auf der Codeseite.

77 *Brenner* Öffentliches Baurecht S. 70 Rn. 254 ff.

E. Verfahrensrechtliche Anforderungen an die Bauleitplanung

I. Allgemeine Vorgaben

69 Die formellen Anforderungen an die Bauleitplanung der Gemeinde ergeben sich zum einen aus den maßgeblichen Vorschriften der §§ 1–10 BauGB sowie den ergänzend heranzuziehenden Vorschriften des bayerischen Kommunalrechts. Das BauGB regelt nämlich mit Ausnahme des Satzungsbeschlusses (§ 10 BauGB) nicht, ob für die einzelnen Schritte eines Bauleitplanverfahrens Beschlüsse der Gemeinde notwendig sind und welches Gremium innerhalb der Gemeinde zur Entscheidung berufen ist. Nach Auffassung des Bundesverwaltungsgerichts ist hier allein **Kommunalrecht** (Landesrecht!) maßgeblich.[78]

70 Die verfahrensrechtlichen Vorgaben des BauGB zur Aufstellung von Flächennutzungs- und Bebauungsplan gelten gemäß § 1 Abs. 8 BauGB auch für deren **Ergänzung, Änderung und Aufhebung**.

JURIQ-Klausurtipp

Merken Sie sich, dass Sie sich den Verfahrensablauf im Bauleitplanverfahren in seinen wesentlichen Schritten nur einmal einprägen müssen. Das Verfahren gilt insoweit für Flächennutzungspläne und Bebauungspläne. Darüber hinaus bestimmt § 1 Abs. 8 BauGB die Geltung der Verfahrensvorschriften auch für die Änderung und Aufhebung von Bauleitplänen.

71 Für geringfügige, unbedeutende, also die Grundzüge der Planung nicht berührende Änderungen und Ergänzungen von Bauleitplänen, für Fälle, in denen durch die Aufstellung eines Bebauungsplans in einem Gebiet nach § 34 BauGB der sich aus der vorhandenen Eigenart der Umgebung ergebende Beurteilungsmaßstab nicht wesentlich ändert, sowie für Bebauungspläne zur Steuerung zentraler Versorgungsbereiche nach § 9 Abs. 2a BauGB sieht § 13 BauGB ein **vereinfachtes Verfahren** vor. Dieses erhält seine weitere Bedeutung durch den Verweis auf § 13 BauGB bei bestimmten **Innenbereichssatzungen** (vgl. § 34 Abs. 4 S. 1 Nr. 2 und 3 und Abs. 6 S. 1 BauGB) und bei einer **Außenbereichssatzung** nach § 35 Abs. 6 S. 5 BauGB.[79]

Wesentliches Merkmal des vereinfachten Verfahrens ist, dass von der frühzeitigen Unterrichtung und Erörterung der Bauleitplanung mit der Öffentlichkeit und den beteiligten Trägern öffentlicher Belange abgesehen werden kann (§ 13 Abs. 2 S. 1 Nr. 1 BauGB). Eine weitere Option besteht nach § 13 Abs. 2 S. 1 Nr. 2 und 3 BauGB darin, der Öffentlichkeit und den Trägern öffentlicher Belange eine angemessene Frist zur Stellungnahme einzuräumen bzw. das Auslegungsverfahren nach §§ 3 Abs. 2 BauGB bzw. das Beteiligungsverfahren nach § 4 Abs. 2 BauGB durchzuführen.[80]

78 *BVerwG* DVBl. 1988, 958 ff.
79 *Brenner* Öffentliches Baurecht S. S.75 Rn. 269; S. 91. Rn. 322.
80 vgl. zum Ganzen *Brenner* Öffentliches Baurecht S. 91 Rn. 322.

Daneben entfällt die Durchführung einer Umweltprüfung und das Erstellen eines zusammenfassenden Umweltberichts (§ 13 Abs. 3 BauGB).

Hinweis

Das vereinfachte Verfahren nach § 13 BauGB ist bereits dann gesetzlich ausgeschlossen, wenn der Bauleitplan Vorhaben vorsieht, die der Pflicht zur Durchführung einer Umweltverträglichkeitsprüfung unterliegen (§ 13 Abs. 1 Nr. 1 BauGB).

II. Die einzelnen gesetzlichen Anforderungen zur Aufstellung von Bauleitplänen

Hinweis 72

Hinsichtlich der verfahrensrechtlichen Anforderungen bestehen zwischen dem Planaufstellungsverfahren für Flächennutzungspläne und Bebauungspläne keine nennenswerten Unterschiede.

Die maßgeblichen Vorschriften ergeben sich im Wesentlichen aus den §§ 1–10 BauGB. Ergänzt werden die Verfahrensvorschriften des BauGB durch die landesrechtlichen Vorschriften der Bayerischen Gemeindeordnung (GO).[81]

1. Planaufstellungsbeschluss

Das Verfahren der Bauleitplanung wird mit dem Beschluss der Gemeinde initiiert, einen Flä- 73
chennutzungsplan bzw. einen Bebauungsplan aufzustellen. Mit ihm wird die Ernsthaftigkeit der Planungsabsicht der Gemeinde nach außen dokumentiert.

Aufgrund dessen, dass das BauGB den Planaufstellungsbeschluss lediglich in § 2 Abs. 1 S. 2 BauGB erwähnt, schließt das Bundesverwaltungsgericht, dass ein förmlicher Planaufstellungsbeschluss nicht zwingend erforderlich ist. Es handelt sich hierbei um eine fakultative Voraussetzung des Planaufstellungsverfahrens.[82] Wenn allerdings ein Planaufstellungsbeschluss gefasst wird, so ist dieser nach § 2 Abs. 1 S. 2 BauGB mit einer für den Bürger nachvollziehbaren Bezeichnung des Plangebiets ortsüblich bekanntzumachen.[83]

Nachdem das Vorhandensein eines Aufstellungsbeschlusses im BauGB für ein ordnungsgemäßes Verfahren nicht verlangt wird, kann sein Fehlen auch grundsätzlich keinen Mangel im Verfahren der Bauleitplanung darstellen. Das Fehlen eines Planaufstellungsbeschlusses führt damit niemals zur Ungültigkeit des Bauleitplans.

Achtgeben muss man bereits an dieser Stelle jedoch darauf, dass zwar § 2 Abs. 1 BauGB den Aufstellungsbeschluss für das Bauleitplanverfahren nicht zwingend voraussetzt, er aber an anderer Stelle des BauGB zwingend vorausgesetzt wird. So sind beispielsweise planungssi-

81 *Dürr/König* Baurecht Bayern S. 53 Rn. 54.
82 *Spieß* in *Jäde/Dirnberger* BauGB, BauNVO § 2 Rn. 2; *BVerwG* DVBl. 1988, 958 ff.
83 *Dürr/König* Baurecht Bayern S. 54 Rn. 58.

chernde Maßnahmen nach § 14 Abs. 1 BauGB, § 15 Abs. 1 BauGB nur zulässig, wenn ein Aufstellungsbeschluss gefasst worden ist.[84] Weiter kann an dieser Stelle auf § 33 Abs. 1 BauGB verwiesen werden.

Hinweis

Als verfahrensintegrative Vorschrift löst der Planaufstellungsbeschluss – sollte ein solcher von Seiten der Gemeinde gefasst worden sein – keine unmittelbaren Wirkungen gegenüber dem Bürger aus.

2. Umweltprüfung

74 Die Umweltprüfung nach § 2 Abs. 4 BauGB ist Trägerverfahren für alle umwelterheblichen Belange nach § 1 Abs. 6 Nr. 7, § 1a BauGB. Die Ergebnisse der Umweltprüfung werden in einem Umweltbericht beschrieben und bewertet. Dieser stellt nach § 2a S. 2 Nr. 2 und § 2a S. 3 BauGB einen integralen Bestandteil der Begründung des Flächennutzungsplanes (§ 5 Abs. 5 BauGB) bzw. des Bebauungsplanes (§ 9 Abs. 8 BauGB) dar.[85]

JURIQ-Klausurtipp

Merken Sie sich, dass Klausuren von Ihnen kaum je die Überprüfung der Richtigkeit umweltrechtlicher Feststellungen verlangen werden. Denkbar ist es jedoch, dass Ihnen im Rahmen einer Bauleitplanüberprüfung der Fall begegnet, dass die Gemeinde gar keine Umweltprüfung einschließlich des notwendig werdenden Umweltberichts durchgeführt bzw. erstellt hat. In einer derartigen Konstellation müssen Sie daran denken, dass das Fehlen eines Umweltberichtes einen erheblichen formellen Begründungsfehler eines Bauleitplans darstellen kann. Dies ist letztlich Folge von § 2a S. 3 BauGB.

Durch die Umweltprüfung soll eine ordnungsgemäße Abwägungsentscheidung der Gemeinde (§ 1 Abs. 7 BauGB) vorbereitet und ermöglicht werden. Nach Ansicht des Bundesverwaltungsgerichts hat die Gemeinde in die Umweltprüfung einzustellen, was nach Lage der Dinge eingestellt werden muss. Als Ausfluss der gemeindlichen Planungshoheit steht der Umfang der umweltrechtlichen Prüfung im gemeindlichen Ermessen.[86] So bestimmt auch § 2 Abs. 4 S. 2 BauGB, dass die Gemeinde für jeden Bauleitplan festlegt, in welchem Umfang und Detaillierungsgrad die Ermittlung der Belange für die Abwägung erforderlich ist.

Bereits an dieser Stelle ist auf die verfahrensrechtliche Vorschrift in § 2 Abs. 3 BauGB zu verweisen, wonach die Gemeinde bei der Aufstellung der Bauleitpläne die Belange, die für die Abwägung von Bedeutung sind (Abwägungsmaterial) zu ermitteln und zu bewerten hat. Die von § 2 Abs. 4 BauGB geforderte Umweltprüfung soll die planende Gemeinde in die Lage versetzen, die Belange des Umweltschutzes in § 1 Abs. 6 Nr. 7 BauGB sachgerecht in die nach § 1 Abs. 7 BauGB zu treffende Abwägungsentscheidung einstellen zu können.[87]

---

84 *Spieß* in *Jäde/Dirnberger* BauGB, BauNVO § 2 Rn. 3.
85 *Spieß* in *Jäde/Dirnberger* BauGB, BauNVO § 2 Rn. 50.
86 BVerwGE 34, 301 ff.
87 vgl. *Battis* in *Battis/Krautzberger/Löhr* BauGB § 2 Rn. 13 ff.

Hinweis

Prägen Sie sich die verfahrensrechtliche Vorschrift des § 2 Abs. 3 BauGB gut ein. Sie benötigen diese Norm erneut, wenn Sie sich die im Rahmen der Bauleitplanung von der Gemeinde zu treffende Abwägungsentscheidung erarbeiten. Weitere Relevanz hat § 2 Abs. 3 BauGB bei den Vorschriften über den Planerhalt in den §§ 214 ff. BauGB.

Hinweis

Für die von Bauleitplänen ausgehenden erheblichen Umweltauswirkungen hat das Gesetz in § 4c BauGB eine Überwachungspflicht der Gemeinde normiert (sog. Monitoring).

3. Frühzeitige Öffentlichkeitsbeteiligung

Die Öffentlichkeitsbeteiligung in § 3 Abs. 1 BauGB dient dazu, in einem frühen Verfahrensstadium die relevanten privaten Belange möglichst umfassend zu sammeln und damit eine ordnungsgemäße Abwägungsentscheidung der Gemeinde nach § 1 Abs. 7 BauGB zu ermöglichen. Auch die frühzeitige Öffentlichkeitsbeteiligung ist damit vor dem Hintergrund von § 2 Abs. 3 BauGB zu sehen, der die Gemeinde im Verfahren verpflichtet, das maßgebliche Abwägungsmaterial vollständig zu ermitteln und zu bewerten.[88] Auch Kinder und Jugendliche sind dabei nach § 3 Abs. 1 S. 2 BauGB Teil der Öffentlichkeit. 75

Hinweis

Beachten Sie an dieser Stelle bereits, dass das BauGB in § 3 die Öffentlichkeitsbeteiligung zweistufig vorsieht. Nach der frühen Öffentlichkeitsbeteiligung (§ 3 Abs. 1 BauGB) schließt sich zu einem späteren Zeitpunkt die öffentliche Planauslegung nach § 3 Abs. 2 BauGB an.

Nach § 3 Abs. 1 BauGB sollen die Bürger über Ziele, Zwecke und Auswirkungen der Planung sowie über etwaige Planungsalternativen unterrichtet werden. Das Gesetz verlangt eine öffentliche, d.h. der Allgemeinheit zugängliche Unterrichtung. Es handelt sich hierbei nicht um eine bloße Präsentation und Information; an der Planung Interessierten muss Gelegenheit gegeben werden, sich zu äußern.[89] Auch beispielsweise Umweltverbände fallen unter die Regelung in § 3 BauGB, wie § 3 Abs. 3 BauGB mit dem Verweis auf das UmwRG bestätigt. Die weitere Ausgestaltung der vorzeitigen Bürgerbeteiligung überlässt das Gesetz der Gemeinde.

Von der Unterrichtung und Erörterung kann abgesehen werden, wenn nach § 3 Abs. 1 S. 3 Nr. 1 BauGB ein Bebauungsplan aufgestellt oder aufgehoben wird und sich dies nicht oder nur unerheblich auf das Plangebiet und seine Nachbargebiete auswirkt. Eine weitere Möglichkeit des Verzichts schafft § 3 Abs. 1 S. 3 Nr. 2 BauGB in Fällen, in denen die Unterrichtung und Erörterung bereits zuvor auf anderer Grundlage erfolgt ist.

88 vgl. *Spieß* in *Jäde/Dirnberger* BauGB, BauNVO § 3 Rn. 1.
89 vgl. *Brenner* Öffentliches Baurecht S. 78 Rn. 281.

Auch wenn die frühzeitige Bürgerbeteiligung zu einer wesentlichen Änderung des Planentwurfs führt, muss sie nicht nochmals durchgeführt werden. Es schließt sich in jedem Fall die öffentliche Auslegung nach § 3 Abs. 2 BauGB an, § 3 Abs. 1 S. 4 BauGB.

4. Frühzeitige Behördenbeteiligung

76 Nach § 4 Abs. 1 BauGB sind diejenigen Behörden und Träger öffentlicher Belange entsprechend § 3 Abs. 1 S. 1 Hs. 1 BauGB am Verfahren der Bauleitplanung zu beteiligen, deren Aufgabenbereich durch die Planung berührt werden können.

JURIQ-Klausurtipp

Merken Sie sich, dass das Gesetz in § 4 BauGB nicht die Beteiligung sämtlicher denkbarer Träger öffentlicher Belange fordert, sondern nur für diejenigen eine Verfahrensbeteiligung vorgesehen ist, deren Aufgabenbereich **konkret** betroffen ist. Nur das Übergehen solcher tatsächlich im Aufgabenbereich tangierter Träger öffentlicher Belange kann demnach auch einen möglichen Rechtsfehler der Planung darstellen.

Wie die vorzeitige Öffentlichkeitsbeteiligung nach § 3 Abs. 1 BauGB hat auch die frühzeitige Behördenbeteiligung den Sinn, der Gemeinde die Informationen zu beschaffen, die sie benötigt, um eine ordnungsgemäße Abwägungsentscheidung nach § 1 Abs. 7 BauGB treffen zu können. Auch die Vorschrift über die Beteiligung der Behörden und sonstigen Träger öffentlicher Belange ist daher letztlich im Lichte von § 2 Abs. 3 BauGB zu sehen. Um eine umfassende Abwägungsentscheidung nach § 1 Abs. 7 BauGB treffen zu können, muss die planende Gemeinde die Stellen am Verfahren beteiligen, deren Aufgabenbereiche durch die zu treffende Planung berührt werden.[90] Dies stellt § 4 BauGB in seiner zweistufigen Ausgestaltung sicher.

Für die zu beteiligenden Stellen gilt dabei der **funktionelle Behördenbegriff**.[91] Darunter fallen Stellen, denen die Wahrnehmung öffentlicher Belange übertragen worden ist.

Beispiel Wasserwirtschaftsamt, Straßenbaubehörde, Naturschutzbehörde; Immissionsschutzabteilung am Landratsamt etc. ■

Auch die von einer Planungsabsicht betroffene Nachbargemeinde – diese muss nicht unmittelbar angrenzend sein – stellt einen möglichen von Planauswirkungen betroffenen Träger öffentlicher Belange dar.

JURIQ-Klausurtipp

Denken Sie daran, dass eine Nachbargemeinde unter den Begriff eines Trägers öffentlicher Belange im Sinne von § 4 BauGB zu fassen ist. Wird daher eine Nachbargemeinde einerseits durch eine Bauleitplanung hinreichend konkret betroffen und andererseits nicht am Verfahren beteiligt, ist ein Verstoß gegen die Bestimmung des § 4 Abs. 1 BauGB – vorzeitige Behördenbeteiligung – gegeben. Wie sich dieser auswirkt, lernen wir bei der Behandlung der §§ 214 ff. BauGB.

90 vgl. *Spieß* in *Jäde/Dirnberger* BauGB, BauNVO § 4 Rn. 9 f.
91 *Brenner* Öffentliches Baurecht S. 79 Rn. 285.

Private Stellen können nur ausnahmsweise unter § 4 Abs. 1 BauGB zu fassen sein, wenn sie konkret mit der Wahrnehmung hoheitlicher Aufgaben und Befugnisse befasst worden sind (Beliehener).[92]

Hinweis

Führt die Äußerung der Träger öffentlicher Belange zu einer Planentwurfsergänzung oder -änderung, so wird nach § 4 Abs. 1 S. 2 BauGB das Verfahren dennoch mit der eigentlichen Beteiligung der Träger öffentlicher Belange nach § 4 Abs. 2 BauGB fortgesetzt.

Nach § 4a Abs. 2 BauGB begegnet es weiter keinen rechtlichen Bedenken, wenn die frühzeitige Öffentlichkeitsbeteiligung und die frühzeitige Behördenbeteiligung gleichzeitig durchgeführt werden.

5. Planentwurfs- und -auslegungsbeschluss

Auf der Grundlage der frühzeitigen Beteiligung von Öffentlichkeit (§ 3 Abs. 1 BauGB) und Trägern öffentlicher Belange (§ 4 Abs. 1 BauGB) beschließt die Gemeinde im nächsten Planungsschritt über den **Planentwurf und dessen Auslegung**. **77**

Dieser **Offenlegungs- bzw. Auslegungsbeschluss** ist im BauGB gesetzlich nicht vorgesehen. Sein Fehlen kann daher auch keinen beachtlichen Verfahrensfehler darstellen.[93]

6. Öffentliche Auslegung

Gegenstand der öffentlichen Auslegung gemäß § 3 Abs. 2 BauGB ist der aus der Sicht der Gemeinde auslegungsreife Planentwurf mit Begründung (§ 5 Abs. 5 bzw. 9 Abs. 8 BauGB). Wesentliches integrales Element der Begründung und damit ebenfalls auszulegen ist der Umweltbericht nach § 2 Abs. 4, § 2a BauGB. **78**

Ort und Dauer der Auslegung sind nach § 3 Abs. 2 S. 2 BauGB mindestens eine Woche vorher ortsüblich mit dem Hinweis bekanntzugeben, dass Anregungen während der Auslegung vorgebracht werden können. Auf die erweiterte Pflicht der Gemeinde zur Internet-Bekanntmachung, § 4a Abs. 4 BauGB wird hingewiesen.

Die **Wochenfrist** in § 3 Abs. 2 S. 2 BauGB wird nach Art. 31 BayVwVfG i.V.m. § 187 Abs. 1 BGB berechnet, d.h. der Tag, an dem mit der Bekanntmachung begonnen wird, zählt nicht mit. Es handelt sich hierbei um eine **Ereignisfrist**.[94] Eine zu kurz erfolgte öffentliche Bekanntmachung kann nach der Rechtsprechung durch eine entsprechend verlängerte tatsächliche Auslegung nach § 3 Abs. 2 S. 1 BauGB geheilt werden.[95] **79**

Die Form der Bekanntmachung beurteilt sich nach Landesrecht. Es gelten die Vorschriften über die Bekanntmachung kommunaler Satzungen entsprechend, Art. 26 Abs. 2 GO i.V.m. BekV.

92 *Brenner* Öffentliches Baurecht S. 79 Rn. 285.
93 *Spieß* in *Jäde/Dirnberger* BauGB, BauNVO § 3 Rn. 15.
94 *Dürr/König* Baurecht Bayern S. 57 Rn. 61; *Spieß* in *Jäde/Dirnberger* BauGB, BauNVO § 3 Rn. 23.
95 *Spieß* in *Jäde/Dirnberger* BauGB, BauNVO § 3 Rn. 23.

Inhaltlich muss die Bekanntmachung den Bauleitplan so bezeichnen, dass der interessierte Bürger den **Anstoß** erhält, sich über den Plan zu informieren und sich gegebenenfalls am Verfahren zu beteiligen **(Anstoßfunktion)**. Dabei genügt eine (hinreichend geläufige) schlagwortartige Bezeichnung des Plangebiets.[96]

Beispiel Bebauungsplan Nr. 13 „Hinter der Evangelischen Kirche"; Bebauungsplan „Am Metzgerwäldchen" ■

Nicht ausreichend, da nicht hinreichend konkretisiert ist der bloße Verweis auf Grundstücks-Flurnummern oder die bloße Nennung einer fortlaufenden Bebauungsplanziffer (Bebauungsplan Nr. 13, 14 ...).[97]

81 Keinen rechtlichen Bedenken begegnet es, wenn die Gemeinde in ihrer öffentlichen Bekanntmachung den Zusatz wählt, dass Bedenken und Anregungen nur schriftlich oder zur Niederschrift vorgetragen werden können und dass sie die vollständige Anschrift des Einwendungsführers und gegebenenfalls die Bezeichnung des Grundstücks zu enthalten hat. Da die Gemeinde nach § 3 Abs. 2 S. 4 BauGB die Einwendungen prüfen und das Ergebnis mitteilen muss, hat die Gemeinde ein Dokumentationsinteresse im Hinblick auf Einwendung und Einwendungsführer.[98]

82 An die öffentliche Bekanntmachung schließt sich die **öffentliche Auslegung** nach § 3 Abs. 2 S. 1 BauGB an.

Die Monatsfrist für die öffentliche Auslegung ist nach Art. 31 BayVwVfG i.V.m. § 187 Abs. 2 BGB zu berechnen, d.h. anders als bei der öffentlichen Bekanntmachung zählt bei der Auslegung selbst der erste Tag der Auslegung zur Frist hinzu. Es handelt sich hierbei um eine so genannte **Ablauffrist**.[99] Eine Überschreitung dieser Monatsfrist aus § 3 Abs. 2 S. 1 BauGB ist anders als deren Unterschreitung grundsätzlich unschädlich, da es sich um eine Mindestfrist handelt.[100]

» Prägen Sie sich den Unterschied zwischen Ereignis- und Ablauffristen genau ein. Sie benötigen diese Begrifflichkeiten nicht nur im Baurecht, sondern generell im Bereich gesetzlicher Fristbestimmungen. Lernen Sie an dieser Stelle nicht nur baurechtsspezifisch! «

83 Beginn und Auslegungsende müssen sich der Bekanntmachung entnehmen lassen. Dem wird nach der Rechtsprechung entsprochen, wenn nur der Fristbeginn („Ein Monat ab dem...) datumsmäßig benannt, nicht aber das Ende der Auslegung exakt datumsmäßig bezeichnet wird. Insoweit genügt die ohne Schwierigkeiten sich ergebende Fristberechnung.[101]

96 BVerwGE 55, 369 ff.; *Spieß* in *Jäde/Dirnberger* BauGB, BauNVO § 3 Rn. 24; *BVerwG* BayVBl. 1985, 23 ff.
97 *Spieß* in *Jäde/Dirnberger* BauGB, BauNVO § 3 Rn. 24,25.
98 *BVerwG* NVwZ 1997, 514 ff.
99 BVerwGE 40, 363 ff.; *Spieß* in *Jäde/Dirnberger* BauGB, BauNVO § 3 Rn. 16.
100 *Spieß in Jäde/Dirnberger* BauGB, BauNVO § 3 Rn. 18.
101 *BVerwG* DÖV 1993, 249 ff.

Von der Auslegung an sich ist der Zeitraum zu unterscheiden, in dem die Öffentlichkeit tatsächlich Gelegenheit hat, den ausgelegten Plan einzusehen. Nach der Rechtsprechung des Bundesverwaltungsgerichts genügt es, wenn der Plan während der für den Publikumsverkehr bestimmten Zeiten ausliegt. Ein Bereithalten während der gesamten Dienststunden der Gemeindeverwaltung ist nicht erforderlich.[102] **84**

Während der Auslegung kann sich jedermann zum Planentwurf äußern. Eine konkrete Planbetroffenheit ist nicht vorausgesetzt.[103] **85**

Die während der öffentlichen Auslegung vorgebrachten Anregungen und das Ergebnis muss die Gemeinde mitteilen, § 3 Abs. 2 S. 4 Hs. 2 BauGB. Da § 3 Abs. 2 S. 1 BauGB keine Ausschlussfrist normiert, kann die Gemeinde auch verspätet vorgebrachte Einwendungen und Anregungen prüfen. Es ist ihr aber nach § 3 Abs. 2 S. 2 Hs. 2 BauGB auch unbenommen, diese mit Hinweis auf die Verspätung unberücksichtigt zu lassen.

JURIQ-Klausurtipp

Beachten Sie an dieser Stelle die gedankliche Verbindung von § 3 Abs. 2 BauGB zum Normenkontrollverfahren, § 47 VwGO. Beachten Sie weiter, dass die ursprünglich in § 47 Abs. 2a VwGO geregelte Präklusion in Folge der Entscheidung des EuGH vom 15.10.2015 (Rs. C-137/14)[104] entfallen ist. Lediglich im Bereich des UmwRG besteht diese in § 7 Abs. 3 UmwRG unter den dort genannten Voraussetzungen fort.

Da der Betroffene letztlich am im Weiteren bekannt gemachten Bauleitplan erkennen kann, wie die Gemeinde mit seinen Anregungen und Bedenken verfahren ist, bleibt eine unterlassene Ergebnismitteilung nach § 3 Abs. 2 S. 4 Hs. 2 BauGB folgenlos. Eine explizite Mitteilung des Prüfungsergebnisses vor dem abschließenden Satzungsbeschluss ist damit nicht erforderlich.[105] **86**

Hinweis

Wird der Entwurf des Bauleitplans nach der Auslegung aufgrund von Anregungen o. ä. geändert oder ergänzt, so ist er nach § 4a Abs. 3 S. 1 BauGB erneut auszulegen und die Stellungnahmen erneut einzuholen.

7. Stellungnahmen der Träger öffentlicher Belange

Auf die frühe Behördenbeteiligung nach § 4 Abs. 1 BauGB folgt im Weiteren das Verfahren der eigentlichen Behördenbeteiligung nach § 4 Abs. 2 BauGB. Auch das Verfahren der eigentlichen Behördenbeteiligung beschränkt sich nach § 4 Abs. 2 S. 1 BauGB auf die Behörden und Träger öffentlicher Belange, deren Aufgabenbereich durch die Planung berührt ist. **87**

102 *Spieß* in *Jäde/Dirnberger* BauGB, BauNVO § 3 Rn. 19.
103 vgl. *Spieß* in *Jäde/Dirnberger* BauGB, BauNVO § 3 Rn. 21.
104 *EuGH* NVwZ 2015, 1665 ff.
105 *BVerwG* NVwZ 2003, 206 ff.

» Denken Sie an dieser Stelle auch nochmals daran, dass auch eine von den Auswirkungen der Planung betroffene Nachbargemeinde ein Träger öffentlicher Belange im Sinne von § 4 Abs. 1 und 2 BauGB ist. «

JURIQ-Klausurtipp

Prägen Sie sich an dieser Stelle gut ein, dass sowohl die Beteiligung der Öffentlichkeit in § 3 als auch die Beteiligung der Träger öffentlicher Belange in § 4 BauGB zweistufig ausgestaltet ist. Einer frühzeitigen Beteiligung schließt sich stets das eigentliche Beteiligungsverfahren in §§ 3 Abs. 2, 4 Abs. 2 BauGB an.

Die eigentliche Beteiligung der Träger öffentlicher Belange kann dabei nach § 4a Abs. 2 BauGB zeitgleich mit der Auslegung des Bauleitplans nach § 3 Abs. 2 BauGB vorgenommen werden.

88 Wird ein Träger öffentlicher Belange, dessen Aufgabenbereich offenkundig berührt ist, nicht am Verfahren beteiligt, verstößt die Planung sowohl gegen § 4 Abs. 1 BauGB als auch gegen die eigentliche Behördenbeteiligung nach § 4 Abs. 2 BauGB. In den §§ 214 ff. BauGB werden wir die Folgen derartiger Verstöße kennenlernen.

Beispiel Bei einer Planung für einen Bebauungsplan in einem möglichen Hochwassergebiet wird das Wasserwirtschaftsamt von der planenden Gemeinde nicht am Verfahren beteiligt. Da die Beteiligung vom Aufgabengebiet naheliegend erscheint, liegt ein Verstoß gegen die Vorschriften der §§ 4 Abs. 1 und 2 BauGB vor. Darüber hinaus ist bereits an dieser Stelle an ein mögliches Abwägungsdefizit nach § 2 Abs. 3 BauGB zu denken. ■

89 Die in ihrem Aufgabenbereich berührten Träger öffentlicher Belange haben dabei nach § 4 Abs. 2 S. 2 Hs. 1 BauGB ihre Stellungnahmen innerhalb eines Monats abzugeben, wobei diese Frist nach § 4 Abs. 2 S. 2 Hs. 2 BauGB bei Vorliegen eines wichtigen Grundes angemessen verlängert werden kann. An dieser Stelle gilt es nun im Hinblick auf die Monatsfrist (Ereignisfrist[106]) in § 4 Abs. 2 S. 2 Hs. 2 BauGB die **Präklusionsvorschrift** in § 4a Abs. 6 S. 1 BauGB zu beachten.

» Kommentieren Sie sich den § 4a Abs. 6 BauGB zu § 4 Abs. 2 BauGB, damit Sie die inhaltliche Verknüpfung von Fristlauf und Präklusion nachvollziehen können. «

Die in § 4a Abs. 6 S. 1 BauGB geschaffene Präklusionswirkung bedeutet, dass die Gemeinde verspätet eingegangene Stellungnahmen der Träger öffentlicher Belange in einer späteren Abwägungsentscheidung nicht zu berücksichtigen braucht.[107]

Von diesem Grundsatz schafft das Gesetz wiederum in § 4a Abs. 6 S. 1 BauGB **eine Ausnahme**. Sofern die Gemeinde den Inhalt der verspäteten Stellungnahme kannte bzw. hätte kennen müssen und die verspätete Stellungnahme für den Inhalt des Bauleitplans von Relevanz ist, darf die Gemeinde keine Präklusion annehmen, mit der Folge, dass die Stellungnahme in diesem Fall **zwingende Berücksichtigung** finden muss.[108] Berücksichtigt die Gemeinde in dieser Situation die Stellungnahme mit dem bloßen Hinweis auf deren Verspätung nicht, liegt ein Verstoß gegen die Vorschrift des § 4a Abs. 6 BauGB vor. Darüber hinaus müssen Sie an einen (formellen bzw. materiellen) Abwägungsmangel denken.

Beispiel Wenn im oben genannten *Beispiel* das Wasserwirtschaftsamt zwar an der Bauleitplanung beteiligt wird, seine Stellungnahme aber verspätet bei der Gemeinde eingeht, werden die grundsätzlichen Bestimmungen in § 4 Abs. 1 und 2 BauGB beachtet. Die Nichtberücksichtigung der Stellungnahme beurteilt sich abschließend nach § 4a Abs. 6 BauGB, d.h. die Gemeinde kann die Stellungnahme im weiteren Verfahrensablauf nur

106 *Spieß* in *Jäde/Dirnberger* BauGB, BauNVO § 4 Rn. 22.
107 *Spieß* in *Jäde/Dirnberger* BauGB, BauNVO § 4a Rn. 25.
108 *Spieß* in *Jäde/Dirnberger* BauGB, BauNVO § 4a Rn. 26.

dann unberücksichtigt lassen, wenn sie deren Inhalt nicht kannte bzw. nicht kennen musste (sie sich der Gemeinde als beachtlich aufdrängte) und die wasserwirtschaftlichen Belange für die Planung ohne Relevanz sind. ■

JURIQ-Klausurtipp

Verwechseln Sie an dieser Stelle bitte nicht die Fälle der völligen Nichtberücksichtigung eines Trägers öffentlicher Belange, dessen Aufgabenbereich berührt ist, und den Fall der Nichtberücksichtigung einer verspätet erhobenen Stellungnahme des Trägers öffentlicher Belange. Wird der Träger öffentlicher Belange gar nicht beteiligt, liegt ein Verstoß gegen § 4 Abs. 1 und § 4 Abs. 2 BauGB vor (ergänzend ist weiter an ein Abwägungsdefizit zu denken). Wird der Träger zwar beteiligt, es bleibt im Folgenden aber seine Stellungnahme unberücksichtigt, so verstößt die Gemeinde möglicherweise gegen § 4a Abs. 6 BauGB bzw. das Gebot gerechter Abwägung.

Wird der Planentwurf aufgrund der Stellungnahmen der Träger öffentlicher Belange geändert oder ergänzt, so ist das Verfahren des § 4 Abs. 2 BauGB erneut durchzuführen.

8. Planbeschluss

Wenn die Gemeinde die Prüfung der Bürgeranregungen abgeschlossen hat, bildet sie ihren **90**
endgültigen planerischen Willen.

Dies geschieht in der Weise, dass sie die nach Durchführung von Öffentlichkeitsbeteiligung und Beteiligung der Behörden und sonstigen Träger öffentlicher Belange ermittelten und bewerteten Belange untereinander gerecht abwägt, d.h. in Ausgleich zueinander bringt, § 1 Abs. 7 BauGB.

Hierbei wird der **Bebauungsplan** nach § 10 Abs. 1 BauGB als **Satzung**, der **Flächennutzungsplan** hingegen nur als **einfacher Gemeinderatsbeschluss** beschlossen.[109]

9. Eventuelles Genehmigungsverfahren

Der Flächennutzungsplan und ein ausnahmsweise genehmigungspflichtiger Bebauungsplan **91**
nach § 10 Abs. 2 BauGB – eine Genehmigungspflicht besteht für Bebauungspläne in Durchbrechung des Entwicklungsgebotes in § 8 Abs. 2 BauGB, d.h. solche nach §§ 8 Abs. 2 S. 2, 8 Abs. 3 S. 2 und 8 Abs. 4 BauGB – sind der höheren Verwaltungsbehörde vorzulegen und von dieser zu genehmigen. Die höhere Verwaltungsbehörde bestimmt sich dabei in Bayern ausgehend von § 203 Abs. 1 BauGB nach den Bestimmungen in § 2 Abs. 1 und 2 ZustVBau.

Die jeweilige Genehmigungsbehörde hat hierbei eine **reine Rechtmäßigkeitsüberprüfung** der Bauleitpläne vorzunehmen. Ein Ermessen bei der Erteilung der Genehmigung kommt der höheren Verwaltungsbehörde nicht zu. Die Genehmigung ist gegenüber der Gemeinde ein **gebundener Verwaltungsakt**. Bei Versagung kann die Gemeinde gegen diese Entscheidung im Wege der Versagungsgegenklage aus § 42 Abs. 1 Alt. 2 VwGO vorgehen. Diese ist gegen den Freistaat Bayern zu richten, da das Genehmigungsverfahren in §§ 6 Abs. 1, 2 bzw. 10 Abs. 2 BauGB einen Sonderfall der staatlichen Aufsicht über die Gemeinde darstellt

109 *Brenner* Öffentliches Baurecht S. 89 Rn. 318,319.

(Rechtsaufsicht, da Bauleitplanung Ausdruck der gemeindlichen Planungshoheit ist). Der mögliche Anspruch der Gemeinde ergibt sich aus § 6 Abs. 2 bzw. 10 Abs. 2 S. 2, 6 Abs. 2 BauGB entsprechend, wonach die Genehmigung nur versagt werden darf, wenn der Flächennutzungsplan nicht ordnungsgemäß zustande gekommen ist oder dem BauGB, den aufgrund des BauGB erlassenen Vorschriften oder sonstigen Rechtsvorschriften widerspricht.

10. Ausfertigung

92 Der als Satzung nach § 10 Abs. 1 BauGB beschlossene **Bebauungsplan** muss durch das zuständige Gemeindeorgan – regelmäßig der erste Bürgermeister – ausgefertigt werden. Ausfertigung bedeutet dabei die **eigenhändige Unterzeichnung** der Satzungsurkunde durch das zuständige Organ. Mit dieser Unterschrift bekundet der erste Bürgermeister zum einen die Beachtung der gesetzlichen Vorschriften zum Erlass des Bebauungsplans **(Legalitätsfunktion)**, zum anderen, dass die Satzung, so wie sie beurkundet wird, dem gemeindlichen Willen entspricht **(Authentizitätsfunktion)**.[110]

Hinweis

Wegen dieser Wirkungen der Ausfertigung kann sie auch nicht durch die Unterschrift des Bürgermeisters unter die Sitzungsniederschrift (Art. 54 GO) ersetzt werden. Die Sitzungsniederschrift bekundet lediglich den Verlauf der Gemeinderatssitzung.

93 Die Rechtmäßigkeit der Ausfertigung beurteilt sich nach bayerischem Landesrecht. Maßgeblich ist insoweit Art. 26 Abs. 2 GO. Die Ausfertigung ist damit zwar nicht im BauGB für das Verfahren vorgesehen. Ihr Erfordernis ergibt sich aber aus allgemeinen rechtsstaatlichen Grundsätzen beim Erlass von Rechtsnormen.[111]

Hinweis

Da der Flächennutzungsplan als grundsätzliches nur die Gemeinde bindendes Verwaltungsinternum beschlossen wird, bedarf es für ihn keiner Ausfertigung. Ausfertigungen sind nur für Rechtsnormen vorgesehen.[112]

11. Bekanntmachung und Inkrafttreten

94 **Der Flächennutzungsplan** wird gemäß § 6 Abs. 5 BauGB wirksam, indem die Gemeinde die stets erforderliche (vgl. § 6 Abs. 1 BauGB) Erteilung der Genehmigung, d.h. die Tatsache, dass die Genehmigung erteilt wurde, ortsüblich bekannt macht.

95 Um die Satzung **Bebauungsplan** in Kraft zu setzen, sind gemäß § 10 Abs. 3 BauGB **zwei Verfahrensschritte** notwendig:[113] Zum einen muss die Gemeinde bei einem ausnahmsweise genehmigungspflichtigen Bebauungsplan nach § 10 Abs. 2 BauGB die Erteilung der Genehmigung oder bei Plänen, die keiner Genehmigung der höheren Verwaltungsbehörde bedür-

110 *Spieß* in *Jäde/Dirnberger* BauGB, BauNVO § 10 Rn. 51 ff.; *Bauer/Böhle/Ecker* Bayerische Kommunalgesetze Art. 26 Rn. 8.

111 *BVerwG* NVwZ 1988, 916 ff.

112 *Spieß* in *Jäde/Dirnberger* BauGB, BauNVO § 6 Rn. 11.

113 *Brenner* Öffentliches Baurecht S. 89 f. Rn. 319; *BVerfGE* 65, 283 ff.

fen (Regelfall), den Satzungsbeschluss, d.h. die Tatsache, dass der Satzungsbeschluss gefasst wurde, ortsüblich bekannt machen (§ 10 Abs. 3 S. 1 BauGB). Daneben muss die Gemeinde den Bebauungsplan mit Begründung (integraler Bestandteil ist insoweit der Umweltbericht) zu jedermanns Einsicht bereithalten und über den Inhalt auf Verlangen Auskunft geben (§ 10 Abs. 3 S. 2 BauGB). Dabei ist grundsätzlich nicht erforderlich, dass der Bebauungsplan bereits am Tag der Bekanntmachung selbst zur Einsichtnahme bereit liegt.

Inhaltlich gilt es im Bauleitplanverfahren § 3 Abs. 2 BauGB und § 10 Abs. 3 BauGB zu unter- **96**
scheiden. Die Bekanntmachung in § 10 Abs. 3 BauGB muss so formuliert werden, dass sie einen Hinweis **(Hinweisfunktion)** auf den räumlichen Geltungsbereich des Planes gibt und dass dieser Hinweis den Plan identifiziert. Es genügt die schlagwortartige Bezeichnung des Plangebiets mit dem nach § 10 Abs. 3 S. 3 BauGB erforderlichen Hinweis, wo und zu welchen Zeiten der Plan zur Einsichtnahme bereitliegt.[114] Auch hier gilt es zu beachten, dass die bloße Nennung von Grundstücks-Flurnummern oder die nur ziffernmäßige Nennung des Bebauungsplanes nicht ausreicht.

Entscheidend ist, dass sich der an der Planung interessierte Bürger aufgrund der Einsichtnahme verbunden mit dem in diesem Stadium existierenden Anspruch auf Auskunft über den genauen Planinhalt unterrichten kann.[115] Dies muss die Bekanntmachung ermöglichen, um ihrem **Hinweiszweck** Genüge zu tun.

Enthält der Bebauungsplan beispielsweise DIN-Vorschriften zum Schallschutz, so genügt die Bekanntmachung nur dann ihrem Hinweiszweck, wenn das entsprechende Regelwerk bei der Einsichtnahme ausliegt. Hierauf ist in der Bekanntmachung hinzuweisen.[116]

12. Ergänzungen der Verfahrensvorschriften des BauGB durch das Kommunalrecht

Die Verfahrensvorschriften des BauGB werden ergänzt durch die Bestimmungen der GO. Das **97**
BauGB regelt mit Ausnahme des Satzungsbeschlusses (§ 10 BauGB) nicht, ob für die einzelnen Schritte eines Bauleitplanverfahrens Beschlüsse der Gemeinde notwendig sind und welches Gremium innerhalb der Gemeinde zur Entscheidung berufen ist.

Nach der Auffassung des Bundesverwaltungsgerichts ist hier allein **Kommunalrecht** maßgeblich.[117]

Der **Satzungsbeschluss** (§ 10 BauGB) wird in der Regel vom Gemeinderat gefasst, kann aber **98**
gemäß Art. 32 Abs. 2 S. 2 Nr. 2 GO auch einem beschließenden Ausschuss übertragen werden.

JURIQ-Klausurtipp

Da für den Flächennutzungsplan in § 6 Abs. 1 BauGB ein Genehmigungsverfahren zwingend vorgesehen ist (Bestimmung der Genehmigungsbehörde nach § 2 ZustVBau), scheidet eine Übertragung des Aufstellungsverfahrens auf einen beschließenden Ausschuss aus; Art. 32 Abs. 2 S. 2 Nr. 1 GO.

---

114 *Spieß* in *Jäde/Dirnberger* BauGB, BauNVO § 10 Rn. 43.
115 *BVerwG* DVBl. 1987, 486 ff.; DVBl. 1987, 489 ff.
116 *BVerwG* NVwZ 2017, 166 f.; *BayVGH*, U.v. 25.10.2016 – 9 N 13.558 – juris Rn. 27 ff.
117 *BVerwG* DVBl. 1988, 958 ff.

Durchführung durch GR / beschließender Ausscluss

99 Die **wesentlichen Verfahrensschritte** des bauleitplanerischen Verfahrens sind vom maßgeblichen Organ (Gemeinderat oder beschließender Ausschuss) durchzuführen. Dies gilt für den (nicht zwingend vorgeschriebenen) **Aufstellungsbeschluss, die Billigung des Entwurfes nach der frühzeitigen Beteiligung der Bürger bzw. der Träger öffentlicher Belange und dessen Auslegung (sog. Billigungs- und Auslegungsbeschluss)**. Auch muss die abschließende Behandlung der rechtzeitig vorgebrachten Anregungen und Bedenken in dem Gremium erfolgen, das über die Satzung abschließend entscheidet.

Die übrigen Verfahrensschritte (ortsübliche Bekanntmachung des Aufstellungsbeschlusses, frühzeitige Bürgerbeteiligung, Beteiligung der Träger öffentlicher Belange, öffentliche Auslegung und deren ortsübliche Bekanntmachung) sind bloße **Vollzugsakte**, für die der erste Bürgermeister zuständig ist (Art. 36 S. 1 GO).

Auch für den Ausschluss von Mitgliedern des Gemeinderats bei der Beratung und Abstimmung über Bauleitpläne und die Frage der Öffentlichkeit gilt Kommunalrecht (Art. 49, 52 GO).

100 Im Rahmen des Aufstellungsverfahrens für einen Flächennutzungsplan wird allgemein angenommen, dass ein Betroffensein als Grundstückseigentümer grundsätzlich nicht zu einem Ausschluss führt. Begründet wird dies im Wesentlichen damit, dass der Flächennutzungsplan als **vorbereitender Bauleitplan** noch keine unmittelbare, rechtsverbindliche Wirkung gegenüber dem einzelnen Grundstückseigentümer besitze (problematisch ist dies insbesondere im Hinblick auf das Entwicklungsgebot des § 8 Abs. 2 BauGB). Jedenfalls bei der **erstmaligen Aufstellung eines Flächennutzungsplanes** steht nicht die individuelle Nutzung des Grundstücks im Vordergrund, sondern die (allgemeine) städtebauliche Entwicklung (sog. allgemeine Planbetroffenheit, die **alle Grundstückseigentümer** gleichermaßen trifft[118]). Vertretbar erscheint es deshalb ebenfalls, hier zwischen erstmaliger Aufstellung – keine persönliche Beteiligung – und Änderung des Flächennutzungsplanes – persönliche Beteiligung – zu differenzieren.[119]

Bei einem Bebauungsplanverfahren sind dagegen Gemeinderatsmitglieder **grundsätzlich ausgeschlossen**, wenn sie oder die in Art. 49 Abs. 1 GO genannten Personen Grundeigentum oder eigentumsähnliche Rechte im Plangebiet haben.[120]

Hinweis

Die bloße Teilnahme eines nach Art. 49 Abs. 1 GO Ausgeschlossenen an der Beratung (ohne Teilnahme am abschließenden Beschluss) bleibt mangels Quantifizierung des Einflusses auf das Abstimmungsergebnis unbeachtlich (allgemeine Meinung).

101 Der Ausschluss eines nicht persönlich Beteiligten hat wegen Verletzung mitgliedschaftlicher Rechte stets die **Unwirksamkeit des Beschlusses** zur Folge. Dieser Fall wird der Nichtladung des Mitglieds (Art. 47 Abs. 2 GO) gleichgestellt.

118 *Bauer/Böhle/Ecker* Bayerische Kommunalgesetze Art. 49 Rn. 7.
119 *OVG NRW* NJW 1979, 2632.
120 *Bauer/Böhle/Ecker* Bayerische Kommunalgesetze Art. 49 Rn. 7.

Verfahrensrechtliche Voraussetzungen in der Bauleitplanung

I. Planaufstellungsbeschluss
Nur fakultative Voraussetzung im Verfahren der §§ 2 ff. BauGB

II. Falls Planaufstellungsbeschluss gefasst
Ortsübliche Bekanntmachung nach § 2 Abs. 1 S. 2 BauGB

III. Umweltprüfung, § 2 Abs. 4 BauGB und Ermittlung der abwägungserheblichen Belange nach § 2 Abs. 3 BauGB
Teil der Begründung von Flächennutzungsplan und Bebauungsplan

IV. Frühzeitige Öffentlichkeitsbeteiligung, § 3 Abs. 1 BauGB

V. Frühzeitige Behördenbeteiligung nach § 4 Abs. 1 BauGB
Nachbargemeinde ist ebenfalls Träger öffentlicher Belange

VI. Billigungs- und Auslegungsbeschluss
Im BauGB gesetzlich nicht vorgesehen, daher Fehlen kein Verfahrensfehler

VII. Bekanntmachung der Auslegung, § 3 Abs. 2 S. 2 BauGB
1. Anstoßfunktion der Bekanntmachung beachten
2. Wochenfrist ist Ereignisfrist nach § 187 Abs. 1 BGB
3. Zu kurze Wochenfrist kann durch entsprechend längere Auslegung geheilt werden

VIII. Öffentliche Auslegung des Planentwurfs mit Begründung, § 3 Abs. 2 S. 1 BauGB
1. Ablauffrist nach § 187 Abs. 2 BGB
2. Schriftliches Einwendungserfordernis nicht zu beanstanden

IX. Behördenbeteiligung nach § 4 Abs. 2 BauGB

X. Prüfung der Anregungen und Ergebnismitteilung, § 3 Abs. 2 S. 4 BauGB
Beschluss nicht vorgesehen; Ergebnismitteilung ist reine Ordnungsvorschrift

XI. Satzungsbeschluss nach § 10 Abs. 1 BauGB bzw. Gemeinderatsbeschluss (Flächennutzungsplan)
Organ nach GO: entweder Gemeinderat oder Bauausschuss, vgl. Art. 32 Abs. 2 S. 2 Nr. 2 GO

XII. Eventuelles Genehmigungserfordernis nach §§ 6 Abs. 1, 10 Abs. 2 BauGB

XIII. Ausfertigung nach Art. 26 Abs. 2 GO
Verfahrenserfordernis nach Landesrecht; nur für Bebauungspläne

XIV. Bekanntmachung nach § 6 Abs. 5 S. 1 BauGB bzw. § 10 Abs. 3 BauGB
Bei Bebauungsplänen Hinweisfunktion der Bekanntmachung beachten

PRÜFUNGSSCHEMA

F. Materiell-rechtliche Vorgaben an die Bauleitplanung

102 **Hinweis**

Für die Prüfung der materiell-rechtlichen Anforderungen an die Bauleitplanung gibt es keine feststehende Prüfungsreihenfolge. Es hat sich lediglich eingebürgert, dass man die Prüfung mit der Vorschrift des § 1 Abs. 3 BauGB beginnt und sich im letzten Prüfschritt mit der Abwägungsentscheidung nach § 1 Abs. 7 BauGB auseinandersetzt.

I. Grundsatz der Erforderlichkeit (Planungsbefugnis und Planungspflicht der Gemeinde)

103 § 1 Abs. 3 BauGB bestimmt, dass die Gemeinden die Bauleitpläne (Flächennutzungsplan und Bebauungsplan) aufzustellen haben, sobald und soweit es für die städtebauliche Ordnung erforderlich ist. Damit legt § 1 Abs. 3 BauGB eine **Planungsbefugnis** und **Planungspflicht** der Gemeinde fest.[121]

1. Planungsbefugnis

104 Da Bauleitplanung ureigenster Ausdruck der gemeindlichen Selbstverwaltung (Planungshoheit) ist, bestimmt die Gemeinde ihr städtebauliches Konzept inhaltlich in eigener Verantwortung. Der Gemeinde kommt daher ein weites städtebauliches Ermessen zu. Weder die Rechtsaufsichtsbehörden noch die Verwaltungsgerichte können daher prüfen, ob das von der Gemeinde gewählte planerische Konzept die bestmögliche Lösung für die betreffende Gemeinde darstellt. Dies würde einen unzulässigen Eingriff in die gemeindliche Selbstverwaltung darstellen.[122]

105 Von diesem Ansatz – weites städtebauliches Planungsermessen der Gemeinde – ausgehend, ist eine Planung nur dann nicht erforderlich im Sinne von § 1 Abs. 3 BauGB, wenn die Gemeinde mit ihrer Planung keine städtebauliche Konzeption verfolgt, sondern lediglich andere Ziele nicht städtebaulicher Art für den Planbeschluss maßgeblich sind.[123] Unschädlich ist es hingegen, wenn die Gemeinde neben einer städtebaulich motivierten Zielsetzung auch andere Ziele verfolgt.

Beispiel Gegen § 1 Abs. 3 BauGB würde eine Planung eines weiteren Verkehrsweges für einen bereits wegemäßig erschlossenen Weiler verstoßen, wenn die Gemeinde mit der Planung das ausschließliche Ziel verfolgt, für die neu herzustellende Straße Erschließungsbeiträge nach § 127 Abs. 2 Nr. 1 BauGB, Art. 5a KAG zu verlangen, um so der finanziell klammen Lage der Gemeinde zu begegnen. Hier ist die Planung nicht städtebaulich motiviert, sondern dient ausschließlich finanziellen Interessen der Gemeinde. Anders wäre es zu beurteilen, wenn der Weiler bislang keine ausreichende wegemäßige Erschließung vorweisen kann und es Planungsziel der Gemeinde neben dem finanziellen Aspekt wäre, den Weiler mit einer ausreichend dimensionierten Straße an den Hauptort anzubinden (Erschließung im Sinne des BauGB). ■

121 *Dürr/König* Baurecht Bayern S. 27 Rn. 25.
122 vgl. *Dirnberger* in *Jäde/Dirnberger* BauGB, BauNVO § 1 Rn. 19, 20.
123 *Dirnberger* in *Jäde/Dirnberger* BauGB, BauNVO § 1 Rn. 20, 27.

Weiter schließt § 1 Abs. 3 BauGB mit der gewählten Formulierung „sobald" Planungen aus, deren Realisierung ohne aktuellen Anlass, noch völlig ungewiss ist **(reine Zukunftsplanung)**.[124] 106

Die Erforderlichkeit fehlt auch, wenn eine Regelung in einem Bebauungsplan nur wegen der negativen (ausschließenden) Wirkung getroffen wird **(reine Negativplanung)**.[125] Zu beachten gilt es aber, dass es kein generelles Verbot negativer Festsetzungen gibt. Auch die Festsetzung einer freizuhaltenden Fläche ist, wie § 9 Abs. 1 Nr. 24 BauGB belegt, nicht gleichbedeutend mit einer reinen Negativplanung. Dass der Hauptzweck einer Festsetzung die Verhinderung und der Ausschluss einzelner Nutzungen ist, macht diese Festsetzung noch nicht per se zum Verstoß gegen § 1 Abs. 3 BauGB. Entscheidend ist, dass der Festsetzung ein positiver planerischer Wille und ein planerisches Konzept zugrunde liegt. Gegen § 1 Abs. 3 BauGB verstößt die Planung nur dann, wenn die positive Festsetzung nur vorgeschoben ist, um eine andere Nutzung zu verhindern, und damit die positiv festgesetzte Nutzung nicht gewollt ist. 107

Beispiel Um die Ansiedlung von Mobilfunkmasten im Gemeindegebiet auszuschließen, wird in einem Bebauungsplan eine großräumige Parkanlage (Grünfläche) ausgewiesen (§ 9 Abs. 1 Nr. 5 BauGB). Die Gemeinde beabsichtigt jedoch zu keinem Zeitpunkt, diese Grünanlage herzustellen. Das Planungsziel „Schaffung einer Grünfläche" ist hier nur vorgeschoben, um Mobilfunkeinrichtungen zu verhindern. Es liegt eine reine Negativplanung vor, da das positiv ausgewiesene Planungsziel gar nicht dem gemeindlichen Willen entspricht. ■

Die Erforderlichkeit im Sinne von § 1 Abs. 3 BauGB ist ferner nicht gegeben, wenn die Gemeinde sich nicht von städtebaulichen Motiven im Sinne von § 1 Abs. 5 und 6 BauGB leiten lässt, sondern die Planung **ausschließlich** im privaten Interesse einzelner Personen erfolgt **(reine Gefälligkeitsplanung)**.[126] 108

Beispiel Um seinem Freund, dem Bauunternehmer B, in Zeiten der Wirtschaftskrise zu helfen, lässt sich der erste Bürgermeister A der Gemeinde X breitschlagen, auf von B im Außenbereich erworbenen Wiesengrundstücken ein Baugebiet (Wohngebiet) auszuweisen, obwohl innerorts der Gemeinde noch ausreichend Baugrundstücke vorhanden sind, die nach Prognosen noch für den Bedarf von mindestens fünf Jahren genügen. ■

Schließlich ist eine Planung nicht erforderlich, wenn abzusehen ist, dass ihrer Verwirklichung **unüberwindbare rechtliche Hindernisse** entgegenstehen.[127] Hierbei ist beispielsweise an die Ausweisung von Grundstücken in einem Naturschutz- oder Landschaftsschutzgebiet (§ 23 BNatSchG bzw. § 26 BNatSchG) zu denken. Praxisrelevant ist darüber hinaus die Ausweisung von Baugebieten in Überschwemmungsgebieten (Verbot in § 78 Abs. 1 Nr. 1 WHG). Insoweit gilt es aber zu beachten, dass, soweit sich der Widerspruch der Bauleitplanung zu derartigen Planungen durch Erteilung einer Ausnahmegenehmigung bzw. Befreiung im Einzelfall (voraussichtlich) ausräumen lässt (vgl. hierzu die Vorschriften in § 67 BNatSchG, Art. 56 BayNatSchG bzw. § 78 Abs. 2 WHG), die Vorschrift des § 1 Abs. 3 BauGB der Planung nicht entgegensteht. In derartigen Fällen ist daher zu prüfen, ob Bauleitplan und kollidierende Festsetzung fachlich in Einklang gebracht werden können.

124 *BVerwG* NVwZ 1993, 1102 ff.
125 *Dirnberger* in *Jäde/Dirnberger* BauGB, BauNVO § 1 Rn. 47.
126 *Dürr/König* Baurecht Bayern S. 28 Rn. 26; *Dirnberger* in *Jäde/Dirnberger* BauGB, BauNVO § 1 Rn. 29.
127 *BayVGH* BayVBl. 1995, 561 ff.; *BVerwG* ZfBR 1989, 77 ff.

Besteht eine solche **objektive Befreiungslage** für den Bebauungsplan bzw. die Einzelbauvorhaben, die der Bauleitplan vorsieht, so kann dem Bauleitplan nicht die fehlende Erforderlichkeit entgegengehalten werden.

JURIQ-Klausurtipp

Gehen Sie in Gedanken in Klausuren die soeben dargestellten Fälle fehlender Erforderlichkeit nacheinander durch. Ist keine der dargestellten Fallgruppen, in denen die Rechtsprechung einen Verstoß gegen § 1 Abs. 3 BauGB annimmt, einschlägig, ist zum Grundsatz zurückzukehren, dass der Gemeinde bei der Bauleitplanung ein weites städtebauliches Ermessen zukommt, und die Beachtung von § 1 Abs. 3 BauGB festzustellen.

2. Planungspflicht

109 Eine **Planungspflicht** besteht grundsätzlich für das **Aufstellen des Flächennutzungsplans**, weil eine geordnete städtebauliche Entwicklung nur gewährleistet ist, wenn ihre Grundzüge in dem hierfür vorgesehenen vorbereitenden Bauleitplan festgelegt werden.[128] Die einzige Ausnahme hierzu normiert § 8 Abs. 2 S. 2 BauGB, wonach ein Flächennutzungsplan nicht erforderlich ist, wenn ein Bebauungsplan ausreicht, um die städtebauliche Entwicklung zu ordnen (Ausnahmefall).

Da auf der Ebene der Bebauungspläne die §§ 34, 35 BauGB als gesetzliche Ersatzpläne eine im Regelfall angemessene städtebauliche Entwicklung ermöglichen, besteht für den Erlass eines Bebauungsplans dem Grunde nach keine Planungspflicht. Sofern die Gemeinde ihre weitere Entwicklung nach §§ 34, 35 BauGB nicht mehr für sachgerecht erachtet, kann sie unter den dargestellten Anforderungen des § 1 Abs. 3 BauGB sich für den Erlass von Bebauungsplänen entscheiden. Bei Bebauungsplänen verdichtet sich die grundsätzliche Planungsbefugnis der Gemeinde aus § 1 Abs. 3 BauGB ausnahmsweise zur Planungspflicht, wenn die städtebauliche Situation der Gemeinde eine bestimmte Bauleitplanung verlangt.[129]

Aber auch wenn ausnahmsweise eine Planungspflicht der Gemeinde festzustellen ist, haben Dritte nach § 1 Abs. 3 S. 2 BauGB keinen Anspruch auf Bauleitplanung. Dieser kann auch nicht durch einen öffentlich-rechtlichen Vertrag begründet werden.

110 Ungeachtet dessen, dass § 1 Abs. 3 S. 2 BauGB verbietet, einen Anspruch auf Bauleitplanung zum Gegenstand eines öffentlich-rechtlichen Vertrages zu machen, ist eine Kooperation zwischen Gemeinden und Privaten im Bereich des öffentlichen Baurechts allgegenwärtig. Die rechtlichen Möglichkeiten hierzu schaffen § 124 und § 11 BauGB. Denkbar sind demnach u.a. (vgl. § 11 Abs. 4 BauGB) Maßnahmen-, Zielbindungs-, Folgekostenverträge, sowie Versorgungseinrichtungsverträge. § 11 Abs. 1 S. 2 Nr. 1 BauGB stellt klar, dass der Vertragspartner der Gemeinde städtebauliche Maßnahmen, wie beispielsweise die Ausarbeitung der Bauleitpläne oder die Ermittlung von Altlastenflächen ganz oder teilweise auf eigene Kosten übernehmen kann.

§ 11 Abs. 1 S. 2 Nr. 2 BauGB nennt bestimmte Ziele, wie die Wohnraumversorgung einkommensschwacher Bevölkerungsgruppen, als mögliche Gegenstände **städtebaulicher Verträge**. In dieser Norm findet sich auch ein Anhaltspunkt (neben der Regelung in § 1 Abs. 6 Nr. 2

128 *Dürr/König* Baurecht Bayern S. 29 Rn. 27.

129 *Dirnberger* in *Jäde/Dirnberger* BauGB, BauNVO § 1 Rn. 16; *BVerwG* NvwZ-RR 1998, 357 ff.

BauGB) für die Zulässigkeit so genannter **Einheimischenmodelle**. Darunter ist zu verstehen, dass die Gemeinde Ackerland aufkauft, es als Bauland ausweist und die Baugrundstücke nach festen Vergaberichtlinien unter dem eigentlichen Verkehrswert an Einheimische veräußert. Den Grundstückskäufern wird die Weiterveräußerung durch bestimmte Vertragsklauseln untersagt[130]. In § 11 Abs. 1 S. 2 Nr. 3 BauGB findet schließlich der so genannte Folgekostenvertrag seine gesetzliche Grundlage. Folgekosten sind Aufwendungen, die der Gemeinde infolge städtebaulicher Planung insbesondere für Anlagen und Einrichtungen des Gemeinbedarfs entstehen, wobei stets darauf zu achten ist, dass nur solche Kosten Inhalt eines derartigen Vertrages sein können, deren zugrundeliegende Maßnahmen Voraussetzung oder Folge einer konkreten städtebaulichen Maßnahme ist. Es besteht hier ein Koppelungsverbot für sachlich nicht in Zusammenhang stehende Maßnahmen. Klassische Beispiele rechtlich zulässiger Folgekosten sind Kosten für Kindergärten, Schulen, Friedhöfe etc.

II. Anpassung der Bauleitplanung an die Ziele der Raumordnung

Nach § 1 Abs. 4 BauGB sind die Bauleitpläne den Zielen der Raumordnung anzupassen. Ziele 111
der Raumordnung sind dabei nach § 3 Nr. 2 ROG (*Sartorius* I Nr. 340) verbindliche Vorgaben in Form von räumlich und sachlich bestimmten oder bestimmbaren, vom Träger der Raumordnung abschließend abgewogenen, textlichen oder zeichnerischen Festlegungen in Raumordnungsplänen zur Entwicklung, Ordnung und Sicherung des Raums. Derartige Ziele finden sich in Bayern im Landesentwicklungsprogramm und in den Regionalplänen (vgl. Art. 1 Abs. 2 Nr. 1, Art. 2 Nr. 7, Art. 19, 21 BayLPlG[131]).

§ 1 Abs. 4 BauGB lässt sich dabei **keine Erstplanungspflicht** zur Aufstellung von Bauleitplänen entnehmen. § 1 Abs. 4 BauGB schafft lediglich eine **Anpassungspflicht** für zu erstellende oder bereits erstellte Bauleitpläne an die Zielvorgaben in überörtlichen Raumordnungsplänen. Allerdings lässt das Anpassungsgebot des § 1 Abs. 4 BauGB den betroffenen Gemeinden **keinen Abwägungsspielraum**.[132]

JURIQ-Klausurtipp

Da der Rechtsbereich der Raumordnung und Landesplanung (ROG, LPlG) nach den bayerischen Prüfungsordnungen nicht zum Pflichtstoff im Ersten wie im Zweiten Juristischen Staatsexamen zählt, genügt es für baurechtliche Klausuren, den § 1 Abs. 4 BauGB als materiell-rechtliche Vorgabe an die Gemeinde zu kennen. Kenntnisse in diesem Bereich werden von Ihnen nicht erwartet.

III. Beachtung der Planungsziele und Planungsleitlinien in § 1 Abs. 5 und 6 BauGB

Die planerische Willensbildung der Gemeinde soll nach § 1 Abs. 7 BauGB durch eine gerechte 112
Abwägung der von der Planung betroffenen öffentlichen und privaten Belange erfolgen. Um

130 Zu rechtlichen Problemen derartiger Einheimischenmodelle vgl. weiterführend aus der Rechtsprechung *OLG Hamm* BayVBl. 1997, 536 ff.; *BayVGH* BayVBl. 1999, 399 ff.; *BGH* NVwZ 2003, 371 ff.

131 *Ziegler/Tremel* Nr. 417.

132 vgl. *Dirnberger* in *Jäde/Dirnberger* BauGB, BauNVO § 1 Rn. 66.

dieses grundsätzlich freie planerische Ermessen der Gemeinde zu steuern und zu konkretisieren, sehen § 1 Abs. 5 und Abs. 6 BauGB wesentliche Planungsziele vor. So sollen nach § 1 Abs. 5 BauGB die Bauleitpläne u.a. eine nachhaltige städtebauliche Entwicklung und eine dem Wohl der Allgemeinheit dienende Bodennutzung gewährleisten, die die sozialen, wirtschaftlichen und umweltschützenden Anforderungen in Einklang bringt.

113 Diesen konkretisierten Aufgabenbeschreibungen als grundsätzlichen **Planungszielen** in § 1 Abs. 5 BauGB folgt in § 1 Abs. 6 BauGB ein Katalog der bei der Bauleitplanung zu berücksichtigenden Belange. Ergänzt werden diese Bestimmungen durch die in § 1a BauGB aufgeführten ergänzenden Bestimmungen zum Umweltschutz.

Die in § 1 Abs. 5 BauGB festgelegten **Planungsziele** werden in § 1 Abs. 6 BauGB durch zahlreiche **Planungsleitlinien** näher ausgestaltet und konkretisiert.[133]

Hinweis

Achten Sie an dieser Stelle besonders auf die Terminologie: Bei § 1 Abs. 6 BauGB handelt es sich um durch eine Abwägungsentscheidung grundsätzlich überwindbare Planungsleitlinien. Es handelt sich nicht um einer Abwägungsentscheidung gar nicht zugängliche Planungsgrundsätze. Wäre letzteres der Fall, wäre die Bestimmung in § 1 Abs. 7 BauGB inhaltsleer.

114 § 1 Abs. 6 BauGB enthält dabei ohne eine Wertung durch die Reihenfolge und ohne einen Vorrang eines genannten Belanges gegenüber einem anderen in zwölf Nummern eine **nicht abschließende** („insbesondere") **Aufzählung** gewichtiger Belange, die die Gemeinde bei der Bauleitplanung zu berücksichtigen hat.[134] Aufgabe der planerischen Abwägung der Gemeinde ist es, das abstrakt gleiche Gewicht der in § 1 Abs. 6 BauGB genannten Belange im konkreten Planungsfall zu erfassen und die betroffenen Belange untereinander gerecht abzuwägen im Sinne von § 1 Abs. 7 BauGB.

JURIQ-Klausurtipp

Prägen Sie sich ein, dass der nicht abschließende Katalog der Planungsleitlinien in § 1 Abs. 6 BauGB keine Wertung und keinen Vorrang einzelner dort genannter Belange enthält. Die in § 1 Abs. 6 BauGB genannten Belange stehen grundsätzlich gleichrangig nebeneinander, was es aber nicht ausschließt, dass die Gemeinde innerhalb der konkret zu treffenden Abwägungsentscheidung einzelnen in § 1 Abs. 6 BauGB angesprochenen Belangen den Vorrang vor anderen Belangen einräumt, so dass letztere zwangsläufig zurücktreten müssen. Gerade dies ist letztlich Wesen der Abwägungsentscheidung nach § 1 Abs. 7 BauGB. Merken Sie sich an dieser Stelle die gedankliche Verbindung von § 1 Abs. 6 und § 1 Abs. 7 BauGB. In der Klausur ist die Beachtung der planerischen Leitlinien deshalb auch sachgerecht unter dem Gesichtspunkt der Abwägungsentscheidung in § 1 Abs. 7 BauGB anzusprechen. Die Entscheidung nach § 1 Abs. 7 BauGB konkretisiert die abstrakten Vorgaben für die Planung aus § 1 Abs. 5 und 6 BauGB.

---

133 *Battis* in *Battis/Krautzberger/Löhr* BauGB § 1 Rn. 47 ff.

134 *Battis* in *Battis/Krautzberger/Löhr* BauGB § 1 Rn. 48, 49.

Die die Planungsziele und Planungsleitlinien bezeichnenden Begriffe sind **unbestimmte Rechtsbegriffe**, die im Rahmen der Kontrolle des Abwägungsvorgangs der Gemeinde nach § 2 Abs. 3, § 1 Abs. 7 BauGB in ihrer Auslegung und Anwendung **uneingeschränkter gerichtlicher Kontrolle** unterliegen.[135]

Wesentliche Aspekte in § 1 Abs. 6 BauGB sind insbesondere die Wahrung der allgemeinen 115
Anforderungen an gesunde Wohn- und Arbeitsverhältnisse (Nr. 1). Dies bedeutet, dass die Gemeinde bei Ausweisung von Wohngebieten (§§ 3, 4 BauNVO) darauf zu achten hat, dass diese künftigen Wohngebäude ausreichend belüftet und belichtet werden. Auch ist darauf zu achten, dass die beabsichtigte Wohnnutzung keinen schädlichen Umwelteinwirkungen im Sinne von § 3 Abs. 1 BImSchG ausgesetzt wird.

Daneben bestimmen § 1 Abs. 6 Nr. 7 und § 1a BauGB, dass den Belangen des Umweltschutzes, des Naturschutzes und der Landschaftspflege bei der zu treffenden Abwägungsentscheidung ein erhebliches Gewicht zukommt. Allerdings führt die besonders hervorgehobene Stellung der Umweltschutzbelange in §§ 1a, 2 Abs. 4, 2a S. 2 Nr. 2, 4c BauGB nicht zwangsläufig dazu, dass Umweltschutzbelangen ein absoluter Vorrang vor anderen betroffenen Belangen geschuldet ist. Auch Umweltschutzbelange sind dem Grunde nach einer abwägenden Entscheidung zugänglich und sind damit auch dem Grunde nach überwindbar.[136]

Mit der Aufnahme der Belange des Hochwasserschutzes (§ 1 Abs. 6 Nr. 12 BauGB) hat der Gesetzgeber auf die Flutkatastrophen der letzten Jahre reagiert, um sicherzustellen, dass entsprechende Rückhalteflächen auch im Rahmen der Bauleitplanung zur Verfügung gestellt werden.

Hinweis

Ziehen Sie an dieser Stelle eine gedankliche Verbindung zu § 78 Abs. 1 Nr. 1 WHG und § 1 Abs. 3 S. 1 BauGB, wonach grundsätzlich keine Baugebiete in festgesetzten Überschwemmungsgebieten ausgewiesen werden dürfen (unüberwindbares rechtliches Hindernis).

IV. Interkommunale Abstimmungspflicht, § 2 Abs. 2 BauGB

§ 2 Abs. 2 BauGB verpflichtet die planende Gemeinde zur Abstimmung ihrer Bauleitplanung 116
mit den Belangen der Nachbargemeinden. Nicht erforderlich ist dabei für den Begriff der Nachbargemeinde, dass diese mit ihrem Gebiet unmittelbar an das Gebiet der planenden Gemeinde angrenzt.[137] § 2 Abs. 2 BauGB enthält dabei das **materielle Gebot interkommunaler Abstimmung**.[138] Die Berücksichtigung beachtlicher Interessen der Nachbargemeinde hat dabei im Rahmen der zu treffenden Abwägungsentscheidung (§ 1 Abs. 7 BauGB) zu erfolgen.[139]

135 *Battis* in *Battis/Krautzberger/Löhr* BauGB § 1 Rn. 50.
136 vgl. *Dürr/König* Baurecht Bayern S. 41 Rn. 41.
137 *BVerwG* NVwZ 1995, 694 ff.
138 *Spieß* in *Jäde/Dirnberger* BauGB, BauNVO § 2 Rn. 4.
139 *BVerwG* NVwZ 1990, 657 ff.

JURIQ-Klausurtipp

Beachten Sie an dieser Stelle die gedankliche Verknüpfung von materieller interkommunaler Abstimmung nach § 2 Abs. 2 BauGB und der Abwägungsentscheidung nach § 1 Abs. 7 BauGB. Liegen beachtliche Auswirkungen der Bauleitplanung auf das Gebiet einer Nachbargemeinde vor, so ist deren Nichtberücksichtigung im Rahmen der Abwägung nach §§ 2 Abs. 3 bzw. 1 Abs. 7 BauGB anzusprechen.

117 Formell wird das Abstimmungsgebot über die gesetzliche Bestimmung des § 4 Abs. 1, 4 Abs. 2 BauGB sichergestellt. Die möglicherweise von der Bauleitplanung betroffene Nachbargemeinde ist ein Träger öffentlicher Belange im Sinne von § 4 BauGB.[140]

JURIQ-Klausurtipp

Beachten Sie daher, dass Sie, wenn eine planbetroffene Nachbargemeinde nicht am Bauleitplanverfahren beteiligt wird, sowohl einen Verstoß gegen die Bestimmung in § 4 Abs. 1 und 2 BauGB (formelle interkommunale Abstimmung) als auch das materielle Gebot interkommunaler Abstimmung aus § 2 Abs. 2 BauGB zu würdigen haben. Daneben ist auch an einen eventuell beachtlichen Abwägungsfehler zu denken.

118 Das interkommunale Abstimmungsgebot in § 2 Abs. 2 BauGB ist nach der Rechtsprechung bereits dann verletzt, wenn eine Bauleitplanung gewichtige negative Auswirkungen auf die Nachbargemeinde hat. Eine konkrete Planung ist hierfür nicht Voraussetzung.[141]

Beispiel Die planende Gemeinde A beabsichtigt die Ausweisung eines neuen Gewerbegebiets an ihrem Ortsrand. Unmittelbar angrenzend hat die Gemeinde B seit längerem ein Sondergebiet (§ 11 BauNVO) für einen Kurpark mit Kurklinik ausgewiesen. Hier muss es sich der planenden Gemeinde aufdrängen, die Nachbargemeinde nach § 4 BauGB am Verfahren zu beteiligen. Daneben muss über § 2 Abs. 2 BauGB ein Ausgleich der gleichgewichtigen örtlichen Planungen angestrebt werden. Dieser dürfte jedoch aufgrund der Unterschiedlichkeit und Unverträglichkeit der konkurrierenden Nutzungen ausgeschlossen sein. ■

Nach § 2 Abs. 2 S. 2 BauGB kann sich die Nachbargemeinde auch auf ihr durch Ziele der Raumordnung zugewiesene Funktionen sowie auf Auswirkungen auf zentrale Versorgungsbereiche berufen. Letztere Konstellation spielt insbesondere bei der Ansiedlung von Factory-Outlet-Centern eine Rolle, die in den umliegenden Gemeinden zu einem nennenswerten Abzug der Kaufkraft führen.

Hinweis

Gestützt auf die Verletzung von § 2 Abs. 2 BauGB kann die Nachbargemeinde gegen die Zulassung eines Einzelbauvorhabens auf der Grundlage eines nicht abgestimmten Bebauungsplans vorgehen. § 2 Abs. 2 BauGB stellt insoweit eine die Nachbargemeinde schüt-

140 *Battis* in *Battis/Krautzberger/Löhr* BauGB § 2 Rn. 22.

141 *Spieß* in *Jäde/Dirnberger* BauGB, BauNVO § 2 Rn. 6; *BVerwG* DVBl. 1973, 34 ff.; *BVerwG* DVBl. 1990, 427 ff.; *BVerwG* NVwZ 1995, 266 ff.

zende Norm des materiellen Rechts dar. Gegen den nicht abgestimmten Bebauungsplan bleibt der Nachbargemeinde die Möglichkeit der prinzipalen Normenkontrolle nach § 47 Abs. 1 Nr. 1 VwGO. Vor Inkrafttreten des Bebauungsplanes kann die Nachbargemeinde Rechtsschutz im Rahmen einer vorbeugenden Unterlassungsklage gegen die Fortführung der Bauleitplanung erheben. Diese Möglichkeit wird der Nachbargemeinde eröffnet, weil es ihr nicht zumutbar ist, gegen Einzelbaugenehmigungen, die vor Inkrafttreten des Bebauungsplanes auf der Grundlage von § 33 BauGB ergehen, jeweils im Klagewege (Anfechtungsklage) vorzugehen.[142]

V. Entwicklungsgebot, § 8 Abs. 2 BauGB

§ 8 Abs. 2 S. 1 BauGB schafft den Grundsatz, dass Bebauungspläne aus dem Flächennutzungsplan zu entwickeln sind. In dieser Bestimmung wird nochmals die Zweistufigkeit der Bauleitplanung (vgl. § 1 Abs. 2 BauGB) deutlich. **119**

Zwangsläufig ist das Entwicklungsgebot nach § 8 Abs. 2 S. 2 BauGB nicht zu beachten, wenn ein Bebauungsplan ausreicht, um die städtebauliche Entwicklung zu ordnen.

Entwickeln im Sinne von § 8 Abs. 2 S. 1 BauGB bedeutet dabei keine sklavische Umsetzung der Darstellungen des Flächennutzungsplanes.[143] Dies wäre auch oftmals kaum möglich, da der Flächennutzungsplan nur eine grobmaschige Darstellung der beabsichtigten Bauleitplanung in Grundzügen enthält. Der Bebauungsplan ist dessen Überführung in eine höhere Konkretisierungsstufe (Parzellenschärfe). Folglich beachtet ein Bebauungsplan das Entwicklungsgebot des § 8 Abs. 2 S. 1 BauGB, wenn er die im Flächennutzungsplan angelegte Grundordnung wahrt und diese lediglich inhaltlich näher ausgestaltet.[144] Die Grundkonzeption, die im Flächennutzungsplan geschaffen wurde, ist im Bebauungsplan fortzusetzen. Damit kommt es letztlich auf den jeweiligen Abweichungsgrad von Flächennutzungsplan und Bebauungsplan an. Löst sich der Bebauungsplan vollständig von den Darstellungen im Flächennutzungsplan, so liegt ein Verstoß gegen § 8 Abs. 2 S. 1 BauGB vor. **120**

Beispiel Weist der Flächennutzungsplan die Darstellung „Wohnbaufläche" (§ 1 Abs. 1 Nr. 1 BauNVO) auf, und der Bebauungsplan inkorporiert nachfolgend die Festsetzung „Fläche für die Landwirtschaft" (§ 9 Abs. 1 Nr. 18a BauGB), so ist diese Abweichung in den Planaussagen wesentlich; es liegt eine Verletzung des Entwicklungsgebots in § 8 Abs. 2 BauGB vor. Anders wäre es, wenn der Bebauungsplan in der obigen Konstellation eine Festsetzung eines Allgemeinen Wohngebiets inklusive Kinderspielplatz (§ 4 BauNVO) vorsehen würde. Hier wird die im Flächennutzungsplan angelegte Grundordnung in Fortführung des Bebauungsplans gewahrt. Die zusätzliche Aufnahme eines Kinderspielplatzes ist wohngebietstypisch und damit Folge des zwangsläufig höheren Konkretisierungsgrades des Bebauungsplanes. ■

142 vgl. zum Ganzen *Battis* in *Battis/Krautzberger/Löhr* BauGB § 2 Rn. 24.
143 *BVerwG* DÖV 1999, 733 ff.; *Spieß* in *Jäde/Dirnberger* BauGB, BauNVO § 8 Rn. 4 f.
144 *Spieß* in *Jäde/Dirnberger* BauGB, BauNVO § 8 Rn. 5.

VI. Abwägungsgebot, § 1 Abs. 7 BauGB

1. Allgemeine Vorgaben

121 Die Bestimmung des § 1 Abs. 7 BauGB ist die zentrale materiell-rechtliche Vorgabe für die gemeindliche Bauleitplanung. Nach § 1 Abs. 7 BauGB hat sich die gemeindliche planerische Willensbildung in der Weise zu vollziehen, dass die Gemeinde nach Ermittlung und Bewertung/Gewichtung der für das Plangebiet erheblichen öffentlichen und privaten Belange (formelle Anforderung an das Verfahren nach § 2 Abs. 3 BauGB) diese Belange bei der Aufstellung der Bauleitpläne gemäß § 1 Abs. 7 BauGB gegeneinander und untereinander gerecht abzuwägen hat.

JURIQ-Klausurtipp

Prägen Sie sich an dieser Stelle bereits ein, dass das BauGB mittlerweile zwei Bestimmungen enthält, die sich mit dem Vorgang und dem Ergebnis der Abwägung beschäftigen. § 2 Abs. 3 BauGB erfasst dabei als formelle Vorschrift den Vorgang der Ermittlung und Bewertung der abwägungsrelevanten Tatsachen. § 1 Abs. 7 BauGB verlangt als materielle Vorgabe an die Bauleitplanung den gerechten Ausgleich der Belange untereinander. Daher müssen Sie in Klausuren daran denken, dass Ihnen das Abwägungsgebot sowohl auf der formellen wie der materiellen Seite begegnen kann.

2. Die vier zeitlichen Phasen der Abwägung

122 Die Abwägungsentscheidung der Gemeinde vollzieht sich dabei in vier Phasen.[145]

123

In der **ersten Phase** hat die Gemeinde die Belange zu ermitteln und das relevante Abwägungsmaterial zusammenzustellen. Die frühzeitige Öffentlichkeitsbeteiligung, die Planauslegung nach § 3 Abs. 2 BauGB sowie die Beteiligung der Behörden und der sonstigen Träger öffentlicher Belange dienen der Gemeinde, um das relevante Abwägungsmaterial vollständig zu ermitteln. Dieser Vorgang der Ermittlung der abwägungserheblichen Belange wird unstreitig von § 2 Abs. 3 BauGB erfasst und stellt damit ein **formales Erfordernis an die Bauleitplanung** dar.[146]

124 Die **zweite Phase** der Abwägung ist der Einstellung der Belange gewidmet. „Einstellen" bedeutet dabei die (vollständige) Einbeziehung der konkret abwägungserheblichen gegenwärtigen und zukünftigen Belange in die Entscheidung und ihre Berücksichtigung im Rahmen der zu treffenden Entscheidung. Auch diese zweite Phase der Einstellung der Belange

145 *Brenner* Öffentliches Baurecht S. 107 Rn. 368 ff.

146 *Spieß* in *Jäde/Dirnberger* BauGB, BauNVO § 2 Rn. 17.

wird von § 2 Abs. 3 BauGB erfasst, da eine ordnungsgemäße Abwägung nicht nur die vollständige Ermittlung der abwägungserheblichen Belange verlangt, sondern auch deren weitere Berücksichtigung im Verfahren. Die Einstellung der Belange in die Entscheidung ist damit notwendige Vorstufe zur Bewertung der einzelnen Belange und zur Vornahme eines gerechten Ausgleichs der Belange untereinander. Als von § 2 Abs. 3 BauGB erfasst, gehört die (vollständige) Einstellung des Abwägungsmaterials in die Entscheidung als **verfahrensrechtlicher Vorgang** zu den **formellen Anforderungen an die Bauleitplanung**.[147]

Die **dritte Phase** betrifft den **Bewertungsvorgang der abwägungserheblichen Belange**. Die **125**
Gemeinde hat den objektiven Inhalt der Belange zu bestimmen und die einzelnen Belange zu gewichten. Dabei muss jedem konkret betroffenen Belang das ihm bei der Entscheidung zukommende tatsächliche Gewicht beigemessen werden. Ausgehend vom Wortlaut von § 2 Abs. 3 BauGB, der neben der Ermittlung auch vom Bewerten des Abwägungsmaterials spricht, wird auch diese dritte Phase der formellen Seite der Bauleitplanung zugerechnet. Dies ist insofern sachgerecht, als auch die Bewertung der einzelnen Belange nicht den von § 1 Abs. 7 BauGB verlangten Ausgleich der Belange untereinander betrifft, sondern ähnlich der Ermittlung das Verfahren vor der eigentlichen Abwägungsentscheidung betrifft. Verlangt wird von § 2 Abs. 3 BauGB insoweit die **verfahrensrechtlich** zutreffende Bewertung des einzelnen Belanges.

Die **vierte Phase** schließlich beschäftigt sich mit der Frage des **Ausgleichs der einzelnen** **126**
Belange untereinander. Die Gemeinde hat konkret zu klären, welchen Belangen sie in der konkreten Situation den Vorrang einräumt. Dies ist der eigentliche Kern der Abwägungsentscheidung, wie er in § 1 Abs. 7 BauGB angesprochen wird. Wesen der Abwägungsentscheidung ist es insoweit, dass sofern die Gemeinde einzelnen Belangen den Vorrang zuerkennt, andere Belange zwangläufig zurücktreten. Da diese vierte Phase den inhaltlichen Ausgleich der verschiedenen Belange betrifft, ist die Vorgabe in § 1 Abs. 7 BauGB der **materiellen Seite der Bauleitplanung** zuzurechnen.[148]

3. Abwägungsfehlerlehre des Bundesverwaltungsgerichts

Das Bundesverwaltungsgericht verlangt für eine Beachtung des Gebots gerechter Abwä- **127**
gung,

- dass überhaupt eine Abwägung stattfindet,
- dass im Rahmen dieser Abwägung diejenigen Belange berücksichtigt werden, die von der Planung berührt sein können,
- dass die Bedeutung der betroffenen Belange nicht verkannt wird und
- dass der Ausgleich zwischen den betroffenen Belangen in einer Weise vorgenommen wird, die nicht außer Verhältnis zur objektiven Bedeutung der betroffenen Belange steht.[149]

Diese Grundsätze richten sich nach Auffassung des Bundesverwaltungsgerichts sowohl an **128**
den **Abwägungsvorgang** wie auch an das **Abwägungsergebnis**.[150] Mängel der Abwägung können daher zum einen den Vorgang der Ermittlung der abwägungserheblichen Belange

147 *Spieß* in *Jäde/Dirnberger* BauGB, BauNVO § 2 Rn. 17.
148 vgl. bereits BVerwGE 34, 301 ff.
149 *BVerwG* BayVBl. 1970, 180 ff.
150 *Brenner* Öffentliches Baurecht S. 111 Rn. 379; *Dirnberger* in *Jäde/Dirnberger* BauGB, BauNVO § 1 Rn. 117.

betreffen, als auch den Bauleitplan als Ergebnis der unterschiedlichen Gewichtung der Belange untereinander. Dem tragen auch die beiden abwägungsrelevanten Bestimmungen in § 2 Abs. 3 BauGB einerseits und § 1 Abs. 7 BauGB andererseits Rechnung. Auch in § 214 Abs. 3 S. 2 BauGB wird im Übrigen zwischen **Mängeln im Abwägungsergebnis** und im **Abwägungsvorgang** unterschieden.[151]

129 Dem folgend wird eine **Verletzung des Gebots gerechter Abwägung** in folgenden Fällen angenommen:[152]

130 Zunächst ist das Gebot gerechter Abwägung in Fällen verletzt, in denen gar keine Abwägungsentscheidung getroffen wird **(Abwägungsausfall)**.

Da die Gemeinde in einem derartigen Fall gar nicht in die erforderliche Ermittlung des Abwägungsmaterials eintritt, liegt insoweit ein rein der formellen Seite des Abwägungsvorgangs zuzurechnender Fehler vor. Dieser ist an der formellen Vorschrift in § 2 Abs. 3 BauGB festzumachen.

131 Das Gebot gerechter Abwägung ist aber auch verletzt, wenn eine Abwägung zwar stattfindet, die Gemeinde in diese aber nicht alle abwägungserheblichen Belange einstellt bzw. diese erst gar nicht ermittelt **(Abwägungs- bzw. Ermittlungsdefizit)**.

Die Ermittlung und Einstellung des Abwägungsmaterials ist insoweit unvollständig. Da § 2 Abs. 3 BauGB jedoch von Seiten der Gemeinde die vollständige Ermittlung des abwägungserheblichen Materials verlangt, ist dieser Fehler ebenfalls wie der vollständige Ausfall von § 2 Abs. 3 BauGB erfasst und folglich der formellen Seite der Bauleitplanung zuzurechnen.

Beispiel Die Gemeinde übersieht es beim Erlass eines Bebauungsplanes in einer exponierten Lage am Waldrand die fachlich berührten Naturschutz- bzw. Forstbehörden zu beteiligen. Dieser Verstoß gegen § 4 Abs. 1 und 2 BauGB, § 2 Abs. 3 BauGB löst, sofern diese Belange für die Abwägung relevant wären, ein **Ermittlungsdefizit** aus. Es liegt insoweit zumindest ein Verstoß gegen die formelle Anforderung des § 2 Abs. 3 BauGB vor. ■

132 An einer sachgerechten Abwägung fehlt es weiter, wenn das Abwägungsmaterial zwar vollständig ermittelt wird, einzelne Belange aber nicht entsprechend ihrer objektiven Gewichtung in die Entscheidung eingestellt werden **(Abwägungsfehleinschätzung)**.

Streitig ist die rechtliche Einordnung dieser Abwägungsfehleinschätzung. Da jedoch § 2 Abs. 3 BauGB auch von der Bewertung des Abwägungsmaterials spricht und diesen Vorgang der fehlerhaften Ermittlung der Belange gleichstellt, ist es sachgerecht, diesen Fehler ebenfalls zunächst der formellen Seite der Abwägung zuzurechnen.[153]

---

151 *Dürr/König* Baurecht Bayern S. 45 Rn. 49.

152 *Dirnberger* in *Jäde/Dirnberger* BauGB, BauNVO § 1 Rn. 79 ff.; *BVerwG* BayVBl. 1970, 180 ff.; *BVerwG* DVBl. 1974, 767 ff.

153 a.A. *Dirnberger* in *Jäde/Dirnberger* BauGB, BauNVO § 1 Rn. 98.

Hinweis

Mit dieser Einstufung der Abwägungsfehleinschätzung als formellem Fehler nach § 2 Abs. 3 BauGB ist jedoch nicht ausgeschlossen, dass sich der auf der formellen Seite beim Vorgang der Ermittlung und Bewertung des Abwägungsmaterials einsetzende Fehler als eigenständiger Fehler beim Ausgleich der Belange nach § 1 Abs. 7 BauGB auf der materiellen Seite fortsetzen kann.

Beispiel Zwar beteiligt die Gemeinde dieses Mal die Naturschutz- und Forstbehörden im Verfahren und nimmt auch deren ablehnende Stellungnahme grundsätzlich zur Kenntnis. Jedoch misst die Gemeinde den vorgetragenen Sachargumenten keinerlei Bedeutung bei, da die Gemeinde von vornherein gewillt ist, an ihrer Planungsabsicht festzuhalten. Der Belang Naturschutz wird damit sachwidrig von vornherein hintangestellt und für die Abwägungsentscheidung als nachrangig eingestuft. Die Verkürzung der Abwägung liegt hier bereits auf einer Vorstufe der eigentlichen Abwägung nach § 1 Abs. 7 BauGB, da der Belang Naturschutz nicht entsprechend seiner Bedeutung in der späteren Abwägungsentscheidung Berücksichtigung findet. ■

Schließlich ist die Abwägungsentscheidung der Gemeinde fehlerhaft, wenn der Ausgleich 133
der Belange in einer Weise vorgenommen wird, die außer Verhältnis zu dem objektiven Gewicht der einzelnen Belange steht **(Abwägungsdisproportionalität)**.

Dieser Fehler rechnet nun, da er den Ausgleich der Belange untereinander betrifft und damit letztlich den Inhalt der Abwägungsentscheidung selbst, zur materiellen Seite der Bauleitplanung. Es liegt ein **Fehler im Ergebnis der Bauleitplanung** vor.[154] In den Fällen der Abwägungsdisproportionalität liegt ein Verstoß gegen das Gebot gerechter Abwägung in § 1 Abs. 7 BauGB vor.

Beispiel Trotz bekannter Immissionsschutzrechtsproblematik setzt die Gemeinde einen Möbelmarkt mit großflächigen Parkplätzen in unmittelbarer Nähe zu einem Wohngebiet fest, ohne nähere Vorkehrungen zur Beseitigung der Lärmschutzproblematik infolge der Verkehrsbewegungen zu treffen. Die am Verfahren beteiligte Immissionsschutzbehörde hatte insoweit jedoch das Anlegen eines Lärmschutzwalles angeregt. Hier ist über einen eventuellen formellen Fehler im Bauleitplanverfahren hinaus jedenfalls die letztlich getroffene Abwägungsentscheidung fehlerhaft, da die widerstreitenden Belange Gewerbeansiedlung und kollidierende Wohnnutzung nicht in sachgerechten Ausgleich gebracht wurden. Der Verstoß ist damit im Bereich von § 1 Abs. 7 BauGB (Abwägungsdisproportionalität) anzusiedeln. ■

Sofern keiner der eben dargestellten Abwägungsmängel vorliegt, ist festzustellen, dass die 134
Gemeinde das Gebot gerechter Abwägung in §§ 2 Abs. 3 und 1 Abs. 7 BauGB beachtet hat.[155] Wenn insoweit einzelne Belange richtig ermittelt und bewertet, im Weiteren aber im Ausgleich anderen öffentlichen oder privaten Belangen der Vorrang eingeräumt wurde, ist dies rechtlich nicht zu beanstanden. Ein solches Ergebnis ist Folge der planerischen Abwägungsentscheidung der Gemeinde als Ausdruck ihrer Planungshoheit und entspricht dem Wesen der gesetzlich vorgesehenen Abwägung.

154 *Dirnberger* in *Jäde/Dirnberger* BauGB, BauNVO § 1 Rn. 98 ff.
155 *BVerwG* DVBl. 1974, 767 ff.

4. Weitere Planungsgrundsätze im Rahmen der Abwägung

135 Die Bauleitplanung muss, um dem Gebot der gerechten Abwägung in § 1 Abs. 7 BauGB zu entsprechen, dem **Gebot der Konfliktbewältigung** genügen.[156] Grundsätzlich muss die Gemeinde die erkannten großräumigen Konflikte, die mit ihrer Planung verbunden sind, lösen. Der Gemeinde ist es untersagt, diese dem Einzelgenehmigungsverfahren auf Erteilung einer Baugenehmigung zu überlassen. Lediglich in Bezug auf kleinräumige Konflikte, die nur die Nutzung von einzelnen Grundstücken betreffen, darf die Gemeinde eine **planerische Zurückhaltung** dahingehend ausüben, dass das Einzelbaugenehmigungsverfahren mit § 15 BauNVO ein Instrument zur Lösung derartiger nur partieller Konflikte bereit stellt.[157] Genügt die Bauleitplanung dem Gebot der (großräumigen) Konfliktbewältigung nicht, so liegt im Regelfall eine Abwägungsdisproportionalität vor. Folglich ist diese Konstellation der materiell-rechtlichen Norm des § 1 Abs. 7 BauGB zuzurechnen.

Beispiel Sofern die Gemeinde ein neues Gewerbegebiet ausweist, muss sie zwingend die Frage der verkehrsmäßigen Anbindung im Bebauungsplan selbst klären, da diese Frage die gesamte Gebietsausweisung tangiert und das Gewerbegebiet mit seiner wegemäßigen Erschließung steht und fällt. Wenn die Gemeinde ein Gewerbegebiet in unmittelbarer Nähe zu einem Wohngebiet vorsieht, muss sie den dadurch ausgelösten immissionsschutzrechtlichen Konflikt durch Schutzmaßnahmen etc. lösen. ■

136 Weiter gilt es im Rahmen der Abwägung den **Trennungsgrundsatz** des § 50 BImSchG zu beachten.[158] Eine ordnungsgemäße Abwägung muss bei der Darstellung und Festsetzung von Bauflächen und Baugebieten auf die hierdurch entstehenden Emissionen und Immissionen achten, die von der geplanten Bebauung ausgehen bzw. denen diese ausgesetzt wird. Eine geordnete städtebauliche Entwicklung ist nur gewährleistet, wenn miteinander unverträgliche Nutzungen eine ausreichende räumliche Trennung erfahren. Ist dies nicht der Fall, leidet der Bauleitplan jedenfalls an einer Abwägungsdisproportionalität, da das Ergebnis der Bauleitplanung fehlerhaft ist (nicht nur der zugrunde liegende Vorgang). Dieser Fehler ist damit auf der materiellen Seite der Bauleitplanung, § 1 Abs. 7 BauGB, rechtlich zu verankern.

Beispiel Die Ausweisung eines Industriegebiets unmittelbar neben einem Wohngebiet wie auch die Festsetzung von Intensivlandwirtschaft (Tierhaltung) in unmittelbarer Nähe zu einer schutzwürdigen Wohnbebauung verstößt gegen den Gedanken räumlicher Trennung in § 50 BImSchG ■

137 Schließlich muss die Gemeinde, um dem Gebot gerechter Abwägung zu genügen, eine grundsätzliche **Abwägungsbereitschaft** vorweisen können.[159] Die Abwägung der Gemeinde muss daher „offen" sein, d.h. die Gemeinde darf sich **aufdrängenden Planungsalternativen** nicht verschließen und muss solche in ihre Überlegungen einstellen. Andernfalls ist die Abwägung der Gemeinde defizitär, da die Gemeinde das erforderliche Abwägungsmaterial jedenfalls nicht vollständig ermittelt hat. Dieser Fehler betrifft damit vorrangig den Vorgang der Beschaffung des Abwägungsmaterials und fällt damit unter § 2 Abs. 3 BauGB. Die anschließende Ablehnung einer Alternative überschreitet allerdings nur dann den Abwägungsspielraum nach § 1 Abs. 7 BauGB, wenn es sich um eine eindeutig objektiv bessere Lösung handelt.

---

156 *Dirnberger* in *Jäde/Dirnberger* BauGB, BauNVO § 1 Rn. 31 ff.
157 *Dirnberger* in *Jäde/Dirnberger* BauGB, BauNVO § 1 Rn. 31, 40.
158 *Dirnberger* in *Jäde/Dirnberger* BauGB, BauNVO § 1 Rn. 109.
159 *BVerwG* DVBl. 1980, 233 ff.; *Dürr/König* Baurecht Bayern S. 47 Rn. 51a.

Sofern die Gemeinde – wie häufig – bereits mit einem in Besprechungen, Verträgen, Zusagen erarbeiteten Plankonzept in das Verfahren zur Aufstellung eines Bauleitplanes eintritt, stellt sich die Frage der Vereinbarkeit derartiger **Vorwegbindungen** mit den Bestimmungen in §§ 2 Abs. 3 und 1 Abs. 7 BauGB. Insoweit nimmt das Bundesverwaltungsgericht keine unzulässige Verkürzung einer Abwägungsentscheidung an, wenn die Entscheidung der Vorwegnahme sachlich gerechtfertigt war (z.B. Gemeinde hat Investor an der Hand, der sich bereit erklärt, ein großflächiges Baugebiet nach einem bestimmten Konzept zu bebauen, das den gemeindlichen Vorstellungen entspricht), die Entscheidungszuständigkeit innerhalb der Gemeinde gewahrt ist (z.B. Einbindung des zuständigen Organs Gemeinderat in Besprechungen, Vertragsgestaltungen etc.) und der Bebauungsplan inhaltlich nicht zu beanstanden ist, d.h. er auch ohne Vorabsprachen ordnungsgemäßes Ergebnis einer freien Bauleitplanung sein könnte, d.h. insbesondere dem Gebot der inhaltlichen Konfliktbewältigung genügt.[160] **138**

JURIQ-Klausurtipp

Dieses rechtliche Problem der Zulässigkeit gemeindlicher Vorwegbindungen sollten Sie zum einen bei § 1 Abs. 3 BauGB unter dem Gesichtspunkt einer reinen Gefälligkeitsplanung als auch bei § 2 Abs. 3 BauGB unter dem Gesichtspunkt eines möglichen Abwägungsdefizits ansprechen.

Materielle Anforderungen an die Bauleitplanung

PRÜFUNGSSCHEMA

I. Erforderlichkeit, § 1 Abs. 3 BauGB
1. Weites städtebauliches Ermessen
2. Keine reine Negativplanung
3. Keine reine Gefälligkeitsplanung
4. Keine unüberwindbaren rechtlichen Hindernisse

II. Beachtung der Ziele der Raumordnung und Landesplanung, § 1 Abs. 4 BauGB

III. Interkommunale Abstimmung, § 2 Abs. 2 BauGB
Formelle Absicherung der Beteiligung der Nachbargemeinde über § 4 BauGB

IV. Materielle Planungsleitlinien, § 1 Abs. 6 BauGB
In der Klausur im Rahmen der Abwägung nach § 1 Abs. 7 BauGB zu berücksichtigen

V. Entwicklungsgebot, § 8 Abs. 2 BauGB

VI. Abwägungsgebot, § 1 Abs. 7 BauGB
1. Abwägungsfehlerlehre des Bundesverwaltungsgerichts
2. Trennung der Abwägungsfehler in formelle nach § 2 Abs. 3 BauGB und solche nach § 1 Abs. 7 BauGB
3. Beachtung sonstiger Grundsätze wie Trennungsgebot, Gebot der Konfliktbewältigung

160 *BVerwG* DVBl. 1974, 767 ff. „Flachglas".

Online-Wissens-Check

Wann fehlt die Erforderlichkeit für einen Bebauungsplan?

Überprüfen Sie jetzt online Ihr Wissen zu den in diesem Abschnitt erarbeiteten Themen. Unter **www.juracademy.de/skripte/login** steht Ihnen ein Online-Wissens-Check speziell zu diesem Skript zur Verfügung, den Sie kostenlos nutzen können. Den Zugangscode hierzu finden Sie auf der Codeseite.

G. Außer-Kraft-Treten von Bauleitplänen

I. Aufhebung von Bauleitplänen

139 Grundsätzlich tritt ein Bauleitplan außer Kraft, wenn er aufgehoben wird. Das Gesetz sieht hierfür in § 1 Abs. 8 BauGB vor, dass diese Aufhebung als actus contrarius zum Erlass des Bebauungsplanes ebenfalls in einem **formalisierten Verfahren** zu erfolgen hat. Für dieses Verfahren gelten daher wiederum die maßgeblichen Verfahrensvorschriften der §§ 2 ff. BauGB. Hinzuweisen ist darauf, dass dies unabhängig davon gilt, ob der Bauleitplan, der aufgehoben werden soll, wirksam oder unwirksam war. Auch beim unwirksamen Bebauungsplan bedarf eines förmlichen Aktes, welcher den Rechtsschein des Bauleitplans beseitigt.

In materieller Hinsicht ist auf § 1 Abs. 3 BauGB zu verweisen, so dass die Aufhebung des wirksamen Bebauungsplanes nur dann in Betracht zu ziehen ist, wenn sie städtebaulich erforderlich ist. Weiter muss die Gemeinde eine inhaltliche Entscheidung darüber treffen, was an Stelle des Bauleitplanes treten soll. Da für Flächennutzungspläne eine grundsätzliche Planungspflicht besteht, ist insoweit ein neuer Flächennutzungsplan zu initiieren. Bei Bebauungsplänen ist hingegen denkbar, dass die Gemeinde die weitere Bebauung über die §§ 34, 35 BauGB zulässt, denen insoweit die Funktion von gesetzlichen „Ersatzplänen" zukommt.[161]

II. Funktionslosigkeit des Bebauungsplans

140 Ein Bebauungsplan bzw. einzelne Festsetzungen eines Bebauungsplans können auch ohne dass sie in einem förmlichen Verfahren seiner Aufhebung zugeführt werden außer Kraft treten. Dies ist dann der Fall, wenn die Festsetzungen des Bebauungsplanes aufgrund veränderter tatsächlicher Umstände obsolet werden. Ein Bebauungsplan bzw. einzelne Festsetzungen werden in diesem Fall **funktions- und gegenstandslos** und treten auch ohne förmliches Aufhebungsverfahren außer Kraft.[162]

Voraussetzung hierfür ist, dass die tatsächlichen Verhältnisse, unter denen der Bebauungsplan erlassen wurde, dergestalt geändert wurden und einen Zustand erreicht haben, der eine **Verwirklichung des Bebauungsplans auf unabsehbare Zeit ausschließt**. Darüber hinaus muss dieser Umstand so **offensichtlich** sein, dass kein Vertrauen der Öffentlichkeit in den Fortbestand des Bebauungsplanes mehr besteht.[163]

161 vgl. zum Ganzen *Brenner* Öffentliches Baurecht S. 92 Rn. 326 f.
162 *BVerwG* NVwZ-RR 1998, 711 ff.
163 *BVerwG* NVwZ-RR 1997, 513 ff., *BVerwG* NVwZ-RR 1997, 512.

Beispiel Wenn der Bebauungsplan ein reines Wohngebiet im Sinne von § 3 BauNVO festsetzt, in Wirklichkeit aber festzustellen ist, dass Landwirtschaftsbetriebe, Schank- und Speisewirtschaften sowie etliche Gewerbebetriebe zugelassen wurden, ist die Festsetzung nach § 3 BauNVO überholt und tatsächlich ein Dorfgebiet nach § 5 BauNVO entstanden. Oder im Bebauungsplan wird die offene Bauweise nach § 22 Abs. 1 BauNVO festgesetzt, tatsächlich lässt sich aber im gesamten Gebiet ausschließlich eine geschlossene Bauweise feststellen, so ist die ursprüngliche Festsetzung inhaltsleer und obsolet geworden. ■

JURIQ-Klausurtipp

Denken Sie daran, dass Sie die Klausuren selten auf das Problem der Funktionslosigkeit hinweisen. Sobald Sie in der Klausurangabe feststellen, dass ursprüngliche Festsetzung und tatsächlicher Entwicklungszustand voneinander markant abweichen, müssen Sie an ein derartiges Außerkrafttreten des Bebauungsplans denken. Ist der Bebauungsplan insoweit in seinen Festsetzungen unwirksam, weil obsolet geworden, müssen Sie die Klausur am Maßstab von §§ 34, 35 BauGB zu Ende lösen. Dies stellt eine beliebte Klausurvariante dar.

Denken Sie bitte auch daran, dass auch nur einzelne Festsetzungen eines Bebauungsplans funktionslos werden können. Es entspricht nicht zwangsläufig der Regel, dass ein Bebauungsplan als Ganzes außer Kraft tritt durch abweichende Entwicklung. So ist es durchaus möglich, dass ein Bebauungsplan auch nur in Teilaspekten (z.B. Baugrenzen etc.) fortbesteht.

Problematisch bei der späteren Funktionslosigkeit von Bebauungsplänen ist die Geltung der Jahresfrist in § 47 Abs. 2 S. 1 VwGO für ein Normenkontrollverfahren. Auch hier bejaht die Rechtsprechung inzwischen überwiegend eine Anwendung der Jahresfrist[164]. Die Jahresfrist gilt dabei sowohl für erst *nachträglich* rechtswidrig gewordene Rechtsvorschriften[165] als auch in Fällen der bloßen Funktionslosigkeit. Grund dafür auch bei Funktionslosigkeit die Antragsfrist ab Bekanntgabe des Bebauungsplans in Lauf zu setzen ist der Wortlaut der Vorschrift sowie Sinn und Zweck der Antragsfrist, die Rechtssicherheit zu erhöhen.

H. Grundsatz der Planerhaltung bei Bauleitplänen

I. Allgemeine Grundsätze

Bei städtebaulichen Satzungen (und dem Flächennutzungsplan) ist die Beachtlichkeit von **141**
Rechtsverstößen gegen das Baugesetzbuch erheblich eingeschränkt. Während die Gemeinde die formellen und materiellen Vorgaben im Aufstellungsverfahren umfassend beachten muss und diese im Genehmigungsverfahren (§§ 6 Abs. 1, 10 Abs. 2 BauGB) ohne Einschränkungen überprüft werden (dies regelt § 216 BauGB explizit), bleiben bestimmte Rechtsverstöße **nach dem Inkrafttreten der Satzung (bzw. des Planes)** gemäß §§ 214, 215 BauGB **folgenlos**.

164 *BVerwG*, B.v. 29.6.2015, Az. 4 BN 31.14 – juris; *BayVGH*, U.v. 23.6.2015, Az. 15 N 13.1553 – juris; *BayVGH*, U.v. 26.8.2014, Az. 14 N 14.104 – juris.
165 *BVerwG*, B.v. 22.7.2013, Az. 7 BN 1.13 – juris.

JURIQ-Klausurtipp

Machen Sie sich daher in Klausuren zur Bauleitplanung zunächst immer klar, in welchem Verfahrensstadium Sie sich befinden. Ist der Bebauungsplan/Flächennutzungsplan noch nicht in Kraft getreten, d.h. Sie befinden sich noch im Stadium des aufsichtlichen Genehmigungsverfahrens nach §§ 6 Abs. 1 bzw. 10 Abs. 2 BauGB, so ist für die Frage der Fehlerrelevanz ausschließlich die Bestimmung des § 216 BauGB maßgeblich, nach der im Genehmigungsverfahren grundsätzlich jeder formelle wie materielle Fehler beachtlich ist und von der Aufsichtsbehörde zur Versagung der Genehmigung herangezogen werden kann. Ist der Bebauungsplan bereits in Kraft gesetzt worden – klassischer Klausurfall ist die Normenkontrolle gegen einen Bebauungsplan – so gelten nun für die Frage der Fehlerrelevanz die §§ 214, 215 BauGB. § 216 BauGB findet in dieser Konstellation keine Anwendung. Prägen Sie sich daher gut ein, dass im Verhältnis zwischen §§ 214, 215 BauGB einerseits und § 216 BauGB ein Exklusivitätsverhältnis besteht. Die Normen schließen sich in ihrer Anwendung gegenseitig aus.

142 Die Regelungen der §§ 214, 215 BauGB gehen auf das sog. **Nichtigkeitsdogma** zurück, wonach bei einer Satzung Fehlerfolge eines Rechtsverstoßes bislang grundsätzlich die Nichtigkeit war. Wegen der generellen Heilungsmöglichkeit in § 214 Abs. 4 BauGB sind an relevanten Fehlern leidende Bauleitpläne nunmehr stets **unwirksam**.[166] Bei Satzungen gibt es die Konstellation rechtswidrig, aber wirksam, nicht.

II. Regelungstechnik der §§ 214 ff. BauGB

143 **Hinweis**

Die §§ 214 ff. BauGB lassen sich nur von demjenigen erarbeiten und verstehen, der eine saubere Trennung von formellen und materiellen Voraussetzungen der Bauleitplanung vollziehen kann. Wenn Sie sich an dieser Stelle unsicher sind, erarbeiten Sie nochmals die unterschiedlichen formellen und materiellen Voraussetzungen der Bauleitplanung. Für das Verständnis der §§ 214 ff. BauGB ist dies Grundvoraussetzung.

Die §§ 214 ff. BauGB lassen sich wie folgt **systematisch** gliedern:

1. Verfahrens- und Formfehler

a) Nach BauGB

144 **§ 214 Abs. 1 BauGB** regelt in **abschließender** Form[167] (enumerativ) die Fehlerrelevanz von **Verfahrens- und Formfehlern nach dem BauGB** („dieses Gesetzbuchs"). Nur die in § 214 Abs. 1 Nr. 1–4 explizit genannten Fälle sind demnach **beachtlich**. Dabei gilt es die sog. **internen Unbeachtlichkeitsklauseln („dabei ist unbeachtlich")** zu berücksichtigen. Übrige Verfahrens- und Formfehler nach dem BauGB sind im Gegenschluss **unbeachtlich**.

166 *Battis* in *Battis/Krautzberger/Löhr* BauGB vor §§ 214-216 Rn. 1, 2.
167 *Battis* in *Battis/Krautzberger/Löhr* BauGB § 214 Rn. 3.

Beispiel Stellen Sie bei Überprüfung eines Bebauungsplanes fest, dass die frühzeitige Beteiligung der Öffentlichkeit nach § 3 Abs. 1 BauGB versäumt wurde, so ist dieser Fehler unbeachtlich, da § 214 Abs. 1 Nr. 2 BauGB diese Bestimmung nicht nennt. Lediglich der Verstoß gegen die Vorschriften über die Auslegung in § 3 Abs. 2 BauGB wird in § 214 Abs. 1 Nr. 2 BauGB als grundsätzlich beachtlich eingeordnet. Im Gegenschluss bleibt die Verletzung von § 3 Abs. 1 BauGB unbeachtlich. ■

Beispiel Stellen Sie bei der Überprüfung eines Bebauungsplanes fest, dass die Auslegungsfrist des § 3 Abs. 2 S. 1 BauGB zu kurz bemessen war, so ist dieser Fehler nach § 214 Abs. 1 Nr. 2 BauGB grundsätzlich beachtlich. § 3 Abs. 2 BauGB ist dort als beachtlicher Verfahrensverstoß genannt. Gegen § 3 Abs. 2 BauGB wird grundsätzlich auch dann verstoßen, wenn die Auslegung nach § 3 Abs. 2 BauGB zwar nicht gänzlich fehlt, die Detailanforderungen (Fristlauf) des § 3 Abs. 2 BauGB jedoch von der Gemeinde missachtet wurden. Da dieser Fehler auch nicht lediglich einzelne Personen, Behörden oder sonstige Träger öffentlicher Belange betrifft, bleibt für die Anwendung der internen Unbeachtlichkeitsklausel des § 214 Abs. 1 Nr. 2 S. 1 Hs. 2 BauGB kein Raum. ■

Beispiel Stellen Sie bei Überprüfung eines Bebauungsplanes fest, dass ein maßgeblicher Träger öffentlicher Belange (Wasserwirtschaftsamt etc.) nicht beteiligt wurde, so verstößt der Bebauungsplan gegen § 4 Abs. 1 und Abs. 2 BauGB. Der Verstoß gegen die frühzeitige Behördenbeteiligung bleibt im Gegenschluss (in § 214 Abs. 1 Nr. 2 BauGB ist nur § 4 Abs. 2 BauGB genannt) folgenlos. Der Verstoß gegen die eigentliche Behördenbeteiligung nach § 4 Abs. 2 BauGB ist nach § 214 Abs. 1 Nr. 2 BauGB grundsätzlich beachtlich. Im Rahmen der internen Unbeachtlichkeit nach § 214 Abs. 1 Nr. 2 S. 1 Hs. 2 BauGB ist nun aber, da der Mangel einen einzelnen Träger öffentlicher Belange betrifft, danach zu fragen, ob dessen Belange unerheblich waren bzw. anderweitig in der Entscheidung berücksichtigt wurden. ■

Hinweis

Als Besonderheit gilt es § 2 Abs. 3 BauGB, § 214 Abs. 1 Nr. 1 BauGB zu beachten, wonach gewisse Abwägungsmängel **Verfahrensmängel** sind, die nach § 214 Abs. 3 S. 2 BauGB nicht als Mängel der Abwägung (d.h. im Abwägungsergebnis) geltend gemacht werden können. Wir werden diese Fälle bei der Behandlung von Abwägungsmängeln isoliert betrachten.

b) Nach Landesrecht

Verfahrens- und Formfehler nach **Landesrecht** sind stets **beachtlich**. § 214 Abs. 1 BauGB **145**
kann hier keine Anwendung finden, da er nur verfahrensrechtliche Fehler nach BauGB erfasst.[168]

Beispiel Stellen Sie bei Überprüfung eines Bebauungsplanes fest, dass dieser gar nicht ausgefertigt wurde bzw. die Ausfertigung zeitlich erst nach der Bekanntmachung nach § 10 BauGB erfolgt ist, so liegt hierin ein Verstoß gegen die landesrechtliche Bestimmung des Art. 26 Abs. 2 GO. Dieser Fehler nach Landesrecht wird von § 214 Abs. 1 BauGB nicht erfasst, da gerade kein Verstoß gegen Vorschriften dieses Gesetzbuchs, sprich des BauGB, gegeben ist. Maßgeblich für die Ausfertigung ist allein bayerisches Kommunalrecht. Der Fehler ist daher grundsätzlich beachtlich. ■

168 vgl. *Battis* in *Battis/Krautzberger/Löhr* BauGB vor §§ 214–216 Rn. 2.

Beispiel Stellen Sie bei Überprüfung eines Bebauungsplanes fest, dass am Satzungsbeschluss nach § 10 Abs. 1 BauGB ein Gemeinderatsmitglied mitgewirkt hat, welches als Eigentümer mehrerer Grundstücke im Plangebiet persönlich beteiligt im Sinne von Art. 49 Abs. 1 GO ist, so müssen Sie in einem ersten Schritt zunächst prüfen, ob dieser Fehler nicht bereits nach bayerischem Landesrecht, Art. 49 Abs. 4 GO, unbeachtlich bleibt. Erst wenn dies zu verneinen ist, bleibt festzustellen, dass der Fehler nach Landesrecht beachtlich ist, da er von § 214 Abs. 1 Nr. 2 BauGB nicht erfasst wird. ■

2. Materielle Fehler

146 **§ 214 Abs. 2 BauGB** regelt die Relevanz **materieller Fehler**. Die Technik des § 214 Abs. 2 BauGB geht hier anders als bei § 214 Abs. 1 von der Prämisse aus, dass alle materiellen Fehler grundsätzlich **beachtlich** sind. § 214 Abs. 2 BauGB regelt demnach die insoweit **unbeachtlichen** Fälle. Sämtliche Fälle der Unbeachtlichkeit betreffen dabei das in § 8 BauGB angesprochene Verhältnis von Flächennutzungsplan und Bebauungsplan.[169] Weiter kann hier zwischen **absoluter** Unbeachtlichkeit (§ 214 Abs. 2 Nr. 1, 3 BauGB) und **relativer** Unbeachtlichkeit („ohne dass"; § 214 Abs. 2 Nr. 2, 4) differenziert werden.[170] Zu beachten gilt es bei § 214 Abs. 2 Nr. 3 BauGB, dass hier auch Verfahrens- und Formfehler nach Landesrecht unbeachtlich bleiben.

Beispiel Stellen Sie bei Überprüfung eines Bebauungsplanes fest, dass aus der Darstellung „Grünfläche-Landwirtschaft" im Flächennutzungsplan nachfolgend ein Bebauungsplan erlassen wurde, der ein „Allgemeines Wohngebiet" nach § 4 BauNVO schafft, so ist dieser Verstoß gegen das Entwicklungsgebot in § 8 Abs. 2 S. 1 BauGB nach § 214 Abs. 2 Nr. 2 BauGB grundsätzlich unbeachtlich. Allerdings gilt es hierbei die bloße relative Unbeachtlichkeit zu beachten. Mit der Formulierung „ohne dass" schafft der Gesetzgeber hier eine mögliche Rückkehr zur Beachtlichkeit des Fehlers, wenn die sich aus dem Flächennutzungsplan ergebende geordnete städtebauliche Entwicklung beeinträchtigt worden ist. Aufgrund der gravierenden Abweichung zwischen den jeweiligen Aussagen in Flächennutzungsplan und Bebauungsplan ist dies hier der Fall. Damit liegt ein ausnahmsweise beachtlicher Fehler im Bereich des Entwicklungsgebotes nach § 8 Abs. 2 S. 1 BauGB vor. ■

Beispiel Verstößt der Bebauungsplan gegen die Anpassungspflicht an die Zielvorgaben der Raumordnung, § 1 Abs. 4 BauGB, oder ist der Bebauungsplan als reine Negativplanung nach § 1 Abs. 3 BauGB schon gar nicht städtebaulich erforderlich, so sind diese materiellen Verstöße in § 214 Abs. 2 BauGB nicht genannt. Damit sind sie im Gegenschluss immer beachtlich. ■

3. Abwägungsmängel

147 **§ 214 Abs. 1 Nr. 1 BauGB und 214 Abs. 3 BauGB** betrifft die Relevanz von **Abwägungsmängeln.** Dabei geht das Gesetz davon aus, dass **Mängel im Abwägungsergebnis** (insbesondere Abwägungsdisproportionalität, die sich im Abwägungsergebnis niederschlägt) stets **beachtlich** sind. Eine grundsätzliche Unbeachtlichkeit ist nur für **Mängel im Abwägungsvorgang** denkbar, soweit diese nicht offensichtlich und für das Abwägungsergebnis ohne Einfluss sind.

169 *Battis* in *Battis/Krautzberger/Löhr* BauGB § 214 Rn. 11.

170 vgl. *Spieß* in *Jäde/Dirnberger* BauGB, BauNVO § 214 Rn. 2 ff.

Ausgehend vom Wortlaut des § 2 Abs. 3 BauGB empfiehlt es sich, die Abwägungsfehler **Ausfall, Defizit und Fehleinschätzung** (fehlerhafte Bewertung des Abwägungsmaterials) als Fehler zu begreifen, die von **§ 214 Abs. 1 Nr. 1 BauGB** erfasst werden. Diese sind nach der oben dargestellten Grundsystematik des § 214 Abs. 1 BauGB grundsätzlich unbeachtlich, es sei denn, der Mangel ist offensichtlich und auf das Abwägungsergebnis von Einfluss gewesen. 148

Offensichtlich in diesem Sinne sind etwa Mängel, die sich aus Akten, Protokollen oder aus der Begründung des Bebauungsplans, also aus objektiv feststellbaren Umständen **positiv** ergeben. Kann hingegen nach den Unterlagen nur **negativ nicht ausgeschlossen werden**, dass die Gemeinde sich mit einem abwägungsrelevanten Punkt nicht befasst hat, so darf allein aus diesem Grund noch nicht von einem offensichtlichen Mangel ausgegangen werden.[171]

Ein **Einfluss auf das Abwägungsergebnis** wird dann angenommen, wenn die Planung ohne den Abwägungsfehler anders ausgefallen wäre.[172] § 214 Abs. 3 S. 2 Hs. 1 BauGB normiert nun für diese von § 214 Abs. 1 Nr. 1 BauGB erfassten Abwägungsmängel, dass diese nicht als Mangel der Abwägung geltend gemacht werden können. Damit meint das Gesetz, dass die von §§ 2 Abs. 3, 214 Abs. 1 Nr. 1 BauGB erfassten Fehler ausschließlich formelle Fehler des Abwägungsvorgangs darstellen und nicht als materielle Fehler im Abwägungsergebnis nach § 1 Abs. 7 BauGB begriffen werden können und dürfen. 149

Sofern man die Mängel **Ausfall, Defizit und Fehleinschätzung** dem Abwägungsvorgang zurechnet (vgl. § 214 Abs. 1 Nr. 1 BauGB) und die **Abwägungsdisproportionalität** dem Ergebnis zuschlägt, bleibt nun allerdings für §§ 214 Abs. 3 S. 2 Hs. 2 und § 215 Abs. 1 Nr. 3 BauGB kein eigenständiger Inhalt. Der Gesetzgeber geht demnach davon aus, dass es über die von §§ 2 Abs. 3, 214 Abs. 1 Nr. 1 BauGB erfassten formellen Fehler Fehler im Abwägungsvorgang geben muss, die unter § 214 Abs. 3 S. 2 Hs. 2 BauGB fallen. 150

Um §§ 214 Abs. 3 S. 2 Hs. 2 und § 215 Abs. 1 Nr. 3 BauGB nicht sinnentleert stehen zu lassen, empfiehlt es sich, die als Abwägungsfehler verbleibende **Abwägungsdisproportionalität** sowohl unter dem Blickwinkel des Vorgangs und des Ergebnisses zu würdigen. Auch das Bundesverwaltungsgericht hat immer wieder festgestellt, dass die angenommenen Abwägungsfehler sich sowohl an den Vorgang wie auch an das Ergebnis richten.[173] Dazu ist die Frage aufzuwerfen, ob das vorliegende Ergebnis der Bauleitplanung mit einer ordnungsgemäßen Abwägung so begründbar wäre. Ist dies der Fall, liegt nur ein Mangel im Abwägungsvorgang (§ 214 Abs. 3 S. 2 BauGB) vor; ist hingegen das Ergebnis der Bauleitplanung **irreparabel fehlerhaft**, liegt ein Mangel im **Abwägungsergebnis** vor, der als solcher stets beachtlich ist, da § 214 Abs. 3 S. 2 BauGB überhaupt nur **Fehler im Abwägungsvorgang** für einer Unbeachtlichkeit zugänglich erachtet. 151

4. Unbeachtlichkeit durch Zeitablauf

§ 215 Abs. 1, 2 BauGB bestimmt, welche nach § 214 BauGB grundsätzlich beachtlichen Fehler **durch Zeitablauf** ihre Beachtlichkeit verlieren. Die Frist wurde mittlerweile in Anpassung an § 47 Abs. 1 und 2 VwGO auf ein Jahr verkürzt. Hier gilt es insbesondere zu berücksichti- 152

171 *BVerwG* BayVBl. 1982, 118; NVwZ 1995, 692; *Spieß* in *Jäde/Dirnberger* BauGB, BauNVO § 214 Rn. 39, 40.

172 *Spieß* in *Jäde/Dirnberger* BauGB, BauNVO § 214 Rn. 41.

173 BVerwGE 45, 309 ff.

gen, dass § 215 Abs. 1 Nr. 1 BauGB für die Fehler des § 214 Abs. 1 Nr. 4 BauGB keine Geltung beansprucht, d.h. diese bleiben stets relevant.

Darüber hinaus gilt § 215 Abs. 1 Nr. 3 BauGB nur noch für **Mängel im Abwägungsvorgang**, wobei nach der hier vertretenen Auffassung bereits § 215 Abs. 1 Nr. 1 BauGB die Mängel **Abwägungsausfall, -defizit, und -fehleinschätzung** regelt. Einheitlich wird jetzt für alle von § 215 BauGB erfassten Fälle eine **Unbeachtlichkeitsfrist** von einem Jahr gesetzt.

§ 215 Abs. 1 BauGB steht unter dem Vorbehalt des § 215 Abs. 2 BauGB. Eine Irrelevanz kann sich demnach durch Zeitablauf **nur** ergeben, wenn der entsprechende Hinweis seitens der Gemeinde erfolgt ist.

Eine fristgerechte Rüge nach § 215 Abs. 2 BauGB hat **Wirkung inter omnes**[174]. Allerdings muss die Rüge so gefasst sein, dass sie der Gemeinde Gelegenheit gibt, den Fehler zu beheben.[175] Mit der fristgerechten Rüge bleibt der Fehler generell beachtlich. In einem eventuellen Normenkontrollverfahren ist es damit nicht ausschlaggebend, dass der Rechtsbehelfsführer selbst die Rüge nach § 215 Abs. 1 BauGB erhoben hat.

5. Ergänzendes Verfahren nach § 214 Abs. 4 BauGB

153 **§ 214 Abs. 4 BauGB** bestimmt, dass nach den §§ 214, 215 BauGB beachtliche Mängel dann nicht zur Nichtigkeit führen, wenn sie in einem **ergänzenden Verfahren** behoben werden können. Das ergänzende Verfahren kommt nach der Neufassung des BauGB grundsätzlich bei **jedem Fehler** in Betracht, bei dem eine Behebung nicht von vornherein ausgeschlossen scheint. Ausgenommen sind Abwägungsentscheidungen, die den Kern der Abwägungsentscheidung berühren (es ist die Frage aufzuwerfen, ob das vorliegende Ergebnis auch nicht in einem ordnungsgemäßen Verfahren so begründbar wäre).[176] Weitere **Ewigkeitsfehler** sind der Verstoß gegen den Erforderlichkeitsgrundsatz (§ 1 Abs. 3 BauGB), gegen den Bestimmtheitsgrundsatz und das Fehlen jeglicher oder der Überschreitung einer Rechtsgrundlage.[177] Ausgehend vom Wortlaut des § 214 Abs. 4 BauGB („ergänzen") erlaubt ein nachträgliches Verfahren nur **punktuelle Nachbesserungen** bei im Wesentlichen gleichem Planinhalt. Führt das ergänzende Verfahren zu einem gänzlich anderen Planinhalt, verlässt man den Anwendungsbereich von § 214 Abs. 4 BauGB. Bei schwerwiegenden Fehlern, die das Abwägungsergebnis betreffen, ist daher eine Heilung begrifflich ausgeschlossen.

Ein ergänzendes Verfahren im Sinne von § 214 Abs. 4 BauGB verlangt, dass im Anschluss an die zu behebende Verfahrenshandlung das gesamte nachfolgende Verfahren wiederholt wird.[178] An dieser Stelle lässt es sich jedoch ebenso gut vertreten, dass lediglich die vom Mangel betroffene Handlung nachzuholen ist. Dies macht jedenfalls insoweit rechtlichen Sinn, als der Fehler keine nennenswerten Auswirkungen auf das übrige Verfahren und den materiellen Planinhalt hat.

Bei § 214 Abs. 4 BauGB gilt es zu beachten, dass dieser nunmehr für den Bebauungsplan („Satzung") und für den Flächennutzungsplan gilt.

---

174 *Spieß* in *Jäde/Dirnberger* BauGB, BauNVO § 215 Rn. 8.
175 *Spieß* in *Jäde/Dirnberger* BauGB, BauNVO § 215 Rn. 7.
176 *BVerwG* NVwZ 1999, 414.
177 *BayVGH* NVwZ-RR 2016, 135 ff.
178 *Spieß* in *Jäde/Dirnberger* BauGB, BauNVO § 214 Rn. 49 ff.

Hinweis

§ 214 Abs. 4 BauGB regelt die Rückwirkung **abschließend** unabhängig von den verfassungsrechtlichen Grundsätzen. Vertrauensschutz steht regelmäßig einer Rückwirkung nicht entgegen, da die Betroffenen ohnehin mit der Ersetzung des ungültigen durch den gleichlautenden gültigen Plan rechnen müssen.[179]

Eine Rückwirkung scheidet jedenfalls dann aus, wenn sich die Sach- und Rechtslage gegenüber dem Zeitpunkt, der für die Abwägung maßgeblich war, soweit verändert hat, dass die Grundlagen für die damalige Entscheidung entfallen sind (sog. Anlassprüfung).[180]

6. Prüfungsreihenfolge der §§ 214, 215 BauGB

a) Verfahrens- und Formfehler

1. Im **ersten Schritt** ist zu klären, ob der Formfehler in § 214 Abs. 1 BauGB genannt ist. Entscheidend ist dabei die weitere Überlegung, ob ein Verfahrensfehler nach Bundes- oder nach Landesrecht vorliegt. Mängel im Abwägungsvorgang wie Abwägungsausfall, -defizit und -fehleinschätzung (§ 2 Abs. 3 BauGB, § 214 Abs. 1 Nr. 1 BauGB) werden in der Neufassung nur mehr der **Verfahrensseite** zugerechnet und können nach § 214 Abs. 3 S. 2 Hs. 1 BauGB nicht als Mängel der Abwägung, d.h. als materieller Fehler nach § 1 Abs. 7 BauGB geltend gemacht werden. Weiter gilt es bei § 214 Abs. 1 Nr. 2 und 3 BauGB die jeweiligen internen Unbeachtlichkeitsklauseln zu beachten. Ein Verfahrensfehler nach BauGB ist grundsätzlich unbeachtlich, es sei denn, er ist in § 214 Abs. 1 BauGB explizit als ausnahmsweise beachtlich genannt. Verfahrensfehler nach Landesrecht werden von § 214 Abs. 1 BauGB nicht erfasst und sind damit grundsätzlich beachtlich. **154**
2. In einem **zweiten Schritt** ist zu fragen, ob ein ausnahmsweise beachtlicher Fehler durch Zeitablauf unbeachtlich geworden (§ 215 Abs. 1 BauGB) ist? Für beachtliche Fehler nach § 214 Abs. 1 Nr. 1, 2 und 3 (nicht Nr. 4!) gilt die Ein-Jahresfrist (sofern der Hinweis nach § 215 Abs. 2 BauGB erfolgt ist). Für beachtliche Verfahrensfehler nach Landesrecht gilt § 215 BauGB nicht, da die Vorschrift ersichtlich an § 214 Abs. 1 BauGB anknüpft, der seinerseits für Fehler nach Landesrecht keine Geltung beansprucht.
3. Falls der Fehler nach wie vor beachtlich ist, ist im **dritten Schritt** nun zur Prüfung der Nachholbarkeit in einem ergänzenden Verfahren nach § 214 Abs. 4 BauGB überzugehen.

179 *Battis* in *Battis/Krautzberger/Löhr* BauGB § 214 Rn. 28.
180 *BVerwG* NVwZ 1996, 374; NVwZ-RR 1997, 515.

PRÜFUNGSSCHEMA

Verfahrens- und Formfehler nach BauGB

I. Feststellung des Verfahrensstadiums: § 216 BauGB bzw. §§ 214, 215 BauGB
Falls Verfahrensstadium des § 216 BauGB gilt der Grundsatz, dass alle formellen Fehler grundsätzlich beachtlich sind; falls §§ 214, 215 BauGB einschlägig sind, nur eingeschränkte Fehlerrelevanz

II. Feststellung, ob Fehler in § 214 Abs. 1 BauGB genannt ist
Falls ja: ausnahmsweise beachtlich; falls nicht genannt: grundsätzlich unbeachtlicher Fehler (Prüfung insoweit beendet); bei § 214 Abs. 1 Nr. 2 und 3 Beachtung der internen Unbeachtlichkeitsklauseln

III. Falls Fehler nach Schritt II beachtlich
Prüfung der Unbeachtlichkeit durch Zeitablauf, § 215 Abs. 1 BauGB; beachten, dass eine Rüge innerhalb der Frist Wirkung inter omnes besitzt

IV. Falls nach Schritt III immer noch beachtlich
Heilungsmöglichkeit im ergänzenden Verfahren nach § 214 Abs. 4 BauGB

PRÜFUNGSSCHEMA

Verfahrens- und Formfehler nach Landesrecht

I. Feststellung des Verfahrensstadiums
Entweder Anwendung von § 216 BauGB mit der Folge, dass alle Fehler beachtlich sind, oder Geltung von §§ 214, 215 BauGB

II. Falls Bebauungsplan bereits in Kraft
Feststellung, dass § 214 Abs. 1 BauGB für Verfahrensfehler nach Landesrecht nicht gilt („dieses Gesetzbuchs"); Fehler daher grundsätzlich beachtlich

III. Keine Geltung von § 215 Abs. 1 BauGB
Fehler daher niemals unbeachtlich durch bloßen Zeitablauf

IV. Ergänzendes Verfahren nach § 214 Abs. 4 BauGB
Grundsätzlich möglich; § 214 Abs. 4 BauGB spricht generell von „Fehler"

b) Materielle Fehler

155 1. In einem **ersten Schritt** ist zu prüfen, ob der Fehler in § 214 Abs. 2 BauGB als unbeachtlich genannt ist (relative Unbeachtlichkeit in § 214 Abs. 2 Nr. 2 und Nr. 4 BauGB beachten); materielle Fehler, die in § 214 Abs. 2 BauGB nicht genannt sind, sind grundsätzlich beachtlich. Eine Unbeachtlichkeit kann sich demnach nur in Bezug auf das Verhältnis von Flächennutzungsplan und Bebauungsplan (§ 8 BauGB) ergeben.
2. Liegt nach Durchführung von Schritt eins ein beachtlicher Fehler vor, ist in einem **zweiten Schritt** die Prüfung des § 215 Abs. 1 Nr. 2 BauGB für beachtliche Fehler betreffend das Entwicklungsgebot durchzuführen. Da § 215 Abs. 1 Nr. 2 BauGB auf einen beachtlichen Fehler nach § 214 Abs. 2 BauGB verweist, kommt die Anwendung von § 215 Abs. 1 Nr. 2 BauGB nur in den Fällen der relativen Unbeachtlichkeit nach § 214 Abs. 2 Nr. 2 und Nr. 4 BauGB in Betracht.

JURIQ-Klausurtipp

Kommentieren Sie sich daher den § 215 Abs. 1 Nr. 2 BauGB jeweils neben § 214 Abs. 2 Nr. 2 und Nr. 4 BauGB, um die eingeschränkte Relevanz der zeitlichen Unbeachtlichkeit bei materiellen Fehlern deutlich zu machen. Mit dem expliziten Verweis auf § 214 Abs. 2 BauGB gilt § 215 Abs. 1 Nr. 2 BauGB für alle übrigen materiellen Fehler der Bauleitplanung nicht. Diese bleiben zeitlich unbegrenzt beachtlich.

3. Im **dritten Schritt** erfolgt die Prüfung, ob der Mangel durch ein ergänzendes Verfahren nach § 214 Abs. 4 BauGB behoben werden kann. Hierbei ist auf die einer Heilung nicht zugänglichen sog. **Ewigkeitsfehler** zu achten (vgl. Rn. 153).

PRÜFUNGSSCHEMA

Materielle Fehler

I. Feststellung des jeweiligen Verfahrensstadiums
Entweder § 216 BauGB (Folge: alle Fehler sind beachtlich) oder §§ 214, 215 BauGB (eingeschränkte Fehlerrelevanz)

II. Falls Anwendbarkeit von §§ 214, 215 BauGB
Grundsätzliche Beachtlichkeit materieller Fehler; Ausnahme Entwicklungsgebot nach § 8 Abs. 2 BauGB; hier eventuelle Unbeachtlichkeit nach § 214 Abs. 2 BauGB; bei § 214 Abs. 2 BauGB Beachtung relativer und absoluter Unbeachtlichkeit

III. Falls beachtlicher Fehler
Prüfung von § 215 Abs. 1 Nr. 2 BauGB; gilt aber lediglich für die Fälle in § 214 Abs. 2 Nr. 2 und Nr. 4 BauGB; im Übrigen keine Unbeachtlichkeit materieller Fehler infolge Zeitablauf

IV. Ergänzendes Verfahren nach § 214 Abs. 4 BauGB
Sofern Fehler behebbar; kein wesentlich geänderter Planinhalt, Ewigkeitsfehler beachten

c) Abwägungsmängel

1. Zunächst ist in einem **ersten Schritt** festzustellen, ob ein Mangel im **Abwägungsvorgang** bzw. im **Abwägungsergebnis** vorliegt. Demnach sind **Mängel im Abwägungsergebnis** stets beachtlich nach § 214 Abs. 3 BauGB, während für **Mängel im Abwägungsvorgang** § 214 Abs. 1 Nr. 1 und § 214 Abs. 3 S. 2 Hs. 2 BauGB gilt. Danach sind Mängel im Abwägungsvorgang nur dann erheblich, wenn sie **offensichtlich** und **für das Abwägungsergebnis von Einfluss** gewesen sind (§ 214 Abs. 1 Nr. 1, 214 Abs. 3 S. 2 Hs. 2 BauGB). 156
2. Falls der Fehler nach Schritt (1) beachtlich ist, ist im **zweiten Schritt** zu prüfen, ob eine zeitliche Unbeachtlichkeit nach § 215 Abs. 1 Nr. 3 BauGB (Rügefrist ein Jahr, sofern entsprechender Hinweis nach § 215 Abs. 2 BauGB erfolgt ist) eingetreten ist, wobei wiederum zu beachten ist, dass Mängel im Sinne von §§ 2 Abs. 3, 214 Abs. 1 Nr. 1 BauGB bereits von § 215 Abs. 1 Nr. 1 BauGB erfasst werden.
3. Falls der Fehler nach Schritt (1) und (2) immer noch beachtlich ist, kommt im **dritten Schritt** ein ergänzendes Verfahren nach § 214 Abs. 4 BauGB in Betracht. Dieses entfällt

jedoch bei schwerwiegenden Abwägungsmängeln, die die Grundkonzeption der Planung berühren. Die Abwägungsdisproportionalität, die sich im Ergebnis niederschlägt, ist einem ergänzenden Verfahren nicht zugänglich.

PRÜFUNGSSCHEMA

Abwägungsfehler (Ausfall, Defizit, Fehleinschätzung)

I. Feststellung des jeweiligen Verfahrensstadiums
Entweder § 216 BauGB oder §§ 214, 215 BauGB

II. Falls §§ 214, 215 BauGB anwendbar
Behandlung als **formelle Fehler** nach §§ 2 Abs. 3, 214 Abs. 1 Nr. 1 BauGB; nur beachtlich, wenn offensichtlich und auf das Abwägungsergebnis von Einfluss; keine Behandlung als materieller Fehler nach § 1 Abs. 7 BauGB wegen § 214 Abs. 3 S. 2 Hs. 1 BauGB

III. Falls nach Schritt II ausnahmsweise beachtlich
Prüfung von § 215 Abs. 1 Nr. 1 BauGB

IV. Falls nach Schritt III beachtlich
Eventuelle Heilung im ergänzenden Verfahren nach § 214 Abs. 4 BauGB

PRÜFUNGSSCHEMA

Abwägungsmängel (Abwägungsdisproportionalität)

I. Bestimmung des jeweiligen Verfahrensstadiums
Entweder § 216 BauGB oder §§ 214, 215 BauGB

II. Falls Geltung der §§ 214, 215 BauGB
Behandlung als **materieller Fehler** nach § 1 Abs. 7 BauGB; keine Geltung von §§ 2 Abs. 3, 214 Abs. 1 Nr. 1 BauGB; Berücksichtigung ausschließlich nach § 214 Abs. 3 BauGB; als solcher stets beachtlich, sofern nicht bloßer Fehler im Abwägungsvorgang (Ergebnisrelevanz prüfen!)

III. Keine Unbeachtlichkeit durch Zeitablauf
§ 215 Abs. 1 Nr. 3 BauGB gilt nur für beachtliche Fehler im Abwägungsvorgang

IV. Ergänzendes Verfahren scheidet regelmäßig aus,
da ergänzendes Verfahren nur punktuelle Nachbesserung ermöglicht.

Hinweis

Wenn das Gericht im Normenkontrollverfahren einen beachtlichen, nicht in einem ergänzenden Verfahren behebbaren Verstoß gegen höherrangiges Recht feststellt, erklärt es die angegriffene Rechtsnorm gemäß § 47 Abs. 5 S. 2 VwGO mit allgemeinverbindlicher Wirkung (inter omnes) für unwirksam. Kommt das Gericht im Normenkontrollverfahren zur Rechtsgültigkeit der Norm, so wirkt dieses den Normenkontrollantrag ablehnende Urteil nur zwischen den Parteien (Wirkung inter partes).

Bei einem beachtlichen, aber in einem ergänzenden Verfahren behebbaren Fehler (§ 214 Abs. 4 BauGB) erklärt das Normenkontrollgericht die Satzung nach Wegfall von § 47 Abs. 5 S. 4 Hs. 1 VwGO ebenfalls für nicht wirksam. Bezüglich der Verbindlichkeit der Entscheidung und ihrer Veröffentlichung gilt § 47 Abs. 5 S. 2 Hs. 2 VwGO.

Online-Wissens-Check

Welche Fehlerfolge lösen Verfahrensfehler nach Landesrecht aus?

Überprüfen Sie jetzt online Ihr Wissen zu den in diesem Abschnitt erarbeiteten Themen. Unter **www.juracademy.de/skripte/login** steht Ihnen ein Online-Wissens-Check speziell zu diesem Skript zur Verfügung, den Sie kostenlos nutzen können. Den Zugangscode hierzu finden Sie auf der Codeseite.

I. Sicherung der Bauleitplanung

I. Allgemeines

Unter der Überschrift „Sicherung der Bauleitplanung" fasst das BauGB in den §§ 14–28 nach- 157
folgende Regelungskomplexe zusammen. Das BauGB enthält im Wesentlichen **vier Sicherungsinstrumente**. Die **Veränderungssperre (§§ 14, 16–18 BauGB)** und das **Zurückstellen von Baugesuchen (§ 15 BauGB)** dienen unmittelbar der Sicherung eines konkreten Bebauungsplanverfahrens. Der **Genehmigungsvorbehalt für Verfügungen nach dem WEG (§ 22 BauGB)** soll im Wesentlichen dem Entstehen von Zweitwohnungen (Rollladensiedlungen) entgegenwirken. Die **Vorkaufsrechte (§§ 24–28 BauGB)** sind schließlich Instrumente, mit denen sich die Gemeinde Eigentum an Flächen verschaffen kann, die für die gemeindliche Entwicklung bedeutsam sind.

Das Institut der **Teilungsgenehmigung** wurde im Zuge der Novellierung des BauGB im Jahre 2004 nahezu vollständig aus dem BauGB gestrichen. § 19 BauGB enthält nur mehr in Abs. 1 die Definition der Teilung eines Grundstücks und in Abs. 2 die Wirkungen der Teilungserklärung.

JURIQ-Klausurtipp

Merken Sie sich, dass die Klausurrelevanz der Sicherungsinstrumente von § 14 BauGB nach § 28 BauGB stetig abnimmt. Während Veränderungssperre und Zurückstellung von Baugesuchen als unmittelbare Sicherungsinstrumente einer konkreten Planung häufiger Klausurgegenstand sind und deshalb sicher beherrscht werden sollten, sind Klausuren, die sich mit Fragen der Fremdenverkehrssicherung und der Vorkaufsrechte beschäftigen, vergleichsweise selten.

II. Veränderungssperre

1. Zweck und Rechtsnatur der Veränderungssperre

158 Die Veränderungssperre ist ein unmittelbares Instrument der Gemeinde zur Sicherung ihrer Bauleitplanung. Sie verfolgt den Zweck, die von der Gemeinde konkret beabsichtigten bauplanerischen Festsetzungen im Zeitraum der Aufstellung, Änderung oder Aufhebung von Bebauungsplänen in der Weise zu sichern, dass während des Aufstellungszeitraumes keine Veränderungen erfolgen, die der gemeindlichen Planung zuwider laufen oder diese zumindest wesentlich erschweren würden. § 14 Abs. 1 BauGB erlaubt der Gemeinde, eine Veränderungssperre zu beschließen, sobald sie einen Planaufstellungsbeschluss (§ 2 Abs. 1 BauGB) gefasst hat und ein Sicherungsbedürfnis für den künftigen Plan besteht.

Die Veränderungssperre wird dabei als **Satzung** nach § 16 Abs. 1 BauGB beschlossen.

2. Verfahren zum Erlass einer Veränderungssperre

159 Das BauGB sieht für den Erlass einer Veränderungssperre kein besonderes Verfahren vor. Lediglich bestimmt § 16 Abs. 1 BauGB, dass die Veränderungssperre als Satzung zu erlassen ist. Diese Satzung ist weder anzeige- noch genehmigungspflichtig.[181] Für die Wirksamkeit der Veränderungssperre verlangt § 16 Abs. 2 S. 1 BauGB jedoch, dass die Satzung ortsüblich bekannt zu machen ist. Als weitere Möglichkeit sieht § 16 Abs. 2 S. 2 BauGB vor, dass lediglich bekannt gemacht wird, dass eine Veränderungssperre beschlossen worden ist. Es erfolgt insoweit ein Verfahren wie bei der Bekanntmachung von Bebauungsplänen, d.h. der Inhalt der Veränderungssperre wird durch eine öffentliche Einsichtnahme publik gemacht. Zu beachten gilt es, dass insoweit die § 10 Abs. 3 S. 2 bis 5 BauGB entsprechende Anwendung finden; § 16 Abs. 2 S. 2 Hs. 2 BauGB. Damit tritt in diesem Fall die Veränderungssperre gemäß §§ 16 Abs. 2 S. 2 Hs. 2, 10 Abs. 3 S. 4 BauGB bereits mit der ortsüblichen Bekanntmachung der Veränderungssperre als solcher in Kraft.

JURIQ-Klausurtipp

Achten Sie in Klausuren darauf, stets festzustellen, wann die jeweilige Veränderungssperre in Kraft getreten ist. Eine Veränderungssperre kann ein Bauvorhaben nur verhindern und als Versagungsgrund für eine Baugenehmigung fungieren, wenn sie im maßgeblichen Zeitpunkt der Genehmigung auch in Kraft ist.

Da die Veränderungssperre als Satzung beschlossen wird, gilt es zu beachten, dass damit wiederum ein Zugang zu den Vorschriften über den Planerhalt in den §§ 214 ff. BauGB geschaffen wird. § 214 Abs. 1 BauGB bestimmt insoweit explizit, dass die Verletzung von Verfahrens- und Formvorschriften für Flächennutzungspläne und die Satzungen nach diesem Gesetzbuch nur in enumerativ genannten Fällen beachtlich sind. Anders als bei § 214 Abs. 2 BauGB, der generell nur von Bauleitplänen (§ 1 Abs. 2 BauGB) spricht, gilt damit zumindest die Bestimmung in § 214 Abs. 1 BauGB auch für Satzungen nach § 16 Abs. 1 BauGB.[182]

181 *Dürr/König* Baurecht Bayern S. 80 Rn. 104.
182 *Battis* in *Battis/Krautzberger/Löhr* BauGB vor §§ 214–216 Rn. 2.

3. Voraussetzungen der Veränderungssperre

Da die Veränderungssperre als Satzung nach § 16 Abs. 1 BauGB beschlossen wird, lassen sich auch hier formelle und materielle Anforderungen unterscheiden. 160

a) Formelle Voraussetzungen

aa) Beschluss über Veränderungssperre

Zunächst muss die Gemeinde die Veränderungssperre als Satzung beschließen. Da es sich bei der Veränderungssperre um eine Satzung nach dem BauGB handelt, gilt es hinsichtlich der Organkompetenz der Gemeinde Art. 32 Abs. 2 S. 2 Nr. 2 GO zu beachten. Die Veränderungssperre kann demnach auch von einem eingerichteten Bauausschuss beschlossen werden. Der Gemeinderat hat insoweit aber ein Rückholrecht im Einzelfall. Das Verfahren zur Beschlussfassung beurteilt sich wie bei Bebauungsplänen nach kommunalrechtlichen Bestimmungen. Es gelten insoweit die Art. 47 ff. GO. 161

Fehlt ein Satzungsbeschluss vollständig, beurteilt sich der Fehler nach § 214 Abs. 1 Nr. 4 BauGB (§ 215 BauGB gilt für diesen Mangel nicht); ein ergänzendes Verfahren bleibt nach § 214 Abs. 4 BauGB ebenfalls möglich.

Fehler bei der Bestimmung des zuständigen Organs der Gemeinde bzw. hinsichtlich des Verfahrens im Gremium (z.B. Art. 49 Abs. 1 GO) sind **Verfahrensfehler nach Landesrecht,** für die §§ 214, 215 BauGB nicht gelten. Grundsätzlich ist der landesrechtliche Verfahrensfehler beachtlich. Lediglich das ergänzende Verfahren nach § 214 Abs. 4 BauGB findet Anwendung, soweit nicht der Mangel bereits z.B. nach Art. 49 Abs. 4 GO unbeachtlich ist.

bb) Ausfertigung der Satzung

Die Satzung nach §§ 14, 16 BauGB ist auszufertigen. Die Ausfertigung hat vor der abschließenden Bekanntgabe der Veränderungssperre zu erfolgen. 162

Beim Erfordernis der Ausfertigung handelt es sich um ein **landesrechtliches Verfahrenserfordernis (Art. 26 Abs. 2 GO)**, für welches §§ 214, 215 BauGB keine Geltung beanspruchen. § 214 Abs. 4 BauGB ist hingegen anwendbar.

cc) Ortsübliche Bekanntmachung der Veränderungssperre

§ 16 Abs. 2 BauGB sieht zwei Möglichkeiten der Bekanntmachung der Veränderungssperre vor. Liegen Verstöße gegen die ortsübliche Art der Bekanntmachung vor, ist ein **Verfahrensfehler nach Landesrecht** gegeben, für den lediglich § 214 Abs. 4 BauGB gilt. Wird der **Hinweiszweck** der Veränderungssperre (genaue Bezugnahme auf zu sichernde Planung erforderlich; schlagwortartig muss der zu sichernde Plan bezeichnet werden) verfehlt, gilt § 214 Abs. 1 Nr. 4 BauGB. Für ein ergänzendes Verfahren nach § 214 Abs. 4 BauGB bleibt Raum. 163

b) Materielle Voraussetzungen

aa) Bebauungsplanaufstellungsbeschluss

Eine Veränderungssperre darf nur dann erlassen werden, wenn die Gemeinde mit einem nach § 2 Abs. 1 S. 2 BauGB bekanntgemachten Aufstellungsbeschluss ein Bebauungsplanverfahren initiiert hat. 164

Das Vorliegen des Aufstellungsbeschlusses ist dabei eine **materielle Wirksamkeitsvoraussetzung** der Veränderungssperre.[183]

JURIQ-Klausurtipp

Beachten Sie an dieser Stelle zwingend die Unterschiede zwischen Bebauungsplänen und der Veränderungssperre nach § 14 BauGB. Während der Aufstellungsbeschluss beim Bebauungsplan nur eine fakultative Voraussetzung darstellt und zur formellen Seite der Bauleitplanung rechnet, ist er beim Erlass der Veränderungssperre eine materielle Wirksamkeitsvoraussetzung der Satzung nach §§ 14 Abs. 1, 16 Abs. 1 BauGB. Folglich kann bei seinem Fehlen auch nicht auf § 214 Abs. 1 BauGB zurückgegriffen werden.

Als zwingende materielle Voraussetzung der Veränderungssperre führt das Fehlen des Aufstellungsbeschlusses zur **Unwirksamkeit** der Satzung über die Veränderungssperre. Zu beachten gilt es an dieser Stelle, dass es keinen Fehler darstellt, wenn in einer Gemeinderats- oder Ausschusssitzung über den Aufstellungsbeschluss zum Bebauungsplan und die Veränderungssperre beschlossen wird.[184]

bb) Ortsübliche Bekanntmachung des Aufstellungsbeschlusses

165 § 14 Abs. 1 BauGB ist ergänzend dahingehend auszulegen, dass die Veröffentlichung des Aufstellungsbeschlusses **materielle** Wirksamkeitsvoraussetzung für die Veränderungssperre ist. Zwingend ist auch die **zeitliche Abfolge**. Die Bekanntmachung des Aufstellungsbeschlusses ist **vor** der Bekanntmachung der Veränderungssperre vorzunehmen. Nicht ausgeschlossen ist es dagegen, Bebauungsplan und Veränderungssperre an einem Tag zeitlich nacheinander bekanntzugeben.[185]

Fehler im Zusammenhang mit der ortsüblichen Bekanntmachung des Bebauungsplanaufstellungsbeschlusses sind **materieller** Natur und damit grundsätzlich beachtlich.

cc) Erforderlichkeit der Veränderungssperre

166 Der Erlass der Veränderungssperre setzt nicht voraus, dass der ihr zugrunde liegende Aufstellungsbeschluss detailliert über den Inhalt der beabsichtigten Bauleitplanung Aufschluss gibt. Dies wäre im frühen Stadium der Bebauungsplanaufstellung oftmals gar nicht möglich. Die Konturen der beabsichtigten Planung müssen aber zumindest soweit erkennbar sein, dass die Erforderlichkeit der Veränderungssperre als Sicherungsmittel dieser Bauleitplanung nachvollzogen werden kann. Gefordert wird hier das so genannte „planerische Minimum" hinsichtlich der zu sichernden Bauleitplanung.[186] Es hat eine Prüfung des Aufstellungsbeschlusses am Maßstab von § 1 Abs. 3 BauGB und § 9 BauGB zu erfolgen und es muss ein Sicherungsbedürfnis hinsichtlich dieser Planung, d.h. eine **abstrakte Gefährdung** der eingeleiteten Planung gegeben sein.[187] Eine weitere über die Prüfung der Erforderlichkeit des Sicherungsmittels hinausgehende Abwägungsentscheidung im Sinne von § 1 Abs. 7 BauGB hat die Gemeinde nicht vorzunehmen.

---

183 *Széchényi* in *Jäde/Dirnberger* BauGB, BauNVO § 14 Rn. 4; *BVerwG* DVBl. 1988, 958 ff.
184 *BVerwG* NVwZ 1989, 661 ff.
185 *Dürr/König* Baurecht Bayern S. 79 Rn. 103.
186 *Széchényi* in *Jäde/Dirnberger* BauGB, BauNVO § 14 Rn. 26, 30.
187 *BVerwG* BayVBl. 1977, 279 ff.

dd) Inhalt der Veränderungssperre

Der mögliche Inhalt der Veränderungssperre ist durch § 14 Abs. 1 BauGB vorgegeben. Eine Veränderungssperre verbietet insbesondere die Durchführung von Vorhaben nach § 29 Abs. 1 BauGB. 167

Hinweis

Da die Veränderungssperre alle Vorhaben erfasst, deren planungsrechtliche Zulässigkeit sich nach den §§ 30 ff. BauGB beurteilt, wirkt sie auch gegenüber Vorhaben die in einem anderen Genehmigungsverfahren als dem baurechtlichen zu beurteilen sind, sofern dieses Verfahren eine materiell-rechtliche Prüfung baurechtlicher Normen vorsieht (Fälle der formellen Konzentrationswirkung). So wirkt eine Veränderungssperre auch bei einem immissionsschutzrechtlich genehmigungspflichtigen Vorhaben als Versagungsgrund (vgl. § 13 BImSchG).

4. Rechtsfolgen der Veränderungssperre und Ausnahmen

Die Veränderungssperre ist in ihrer Rechtsfolge darauf gerichtet, dass die Genehmigung für die Errichtung, Änderung, Nutzungsänderung oder Beseitigung von Vorhaben im Sinne von § 29 BauGB nicht erteilt wird. Die wirksame Veränderungssperre ist damit ein **materieller Versagungsgrund** für die Erteilung einer Baugenehmigung.[188] 168

Gemäß § 14 Abs. 2 BauGB kann die Baugenehmigungsbehörde (Art. 53, 54 BayBO) im Einvernehmen mit der Gemeinde eine Ausnahme von der Veränderungssperre zulassen, wenn überwiegende öffentliche Belange nicht entgegenstehen. Eine Ausnahme ist nach der Rechtsprechung immer dann zu erteilen, wenn der Bebauungsplanentwurf Planreife nach § 33 BauGB erlangt hat und das konkret zu beurteilende Bauvorhaben nach § 33 BauGB zulässig, d.h. plankonform ist.[189] 169

Nach § 14 Abs. 3 BauGB werden Vorhaben, die vor dem Inkrafttreten der Veränderungssperre genehmigt worden sind oder deren Zulässigkeit in einem anderen baurechtlichen Verfahren festgestellt worden ist, sowie Unterhaltungsarbeiten und die Fortführung einer bisher ausgeübten Nutzung durch die Veränderungssperre nicht berührt. 170

Hierbei lassen sich **zwei Fallkonstellationen** unterscheiden. Ist der Bauherr vor Inkrafttreten im Besitz einer Baugenehmigung, berührt die nachträgliche Veränderungssperre sein Bauvorhaben nicht. Dies konkretisiert den allgemeinen Grundsatz, dass maßgeblicher Zeitpunkt für die Beurteilung im Baugenehmigungsverfahren der Zeitpunkt der Erteilung ist. Nachträgliche, dem Bauherrn ungünstige Umstände wie die in Kraft getretene Veränderungssperre berühren die Genehmigung nicht. Gleiches gilt für eine eventuelle Nachbaranfechtung bzw. die Anfechtung durch die Gemeinde. Es ist auch bei § 14 Abs. 3 BauGB nicht ausschlaggebend, dass die Baugenehmigung im Zeitpunkt des Inkrafttretens der Veränderungssperre bestandskräftig ist. Auch wenn sich die Genehmigung noch in verwaltungsgerichtlichem Streit befindet, bleibt die Veränderungssperre unberücksichtigt.[190] 171

188 *Dürr/König* Baurecht Bayern S. 81 Rn. 105; *BVerwG* NVwZ 1989, 666 ff.
189 *Dürr/König* Baurecht Bayern S. 81 Rn. 106.
190 *Dürr/König* Baurecht Bayern S. 81 Rn. 107.

» Kommentieren Sie sich daher Art. 71 BayBO neben § 14 Abs. 3 BauGB, um diese Erweiterung kenntlich zu machen. «

Gleiches gilt für den Fall des baurechtlichen Vorbescheides nach Art. 71 BayBO, der sich mit der planungsrechtlichen Zulässigkeit des Bauvorhabens nach §§ 29 ff. BauGB auseinandersetzt **(Bebauungsgenehmigung)**.[191] Da die in einem solchen Vorbescheid geklärte Einzelfrage Bindungswirkung für das spätere Genehmigungsverfahren besitzt, ist § 14 Abs. 3 BauGB auf diesen Fall erweiternd anzuwenden. Wenn der Vorbescheid die planungsrechtliche Zulässigkeit betrifft, ist die Interessenlage der abschließenden Baugenehmigung vergleichbar.

Hinweis

Handelt es sich dagegen nur um eine Zusicherung der Erteilung der Baugenehmigung nach Art. 38 BayVwVfG, gilt es, Art. 38 Abs. 3 BayVwVfG zu beachten, wonach die Bindungswirkung der Zusicherung entfällt, wenn sich nach Abgabe der Zusicherungserklärung die Sach- und Rechtslage wesentlich ändert. Eine solche rechtsbedeutsame Änderung ist auch der spätere Erlass einer Veränderungssperre.

Anders ist die Rechtslage zu beurteilen, wenn der Baugenehmigungsantrag des Bauherrn durch die Baugenehmigungsbehörde abgelehnt wurde und der Bauherr nun im Wege einer Verpflichtungsklage in Form der Versagungsgegenklage, § 42 Abs. 1 Alt. 2 VwGO, um gerichtlichen Rechtsschutz nachsucht. Ist im nun maßgeblichen Zeitpunkt der letzten mündlichen Verhandlung eine rechtsgültige Veränderungssperre in Kraft getreten, so muss das gerichtliche Verfahren auch dann erfolglos bleiben, wenn die ursprüngliche Versagung der Genehmigung rechtswidrig war.[192] Dies ist Folge der letztlich unterschiedlichen Beurteilungszeitpunkte im Genehmigungsverfahren und im gerichtlichen Verfahren.

5. Geltungsdauer der Veränderungssperre

172 Eine Veränderungssperre gilt gemäß § 17 Abs. 1 S. 1 BauGB zunächst für zwei Jahre, sofern die Gemeinde nicht einen kürzeren Zeitraum wählt. Auf die Geltungsdauer ist die Zeit einer Zurückstellung gemäß § 15 BauGB nach § 17 Abs. 1 S. 2 BauGB anzurechnen. Dies gilt auch für eine faktische Zurückstellung, d.h. den Zeitraum vor Inkrafttreten einer Veränderungssperre, den der Bauherr dadurch verliert, dass die Bauaufsichtsbehörde die Erteilung der Baugenehmigung verzögert. Die faktische Zurückstellung beginnt zu dem Zeitpunkt, an dem bei sachgerechter Behandlung das Baugenehmigungsverfahren positiv abgeschlossen worden wäre. Zur Bestimmung dieses Zeitraumes kann auf die Bestimmung in § 75 VwGO zurückgegriffen werden.[193] Im Regelfall ist mit dem Abschluss eines Baugenehmigungsverfahrens innerhalb von drei Monaten zu rechnen. In den Fällen der faktischen Zurückstellung ist dann zwischen dem allgemeinen Lauf der Veränderungssperre (§ 17 Abs. 1 S. 1 BauGB) und dem individuellen (§ 17 Abs. 1 S. 2 BauGB) zu unterscheiden.[194]

Beispiel Wenn der Bauantrag des A am 2.4.2017 bei der zuständigen Gemeinde eingeht und das Landratsamt die positive Behandlung des Bauantrages über den 2.7.2017 hinaus mit Rücksicht auf die Bauleitplanung der Gemeinde X zurückhält, gilt das Bauvorhaben des A ab dem 3.7.2017 als faktisch zurückgestellt. Wenn nun die Gemeinde am 2.10.2017

191 *BVerwG* DÖV 1984, 852 ff.; *Széchényi* in *Jäde/Dirnberger* BauGB, BauNVO § 14 Rn. 38.
192 *W.-R.Schenk/R.P. Schenke* in *Kopp/Schenke* Verwaltungsgerichtsordnung § 113 Rn. 217.
193 *BVerwG* BayVBl. 1971, 424 ff.; *Dürr/König* Baurecht Bayern S. 82 Rn. 108.
194 *BVerwG* NVwZ 1993, 474 ff.

eine Veränderungssperre für ihren beabsichtigten Bebauungsplan erlässt, läuft die Veränderungssperre generell vom 3.10.2017 bis zum 2.10.2019. In Bezug auf den Bauantrag des A endet die Veränderungssperre aber bereits am 2.7.2019. Ist nach diesem Zeitpunkt die Bauleitplanung der Gemeinde X noch nicht abgeschlossen, muss der Bauantrag des A erneut genehmigt werden, ungeachtet dessen, dass die Veränderungssperre generell (aber nicht individuell gegenüber A) noch in Kraft ist und als Versagungsgrund für Bauanträge im künftigen Plangebiet dient. ■

Eine erstmalige Verlängerungsmöglichkeit der Veränderungssperre ohne staatliche Mitwirkungshandlung schafft § 17 Abs. 1 S. 3 BauGB. Wenn besondere Umstände es erfordern, kann die Gemeinde die Frist nach § 17 Abs. 2 BauGB nochmals um ein Jahr verlängern. Besondere Umstände sind aber nicht anzuerkennen, wenn sich die Gemeinde bei der Bauleitplanung in ihren personellen und finanziellen Möglichkeiten übernommen hat. Auch darf die Gemeinde die Anforderungen des § 17 Abs. 2 BauGB nicht dadurch umgehen, dass sie nach § 17 Abs. 3 BauGB die Veränderungssperre anstelle einer nochmaligen Verlängerung neu beschließt.[195] Auch in diesem Fall gilt der strenge Maßstab aus § 17 Abs. 2 BauGB. 173

Nach § 17 Abs. 5 BauGB tritt die Veränderungssperre in jedem Fall außer Kraft, wenn die Bauleitplanung verbindlich abgeschlossen ist.

6. Rechtsschutz bei Veränderungssperre

Da die Veränderungssperre als Satzung nach § 16 Abs. 1 BauGB beschlossen wird, ist für Betroffene die Möglichkeit der Normenkontrolle nach § 47 Abs. 1 Nr. 1 VwGO zum Bayerischen Verwaltungsgerichtshof eröffnet. 174

Wird hingegen eine Baugenehmigung unter Hinweis auf eine rechtsgültige Veränderungssperre abgelehnt, ist Rechtsschutz über eine Verpflichtungsklage in Gestalt der Versagungsgegenklage, § 42 Abs. 1 Alt. 2 VwGO, beim zuständigen Verwaltungsgericht zu suchen.

Voraussetzungen einer Veränderungssperre

PRÜFUNGSSCHEMA

I. Formelle Voraussetzungen
1. Beschluss über Veränderungssperre
2. Ausfertigung der Satzung, Art. 26 Abs. 2 GO
3. Ortsübliche Bekanntmachung der Veränderungssperre; 2 Möglichkeiten in § 16 Abs. 2 BauGB

II. Materielle Voraussetzungen
1. Aufstellungsbeschluss für Bebauungsplan; materielle Wirksamkeitsvoraussetzung
2. Ortsübliche Bekanntmachung des Aufstellungsbeschlusses, § 2 Abs. 1 S. 2 BauGB
3. Erforderlichkeit der Veränderungssperre, Sicherungsbedürfnis
4. Inhalt der zu sichernden Planung/Veränderungssperre; planerisches Minimum

195 *Dürr/König* Baurecht Bayern S. 83, Rn. 109.

III. Zurückstellung und vorläufige Untersagung von Baugesuchen

1. Allgemeines

175 Die Zurückstellung eines Baugesuchs bzw. dessen vorläufige Untersagung nach § 15 Abs. 1 S. 2 BauGB stellen ebenfalls ein Instrument zur Sicherung der gemeindlichen Planungsabsichten dar. Anders als bei der Veränderungssperre bedarf es hierzu jedoch keiner gemeindlichen Satzung. Liegen die Voraussetzungen für den Erlass einer Veränderungssperre vor und ist weiter zu befürchten, dass ein Bauvorhaben im Sinne von § 29 BauGB die Durchführung der Planung wesentlich erschweren oder unmöglich machen würde, so kann die Gemeinde bei der Bauaufsichtsbehörde für ein genehmigungspflichtiges Vorhaben (Art. 55 BayBO) beantragen, dass die Entscheidung über den Bauantrag für einen Zeitraum bis zu zwölf Monaten zurückgestellt wird.

JURIQ-Klausurtipp

Selbstverständlich kommt es an dieser Stelle nur auf die oben dargestellten materiellen Erfordernisse einer Veränderungssperre an. Die formellen Voraussetzungen können nicht gewürdigt werden, da bei § 15 BauGB eine Veränderungssperre gerade nicht beschlossen wird, obwohl deren (materielle) Voraussetzungen an sich erfüllt sind.

Hinweis

Prägen Sie sich gut ein, dass nur die Veränderungssperre in Form einer Satzung nach § 16 Abs. 1 BauGB erlassen wird. Die Zurückstellung eines Baugesuchs ist lediglich ein Antrag der Gemeinde anlässlich eines konkreten Genehmigungsverfahrens.

Wenn ein Baugenehmigungsverfahren nicht durchgeführt wird, kann die Gemeinde nach § 15 Abs. 1 S. 2 BauGB beantragen, das Vorhaben vorläufig zu untersagen. Die vorläufige Untersagung hat in Bayern Relevanz im Freistellungsverfahren nach Art. 58 BayBO. Eine Genehmigungsfreistellung ist danach unter weiteren Voraussetzungen nur dann möglich, wenn die Gemeinde nicht innerhalb der Monatsfrist aus Art. 58 Abs. 3 S. 3 BayBO erklärt, dass sie ein (vereinfachtes) Genehmigungsverfahren verlangt oder eine vorläufige Untersagung nach § 15 Abs. 1 S. 2 BauGB beantragt (Art. 58 Abs. 3 S. 4 BayBO). Da die Gemeinde jedoch im Bereich von Art. 58 BayBO stets aus freiem Ermessen die Durchführung eines Genehmigungsverfahrens vom Bauherrn verlangen darf, bleibt für das Verfahren nach § 15 Abs. 1 S. 2 BauGB in der Praxis wenig Raum.

2. Rechtsschutz bei Zurückstellung und vorläufiger Untersagung

176 Hierbei ist zwischen der beantragenden Gemeinde und einem betroffenen Bauherrn zu unterscheiden.

177 Wird der Antrag der Gemeinde auf Zurückstellung des Bauantrages abgelehnt (zum Beispiel weil die Voraussetzungen für den Erlass einer Veränderungssperre nicht für gegeben erachtet werden), so liegt im Verhältnis Bauaufsichtsbehörde und Gemeinde ein belastender Verwaltungsakt vor. Die Gemeinde kann insoweit Rechtsschutz über eine Verpflichtungsklage in Form der Versagungsgegenklage, § 42 Abs. 1 Alt. 2 VwGO, beim jeweiligen Verwaltungsge-

richt nachsuchen.[196] Wird dem Bauherrn die entsprechende Baugenehmigung erteilt, kann die Gemeinde die Baugenehmigung anfechten.[197]

Auf welche Weise der von einer Zurückstellung betroffene Bauherr sich zur Wehr setzen muss, war lange Zeit umstritten. Da die Zurückstellung des Baugesuchs für einen Zeitraum von bis zu zwölf Monaten wie eine befristete Ablehnung des Bauantrages wirkt, wurde vereinzelt vertreten, aufgrund dieser Wirkungen sei die Verpflichtungsklage auf Erteilung der beantragten Baugenehmigung der adäquate Rechtsschutz.[198] Der Bayerische Verwaltungsgerichtshof ist dem entgegengetreten und hat festgestellt, dass Versagung der Baugenehmigung und bloße Zurückstellung des Baugesuchs wesensverschieden sind. Folglich sei die Zurückstellungsentscheidung ein eigenständiger belastender Verwaltungsakt, der sachgerecht mit der Anfechtungsklage (§ 42 Abs. 1 Alt. 1 VwGO) anzugreifen sei.[199] Die Zurückstellungsentscheidung ist dann rechtmäßig, wenn die Voraussetzungen des § 15 Abs. 1 S. 1 BauGB vorliegen (materielle Voraussetzungen für den Erlass einer Veränderungssperre und Sicherungsbedürfnis). 178

IV. Sicherung von Fremdenverkehrsgebieten

§ 22 BauGB gibt Gemeinden, die ganz oder teilweise durch den Fremdenverkehr geprägt sind, die Möglichkeit, durch eine Regelung im Rahmen eines Bebauungsplanes oder durch eine separate Satzung einen **Genehmigungsvorbehalt** für die Begründung oder Teilung von Wohnungseigentum oder Teileigentum (§ 1 WEG), von Wohnungsbaurechten oder Teilerbbaurechten sowie von Dauerwohnrechten oder Dauernutzungsrechten (§§ 30, 31 WEG) zu schaffen. 179

JURIQ-Klausurtipp

Da § 22 BauGB an Rechte nach dem WEG anknüpft, erfasst ein entsprechender Genehmigungsvorbehalt nicht bloße Vermietungen (§§ 535 ff. BGB) in Fremdenverkehrsgebieten.

Der Genehmigungsvorbehalt soll die Gemeinde präventiv in die Lage versetzen, einer zunehmenden Zweitwohnungsnutzung in Fremdenverkehrsgemeinden entgegenzutreten. § 22 BauGB setzt demnach für seine Anwendung voraus, dass durch die Begründung oder Teilung der Rechte nach dem WEG die vorhandene oder vorgesehene Zweckbestimmung des Gebiets für den Fremdenverkehr und dadurch die geordnete städtebauliche Entwicklung beeinträchtigt werden kann. Wann eine derartige Zweckbestimmung eines Gebiets für den Fremdenverkehr anzunehmen ist, bestimmt § 22 Abs. 1 S. 4 BauGB. Der Genehmigungsvorbehalt in § 22 Abs. 1 BauGB ist dabei zulässige Inhalts- und Schrankenbestimmung im Sinne von Art. 14 Abs. 1 S. 2 GG.[200] 180

196 *Mitschang* in *Battis/Krautzberger/Löhr* BauGB § 15 Rn. 10.
197 *Széchényi* in *Jäde/Dirnberger* BauGB, BauNVO § 15 Rn. 28.
198 vgl. zum Streitstand *Széchényi* in *Jäde/Dirnberger* BauGB, BauNVO § 15 Rn. 25.
199 *BayVGH*, B. v. 9.11.2004, Az. 14 CS 04.2835 – juris; *VGH BW* DÖV 2003, 555 f.
200 *BVerwG* NVwZ 1995, 375 ff.

Hinweis

Erstreckt die Gemeinde ihre Satzung nach § 22 BauGB auch auf Gemeindegebiete, die ersichtlich nicht fremdenverkehrsgeprägt sind (z.B. Gewerbegebiete, Industriegebiete), so ist diese Satzung grundsätzlich gesamtnichtig.[201] Da § 22 BauGB Ausdruck gemeindlicher Planungshoheit ist, steht den Gerichten keine Kompetenz zum teilweisen Erhalt der Satzung (bloße Teilnichtigkeit) für die tatsächlich fremdenverkehrsgeprägten Gemeindeteile zu.

181 Über ein eventuell bestehendes Genehmigungserfordernis entscheidet nach § 22 Abs. 5 BauGB die Bauaufsichtsbehörde im Einvernehmen mit der Gemeinde.

Wann die Genehmigung zu versagen ist, bestimmt schließlich § 22 Abs. 4 BauGB. Danach darf die Genehmigung nur versagt werden, wenn durch die Begründung oder Teilung der Rechte nach dem WEG die Zweckbestimmung für den Fremdenverkehr und dadurch die städtebauliche Entwicklung und Ordnung beeinträchtigt wird. Eine derartige Beeinträchtigung wird angenommen, wenn sich durch das Vorhaben und die damit verbundene Vorbildwirkung die konkrete städtebauliche Situation nachteilig verändert.

182 **Rechtsschutz** erlangt der Betroffene schließlich gegen die Versagung der Genehmigung im Wege der verwaltungsgerichtlichen **Versagungsgegenklage**, § 42 Abs. 1 Alt. 2 VwGO.

V. Vorkaufsrechte

183 Das BauGB kennt zwei Arten von Vorkaufsrechten. Das **allgemeine Vorkaufsrecht** des § 24 Abs. 1 BauGB besteht kraft Gesetzes an bestimmten Grundstücken (auch unbebauten nach § 24 Abs. 1 Nr. 5 und 6 BauGB), während das **besondere Vorkaufsrecht** nach § 25 Abs. 1 BauGB durch eine anzeige- und genehmigungsfreie Satzung begründet werden muss.

JURIQ-Klausurtipp

Wenn Ihnen ausnahmsweise ein Vorkaufsrecht in einer baurechtlichen Klausur begegnen sollte, wird es im Regelfall ein besonderes nach § 25 Abs. 1 BauGB sein, da ein solches von Ihnen die Prüfung der Rechtmäßigkeit einer begründenden Satzung verlangt. Das gesetzliche Vorkaufsrecht bietet zu wenig „Inhalt" für eine Klausur. Für eine mündliche Prüfung sollten Sie im Rahmen der Bauleitplanung jedoch wissen, dass es zwei Arten des gemeindlichen Vorkaufsrechtes gibt.

184 Bei gemeindlichen Vorkaufsrechten ist stets zwischen deren Entstehung – durch Gesetz nach § 24 Abs. 1 BauGB oder eine gültige Satzung nach § 25 BauGB – und der anschließenden Ausübung des Vorkaufsrechtes zu unterscheiden **(zweistufiges Verfahren)**.

185 Auf der **ersten Stufe der Entstehung** gilt es bei Satzungen nach § 25 Abs. 1 BauGB zu beachten, dass für die Bekanntmachung und das Inkrafttreten der Satzung wiederum § 16 Abs. 2 BauGB und damit nachfolgend § 10 Abs. 3 S. 2 bis 5 BauGB entsprechende Anwendung findet. Es ist stets darauf zu achten, dass das gemeindliche Vorkaufsrecht nach § 25 BauGB nur Verkaufsfälle erfassen kann, die nach dem Inkrafttreten der jeweiligen Satzung getätigt werden.

201 vgl. *Spieß* in *Jäde/Dirnberger* BauGB, BauNVO § 22 Rn. 7.

Bei der **Ausübung des Vorkaufsrechtes** (zweite Verfahrensstufe), die nach § 28 Abs. 2 S. 1 BauGB nur binnen zwei Monaten nach Mitteilung des Kaufvertrages **durch Verwaltungsakt** gegenüber dem Grundstücksverkäufer erfolgen darf, gilt es zum einen die **Ausschlusstatbestände in § 26 BauGB**, zum anderen (beim Vorkaufsrecht qua Satzung) den Verweis in § 25 Abs. 2 zu beachten. Nach § 24 Abs. 3 S. 1 BauGB ist die Ausübung eines gemeindlichen Vorkaufsrechtes nur möglich, wenn das **Wohl der Allgemeinheit** dies rechtfertigt. Dies gilt auch für das besondere Vorkaufsrecht, § 25 Abs. 2 S. 1 BauGB. Nach der Rechtsprechung des Bundesverwaltungsgerichts genügt es insoweit, wenn im Hinblick auf eine bestimmte gemeindliche Aufgabe überwiegende Vorteile für die Allgemeinheit angestrebt werden. Die Enteignungsvoraussetzungen müssen nicht erfüllt sein.[202] 186

» Kommentieren Sie sich den § 217 BauGB zu § 40 Abs. 1 VwGO, um zu wissen, dass auch im Bereich des Baurechts eine abdrängende Sonderzuweisung existiert. «

Folge der rechtmäßigen Ausübung des gemeindlichen Vorkaufsrechtes ist es, dass die Gemeinde anstelle des Käufers zu den ursprünglich vereinbarten Vertragsbedingungen in den Kaufvertrag mit dem Verkäufer eintritt (§§ 28 Abs. 2 S. 2 BauGB, 463, 464 Abs. 2 BGB).

Rechtsschutz gegen die Ausübung des Vorkaufsrechtes erlangen Käufer bzw. Verkäufer über eine Anfechtungsklage, § 42 Abs. 1 Alt. 1 VwGO, gegen den Verwaltungsakt, mit dem das Vorkaufsrecht ausgeübt wurde. Bei einer Klage des ursprünglichen Käufers sind die Verkäufer zum gerichtlichen Verfahren beizuladen. Die Klage ist im Verwaltungsrechtsweg nach § 40 Abs. 1 S. 1 VwGO zu verfolgen. Die abdrängende Sonderzuweisung zu den Landgerichten – Kammer für Baulandsachen, § 217 BauGB – gilt nicht für die Bestimmung in § 28 Abs. 2 BauGB.

Online-Wissenscheck

In welcher Rechtsform wird eine Veränderungssperre erlassen?

Überprüfen Sie jetzt online Ihr Wissen zu den in diesem Abschnitt erarbeiteten Themen. Unter **www.juracademy.de/skripte/login** steht Ihnen ein Online-Wissens-Check speziell zu diesem Skript zur Verfügung, den Sie kostenlos nutzen können. Den Zugangscode hierzu finden Sie auf der Codeseite.

J. Rechtsschutz gegen Bauleitpläne

Beim Rechtsschutz gegen Bauleitpläne (§ 1 Abs. 2 BauGB) ist zwischen Flächennutzungsplänen und Bebauungsplänen zu differenzieren. 187

I. Rechtsschutz gegen Flächennutzungspläne

Da der Flächennutzungsplan anders als der gemeindliche Bebauungsplan (für diesen gilt nach § 10 Abs. 1 BauGB die Rechtsform der gemeindlichen Satzung) weder in der Rechtsform der Satzung noch der der Rechtsverordnung erlassen wird, scheidet die **Normenkontrolle nach § 47 VwGO** grundsätzlich aus. Für den Flächennutzungsplan, der sich in erster Linie verwaltungsintern an die Gemeinde richtet (diese hat nach § 8 Abs. 2 BauGB aus dem Flächennutzungsplan die Bebauungspläne zu entwickeln), ist die Rechtsschutzmöglichkeit in § 47 VwGO nicht vorgesehen.[203] 188

202 *BVerwG* NJW 1990, 2703 ff.

203 *Spieß* in *Jäde/Dirnberger* BauGB, BauNVO § 5 Rn. 2 f.

Etwas anderes gilt nur, wenn der Flächennutzungsplan Darstellungen mit den Rechtswirkungen des § 35 Abs. 3 S. 3 BauGB enthält. § 35 Abs. 3 S. 3 BauGB bestimmt, dass öffentliche Belange einem Vorhaben nach § 35 Abs. 1 Nr. 2–6 BauGB in der Regel auch dann entgegenstehen, wenn hierfür in Darstellungen des Flächennutzungsplanes eine Ausweisung an anderer Stelle erfolgt ist. Die Ausweisung derartiger Konzentrationsflächen bzw. Konzentrationszonen wirkt sich **unmittelbar** auf die Einzelzulassung eines Bauvorhabens aus, so dass der Flächennutzungsplan in diesen Fällen eine dem Bebauungsplan vergleichbare Funktion erhält. Mit einer derartigen Aussage im Flächennutzungsplan steuert die Gemeinde ihre Planung im Außenbereich in der Form **abschließend**, dass Anlagen nur innerhalb der Konzentrationsflächen zulässig sind, während ihnen im Gegenschluss außerhalb dieser Zonen öffentliche Belange regelmäßig entgegenstehen. Ein solcher Flächennutzungsplan erschöpft sich demnach nicht lediglich im gemeindlichen Auftrag nach § 8 Abs. 2 BauGB, sondern regelt **unmittelbar die Bebauungsfrage im Außenbereich**. Die Gemeinde greift mit einem solchen Flächennutzungsplan unmittelbar ins baurechtliche Genehmigungsverfahren ein, indem eine abschließende Standortfrage geklärt wird.[204] Aufgrund dieser singulären Vergleichbarkeit eines Flächennutzungsplanes mit einem Bebauungsplan gelangt man zur ausnahmsweisen Anwendbarkeit von § 47 Abs. 1 VwGO.

Beispiel Wenn die Gemeinde im Flächennutzungsplan für ihre Außenbereichsflächen eine Konzentrationszone für Windkraftanlagen nach § 35 Abs. 1 Nr. 5 BauGB schafft, heißt das, dass Windkraftprojekte in dieser Gemeinde nur im Rahmen dieser Zone zulässig sind. Außerhalb der Konzentrationszone gilt § 35 Abs. 3 S. 3 BauGB, wonach einem Vorhaben regelmäßig öffentliche Belange entgegenstehen, d.h. das Vorhaben außerhalb der Konzentrationsflächen planungsrechtlich unzulässig ist. Sofern der Flächennutzungsplan rechtswirksam ist, steht er damit einem Bauantrag im Außenbereich entgegen. ■

II. Rechtsschutz gegen Bebauungspläne

189 Bebauungspläne werden gemäß § 10 Abs. 1 BauGB als **Satzung** und damit in **Rechtsnormqualität** beschlossen. Damit eröffnet sich die generelle Möglichkeit der Normenkontrolle nach § 47 Abs. 1 VwGO. Dies gilt sowohl für Bebauungspläne nach § 30 Abs. 1 wie auch für solche nach § 30 Abs. 2 und 3 BauGB.

1. Die prinzipale Normenkontrolle

190 Diese Möglichkeit besteht gegen Satzungen nach dem BauGB direkt über § 47 Abs. 1 Nr. 1 VwGO. Da die VwGO in § 47 Abs. 1 Nr. 1 VwGO die Normenkontrolle gegen sämtliche Satzungen nach dem BauGB eröffnet, braucht es hier insoweit keinen Rückgriff auf die landesrechtliche Bestimmung in Art. 5 AGVwGO.

191 **Zuständiges Gericht** ist in Bayern über § 184 VwGO, Art. 1 Abs. 1 AGVwGO der Bayerische Verwaltungsgerichtshof (BayVGH).

192 Im Bereich der **Antragsbefugnis** müssen natürliche und juristische Personen die mögliche Verletzung eigener Rechte durch die Rechtsvorschrift darlegen (vergleichbar der Klagebefugnis in § 42 Abs. 2 VwGO).[205] An dieser Stelle gilt es in Klausuren stets darauf zu achten, wer in welcher Rechtsstellung gegen eine Satzung nach dem BauGB vorgeht. Ist derjenige Grundstückseigentümer im künftigen Plangebiet, ist eine mögliche Verletzung in Art. 14 Abs. 1 GG nicht auszuschließen, da

204 Vgl. *BVerwG* NVwZ 2007, 1081 ff.
205 *Lissack* Bayerisches Kommunalrecht § 3 Rn. 41.

der Bebauungsplan die Bebauung des Grundstückes unmittelbar über § 30 BauGB betrifft. Befindet sich der Grundstückseigentümer jedoch außerhalb des künftigen Plangebietes, versagt ein Berufen auf Art. 14 Abs. 1 GG. Es bleibt dann aber regelmäßig der Rückgriff auf § 1 Abs. 7 BauGB möglich, wonach bei der Aufstellung der Bauleitpläne die privaten und öffentlichen Belange untereinander gerecht abzuwägen sind. Sind die geltend gemachten Belange nicht nur in ganz geringfügiger Weise betroffen und grundsätzlich auch schutzwürdig, lässt sich eine Antragsbefugnis im Normenkontrollverfahren nicht bestreiten.[206]

Hinweis

Grundsätzlich können sich auch nur obligatorisch Berechtigte (Mieter, Pächter) gegen Bebauungspläne zur Wehr setzen. Dies allerdings nur insoweit, als sich aus den Festsetzungen eines Bebauungsplans Einschränkungen der ihnen zustehenden Grundstücksnutzung ergeben oder es den aus Art. 2 Abs. 2 GG gebotenen Schutz vor Lärmeinwirkungen betrifft.[207]

Für die **behördliche Normenkontrolle** reicht es aus, mit der Anwendung der Norm befasst und betroffen zu sein.[208] Letzteres ist Konsequenz aus der fehlenden Normverwerfungskompetenz der Exekutive. Diese Voraussetzung ist dann gegeben, wenn die betroffene Behörde die Norm anzuwenden hat, zum Beispiel in einem Baugenehmigungsverfahren. 193

Die **Antragsfrist** beträgt mittlerweile ein Jahr nach Bekanntmachung der Norm. Aus Rechtssicherheitsgründen wird bei Bebauungsplänen, die nachträglich rechtsungültig geworden sind – klassischer Fall ist das spätere Funktionsloswerden einzelner Festsetzungen in Bebauungsplänen – die Jahresfrist aus § 47 Abs. 2 S. 1 BauGB gleichfalls herangezogen (str.). Die Frist in § 47 Abs. 2 VwGO ist eine echte Ausschlussfrist; sie ist einer Wiedereinsetzung in den vorigen Stand nicht zugänglich. 194

Der **Prüfungsmaßstab** ist § 47 Abs. 3 VwGO zu entnehmen. Der Bayerische Verwaltungsgerichtshof prüft die Vereinbarkeit der Norm umfassend (Bundes- und Landesrecht, GG) mit Ausnahme der **Grundrechte der Bayerischen Verfassung**, da insofern die Popularklage aus Art. 98 S. 4 BV abschließenden Rechtsschutz gewährleistet. Der Bayerische Verwaltungsgerichtshof ist dabei auch nicht auf die vom Antragsteller vorgebrachten Einwände gegen die baurechtliche Satzung beschränkt. 195

JURIQ-Klausurtipp

Achten Sie an dieser Stelle auf eine beliebte Klausurfalle. Der Ausschluss des § 47 Abs. 3 VwGO – Vorrang der Popularklage – bezieht sich ausschließlich auf die Grundrechte der BV. Andere Bestimmungen der BV (z.B. Vereinbarkeit mit Staatszielbestimmungen) dürfen und müssen Sie selbstverständlich im Rahmen der Normenkontrolle ansprechen.

Kommt der BayVGH zum Ergebnis, die Norm ist wegen Rechtsfehlern nichtig, so erklärt er sie mit allgemein verbindlicher Wirkung (inter omnes) für unwirksam.[209] Auf die Frage der subjekti- 196

206 *W.-R.Schenke/R.P.Schenke* in *Kopp/Schenke* Verwaltungsgerichtsordnung § 47 Rn. 71.

207 *W.-R.Schenke/R.P.Schenke* in *Kopp/Schenke* Verwaltungsgerichtsordnung § 47 Rn. 70, 73.

208 *W.-R.SchenkeR.P.Schenke* in *Kopp/Schenke* Verwaltungsgerichtsordnung § 47 Rn. 82, 94.

209 *Lissack* Bayerisches Kommunalrecht § 3 Rn. 43; *W.-R.Schenke* /R.P.Schenke in *Kopp/Schenke* Verwaltungsgerichtsordnung § 47 Rn. 120.

ven Rechtsverletzung ist dabei nicht einzugehen, da das Normenkontrollverfahren ein **objektives Rechtsbeanstandungsverfahren** darstellt (Ausnahme § 2 Abs. 4 UmwRG, vgl. Rn. 49).

PRÜFUNGSSCHEMA

Normenkontrolle

I. Antragsgegenstand

II. Zulässigkeit

1. Statthaftigkeit
§ 47 Abs. 1 Nr. 1 VwGO
Satzung nach dem BauGB; ausnahmsweise Flächennutzungsplan, soweit Darstellungen nach § 35 Abs. 3 S. 3 BauGB

2. Zuständigkeit
Im Rahmen der Gerichtsbarkeit des VGH (Art. 1 Abs. 1 AGVwGO)
Vorliegen einer öffentlich-rechtlichen Streitigkeit

3. Antragsberechtigung
Natürliche und juristische Personen, jede Behörde

4. Antragsbefugnis
Bei natürlichen und juristischen Personen: nach § 47 Abs. 2 S. 1 VwGO Rechtsverletzung i.S.v. § 42 Abs. 2 VwGO erforderlich

a) Betroffenheit durch Bebauungsplan (Eigentümer, obligatorisch Berechtigter; Lage im/außerhalb des Plangebiets)

b) Bei Behörden: ausreichend, wenn mit Vollzug der Norm befasst
fehlende inzidente Normverwerfungskompetenz Rn. 193

5. Form

a) Ordnungsgemäße Antragstellung analog §§ 81, 82 VwGO

b) Anwaltszwang nach § 67 Abs. 4 VwGO

6. Frist

a) Ein Jahr seit Bekanntmachung; Berechnung nach § 57 VwGO
echte Ausschlussfrist ohne Wiedereinsetzung Rn. 194

b) ebenfalls anzuwenden bei nachträglich rechtswidrig bzw. funktionslos gewordenen Bebauungsplänen

III. Begründetheit

Obersatz: Die Normenkontrollklage ist begründet, wenn die angegriffene Rechtsvorschrift gegen zwingendes höherrangiges formelles oder materielles Recht verstößt und der richtige Antragsgegner gewählt wurde.

1. Richtiger Antragsgegner: § 47 Abs. 2 S. 2 VwGO; Gemeinde; lex specialis zu § 78 VwGO

2. Vorbehalt zugunsten der Verfassungsgerichtsbarkeit
§ 47 Abs. 3 VwGO, keine Prüfung von Grundrechten der BV Rn. 195

3. Rechtmäßigkeit der Rechtsnorm

a) formelle Rechtmäßigkeit der Satzung

b) materielle Rechtmäßigkeit der Satzung
Hält der BayVGH die Rechtsnorm für gültig, so weist er den Antrag zurück (Wirkung inter partes); hält er sie für ungültig, erklärt er sie für unwirksam (Wirkung inter omnes), § 47 Abs. 5 S. 2 VwGO. Rn. 196

Hinweis

Gemäß § 47 Abs. 2 S. 4 VwGO ist im Rahmen des Normenkontrollverfahrens eine einfache Beiladung nach § 65 Abs. 1 VwGO möglich.

2. Gerichtliche Inzidentkontrolle

Eine inhaltliche Überprüfung der Rechtmäßigkeit eines Bauleitplans kann auch innerhalb 197
eines anhängigen Verwaltungsgerichtsrechtsstreits erfolgen. Sofern das Verwaltungsgericht die Rechtmäßigkeit einer Baugenehmigung zu beurteilen hat, deren Grundlage ein Bebauungsplan nach § 30 Abs. 1 BauGB ist, hat das Gericht als Vorfrage zu klären, ob der Bebauungsplan überhaupt rechtsgültig ist. Nur dann kann die Genehmigung nämlich ihre Rechtsgrundlage in § 30 Abs. 1 BauGB finden. Dem Verwaltungsgericht steht hierbei eine uneingeschränkte **inzidente Normprüfungs- und Normverwerfungskompetenz** zu.[210] Auch hier gilt es die Bestimmungen der §§ 214, 215 BauGB zu beachten, da eine Beschränkung der gerichtlichen Kontrolle sich nicht nur auf das Normenkontrollverfahren erstreckt, sondern auch auf eine vorzunehmende Inzidentprüfung.[211]

JURIQ-Klausurtipp

Beachten Sie in derartigen Klausuren auch, dass sofern der Bebauungsplan unwirksam ist, die baurechtliche Prüfung nicht beendet ist. Es ist in diesen Fällen denkbar, dass sich eine bauplanungsrechtliche Zulässigkeit des konkreten Vorhabens „ersatzweise" aus §§ 34, 35 BauGB ergeben kann.

Online-Wissenscheck

Welche Rechtsbehelfe stehen dem Bürger gegen einen Bebauungsplan zur Verfügung?

Überprüfen Sie jetzt online Ihr Wissen zu den in diesem Abschnitt erarbeiteten Themen. Unter **www.juracademy.de/skripte/login** steht Ihnen ein Online-Wissens-Check speziell zu diesem Skript zur Verfügung, den Sie kostenlos nutzen können. Den Zugangscode hierzu finden Sie auf der Codeseite.

210 *Lissack* Bayerisches Kommunalrecht § 3 Rn. 47 ff.; siehe dazu auch im Skript „Kommunalrecht Bayern" Rn. 201.

211 *BayVGH* NVwZ 2016, 135 ff.

III. Übungsfall Nr. 1

198 „Möbelmarkt ante portas"

Dr. B. ist Richter am Bayerischen Verwaltungsgerichtshof. Am 16.1.2018 bekommt er den nachfolgenden Schriftsatz von Rechtsanwalt Dr. S. im Rahmen eines gerichtlichen Verfahrens vorgelegt. Die Eheleute Moser (M) wenden sich gegen einen von der kreisangehörigen Gemeinde Königstein (4800 Einwohner) im Landkreis Augsburg unter dem 13.7.2017 als Satzung beschlossenen Bebauungsplan mit dem Inhalt „Sondergebiet Möbelmarkt". Darin ist die Neuansiedlung eines dreigeschossigen Möbelmarktes einschließlich Parkflächen für 1500 Fahrzeuge vorgesehen. Die Eheleute Moser sind dabei Eigentümer eines Grundstücks, das zwar nicht im künftigen Gebiet des Bebauungsplanes „Möbelmarkt" liegt, aber unmittelbar daran angrenzt (reines Wohngebiet nach § 3 BauNVO). Die Eheleute M befürchten eine deutliche Zunahme der Lärmbelastung insbesondere durch die Zahl der Fahrzeuge und den Betrieb des Möbelmarktes am Samstag. Folglich sei ein Wertverlust ihres Grundstücks naheliegend. Ihre Einwendungen gegen den Bebauungsplan haben die Eheleute M, soweit damals schon bekannt, im Rahmen der Auslegung des Bebauungsplanes (§ 3 Abs. 2 BauGB) geltend gemacht.

Im Bebauungsplanaufstellungsverfahren hat die Gemeinde K die Immissionsschutzabteilung des Landratsamtes A um eine Einschätzung der Verkehrslärmsituation gebeten. In der betreffenden Stellungnahme kommt das Landratsamt zu der Einschätzung, dass die maßgeblichen Grenzwerte am nächstgelegenen Grundstück der Eheleute M nicht eingehalten werden können. In ihrer Begründung zum Bebauungsplan legt die Gemeinde dar, dass bislang ein Möbelmarkt in der aufstrebenden Gemeinde fehle und ein Investor bereit sei, diese „Lücke" zu schließen.

In dem Dr. B. vorliegenden Antragsschriftsatz sind die nachfolgenden Mängel dieses Bebauungsplans aufgeführt:

a) Der Bebauungsplan sei gar nicht aus dem Flächennutzungsplan der Gemeinde K entwickelt, der für die betroffenen Grundstücke Wohnbauflächen ausweise.
b) Es habe überhaupt keine frühzeitige Bürgerbeteiligung stattgefunden. Auch sei kein Umweltbericht zum Bebauungsplan vorgelegt worden.
c) Das Wasserwirtschaftsamt sei am Verfahren nicht beteiligt worden, obwohl die betroffenen Grundstücke potentiell hochwassergefährdet seien.
d) Der Bebauungsplan sei nicht erforderlich, da die Gemeinde K bereits ausreichende Gewerbeflächen habe. Es handele sich um eine reine Gefälligkeitsplanung.
e) Bei Fertigung der Ladung zur Sitzung „Beschlussfassung über den Bebauungsplan" sei der Tagesordnungspunkt „Möbelmarkt" nicht aufgenommen worden.
f) Das sich zum Zeitpunkt der Beschlussfassung in Urlaub befindliche Gemeinderatsmitglied X sei nicht zur Sitzung geladen worden.
g) Das Gemeinderatsmitglied Y sei zu Unrecht von der Sitzung ausgeschlossen worden, da die Schwester seiner Ehefrau mit dem Architekten Z verheiratet sei, der den Bebauungsplanentwurf für die Gemeinde K gefertigt habe.
h) Der vorgesehene Möbelmarkt grenze unmittelbar an ein reines Wohngebiet, sehe aber keinerlei Lärmschutz vor.
i) Der Bebauungsplan sei am 23.7.2017 bekannt gemacht worden; der erste Bürgermeister der Gemeinde K habe ihn aber erst am 25.7.2017 eigenhändig unterzeichnet.

Würdigen Sie für Dr. B. die geltend gemachten Einwände. Wie wäre in der Streitsache zu entscheiden? Beurteilen Sie die Erfolgsaussichten des eingelegten Rechtsbehelfs.

Lösung

199

Der Normenkontrollantrag der Eheleute M hat Aussicht auf Erfolg, wenn er zulässig und begründet ist.

A. Zulässigkeit des Antrags

Dr. B. ist hier im Rahmen einer Normenkontrollklage nach § 47 Abs. 1 Nr. 1 VwGO mit der Angelegenheit „Bebauungsplan Sondergebiet Möbelmarkt" befasst. Diese Normenkontrolle hat die Zulässigkeitsvoraussetzungen in § 47 VwGO zu beachten.

1. Statthaftigkeit

Mit dem Bebauungsplan „Sondergebiet Möbelmarkt" liegt ein auf ein bestimmtes Bauprojekt bezogener, vorhabenbezogener Bebauungsplan nach § 30 Abs. 2, 12 BauGB, § 11 Abs. 2 BauNVO vor, der grundsätzlich ebenfalls sämtliche formellen und materiellen Vorgaben aus BauGB und ergänzend der GO beachten muss.

Der Bebauungsplan nach § 12 BauGB wird dabei ebenfalls nach § 10 Abs. 1 BauGB als Satzung beschlossen und ist damit tauglicher Prüfungsgegenstand eines Normenkontrollverfahrens nach § 47 Abs. 1 Nr. 1 VwGO.

2. Zuständiges Gericht

Über den Normenkontrollantrag nach § 47 Abs. 1 Nr. 1 VwGO entscheidet das Oberverwaltungsgericht. Dieses trägt in Bayern nach § 184 VwGO, Art. 1 Abs. 1 AGVwGO die Bezeichnung Bayerischer Verwaltungsgerichtshof. Dieses entscheidet hier auch „im Rahmen seiner Gerichtsbarkeit". Dies bedeutet, dass im Vollzug der angegriffenen Rechtsnorm Streitigkeiten entstehen können, für die der Verwaltungsrechtsweg nach § 40 Abs. 1 VwGO eröffnet ist. Da im Vollzug des Bebauungsplanes Baugenehmigungen nach den Art. 55, 68 BayBO erlassen werden, ist diese Voraussetzung hier zweifelsfrei erfüllt.

3. Antragsberechtigung

Die Eheleute M sind als natürliche Personen grundsätzlich berechtigt, einen Normenkontrollantrag zum BayVGH zu stellen, § 47 Abs. 2 S. 1 VwGO

4. Antragsbefugnis

Als natürliche Personen müssten die Eheleute M geltend machen können, durch den Bebauungsplan oder dessen Anwendung in ihren Rechten verletzt zu sein bzw. in absehbarer Zeit verletzt zu werden, § 47 Abs. 2 S. 1 VwGO. Damit bedarf es an dieser Stelle, der Anfechtungsklage und § 42 Abs. 2 VwGO vergleichbar, der Möglichkeit der Verletzung in eigenen Rechten. Da das Grundstück der Eheleute M sich nicht unmittelbar im Geltungsbereich des angegriffenen Bebauungsplanes befindet und es damit auch nicht unmittelbar von dessen Festsetzungen betroffen ist, ist nicht auf die Eigentumsgarantie in Art. 14 Abs. 1 GG abzustellen. Das Grundstück der Eheleute M grenzt aber unmittelbar an den Geltungsbereich der angegriffenen Satzung an. Damit lässt sich nicht von vornherein ausschließen, dass die Eheleute M von den Auswirkungen des angegriffenen Bebauungsplanes betroffen sind. Bei der Schaffung eines dreigeschossigen Möbelmarktes und unmittelbar angrenzenden Parkflächen für bis zu 1500 Fahrzeuge lässt sich nicht ausschließen, dass die Anlieger unter einer verstärkten Lärmbelastung durch Verkehrsgeräusche leiden werden. Dies auch vor dem Hintergrund, dass der Möbelmarkt typischerweise auch in den Abendstunden und am Samstag frequentiert wird. Diese mögliche Lärmbetroffenheit der Anlieger musste die Gemeinde in ihre Abwägung nach § 1 Abs. 7 BauGB einstellen. Es handelt sich dabei um einen nicht ganz geringfügigen schutzwürdigen Belang, der mit dem gemeindlichen Interesse an der Gewerbeansiedlung in gerechten Ausgleich zu bringen ist. Eine mögliche Entwertung des Grundstücks der Antragsteller ist jedenfalls nicht von vornherein von der Hand zu weisen.

5. Antragsfrist

Da der Bebauungsplan erst am 23.7.2017 bekannt gemacht wurde, ist im Januar 2018 die Jahresfrist aus § 47 Abs. 2 S. 1 VwGO noch nicht verstrichen.

6. Form

Es gilt die §§ 81, 82 VwGO analog im Antragsverfahren der Normenkontrolle zu beachten. Ein schriftlicher Antrag liegt hier vor. Dieser wurde auch durch einen bevollmächtigten Rechtsanwalt bei Gericht eingereicht, § 67 Abs. 4 VwGO. Vor dem Bayerischen Verwaltungsgerichtshof besteht Anwaltszwang.

7. Zwischenergebnis

Der Normenkontrollantrag der Eheleute M nach § 47 Abs. 1 Nr. 1 VwGO ist zulässig.

B. Begründetheit des Normenkontrollantrages

1. Obersatz

Der Normenkontrollantrag ist begründet, wenn er sich gegen den richtigen Antragsgegner richtet und die angegriffene Norm gegen höherrangiges formelles oder materielles Recht verstößt. Eine Rechtsverletzung der Antragsteller ist darüber hinaus nicht erforderlich, da es sich beim Verfahren nach § 47 Abs. 1 VwGO um ein objektives Rechtsbeanstandungsverfahren handelt.

2. Antragsgegner

Der Normenkontrollantrag ist gemäß § 47 Abs. 2 S. 2 VwGO gegen die Körperschaft zu richten, welche die angegriffene Rechtsvorschrift erlassen hat. Dabei verdrängt § 47 Abs. 2 S. 2 VwGO als Spezialvorschrift die allgemeine Vorschrift des § 78 VwGO. Richtiger Antragsgegner ist damit vorliegend die den Bebauungsplan erlassende Gemeinde K.

3. Prüfungsmaßstab

Hier gilt es § 47 Abs. 3 VwGO zu beachten Der BayVGH prüft die angegriffene Norm insoweit nicht, als dass dies ausschließlich durch das Verfassungsgericht eines Landes der Fall ist. In Bayern besteht dieser Vorbehalt für die Grundrechte der Bayerischen Verfassung (BV), die ausschließlich im Rahmen einer Popularklage aus Art. 98 S. 4 BV, Art. 55 BayVerfGHG gegen die angegriffene Rechtsnorm gewürdigt werden dürfen.

4. Vereinbarkeit mit höherrangigem formellen und materiellen Recht (ausgenommen die Grundrechte der BV)

Für die Beachtlichkeit der Fehler gilt es, die Vorschriften der §§ 214 ff. BauGB zu beachten. § 216 BauGB ist nicht einschlägig, da die angegriffene Satzung nach dem BauGB bereits bekannt gemacht wurde und in Kraft getreten ist. Im Weiteren ist bezüglich der einzelnen geltend gemachten Rechtsverstöße zu unterscheiden, ob es sich um formelle oder materielle Anforderungen an die Bauleitplanung handelt.

a) Entwicklungsgebot

Es liegt ein Verstoß gegen das in § 8 Abs. 2 BauGB geregelte Entwicklungsgebot vor. § 8 Abs. 2 BauGB stellt ein materielles Erfordernis an die Bauleitplanung dar. Der Bebauungsplan muss dabei die im Flächennutzungsplan vorgegebene **Grundkonzeption** beachten. Es wird zwar keine sklavische 1:1-Umsetzung gefordert, jedoch darf keine gravierende Abweichung zwischen Flächennutzungsplan und Bebauungsplan gegeben sein. Hier liegt eine gravierende Abweichung zwischen Wohnnutzung und gewerblicher Nutzung vor. Diese Nutzungen sind auch im Hinblick auf eine Lärmentwicklung wesensverschieden. Es liegt damit ein Verstoß gegen § 8 Abs. 2 BauGB vor. Die Fehlerrelevanz dieses materiellen Mangels der Bauleitplanung beurteilt sich nach § 214 Abs. 2 Nr. 2 BauGB. Diese Norm schafft einen Fall der relativen Unbeachtlichkeit; d.h. der Fehler ist nur dann unbeachtlich, sofern die städtebauliche Entwicklung durch den Verstoß nicht beeinträchtigt wird. Maßgeblich ist hierbei der Grad der Abweichung von Bebauungsplan und Flächennutzungsplan. Hier ist eine Beeinträchtigung der städtebaulichen Entwicklung gegeben, da eine gravierende Abweichung der planerischen Aussagen vorliegt. Daher ist der Fehler beachtlich. Es liegt keine Unbeachtlichkeit nach § 215 Abs. 1 Nr. 2 BauGB vor, aber eventuell besteht die Möglichkeit nach § 214 Abs. 4 BauGB einer Heilung im ergänzenden Verfahren.

Ergebnis: Der Fehler ist beachtlich.

b) Frühzeitige Öffentlichkeitsbeteiligung/ Umweltbericht

Die frühzeitige Öffentlichkeitsbeteiligung ist in § 3 Abs. 1 BauGB geregelt. Der Verstoß gegen § 3 Abs. 1 BauGB betrifft die formelle Seite der Bauleitplanung. Maßgeblich für die Beurteilung der Beachtlichkeit dieses Verstoßes ist damit § 214 Abs. 1 BauGB. Da die Norm des § 3 Abs. 1 BauGB in § 214 Abs. 1 Nr. 2 BauGB aber nicht als ausnahmsweise beachtlicher Fehler genannt ist, bleibt der Verstoß hiergegen folgenlos.

Der fehlende Umweltbericht ist in §§ 2 Abs. 4, 2a S. 2 Nr. 2 BauGB angesprochen. Nach § 2a S. 3 BauGB bildet der Umweltbericht einen gesonderten Teil der Begründung des Bebauungsplans (§ 9 Abs. 8 BauGB). Der Umweltbericht betrifft damit ebenfalls die formelle Seite der Bauleitplanung. Für sein Fehlen gilt es § 214 Abs. 1 Nr. 3 BauGB zu beachten. Der Fehler nach § 2a BauGB wird dabei als beachtlich gewertet. Eine Ausnahme hierzu schafft § 214 Abs. 1 Nr. 3 BauGB in Bezug auf den Umweltbericht nur, wenn dessen Begründung in unwesentlichen Punkten unvollständig ist. Fehlt der Umweltbericht ganz, ist der Fehler beachtlich. Da ein Unbeachtlichwerden durch Zeitablauf nach § 215 Abs. 1 Nr. 1 BauGB ausscheidet, bleibt es beim beachtlichen Verfahrensverstoß.

Ergebnis: Der Fehler in der frühzeitigen Öffentlichkeitsbeteiligung ist unbeachtlich; das Fehlen des Umweltberichtes ist beachtlich.

c) Beteiligung der Träger öffentlicher Belange

Das nicht beteiligte Wasserwirtschaftsamt ist ein Träger öffentlicher Belange. Damit gilt es hier § 4 BauGB zu beachten. Das Gesetz differenziert weiter nach § 4 Abs. 1 (frühzeitige TÖB-Beteiligung) und § 4 Abs. 2 BauGB (eigentliche TÖB-Beteiligung). Der Fehler in der frühzeitigen Beteiligung nach § 4 Abs. 1 BauGB bleibt nach § 214 Abs. 1 Nr. 2 BauGB folgenlos. Dem gegenüber ist der Verstoß gegen § 4 Abs. 2 BauGB grundsätzlich beachtlich, da in § 214 Abs. 1 Nr. 2 BauGB genannt. An dieser Stelle gilt es die interne Unbeachtlichkeitsklausel aus § 214 Abs. 1 Nr. 2 BauGB zu beachten; d.h. der Verstoß der Nichtberücksichtigung eines einzelnen Trägers öffentlicher Belange ist nur dann tatsächlich beachtlich, wenn dessen Belange maßgeblich für Bauleitplanung waren und auch nicht anderweitig Berücksichtigung gefunden haben. Wenn man von einer Hochwassergefahr hier ausgeht, waren die Belange des Wasserwirtschaftsamtes entscheidungsrelevant. Daneben ist an ein Abwägungsdefizit zu denken, das unter § 2 Abs. 3 BauGB, 214 Abs. 1 Nr. 1 BauGB fällt. Ein solcher Fehler ist aber nur beachtlich, wenn er offensichtlich (positive Dokumentation) **und** für das Abwägungsergebnis von Relevanz (konkrete Möglichkeit einer anderen Planung) ist. Sollte das Wasserwirtschaftsamt lediglich übergangen worden sein, ohne dass sich hierzu Ausführungen im Aktenvorgang finden, ist das Abwägungsdefizit als solches nach § 2 Abs. 3 BauGB unbeachtlich.

Ergebnis: Je nach Gewichtigkeit der Belange liegt ein beachtlicher Fehler vor.

d) Erforderlichkeit

Der angesprochene Mangel betrifft die Erforderlichkeit der Bauleitplanung in § 1 Abs. 3 BauGB. Da Bauleitplanung ureigenster Gegenstand kommunaler Selbstverwaltung (Ortsplanung) ist, kommt der Gemeinde ein weites Planungsermessen zu. Die Erforderlichkeit fehlt nur bei gänzlich fehlender Plankonzeption der Gemeinde z.B. bei reiner Negativ- oder reiner Gefälligkeitsplanung. Da die Gemeinde hier ihr gewerbliches Konzept dahingehend erweitern will, dass auch das Möbelsegment künftig vertreten ist, liegt eine städtebauliche Konzeption vor. Bei der Bauleitplanung hat die Gemeinde nach § 1 Abs. 6 Nr. 8a BauGB auch den Belangen der Wirtschaft Rechnung zu tragen. Auch die Tatsache, dass die Gemeinde für das

Gewerbeprojekt einen Investor an der Hand hat, belegt an sich noch keine reine Gefälligkeitsplanung. Die Planung ist hier Teil eines gesamten Gewerbekonzeptes der Gemeinde K und erfolgt nicht im primären Interesse der Privatperson.

Ergebnis: Da eine städtebauliche Konzeption gegeben ist, liegt kein materieller Fehler vor.

e) Nachgeschobene Tagesordnung

Bezüglich der gemeindlichen Beschlussfassung erfährt das BauGB eine Ergänzung durch die Normen der GO; das hier gegebene Nachschieben des Tagesordnungspunktes „Möbelmarkt" ist ein **kollektiver Ladungsmangel**. Dieser stellt die Beschlussfähigkeit der Gemeinde in Art. 47 Abs. 2 GO in Frage. Keine Heilung des Mangels kann in diesen Fällen über den Punkt „Sonstiges" einer Tagesordnung erfolgen, da der Zweck der Ladung, sich auf die jeweilige Sitzung vorzubereiten, nicht erreicht wird. Eine Heilung ist nach der Rechtsprechung in diesen Fällen nur möglich, wenn alle Mitglieder des Gemeinderats erscheinen und rügelos zur Sache verhandeln bzw. bei besonderer Dringlichkeit der Angelegenheit. Da hier jedenfalls der Urlauber den Sitzungstermin versäumt hat, scheidet ein Erscheinen und rügeloses Einlassen aller Ratsmitglieder aus. Darüber hinaus ist der Erlass eines Bebauungsplanes auch keine eine Ausnahme rechtfertigende dringliche Angelegenheit.

Es liegt demnach ein formeller Fehler nach Landesrecht vor, für den die §§ 214 Abs. 1, 215 Abs. 1 keine Geltung beanspruchen. Der Fehler ist mithin beachtlich.

Ergebnis: Der Fehler ist nach Landesrecht beachtlich.

f) Nichtladung des Urlaubers

In der **Nichtladung des Urlaubers** liegt ein **individueller Ladungsmangel** begründet. Dieser die Beschlussfähigkeit nach Art. 47 Abs. 2 GO in Frage stellende Ladungsmangel kann nur geheilt werden, wenn das von ihm betroffene Mitglied erscheint und sich zur Sache einlässt. Dies ist hier gerade nicht der Fall. Dieser formelle Fehler nach Landesrecht ist grundsätzlich beachtlich. Eine Heilung kann allenfalls über § 214 Abs. 4 BauGB in einem eventuellen ergänzenden Verfahren erfolgen. Solange dies nicht geschehen ist, bleibt der Verstoß zeitlich unbegrenzt beachtlich.

Ergebnis: Der Fehler ist beachtlich.

g) Persönliche Beteiligung

Es stellt sich hier das **Problem persönlicher Beteiligung im Sinne von Art. 49 Abs. 1 GO**. Fraglich ist, ob hier eine persönliche Beteiligung auslösende Schwägerschaft im Sinne von § 1590 BGB vorliegt. Zwar ist die Schwägerschaft in Art. 49 Abs. 1 GO als ein einen Individualvorteil vermittelnder Umstand genannt, jedoch besteht diese Schwägerschaft nur zwischen dem Gemeinderatsmitglied und der Schwester seiner Ehefrau; nicht aber zwischen dem Gemeinderatsmitglied und dem Architekt (Ehemann der Schwester („Schwippschwägerschaft")). Der Ausschluss war daher rechtswidrig. In diesem Fall ist der Beschluss immer ungültig. Eine Analogie zu Art. 49 Abs. 4 GO darf nicht vorgenommen werden, da es zu einer Verletzung wesentlicher Mitgliedschaftsrechte kommt. Das zu Unrecht ausgeschlossene Mitglied steht dem Nicht-Geladenen gleich. Dieser formelle Fehler nach Landesrecht ist stets beachtlich. Eine Anwendung von §§ 214 Abs. 1, 215 Abs. 1 BauGB darf nicht erfolgen. Allenfalls ist an eine Heilung im ergänzenden Verfahren über § 214 Abs. 4 BauGB zu denken. Solange ein solches aber nicht durchgeführt ist, bleibt der Fehler beachtlich.

Ergebnis: Der Fehler ist beachtlich.

h) Gebot gerechter Abwägung

Es stellt sich hier das Problem gerechter Abwägung im Sinne von § 1 Abs. 7 BauGB. Mit der Ausweisung des Sondergebietes Möbelmarkt in unmittelbarer Nachbarschaft zu einem reinen Wohngebiet nach § 3 BauNVO liegt jedenfalls ein Verstoß gegen das Gebot der Konfliktbewältigung vor. Da das Abwägungsergebnis als Ausgleich der betroffenen Belange untereinander tangiert ist, liegt hier ein **Abwägungsfehler** in Form der **Abwägungsdisproportionalität** vor. Da der Bebauungsplan nach der immissionsschutzrechtlichen Stellungnahme wegen Verletzung der einschlägigen Grenzwerte nicht aufrechterhalten werden kann, liegt ein beachtlicher Mangel im **Abwägungsergebnis** vor, der nach § 214 Abs. 3 BauGB zu behandeln ist. Als Mangel im Abwägungsergebnis ist er stets beachtlich. Auch § 215 Abs. 1 BauGB beansprucht keine Geltung, da er nur Fehler im Abwägungsvorgang erfasst. Eine Heilung in einem ergänzenden Verfahren scheidet hier ebenfalls aus, da § 214 Abs. 4 BauGB nur punktuelle Nachbesserungen erlaubt. Das ergänzende Verfahren darf nicht zu einem gänzlich anderen Bebauungsplan führen.

Ergebnis: Der Fehler ist beachtlich.

i) Ausfertigung

Es liegt ein Verstoß gegen Art. 26 Abs. 2 GO vor. Die nach Landesrecht gebotene **Ausfertigung** der Satzung muss zwingend vor der Bekanntmachung des Bebauungsplanes nach § 10 Abs. 3 BauGB erfolgen Der Verstoß in der zwingenden zeitlichen Reihenfolge stellt einen beachtlichen Fehler nach Landesrecht dar, für den §§ 214 Abs. 1, 215 Abs. 1 BauGB keine Geltung beanspruchen. Es liegt gerade kein Fehler nach BauGB vor („dieses Gesetzbuchs" in § 214 Abs. 1 BauGB). Eine Heilung kann nur im ergänzenden Verfahren nach § 214 Abs. 4 BauGB erfolgen. Solange dies nicht geschieht, bleibt der Fehler damit grundsätzlich beachtlich.

Ergebnis: Der Fehler ist beachtlich.

5. Gesamtergebnis

Der Bebauungsplan leidet an mehreren beachtlichen Fehlern formeller und materieller Art, die allenfalls teilweise einem ergänzenden Verfahren nach § 214 Abs. 4 BauGB zugeführt und dort behoben werden können. Solange dies nicht erfolgt, ist der Bebauungsplan nach § 47 Abs. 5 VwGO für unwirksam zu erklären. Ein entsprechendes Urteil hat allgemeine Verbindlichkeit; das Urteil ist mit Wirkung **inter omnes** ausgestattet.

3. Teil
Bauplanungsrechtliche Zulässigkeit von Vorhaben

A. Anwendbarkeit der Vorschriften über die Zulässigkeit von Vorhaben

200 Die Anforderungen an die bauplanungsrechtliche Zulässigkeit von baulichen Vorhaben sind in den §§ 29 bis 38 BauGB normiert. Dabei gilt es zu beachten, dass die bauplanungsrechtliche Zulässigkeit im Sinne der §§ 29 ff. BauGB von Seiten der Bauaufsichtsbehörde (Art. 53 BayBO) dem Grunde nach für sämtliche bauliche Anlagen nach der BayBO (Art. 2 BayBO) in einem erforderlich werdenden Baugenehmigungsverfahren zu würdigen ist. Nach Art. 59 S. 1 Nr. 1 BayBO prüft die Bauaufsichtsbehörde außer bei Sonderbauten im Sinne von Art. 2 Abs. 4 BayBO die Übereinstimmung mit den Vorschriften über die Zulässigkeit der baulichen Anlagen nach den §§ 29 bis 38 BauGB. Bei genehmigungsbedürftigen baulichen Anlagen, die nicht unter Art. 59 BayBO fallen (Sonderbauten im Sinne von Art. 2 Abs. 4 BayBO) prüft die Bauaufsichtsbehörde nach Art. 60 S. 1 Nr. 1 BayBO ebenfalls die Vereinbarkeit des Vorhabens mit den §§ 29 ff. BauGB.

201 Die Geltung der Vorschriften über die bauplanungsrechtliche Zulässigkeit von Vorhaben ist in zweifacher Weise eingeschränkt.[1] Zum einen finden die §§ 30 ff. nur Anwendung, wenn ein Vorhaben die Voraussetzungen in § 29 Abs. 1 BauGB erfüllt. Zum anderen finden die §§ 29 ff. BauGB keine Anwendung, wenn § 38 BauGB einen Vorrang der Fachplanung bestimmt.

Hinweis

Sie können sich dieses System der §§ 29 ff. BauGB einfach mit dem Bild zweier Stadttore einprägen. § 29 BauGB ist das Eintrittstor und eröffnet die Anwendung der §§ 30 ff. BauGB; § 38 BauGB ist hingegen ein Ausfallstor, d.h. wenn die Voraussetzungen dieser Norm erfüllt sind, sind die §§ 30 ff. BauGB im Rahmen des vorrangigen Fachplanungsverfahrens jedenfalls nicht als zwingender Versagungsgrund zu berücksichtigen.

Hinweis

Zu beachten gilt es weiterhin, dass Festsetzungen eines Bebauungsplans (vgl. § 30 BauGB) Rechtsnormqualität besitzen und als solche daher auch für Anlagen und Nutzungen gelten, die keine Vorhaben im Sinne von § 29 Abs. 1 BauGB sind.

202 Vorhaben im bauplanungsrechtlichen Sinne sind nach § 29 Abs. 1 BauGB die Errichtung, Änderung oder Nutzungsänderung einer baulichen Anlage. Erforderlich ist damit außerhalb des Geltungsbereichs eines Bebauungsplans (§ 30 BauGB) zum einen eine bauliche Anlage, die unter § 29 Abs. 1 BauGB fällt; zum anderen muss bezogen auf diese Anlage ein planungsrechtlich relevanter Vorgang (Errichtung, Änderung, Nutzungsänderung) gegeben sein.

1 *Dürr/König* Baurecht Bayern S. 96 Rn. 135.

I. Der Begriff der baulichen Anlage nach § 29 Abs. 1 BauGB

§ 29 Abs. 1 BauGB schafft einen eigenständigen bundesrechtlichen Begriff der baulichen 203
Anlage. Dieser planungsrechtliche Begriff in § 29 Abs. 1 BauGB deckt sich zwar weitgehend mit dem bauordnungsrechtlichen Begriff der baulichen Anlage in Art. 2 Abs. 1 S. 1 BayBO. Während allerdings die bauordnungsrechtliche Bestimmung der baulichen Anlage in Art. 2 Abs. 1 S. 1 BayBO die allgemeinen gesetzlichen Anforderungen an bauliche Anlagen in Art. 3 BayBO in den Fokus nimmt, ist für den eigenständigen planungsrechtlichen Begriff in § 29 Abs. 1 BauGB die **städtebauliche bzw. planungsrechtliche Relevanz** maßgebend.[2]

JURIQ-Klausurtipp

Vermeiden Sie daher in baurechtlichen Klausuren den schwerwiegenden Fehler, den Begriff der baulichen Anlage in § 29 Abs. 1 BauGB mit der bauordnungsrechtlichen Norm des Art. 2 Abs. 1 S. 1 BayBO auszufüllen. Der Begriff der baulichen Anlage in § 29 Abs. 1 BauGB ist eigenständiger Natur. Auch ist es ausgeschlossen, einen bundesrechtlichen Begriff (BauGB!) mit einer landesrechtlichen Norm (BayBO!) zu definieren. Dies gilt ungeachtet der weitgehenden Deckungsgleichheit von § 29 Abs. 1 BauGB und Art. 2 Abs. 1 S. 1 BayBO. Machen Sie es sich daher an dieser Stelle nicht allzu einfach!

Eine **bauliche Anlage** im Sinne von § 29 Abs. 1 BauGB ist eine auf Dauer mit dem Erdboden verbundene künstliche, d.h. aus Bauprodukten bestehende Anlage mit planungsrechtlicher Relevanz.

Eine **planungsrechtliche Relevanz** einer baulichen Anlage ist dann anzunehmen, wenn das 204
Vorhaben – bei einer zu unterstellenden mehrfachen Ausführung – sich dergestalt auf die städtebaulichen Belange in § 1 Abs. 6 BauGB auswirken kann, dass ein Bedürfnis nach einer regelnden Bauleitplanung hervorgerufen wird.[3]

Gemäß § 29 Abs. 1 BauGB gelten die §§ 30 bis 37 BauGB ferner **für Aufschüttungen und** 205
Abgrabungen größeren Umfanges sowie für **Ausschachtungen, Ablagerungen** einschließlich Lagerstätten.

Eine **Abgrabung** weist dann einen größeren Umfang im Sinne von § 29 Abs. 1 BauGB auf, wenn sie ihrerseits planungsrechtlich relevant ist, d.h. dem Grunde nach durch ihre Vornahme ein Bedürfnis nach regelnder Bauleitplanung hervorgerufen werden kann.[4] An dieser Stelle gilt es zu beachten, dass zwar Art. 2 Abs. 1 BayBO die Abgrabungen aus dem Anwendungsbereich der Bayerischen Bauordnung eliminiert hat – das BayAbgrG[5] schafft insoweit ein eigenständiges Genehmigungsverfahren außerhalb der BayBO – auf Abgrabungen größeren Umfanges aber die planungsrechtlichen Bestimmungen der §§ 29 ff. BauGB weiterhin Anwendung finden und damit in einem abgrabungsaufsichtlichen Genehmigungsverfahren (vgl. Art. 9 Abs. 1 BayAbgrG) zu prüfen sind.

2 *Reidt* in *Battis/Krautzberger/Löhr* BauGB § 29 Rn. 14.
3 *BVerwGE* 44, 59 ff.; *Spieß* in *Jäde/Dirnberger* BauGB, BauNVO § 29 Rn. 14.
4 *Spieß* in *Jäde/Dirnberger* BauGB, BauNVO § 29 Rn. 26.
5 *Ziegler/Tremel* Nr. 61.

Hinweis

Hüten Sie sich auch an dieser Stelle davor, den planungsrechtlichen Begriff der Abgrabung größeren Umfanges mit der landesrechtlichen Bestimmung in Art. 6 Abs. 2 Nr. 1 BayAbgrG[6] zu konkretisieren. Auch hier gilt das oben zu Art. 2 Abs. 1 BayBO Gesagte entsprechend. § 29 Abs. 1 BauGB schafft eigenständige bauplanungsrechtliche Begrifflichkeiten, die nicht durch landesrechtliche Bestimmungen ausgefüllt werden dürfen!

206 § 29 Abs. 2 BauGB bestätigt, dass andere für ein Vorhaben im planungsrechtlichen Sinn maßgebliche Vorschriften, insbesondere die bauordnungsrechtlichen Normen der BayBO, unabhängig davon Anwendung finden, ob ein Vorhaben nach § 29 Abs. 1 BauGB vorliegt.

II. Die bauplanungsrechtlich relevanten Vorgänge in § 29 Abs. 1 BauGB

207 Um den Anwendungsbereich der §§ 30 ff. BauGB zu eröffnen, bedarf es eines bauplanungsrechtlich relevanten Vorganges der **Errichtung, Änderung** bzw. **Nutzungsänderung** einer baulichen Anlage.

Errichtung ist dabei die erstmalige Herstellung einer baulichen Anlage.[7]

Änderung ist der Eingriff in eine bereits vorhandene bauliche Anlage in Form von Umbau, Anbau oder Erweiterung, ohne dass der baulichen Anlage eine andere Zweckbestimmung zukommt.[8]

Beispiel Wenn ein Wohnhaus an einer Grundstücksstelle vorgesehen ist, an der sich bislang kein Gebäude befindet, liegt eine (erstmalige) Errichtung vor. Wenn in einem bereits vorhandenen Wohngebäude das Dachgeschoß ausgebaut wird, um eine weitere Wohnung zu schaffen, liegt eine Änderung der baulichen Anlage vor, da zwar ein Eingriff in die bauliche Substanz (z.B. Kniestockerhöhung o.ä.) vorgenommen wird, das Gebäude aber weiterhin ein solches zu Wohnzwecken bleibt. Die Nutzung der baulichen Anlage wird gerade nicht geändert. ■

Hinweis

Auch die teilweise Beseitigung einer baulichen Anlage fällt als Eingriff in die vorhandene Substanz der baulichen Anlage unter den Begriff der Änderung in § 29 Abs. 1 BauGB. Die vollständige Beseitigung einer Anlage ist, da der Begriff der Änderung voraussetzt, dass die bauliche Anlage im Grundsatz erhalten bleibt, vom Geltungsbereich des § 29 Abs. 1 BauGB ausgenommen.

208 Zu beachten gilt es bei Änderungsvorhaben weiter, dass Gegenstand der bauplanungsrechtlichen Überprüfung nicht lediglich der geänderte Teil der baulichen Anlage ist, sondern die

6 *Ziegler/Tremel* Nr. 61.
7 *Reidt* in *Battis/Krautzberger/Löhr* BauGB § 29 Rn. 17.
8 *Reidt* in *Battis/Krautzberger/Löhr* BauGB § 29 Rn. 17.

bauplanungsrechtliche Prüfung sich auf das Gesamtvorhaben in seiner geänderten Gestalt erstreckt.[9] Relevant wird dies insbesondere bei **Erweiterungen von baulichen Anlagen**, die bereits im aktuell vorhandenen Zustand nicht mehr der geltenden Rechtslage entsprechen. Gesichtspunkte des Bestandsschutzes können hier ebenfalls keine Zulässigkeit der Erweiterung ermöglichen, da die Fallgruppe des erweiternden aktiven Bestandsschutzes mittlerweile aufgegeben wurde (Näheres dazu später).

Beispiel Wenn eine Lagerhalle, die nach jetziger Rechtslage bauplanungsrechtlich unzulässig wäre, um eine weitere Halle bzw. einen weiteren Lagerraum erweitert würde und diese zusätzliche Halle/Lagerraum an sich betrachtet bauplanungsrechtlich zulässig sein sollte, kann eine Genehmigung wegen Verstoßes gegen bauplanungsrechtliche Normen nicht ausgesprochen werden, da die baurechtliche Beurteilung sich auf das gesamte Bauvorhaben (Alt- und Neubestand) erstrecken muss und die Erweiterung die schon bisherige planungsrechtliche Unzulässigkeit verfestigen würde. ■

> Eine **Nutzungsänderung** liegt vor, wenn die einer bestimmten Nutzung innewohnende Variationsbreite überschritten wird und der Wechsel von der bisherigen zur neuen Nutzung die in § 1 Abs. 6 BauGB genannten Belange berühren und damit bodenrechtlich relevant sein kann.[10]

209 Entscheidend ist damit für das Vorliegen einer Nutzungsänderung, dass dem Vorhaben eine andere Nutzungsqualität zukommt. Es ist danach zu fragen, ob durch die neue Nutzung, die öffentlichen Belange in wesentlich anderer Art und Weise betroffen sind, so dass sich mit der neu aufzunehmenden Nutzung auch die Genehmigungsfrage neu stellt. Eine bloße Intensivierung einer Nutzung ohne geänderte rechtliche Qualität stellt keine Nutzungsänderung dar. Ist also die bisherige Nutzung bereits baurechtlich genehmigt worden, so ist jetzt die Frage aufzuwerfen, ob die neu aufzunehmende Nutzung im Vergleich zur bisherigen eine andere rechtliche Qualität besitzt.

Beispiel Wenn ein bisheriges Stallgebäude zur Rinderhaltung in ein solches zur Schweinehaltung umgenutzt werden soll, liegt aufgrund der fehlenden Vergleichbarkeit von Rinder- und Schweinehaltung eine Nutzungsänderung vor. Gleiches gilt bei der Umnutzung von einer Gaststätte zu einer Diskothek. Die Diskothek hat im Hinblick auf Betriebszeiten und Lärmentwicklung eine anders geartete Nutzungsintensität als eine bloße Speisegaststätte. Wird hingegen nur an eine Spielhalle ein weiterer Raum mit Spielgeräten angebaut, ändert sich die Nutzungsart nicht. Es liegt dann allenfalls eine bauliche Änderung im Sinne von § 29 Abs. 1 BauGB vor. Ebenfalls eine bloße Intensivierung einer (genehmigten) Nutzung wäre die Erhöhung einer genehmigten Schweinehaltung von 100 auf beispielsweise 150 Schweineplätze. ■

Hinzuweisen ist schließlich darauf, dass auch bei einer Nutzungsänderung Gegenstand der bauplanungsrechtlichen Zulässigkeitsprüfung nicht lediglich die Nutzungsänderung als solche ist, sondern die gesamte Anlage in ihrer neuen Funktion.[11]

---

9 vgl. *BVerwG* NVwZ 2000, 1047 ff.; *BVerwG* NVwZ 1994, 294.

10 *Spieß* in *Jäde/Dirnberger* BauGB, BauNVO § 29 Rn. 20; *Reidt in Battis/Krautzberger/Löhr* BauGB § 29 Rn. 20; *BVerwG* NVwZ 2000, 678 ff.

11 *Reidt* in *Battis/Krautzberger/Löhr* BauGB § 29 Rn. 20, 21.

III. Der Vorrang der Fachplanung in § 38 BauGB

210 Nach § 38 S. 1 Hs. 1 BauGB sind die §§ 29 ff. BauGB auf **Vorhaben von überörtlicher Bedeutung**, über deren öffentlich-rechtliche Zulassung in einem **Planfeststellungsverfahren** oder einem **Verfahren mit den Rechtswirkungen der Planfeststellung** entschieden wird, sowie auf **öffentlich zugängliche Abfallbeseitigungsanlagen**, über deren Zulassung in einem immissionsschutzrechtlichen Genehmigungsverfahren entschieden wird, nicht anzuwenden, wenn die Gemeinde, in deren Gebiet das Vorhaben ausgeführt werden soll, im Zulassungsverfahren beteiligt wird.

JURIQ-Klausurtipp

Relevant wird § 38 BauGB im Bereich des Immissionsschutzrechtes und im Bereich der wasserrechtlichen Planfeststellung (§§ 67 Abs. 2, 68 Abs. 1 WHG). In der Zweiten Juristischen Staatsprüfung müssen Sie daher stets an diese Bestimmung denken. Im Ersten Examen ist weder Immissionsschutzrecht noch Wasserrecht Prüfungsgegenstand, so dass hier in baurechtlichen Klausuren regelmäßig der kurze Hinweis auf die Bestimmung des § 38 BauGB vollkommen ausreicht, um dem Korrektor zu signalisieren, dass Sie die Norm kennen, die zum Ausschluss der Anwendbarkeit der §§ 29 ff. BauGB führt.

211 Nach der Rechtsprechung ist eine **überörtliche Bedeutung eines Vorhabens** in der Regel gegeben, wenn sich das Vorhaben entweder territorial auf mindestens zwei Gemeinden tatsächlich erstreckt oder sich in mindestens zwei Gemeinden auf die Belange des § 1 Abs. 6 BauGB auswirken kann.[12]

Ist ein Fall von § 38 S. 1 Hs. 1 BauGB gegeben, so sind die §§ 30 ff. BauGB in diesem vorrangigen Fachplanungsverfahren (Planfeststellung) **nicht als zwingender Versagungsgrund** aus materiellem Recht zu prüfen. Es gilt an dieser Stelle jedoch **§ 38 S. 1 Hs. 2 BauGB** im Auge zu behalten, wonach städtebauliche Belange dennoch zu berücksichtigen sind. Sofern die vorrangige Entscheidung des Fachplanungsrechts eine Abwägungsentscheidung gesetzlich vorsieht, sind die städtebaulichen Aspekte der §§ 29 ff. BauGB im Rahmen dieser Abwägungsentscheidung zu berücksichtigen.[13] Der Unterschied zur unmittelbaren Geltung der §§ 29 ff. BauGB liegt aber darin, dass Städtebaurecht als bloßer Abwägungsbelang **grundsätzlich überwindbar** ist.

B. Planungsrechtliche Bereiche der §§ 30 ff. BauGB

212 Sofern die §§ 30 ff. BauGB Anwendung finden, enthalten diese Vorschriften im Weiteren den planungsrechtlichen Maßstab für die Zulassung von baulichen Anlagen. Zu unterscheiden sind dabei drei Gebietstypen **(Planbereiche)**, an die das Gesetz jeweils unterschiedliche planungsrechtliche Anforderungen stellt.

12 *Széchényi* in *Jäde/Dirnberger* BauGB, BauNVO § 38 Rn. 2 f.
13 *Reidt* in *Battis/Krautzberger/Löhr* BauGB § 38 Rn. 8.

I. Der beplante Bereich, § 30 BauGB

Für die Zulässigkeit von baulichen Anlagen im Geltungsbereich eines Bebauungsplans gilt § 30 BauGB. Das Gesetz unterscheidet demnach zwischen **drei Arten von Bebauungsplänen**.[14] 213

1. Der qualifizierte Bebauungsplan, § 30 Abs. 1 BauGB

Im Bereich eines **qualifizierten Bebauungsplans** beurteilt sich die Zulässigkeit eines baulichen Vorhabens nach § 30 Abs. 1 BauGB. Ein qualifizierter Bebauungsplan liegt vor, wenn der Plan allein oder gemeinsam mit sonstigen Festsetzungen nach § 9 BauGB mindestens Festsetzungen über die Art und das Maß der baulichen Nutzung, die überbaubaren Grundstücksflächen und die örtlichen Verkehrsflächen enthält. 214

Der wirksam zustande gekommene qualifizierte Bebauungsplan ist unabhängig davon, ob er lediglich die vier Mindestfestsetzungen des § 30 Abs. 1 BauGB enthält oder darüber hinausgehend noch weitere Festsetzungen des abschließenden Katalogs in § 9 Abs. 1 BauGB enthält, **abschließende Beurteilungsgrundlage** für die bauplanungsrechtliche Zulässigkeit.[15] Hält die bauliche Anlage die Festsetzungen des qualifizierten Bebauungsplanes ein und ist darüber hinaus die Erschließung gesichert, so ist das bauliche Vorhaben nach § 30 Abs. 1 BauGB planungsrechtlich zulässig. Ein Rückgriff auf §§ 34, 35 BauGB ist nicht angezeigt.

2. Der vorhabenbezogene Bebauungsplan, §§ 30 Abs. 2, 12 BauGB

Nach §§ 30 Abs. 2, 12 Abs. 1 BauGB kann die Gemeinde durch einen **vorhabenbezogenen Bebauungsplan** die Zulässigkeit von Vorhaben bestimmen, wenn der Vorhabensträger auf der Grundlage eines mit der Gemeinde abgestimmten Plans zur Durchführung der Vorhaben und der Erschließungsmaßnahmen bereit und in der Lage ist (Vorhabens- und Erschließungsplan) und sich zur Durchführung innerhalb einer bestimmten Frist und zur Tragung der Planungs- und Erschließungskosten ganz oder teilweise vor dem Beschluss nach § 10 Abs. 1 BauGB verpflichtet hat (Durchführungsvertrag). Der Bebauungsplan nach § 30 Abs. 2 BauGB ist damit im Wesentlichen **personen- und projektbezogen** und die Gemeinde ist bei der Aufstellung gemäß § 12 Abs. 3 S. 2 BauGB nicht an den Festsetzungskatalog in § 9 BauGB gebunden. Folglich muss der vorhabenbezogene Bebauungsplan auch nicht zwingend die vier Mindestkriterien des § 30 Abs. 1 BauGB aufweisen, die einen Bebauungsplan zum qualifizierten nach § 30 Abs. 1 BauGB machen.[16] 215

Auch der vorhabenbezogene Bebauungsplan ist bei Wirksamkeit **abschließende Beurteilungsgrundlage** für bauliche Vorhaben in seinem Geltungsbereich. § 30 Abs. 2 BauGB bestimmt insoweit, dass ein Vorhaben zulässig ist, wenn es den Festsetzungen des Bebauungsplans nicht widerspricht und die Erschließung gesichert ist.

---

14 vgl. *Spieß* in *Jäde/Dirnberger* BauGB, BauNVO § 30 Rn. 8.

15 *Dürr/König* Baurecht Bayern S. 102 Rn. 145.

16 *Mitschang* in *Battis/Krautzberger/Löhr* BauGB § 30 Rn. 8; a.A. *Spieß* in *Jäde/Dirnberger* BauGB, BauNVO § 30 Rn. 13.

3. Der einfache Bebauungsplan, § 30 Abs. 3 BauGB

216 Der einfache Bebauungsplan in § 30 Abs. 3 BauGB ist in Abgrenzung zu § 30 Abs. 1 BauGB negativ bestimmt. Jeder Bebauungsplan, der nicht oder nur teilweise die vier Mindestkriterien in § 30 Abs. 1 BauGB enthält, wird als gesetzlich einfacher Bebauungsplan bewertet. Liegt ein einfacher Bebauungsplan im Sinne von § 30 Abs. 3 BauGB vor, so kann dieser **keine abschließende Beurteilungsgrundlage** für ein bauliches Vorhaben darstellen. Es gilt an dieser Stelle §§ 34, 35 BauGB ergänzend heranzuziehen.[17] Die bauplanungsrechtliche Zulässigkeitsprüfung hat sich demnach in zwei Schritten zu vollziehen. Soweit die Festsetzungen des einfachen Bebauungsplans reichen, beurteilt sich die planungsrechtliche Zulässigkeit am Maßstab des Bebauungsplans. Soweit im Vergleich mit § 30 Abs. 1 BauGB Festsetzungen fehlen, sind ergänzend die Vorgaben der §§ 34, 35 BauGB zu beachten, je nachdem, ob sich das Grundstück innerhalb der im Zusammenhang bebauten Ortsteile (§ 34 BauGB) befindet oder im Außenbereich (§ 35 BauGB) liegt.

II. Der unbeplante Innenbereich, § 34 BauGB

217 Ist ein bestimmtes Gebiet einer Gemeinde nicht qualifiziert überplant (§§ 30 Abs. 1, Abs. 2 BauGB) bzw. ist ein entsprechender Bebauungsplan unwirksam, stellt aber andererseits einen im Zusammenhang bebauten Ortsteil dar, so liegt ein **unbeplanter Innenbereich** nach § 34 BauGB vor, bei dem der Gesetzgeber grundsätzlich von einer Bebaubarkeit ausgeht. Ein Vorhaben ist nach § 34 Abs. 1 BauGB im unbeplanten Innenbereich zulässig, wenn es sich nach Art, Maß, Bauweise und überbaubarer Grundstücksfläche in die **Eigenart der näheren Umgebung einfügt** und im Übrigen die Erschließung gesichert ist.

Gleichfalls ist § 34 BauGB **ergänzend heranzuziehen**, soweit nur ein **einfacher Bebauungsplan** nach § 30 Abs. 3 BauGB vorliegt. Soweit dieser Bebauungsplan Abweichungen zu den Mindestfestsetzungen in § 30 Abs. 1 BauGB enthält, ist im Hinblick auf die fehlenden Festsetzungen § 34 BauGB der Beurteilung der bauplanungsrechtlichen Zulässigkeit zugrunde zu legen, wenn ein im Zusammenhang bebauter Ortsteil feststellbar ist.

III. Der Außenbereich, § 35 BauGB

218 Den Außenbereich des Gemeindegebiets bilden in negativer Abgrenzung zu §§ 30 Abs. 1, Abs. 2, 34 BauGB diejenigen Ortsbereiche, die weder wirksam qualifiziert noch vorhabenbezogen überplant sind, noch einen im Zusammenhang bebauten Ortsteil im Sinne von § 34 BauGB darstellen.[18] Mit dieser **negativen Abgrenzung** ist letztlich sichergestellt, dass ein bauliches Vorhaben einem der gesetzlich vorgesehenen Planungsbereiche zugewiesen ist. Der Außenbereich im Sinne von § 35 BauGB soll letztlich dem Grunde nach von einer Bebauung freigehalten werden **(Gebot der größtmöglichen Schonung des Außenbereichs)**.[19] **Wesensmäßige Nutzungen im Außenbereich** sind grundsätzlich nur die **landwirtschaftliche Produktion** sowie die **Erholungsfunktion für die Allgemeinheit**.[20] Bei der Zulässigkeit von baulichen Anlagen im Außenbereich ist im Weiteren zwischen **privilegierten Vorhaben**

17 *Dürr/König* Baurecht Bayern S. 103 Rn. 145.
18 *Mitschang/Reidt* in *Battis/Krautzberger/Löhr* BauGB § 35 Rn. 2.
19 *Dürr/König* Baurecht Bayern S. 130 Rn. 195; *Spieß* in *Jäde/Dirnberger* BauGB, BauNVO § 35 Rn. 3.
20 *Spieß* in *Jäde/Dirnberger* BauGB, BauNVO § 35 Rn. 212.

nach § 35 Abs. 1 BauGB und **sonstigen Vorhaben** nach § 35 Abs. 2 BauGB zu differenzieren. Insoweit gelten unterschiedliche Beurteilungsmaßstäbe.

Auf die ergänzende Beurteilung anhand von § 35 BauGB bei einfachen Bebauungsplänen nach § 30 Abs. 3 BauGB sei hingewiesen.

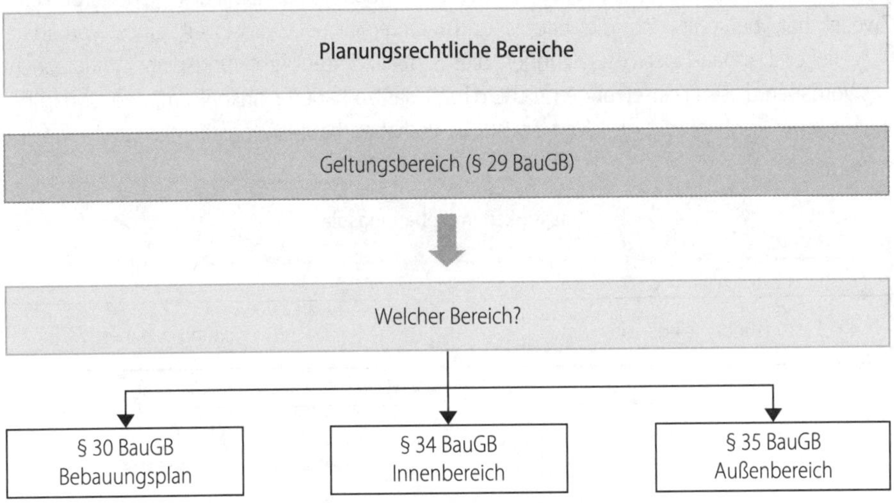

Einstiegsprüfung zur bauplanungsrechtlichen Zulässigkeit von Vorhaben

PRÜFUNGSSCHEMA

I. Voraussetzungen von § 29 Abs. 1 BauGB erfüllt

- Bauliche Anlage im Sinne von § 29 Abs. 1 BauGB; eigenständiger bauplanungsrechtlicher Begriff Rn. 203
- Planungsrechtlich relevanter Vorgang; Errichtung, Änderung, Nutzungsänderung Rn. 204, 207

II. Kein Vorrang des Fachplanungsrechts, § 38 S. 1 Hs. 1

Folge ist die Nichtanwendbarkeit der §§ 30 ff. BauGB als materiell-rechtlicher Versagungsgrund; allenfalls Berücksichtigung als Abwägungsbelang.

III. Planungsrechtlichen Bereich festlegen

Planbereich (§ 30 BauGB); drei Arten von Bebauungsplänen; qualifizierter Bebauungsplan als abschließende Beurteilungsgrundlage, § 30 Abs. 1 BauGB; vorhabenbezogener Bebauungsplan als abschließende Beurteilungsgrundlage, § 30 Abs. 2 BauGB; einfacher Bebauungsplan als offene Beurteilungsgrundlage; ergänzende Beurteilung im Rahmen von § 30 Abs. 3 BauGB nach §§ 34, 35 BauGB.

Innenbereich (§ 34 BauGB); setzt einen im Zusammenhang bebauten Ortsteil voraus; Einfügen nach Art, Maß, Bauweise, überbaubare Grundstücksfläche in die nähere Umgebung.

Außenbereich (§ 35 BauGB); Außenbereich in negativer Abgrenzung zu §§ 30 Abs. 1, Abs. 2 BauGB, 34 BauGB; Differenzierung nach privilegierten und sonstigen Vorhaben (§ 35 Abs. 1, 2 BauGB).

C. Zulässigkeit von Vorhaben im Geltungsbereich eines Bebauungsplans am Beispiel des qualifizierten Bebauungsplanes, § 30 Abs. 1 BauGB

219 Sofern für ein bestimmtes Grundstück im Bereich einer Gemeinde ein qualifizierter Bebauungsplan, § 30 Abs. 1 BauGB, existiert, an dessen Wirksamkeit die Bauaufsichtsbehörde keine Zweifel hat, beurteilt sich die bauplanungsrechtrechtliche Zulässigkeit eines Vorhabens abschließend anhand der Festsetzungen dieses qualifizierten Bebauungsplans. Widerspricht das Vorhaben diesen Festsetzungen nicht, d.h. ist das Vorhaben plankonform, und ist darüber hinaus seine Erschließung gesichert, so ist das Vorhaben bauplanungsrechtlich zulässig.[21]

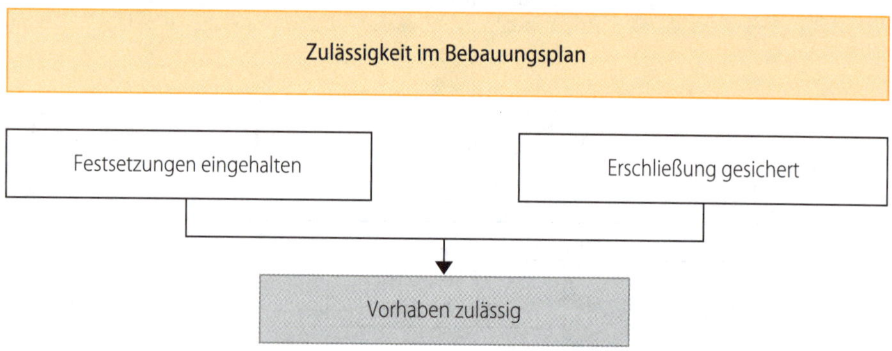

I. Systematik und Relevanz der BauNVO (dargestellt am Beispiel der Art der baulichen Nutzung, § 9 Abs. 1 Nr. 1 BauGB)

220 Examensrelevant ist im abschließenden Katalog der bauplanungsrechtlichen Festsetzungen in § 9 Abs. 1 BauGB insbesondere die Festsetzung über die **Art** und das **Maß der baulichen Nutzung**, § 9 Abs. 1 Nr. 1 BauGB.

Die **zulässige Art der baulichen Nutzung** wird regelmäßig durch die **Festsetzung eines Baugebietes** auf der Grundlage von § 9 Abs. 1 Nr. 1 BauGB i.V.m. §§ 1 ff. BauNVO bestimmt. Mit dieser Festsetzung eines Baugebietes nach § 1 Abs. 2 BauNVO (z.B. Allgemeines Wohngebiet – WA – nach § 1 Abs. 2 Nr. 3 BauNVO oder Mischgebiet – MI – gemäß § 1 Abs. 2 Nr. 6 BauNVO) werden – vorbehaltlich einer gemeindlichen Feinsteuerung nach § 1 Abs. 4 bis 10 BauNVO – nach der Bestimmung in § 1 Abs. 3 S. 2 BauNVO die Vorschriften der §§ 2 ff. BauNVO Bestandteil des jeweiligen Bebauungsplans.[22] Die weitere Beurteilung der bauplanungsrechtlichen Zulässigkeit im Sinne von § 30 Abs. 1 BauGB ist dann am Maßstab der jeweils einschlägigen Norm für das Baugebiet vorzunehmen (z.B. für Allgemeine Wohngebiete beurteilt sich die bauplanungsrechtliche Zulässigkeit folglich am Maßstab von § 4 BauNVO; für das oben erwähnte Mischgebiet ergibt sich die Beurteilungsgrundlage aus § 6 BauNVO). Im Weiteren ist in den einzelnen Baugebieten hinsichtlich der allgemein zulässigen Bauvorhaben (regelmäßig Absätze 2 der jeweiligen Baugebietsbestimmungen) und der nur ausnahmsweise zulässigen Bauvorhaben (regelmäßig Absätze 3 der Baugebietsfestsetzungsnormen) zu differenzieren.

21 *Mitschang* in Battis/Krautzberger/Löhr BauGB § 30 Rn. 12 ff.
22 *Mitschang/Reidt* in *Battis/Krautzberger/Löhr* BauGB § 9 Rn. 11 ff.

Zu beachten gilt es, dass die BauNVO für bestimmte, ausdrücklich genannte spezielle Nutzungsarten **abschließende Regelungen** trifft. So sind beispielsweise **Vergnügungsstätten** nur in bestimmten Baugebieten (vgl. z.B. § 4a Abs. 3 Nr. 2, § 5 Abs. 3, § 6 Abs. 2 Nr. 8 BauNVO) allgemein oder ausnahmsweise zulässig.[23] 221

Bei **Einzelhandelsbetrieben** (vgl. z.B. § 6 Abs. 2 Nr. 3 BauNVO) gilt es den gesetzlichen Vorbehalt in § 11 Abs. 3 Nr. 1 und 2 BauNVO zu beachten, wonach Einkaufszentren und großflächige (Anhaltspunkt 800 Quadratmeter Geschossfläche und mehr[24]) Einzelhandelsbetriebe, die sich nach Art, Lage oder Umfang auf die Verwirklichung der Ziele der Raumordnung und Landesplanung oder auf die städtebauliche Entwicklung nicht nur unwesentlich auswirken können, nur in Kerngebieten nach § 7 BauNVO oder in für sie festgesetzten Sondergebieten (§ 11 Abs. 1, Abs. 2 BauNVO) zulässig sind.[25] Wann eine derartige Auswirkung auf die Ziele der Raumordnung in der Regel anzunehmen ist, bestimmt § 11 Abs. 3 S. 3 BauNVO.

Gemäß **§ 12 BauNVO** sind in den einzelnen Baugebieten grundsätzlich auch **Stellplätze und Garagen** zulässig. Einschränkungen hierzu bestehen nach § 12 Abs. 2 BauNVO insbesondere in reinen und allgemeinen Wohngebieten. 222

§ 13 BauNVO erlaubt es, in Kleinsiedlungsgebieten, reinen und allgemeinen Wohngebieten einzelne Räume und in den Baugebieten nach §§ 4a bis 9 BauNVO auch Gebäude für die **Ausübung freier oder ähnlicher Berufe** zu nutzen.

Schließlich lässt **§ 14 BauNVO** in **allen Baugebieten untergeordnete Nebenanlagen und Einrichtungen** zu, die dem Nutzungszweck der Grundstücke selbst dienen und der Eigenart des Baugebiets nicht widersprechen. Typische Beispiele hierfür sind in Wohngebieten Gewächshäuser, Gartenhäuser oder Schwimmbecken. Die Gemeinde kann die Zulässigkeit derartiger Nebenanlagen nach § 14 Abs. 1 S. 3 BauNVO im Bebauungsplan beschränken oder ausschließen. 223

II. Bauplanungsrechtliche Unzulässigkeit im Einzelfall nach § 15 BauNVO

Nach § 15 Abs. 1 BauNVO sind in den einzelnen Baugebieten allgemein oder ausnahmsweise zulässige bauliche Anlagen im Einzelfall unzulässig, wenn sie nach Anzahl, Lage, Umfang oder Zweckbestimmung der Eigenart des Baugebiets widersprechen (§ 15 Abs. 1 S. 1 BauNVO) oder wenn von ihnen für das Baugebiet selbst oder für dessen Umgebung unzumutbare Belästigungen oder Störungen ausgehen können oder sie solchen Belästigungen ausgesetzt sind (§ 15 Abs. 1 S. 2 BauNVO). Der Begriff der unzumutbaren Störung in § 15 Abs. 1 S. 2 BauNVO kann dabei mit der Begriffsbestimmung der schädlichen Umwelteinwirkungen in § 3 Abs. 1 BImSchG ausgefüllt werden. Dabei ist zu beachten, dass § 15 Abs. 1 BauNVO keinen Raum für die Berücksichtigung **subjektiver Überempfindlichkeiten** schafft.[26] 224

Nach seiner Stellung im Gesetz bezieht sich § 15 BauNVO ausschließlich auf die zulässige **Art** der baulichen Nutzung im Sinne von § 9 Abs. 1 Nr. 1 BauGB.

---

23 *BVerwG* BayVBl. 1991, 541 ff.

24 *Decker* in *Jäde/Dirnberger* BauGB, BauNVO § 11 BauNVO Rn. 10 ff.

25 *Dürr/König* Baurecht Bayern S. 105 Rn. 149.

26 *Mitschang* in *Battis/Krautzberger/Löhr* BauGB § 30 Rn. 28.

225 Für Bebauungsplangebiete ist § 15 Abs. 1 BauNVO die **gesetzliche Regelung des Gebots der Rücksichtnahme**[27]. Zu beachten ist an dieser Stelle aber, dass § 15 Abs. 1 BauNVO nach seinem Wortlaut davon ausgeht, dass ein Vorhaben zunächst nach den §§ 2–14 BauNVO zulässig – allgemein oder zumindest ausnahmsweise – sein muss, damit es am Maßstab des § 15 BauNVO beurteilt werden kann. Wenn dieses grundsätzlich allgemein oder zumindest ausnahmsweise zulässige Bauvorhaben nun **im Einzelfall** die gebotene Rücksicht gegenüber seiner Umgebung vermissen lässt und dies zu einer **unzumutbaren Beeinträchtigung** führt,[28] ist das Bauvorhaben nach § 15 Abs. 1 BauNVO im Einzelfall unzulässig. § 15 Abs. 1 BauNVO eröffnet damit eine gesetzliche Möglichkeit, ein zunächst zulässiges (allgemein oder ausnahmsweise nach der BauNVO) Vorhaben im Einzelfall der Unzulässigkeit zu bezichtigen, wenn es im Einzelfall das Gebot der Rücksichtnahme verletzt. Keine Möglichkeit eröffnet § 15 BauNVO hingegen in Fällen, in denen im ersten Schritt der Prüfung der §§ 2–14 BauNVO festgestellt wurde, dass das Bauvorhaben im betreffenden Baugebiet bereits generell unzulässig ist. In diesen Fällen ist allenfalls eine Lösung über § 31 Abs. 2 BauGB denkbar.

Beispiel Wenn die Gemeinde in einem qualifizierten Bebauungsplan ein „Allgemeines Wohngebiet" festsetzt, so hat dies nach §§ 1 Abs. 2 Nr. 3, 1 Abs. 3 S. 2 BauNVO zur Folge, dass der Katalog der Nutzungsarten des § 4 BauNVO Gegenstand des Bebauungsplans geworden ist. Wenn es nun um die Zulassung einer Schank- und Speisewirtschaft mit Gebietsversorgungscharakter geht, so ist diese zunächst nach § 4 Abs. 2 Nr. 2 BauNVO allgemein zulässig. Gehen von der Gaststätte nun aber infolge Abendbetriebes und Verkehrsgeräuschen unzumutbare Beeinträchtigungen für die Umgebung aus, so ist die Gaststätte im Einzelfall nach § 15 Abs. 1 S. 2 BauNVO unzulässig. Keine Geltung kann § 15 Abs. 1 BauNVO beanspruchen, wenn es im soeben dargestellten Fall um die Zulassung einer Diskothek (Vergnügungsstätte) geht. Eine solche ist, wie sich aus der Wertung in § 4a Abs. 3 Nr. 2 BauNVO entnehmen lässt, nur in einem Besonderen Wohngebiet ausnahmsweise zulässig, nicht hingegen aber im Allgemeinen Wohngebiet nach § 4 BauNVO. Bei genereller Unzulässigkeit einer baulichen Anlage nach den §§ 2–14 BauNVO gilt § 15 Abs. 1 BauNVO bereits nach seinem Wortlaut nicht. ■

Hinzuweisen ist abschließend auf § 15 Abs. 2 BauNVO, wonach die Anwendung des § 15 Abs. 1 BauNVO nach den städtebaulichen Zielen und Grundsätzen des § 1 Abs. 6 BauNVO zu erfolgen hat. Damit verbleibt bei § 15 Abs. 1 BauNVO auch kein Raum für einen **Milieuschutz** im Sinne des Erhalts einer bestimmten sozialen Zusammensetzung eines Baugebiets.

III. Ausnahmen und Befreiungen, § 31 BauGB

1. Ausnahmen, § 31 Abs. 1 BauGB

226 Gemäß § 31 Abs. 1 BauGB können von den Festsetzungen des Bebauungsplans solche Ausnahmen zugelassen werden, die in dem Bebauungsplan nach Art und Umfang ausdrücklich vorgesehen sind. Ein im Bebauungsplan vorgesehener Ausnahmetatbestand gibt der Baugenehmigungsbehörde die Kompetenz, eine Abweichung von einer bestimmten Festsetzung zuzulassen. Diese **Ermessensentscheidung**[29] der Baugenehmigungsbehörde (Art. 53, 54

---

27 *BVerwG* BayVBl. 1984, 25 ff.; *BVerwG* DVBl. 1984, 632 ff.; *Decker* in *Jäde/Dirnberger* BauGB, BauNVO § 15 BauNVO Rn. 1.

28 *Mitschang* in *Battis/Krautzberger/Löhr* BauGB § 30 Rn. 28.

29 *Reidt* in *Battis/Krautzberger/Löhr* BauGB § 31 Rn. 4.

BayBO) bedarf allerdings der **gemeindlichen Zustimmung (Erteilung des gemeindlichen Einvernehmens nach § 36 BauGB)**.

227 Auch an dieser Stelle gilt es wiederum die BauNVO zu beachten.[30] Mit den jeweiligen Absätzen 3 der Nutzungskataloge der §§ 2–9 BauNVO sind die dort explizit genannten Ausnahmetatbestände auch ohne ausdrückliche Regelung im Text des Bebauungsplanes Gegenstand des Bebauungsplanes geworden. Dies ist Folge von § 1 Abs. 3 S. 2 BauGB, wonach mit der Entscheidung für ein bestimmtes Baugebiet nach § 1 Abs. 2 BauNVO die §§ 2–14 in ihrer Gesamtheit Gegenstand des Bebauungsplanes werden. Lediglich eröffnet § 1 Abs. 6 BauNVO der Gemeinde die Option, alle oder einzelne Ausnahmen in den §§ 2–9 BauNVO aus dem Bebauungsplan zu eliminieren (§ 1 Abs. 6 Nr. 1 BauNVO) oder aber für allgemein zulässig zu erklären (§ 1 Abs. 6 Nr. 2 BauNVO).

Beispiel Entscheidet sich die Gemeinde für ein „Allgemeines Wohngebiet" im Sinne von § 1 Abs. 2 Nr. 3 BauNVO, so ist über die gesetzliche Bestimmung in § 1 Abs. 3 S. 2 BauGB der Ausnahmenkatalog in § 4 Abs. 3 BauNVO Bestandteil des Bebauungsplans geworden. Dies auch dann, wenn der Bebauungsplan diesbezüglich keine textliche Aussage trifft. Allein mit der grundsätzlichen Festsetzung eines „WA" (vgl. § 1 Abs. 2 Nr. 3 BauNVO) sind damit Betriebe des Beherbergungsgewerbes im Allgemeinen Wohngebiet ausnahmsweise zulässig. ■

Hinweis

Auch hinsichtlich des Maßes der baulichen Nutzung (§§ 16 ff. BauNVO) eröffnet die BauNVO die Zulassung von Ausnahmetatbeständen. Hingewiesen sei an dieser Stelle auf § 16 Abs. 6 BauNVO bzw. § 23 Abs. 2 S. 3 BauNVO.

Bei der zu treffenden Ermessensentscheidung hat die Bauaufsichtsbehörde darauf zu achten, dass der Ausnahmetatbestand nicht zur Regel wird. Ausnahmen haben sich ihrem Wesen zufolge auf Einzelfälle zu beschränken. Mit Hilfe von § 31 Abs. 1 BauGB darf es nicht zu einer generellen Änderung des Bebauungsplanes kommen. Ist letzteres gewollt, muss die Gemeinde ein Änderungsverfahren des Bauleitplans nach § 1 Abs. 8 BauGB initiieren.[31] Allerdings ist das Vorliegen einer atypischen Situation für die Erteilung einer Ausnahme nicht erforderlich.[32]

Hinweis

Die Gewährung einer Ausnahme hinsichtlich der Art der baulichen Nutzung steht dabei wiederum unter dem gesetzlichen Vorbehalt des § 15 BauNVO. Da auch ausnahmsweise zugelassene bauliche Vorhaben in den §§ 2–9 BauNVO genannt sind, können diese im Einzelfall unzulässig sein, wenn sie die erforderliche Rücksichtnahme gegenüber ihrer Umgebung vermissen lassen.

---

30 vgl. *Spieß* in *Jäde/Dirnberger* BauGB, BauNVO § 31 Rn. 8.

31 Spieß in *Jäde/Dirnberger* BauGB, BauNVO § 31 Rn. 10.

32 *BayVGH*, B.v. 22.2.2007 – 15 ZB 06.1638 – juris; *Spieß* in *Jäde/Dirnberger* BauGB, BauNVO, §31 Rn. 9

2. Befreiungen, § 31 Abs. 2 BauGB

228 Nach § 31 Abs. 2 BauGB kann von den Festsetzungen des Bebauungsplans eine Befreiung erteilt werden, wenn die Grundzüge der Planung nicht berührt werden und Gründe des Wohls der Allgemeinheit die Befreiung erfordern (Nr. 1), oder diese Befreiung städtebaulich vertretbar ist (Nr. 2), oder die Durchführung des Bebauungsplans zu einer offenbar nicht beabsichtigten Härte führen würde (Nr. 3) und die Abweichung auch unter Würdigung nachbarlicher Interessen mit den öffentlichen Belangen vereinbar ist. Grundvoraussetzung einer Befreiung ist demnach, dass das Vorhaben nach den Festsetzungen des Bebauungsplanes unzulässig ist.[33]

JURIQ-Klausurtipp

Machen Sie sich an dieser Stelle nochmals klar, dass § 31 Abs. 2 BauGB die spiegelbildliche Norm zu § 15 Abs. 1 BauNVO darstellt. § 15 Abs. 1 BauNVO kann nur dann zur Anwendung kommen, wenn das Bauvorhaben zunächst nach der Art seiner Nutzung allgemein oder zumindest ausnahmsweise zulässig war. § 31 Abs. 2 BauGB geht umgekehrt davon aus, dass eine bauplanungsrechtliche Zulässigkeit gerade nicht besteht. Mit der Befreiungsentscheidung wird diese im Einzelfall erst herbeigeführt.

Mit den gesetzlich normierten Befreiungstatbeständen soll die Berücksichtigung besonderer **Umstände** in Fällen ermöglicht werden, in denen der Bebauungsplan einem besonders gelagerten Sachverhalt keine Rechnung trägt. Obwohl die Befreiung nach dem Wortlaut nicht mehr **zwingend Einzelfallentscheidung** sein muss, darf sie jedoch andererseits **keinen weitreichenden Präzedenzcharakter** aufweisen.[34] Grenze der Zulässigkeit der Befreiung sind die in § 31 Abs. 2 BauGB genannten **„Grundzüge der Planung"**. Gerade bei die Planung der Gemeinde wesentlich tragenden Festsetzungen (z.B. zu Art und Maß der baulichen Nutzung) ist darauf zu achten, dass die Befreiung **singulären Charakter** behält.[35] Sofern die Befreiungsentscheidung zur Folge hätte, dass in vielen gleich gelagerten Fällen ebenfalls Befreiungsgründe vorlägen, bedarf es einer Änderung der Bauleitplanung. Die **Bezugsfallwirkung** der Befreiung hätte nämlich zur Folge, dass die Grundzüge der Planung berührt werden.[36] Durch das Erfordernis der Wahrung der Grundzüge der Planung soll sichergestellt werden, dass die Festsetzungen des Bebauungsplans nicht beliebig durch Verwaltungsakte außer Kraft gesetzt werden können. Die Änderung eines Bebauungsplans obliegt nach den §§ 1 Abs. 8, 2 Abs. 1 BauGB unverändert (dem Gemeinderat) der Gemeinde und nicht der Baurechtsbehörde. Diese Regelung darf deshalb nicht durch eine großzügige Befreiungspraxis aus den Angeln gehoben werden. Ob die Grundzüge der Planung berührt werden, hängt von der jeweiligen Planungssituation ab. Entscheidend ist, ob die Abweichung dem planerischen Grundkonzept zuwiderläuft. Je tiefer die Befreiung in das Interessengeflecht der Planung eingreift, desto eher liegt der Schluss auf eine Änderung der Planungskonzeption nahe, die nur im Wege der (Um-)Planung möglich ist. Die Befreiung kann nicht als Vehikel dafür herhalten, die von der Gemeinde getroffene planerische Regelung beiseite zu schieben. Sie darf – jedenfalls von Festsetzungen, die für die Planung tragend sind – nicht aus Gründen erteilt werden, die sich

33 *Spieß* in *Jäde/Dirnberger* BauGB, BauNVO § 31 Rn. 11.

34 *Spieß* in *Jäde/Dirnberger* BauGB, BauNVO § 31 Rn. 12 f.; *Reidt* in *Battis/Krautzberger/Löhr* BauGB, § 31 Rn. 25 f.

35 Streitig, vgl. *Reidt* in *Battis/Krautzberger/Löhr* BauGB § 31 Rn. 26.

36 So auch *Spieß* in *Jäde/Dirnberger* BauGB, BauNVO § 31 Rn. 12 f.; *BVerwG* NVwZ 1999, 1110 ff.

in einer Vielzahl gleich gelagerter Fälle oder gar für alle von einer bestimmten Festsetzung betroffenen Grundstücke anführen ließen. Umgekehrt wird diese Grenze für die Erteilung einer Befreiung nicht überschritten, wenn die Abweichung von Festsetzungen, die für die Grundzüge der Planung maßgeblich sind, nicht ins Gewicht fällt oder wenn die Festsetzung, von der abgewichen werden soll, eher „zufällig" bzw. „isoliert" erfolgt ist oder diese Planvorgabe auf einer Annahme beruht, die später entfallen ist.[37]

Beispiel Wenn im oben genannten *Beispiel* der Festsetzung eines „Allgemeinen Wohngebiets" im Sinne von § 1 Abs. 2 Nr. 3, § 4 BauNVO eine Diskothek als Vergnügungsstätte grundsätzlich unzulässig ist, ist ergänzend an eine Befreiung nach § 31 Abs. 2 BauGB zu denken. Insofern ist dann im Rahmen der zu treffenden Ermessensentscheidung zu prüfen, ob die Einzelfallzulassung der Diskothek Bezugsfallwirkung entfaltet („Grundzüge der Planung") bzw. die Zulassung unter Würdigung nachbarlicher Interessen zulässig ist. Letzteres dürfte im Hinblick auf Lärmentwicklung und Verkehrsgeräusche (An- und Abfahrt in den Nachtstunden) zweifelhaft sein. ■

Die Entscheidung über eine Befreiung im Einzelfall nach § 31 Abs. 2 BauGB wird von der Bau- **229**
genehmigungsbehörde (Art. 53 BayBO) im grundsätzlichen Einvernehmen mit der Gemeinde getroffen. Jedenfalls gilt dieses Erfordernis der Einvernehmenserteilung, sofern das Landratsamt zuständige Bauaufsichtsbehörde ist. Die Entscheidung über § 31 Abs. 2 BauGB ist auch ohne diesbezüglichen ausdrücklichen Antrag zu treffen.[38] Dies gilt ungeachtet der landesrechtlichen Bestimmung in Art. 63 Abs. 2 S. 1 Hs. 1 BayBO.

Die Voraussetzungen für eine Befreiung nach § 31 Abs. 2 Nr. 1 BauGB aus **Gründen des Wohls** **230**
der Allgemeinheit liegen vor, wenn es zur Erfüllung oder Wahrnehmung öffentlicher Aufgaben vernünftigerweise geboten ist, das Vorhaben abweichend von den gemeindlichen Festsetzungen zu verwirklichen.[39]

Eine Befreiung ist nach § 31 Abs. 2 Nr. 2 BauGB dann **städtebaulich vertretbar**, wenn sie **231**
unter Berücksichtigung von § 1 Abs. 6 und § 1 Abs. 7 BauGB Gegenstand einer bauplanungsrechtlichen Festsetzung sein könnte.[40]

Schließlich liegt eine **Härte im Sinne von § 31 Abs. 2 Nr. 3 BauGB** nur vor, wenn sich diese **232**
aufgrund der Grundstückssituation (z.B. ungünstiger Zuschnitt) ergibt. Gründe, die mit dem Grundstück nichts zu tun haben (z.B. finanzielle Verhältnisse u.ä.) können keinen Härtefall im Sinne von § 31 Abs. 2 Nr. 3 BauGB begründen.[41]

Weitere Voraussetzung einer Befreiung ist stets, dass diese auch unter Würdigung nachbarli- **233**
cher Interessen mit den öffentlichen Belangen vereinbar ist. Überwiegend wird diese Würdigung nachbarlicher Interessen dem der Ermessensentscheidung vorgelagerten Tatbestand der Norm des § 31 Abs. 2 BauGB zugerechnet.[42]

---

37 *VGH BW* BauR 2018, 1098 ff.
38 *BVerwG* NVwZ-RR 1990, 529 ff.
39 *Spieß* in *Jäde/Dirnberger* BauGB, BauNVO § 31 Rn. 14 ff.
40 *Spieß* in *Jäde/Dirnberger* BauGB, BauNVO § 31 Rn. 18 ff.
41 *Spieß* in *Jäde/Dirnberger* BauGB, BauNVO § 31 Rn. 21 ff.
42 *Dürr/König* Baurecht Bayern S. 112 Rn. 162.

Hinweis

Um die Ansiedlung von Asylbewerberunterkünften baurechtlich zu erleichtern, hat der Gesetzgeber in § 246 Abs. 10 und 14 weitere Voraussetzungen für die Erteilung von Ausnahmen und Befreiungen vorgesehen. Hintergrund dieser Regelungen ist, ob es sich bei Asylbewerberunterkünften um Wohnen im Sinne der BauNVO oder um eine Anlage für soziale Zwecke handelt. Hierbei ist auf die Dauer des Verbleibs und die tatsächliche Ausgestaltung der Räumlichkeiten abzustellen. Liegt eine Einrichtung vor, die die Möglichkeit zur abgeschlossenen Lebensführung ermöglicht (separate Küche, Sanitäranlage), spricht vieles für das Vorliegen von Wohnen. Sind dagegen Gemeinschaftsküchen und Sanitäranlagen vorhanden legt das die Annahme einer Anlage für soziale Zwecke nahe. Je nach Einstufung beurteilt sich die bauplanungsrechtliche Zulässigkeit am Maßstab der BauNVO bzw. § 34 BauGB. Da die Frage auch unter den Obergerichten strittig ist, hat sich der Gesetzgeber zu den Erleichterungen in § 246 BauGB veranlasst gesehen.

Online-Wissens-Check

Wann liegt eine bauliche Anlage im Sinne von § 29 BauGB vor?/
Welche Funktion kommt der BauNVO im Rahmen von § 30 BauGB zu?

Überprüfen Sie jetzt online Ihr Wissen zu den in diesem Abschnitt erarbeiteten Themen. Unter **www.juracademy.de/skripte/login** steht Ihnen ein Online-Wissens-Check speziell zu diesem Skript zur Verfügung, den Sie kostenlos nutzen können. Den Zugangscode hierzu finden Sie auf der Codeseite.

D. Zulässigkeit von Vorhaben während der Aufstellung eines Bebauungsplans, § 33 BauGB

234 Nach § 33 BauGB kann ein in Aufstellung befindlicher Bebauungsplan Rechtsgrundlage für die planungsrechtliche Zulassung eines baulichen Vorhabens sein. § 33 normiert unter den Voraussetzungen des § 33 Abs. 1 BauGB einen **Anspruch auf Genehmigung** eines Vorhabens, das nach den derzeit noch geltenden planungsrechtlichen Maßstäben unzulässig wäre.

JURIQ-Klausurtipp

Da § 33 BauGB nur dann zur Anwendung gelangen kann, wenn das Vorhaben derzeit nicht nach §§ 30, 34, 35 BauGB planungsrechtlich zulässig ist, müssen Sie in Klausuren vor einem Rückgriff auf § 33 BauGB stets festgestellt haben, dass das Vorhaben nicht in den Bereichskategorien Planbereich, Innenbereich, Außenbereich planungsrechtlich zulässig ist. Erst nach fehlender planungsrechtlicher Zulässigkeit nach §§ 30, 34, 35 BauGB darf auf die Zulassungsnorm des § 33 BauGB rekurriert werden. Gedanklich steht § 33 BauGB daher nachrangig zur planungsrechtlichen Zulässigkeit in §§ 30, 34, 35 BauGB.

Die Ablehnung eines Bauvorhabens, welches derzeit nach den §§ 30, 34, 35 BauGB zulässig ist, kann auf § 33 BauGB nicht gestützt werden. § 33 BauGB ist ausschließlich ein weiterer (nachrangiger) **positiver Zulassungstatbestand.**[43] Die Versagung einer Baugenehmigung kann hingegen nicht mit § 33 BauGB begründet werden. Wenn ein Bauvorhaben, welches derzeit nach §§ 34, 35 BauGB zulässig wäre, mit den künftigen Festsetzungen eines Bebauungsplanes nicht vereinbar ist, muss die planende Gemeinde zwingend auf die Regelungsinstrumente aus §§ 14, 15 BauGB – Veränderungssperre und Zurückstellung – zurückgreifen, um den künftigen Planinhalt zu sichern. Eine Ablehnung der Baugenehmigung kann in diesen Fällen nicht mit der Norm des § 33 BauGB erfolgen.[44]

Beispiel Wenn die Gemeinde die Ansiedlung eines größeren Schweinemastbetriebes im Außenbereich befürchtet, für den bereits ein Bauantrag vorliegt und der nach Aussage des zuständigen Landratsamtes derzeit nach § 35 Abs. 1 Nr. 1 BauGB im Außenbereich planungsrechtlich zulässig, d.h. genehmigungsfähig wäre, kann eine Versagung der Genehmigung nicht auf der Grundlage von § 33 Abs. 1 BauGB erfolgen, selbst wenn dessen Voraussetzungen erfüllt sein sollten. Ihren künftigen Planinhalt, dem der Schweinemastbetrieb zuwider läuft, muss die Gemeinde zwingend über die Instrumentarien der §§ 14, 15 BauGB sichern. Dies folgt aus dem Wesen des § 33 BauGB als ausschließlich positivem Zulassungstatbestand. ■

§ 33 Abs. 1 BauGB verlangt für die Zulassung eines Vorhabens neben dem **Vorliegen eines Aufstellungsbeschlusses (§ 2 Abs. 1 S. 2 BauGB)** für einen Bebauungsplan, dass die **Öffentlichkeits- und Behördenbeteiligung** nach den §§ 3 Abs. 2, 4 Abs. 2 und 4a Abs. 2 bis 5 durchgeführt wurde (Nr. 1; so genannte **formelle Planreife**[45]), sowie die begründete Annahme, dass das Vorhaben den künftigen Festsetzungen des Bebauungsplans nicht entgegensteht (Nr. 2; so genannte **materielle Planreife**[46]). Weiter muss der Antragsteller nach **§ 33 Abs. 1 Nr. 3 BauGB** die Festsetzungen des Bebauungsplans für sich und seine Rechtsnachfolger **schriftlich anerkennen** und schließlich die **Erschließung gesichert** sein (§ 33 Abs. 1 Nr. 4 BauGB). 235

Hinweis

§ 33 Abs. 3 BauGB schafft eine verfahrensrechtliche Erleichterung für die Gemeinde in Abweichung zur grundsätzlich erforderlichen formellen Planreife nach § 33 Abs. 1 Nr. 1 BauGB.

Unter diesen bauplanungsrechtlichen Voraussetzungen besteht ein **Anspruch auf Genehmigung.**[47] Da § 33 BauGB jedoch lediglich die bauplanungsrechtliche Zulässigkeit des Vorhabens betrifft (vgl. Art. 59 S. 1 Nr. 1 bzw. Art. 60 S. 1 Nr. 1 BayBO), ist Voraussetzung für eine Genehmigung im Übrigen die Übereinstimmung mit den sonstigen im Baugenehmigungsverfahren zu prüfenden öffentlich-rechtlichen Vorschriften. 236

43 *BVerwGE* 20, 127 ff.; *Reidt in* Battis/Krautzberger/Löhr BauGB § 33 Rn. 1.
44 *Reidt* in Battis/Krautzberger/Löhr BauGB § 33 Rn. 2.
45 *Reidt* in Battis/Krautzberger/Löhr BauGB § 33 Rn. 7.
46 *Reidt* in Battis/Krautzberger/Löhr BauGB § 33 Rn. 9.
47 *Reidt* in Battis/Krautzberger/Löhr BauGB § 33 Rn. 5.

E. Bauplanungsrechtliche Zulässigkeit von Vorhaben im Innenbereich, § 34 BauGB

I. Abgrenzung Innenbereich von Plan- und Außenbereich

237 § 34 BauGB bildet selbstständig oder unter Ergänzung eines einfachen Bebauungsplans nach § 30 Abs. 3 BauGB den planungsrechtlichen Maßstab für die Zulässigkeit von Bauvorhaben in im Zusammenhang bebauten Ortsteilen. Soweit ein qualifizierter, § 30 Abs. 1 BauGB, oder vorhabenbezogener Bebauungsplan, §§ 30 Abs. 2, 12 BauGB, existiert und dieser wirksam ist, ist für die Anwendung von § 34 BauGB kein Raum. Daneben gilt es den Innenbereich des § 34 BauGB vom Außenbereich nach § 35 BauGB abzugrenzen. Die **Abgrenzung** erfolgt hier nach der **tatsächlich vorhandenen Bebauung**.

Ein **im Zusammenhang bebauter Ortsteil** im Sinne von § 34 BauGB ist jede Bebauung im Gebiet einer Gemeinde, die trotz eventuell vorhandener Baulücken den Eindruck der Geschlossenheit und Zusammengehörigkeit erweckt, nach der Zahl der vorhandenen Bauten ein gewisses städtebauliches Gewicht besitzt und Ausdruck einer organischen Siedlungsstruktur ist.[48]

Regelmäßig ist ein Grundstück oder Grundstücksteil dann dem Innenbereich zuzuordnen, wenn sie mindestens an drei Seiten von Bebauung umgeben sind[49].

238 Dabei ist in Abgrenzung von § 34 BauGB und § 35 BauGB ausschließlich von der tatsächlich vorhandenen Bebauung auszugehen.[50] Ob diese genehmigt oder lediglich geduldet wird, ist für die Frage der Zulässigkeit eines Bauvorhabens nach § 34 BauGB irrelevant.[51]

JURIQ-Klausurtipp

Prägen Sie sich an dieser Stelle gut ein, dass § 34 BauGB ausschließlich eine Beurteilung eines Bauvorhabens am Maßstab des tatsächlich Vorhandenen darstellt. Ob die sich in der näheren Umgebung zu findende Bebauung genehmigt ist oder lediglich von Seiten der Bauaufsichtsbehörden toleriert wird, ist für die planungsrechtliche Zulässigkeit eines Bauvorhabens ohne Bedeutung. Ihre Aufgabe besteht in Klausuren nun darin, festzustellen, ob sich das zu beurteilende Bauvorhaben in seine nähere Umgebung einfügt.

Eine frühere, zum Zeitpunkt der Entscheidung über den Bauantrag beseitigte bauliche Anlage wirkt bei der Beurteilung nach § 34 BauGB noch so lange nach, wie realistisch mit einem Ersatzbau gerechnet werden kann. Nach spätestens zwei Jahren dürfte sich allerdings die Umgebung auf die vorhandene Lücke dauerhaft eingestellt haben.[52]

48 BVerwGE 31, 20 ff.; *Mitschang/Reidt* in Battis/Krautzberger/Löhr BauGB § 34 Rn. 2 ff.; *BVerwG* BayVBl. 1969, 134 ff.

49 *BayVGH*, Urteil vom 16.2.2009, Az. 1 B 08.340 – juris; *VG Augsburg*, Urteil vom 31.5.2012, Az. Au 5 K 11.1445 – juris.

50 *Dürr/König* Baurecht Bayern S. 115 Rn. 166.

51 *BVerwG* BauR 1999, 233 ff.

52 *Mitschang/Reidt* in Battis/Krautzberger/Löhr BauGB § 34 Rn. 5.

Seine Begrenzung findet der Bebauungszusammenhang in zweierlei Hinsicht. Zum einen endet die tatsächlich zusammenhängende Bebauung am Ortsrand der jeweiligen Gemeinde. Dies gilt selbst dann, wenn sich unmittelbar angrenzend nahtlos eine weitere Bebauung der Nachbargemeinde anschließt. Dies ergibt sich im Wesentlichen daraus, dass § 34 BauGB (wie § 35 BauGB ebenso) in Fällen des Fehlens einer gemeindlichen Satzung zur Steuerung der baulichen Tätigkeit im Gemeindegebiet als „Ersatzplan" fungiert. § 34 BauGB weist damit einen sachlichen Zusammenhang zur gemeindlichen Bauleitplanung auf. Die gemeindliche Bauleitplanung findet aber ebenfalls ihre natürliche Grenze an der Gemeindegrenze, so dass auch § 34 BauGB als planersetzende Norm nicht weiter reichen kann.[53] 239

Daneben endet der Bebauungszusammenhang unabhängig vom Verlauf der Grundstücksgrenzen grundsätzlich hinter dem letzten tatsächlich vorhandenen Gebäude. Im Anschluss befindet sich der Außenbereich im Sinne von § 35 BauGB. Die Grenze zwischen Innen- und Außenbereich verläuft dabei nicht geradlinig und lässt sich auch nicht unter mathematisch-geographischen Maßstäben exakt bestimmen.[54] 240

Hinweis

In der Praxis wirken oftmals Straßenzüge, Flussläufe, Eisenbahntrassen als trennendes Element zwischen Innen- und Außenbereich.

Für den Zusammenhang einer Bebauung und deren Eindruck der Geschlossenheit ist ohne Bedeutung, wie sich diese Bebauung zusammensetzt. Dies ist letztlich Folge der rein tatsächlichen Beurteilung in § 34 Abs. 1 BauGB, ob sich das Bauvorhaben in seine nähere Umgebung einfügt. Lediglich bei § 34 Abs. 2 BauGB wird im Hinblick auf die Umgebungsbebauung ein weitgehend einheitlicher Maßstab gefordert (Näheres dazu gleich). 241

Erforderlich ist lediglich eine Bebauung, die optisch in Erscheinung tritt[55] (Gebäudekomplex von einigem Gewicht) und die ein gewisses städtebauliches Gewicht aufweist. Eine unbebaute Fläche unterbricht den Bebauungszusammenhang dann, wenn die auf ihr vorgesehene Bebauung nicht mehr als Fortsetzung der die Fläche umgebenden vorhandenen Bebauung angesehen werden kann. Man spricht in diesen Fällen von einer „Außenbereichsinsel" bzw. einem „Außenbereich im Innenbereich".[56] Die weitere städtebauliche Beurteilung hat insoweit am Maßstab des § 35 BauGB zu erfolgen. Anders ist dies bei Flächen, die nach ihrer Zweckbestimmung (z.B. Sportplätze, Lagerplätze) gar nicht für eine Bebauung mit Gebäuden vorgesehen sind. Hier ist zu fragen, ob die Fläche noch der vorhandenen Bebauung zuzurechnen ist.

Wie viele Gebäude für einen im Zusammenhang bebauten Ortsteil erforderlich sind, lässt sich nicht pauschal beantworten. Letztlich ist dies immer einzelfallabhängig von der Gemeindegröße und Gemeindestruktur. Auch verlangt eine organische Siedlungsstruktur keine einheitliche, einem bestimmten städtebaulichen Ordnungsbild entsprechende Bebauung. Abzugrenzen ist der Innenbereich insoweit von der völlig **regellosen Splitterbebauung**,[57] die kei-

53 *Mitschang/Reidt* in Battis/Krautzberger/Löhr BauGB § 34 Rn. 7 ff.; *BVerwG* NVwZ 1999, 249 ff.
54 *BVerwG* DVBl. 1974, 238 ff.; *Dürr/König* Baurecht Bayern S. 116 Rn. 168.
55 *BVerwG* NVwZ 1993, 985 ff.
56 *Mitschang/Reidt* in Battis/Krautzberger/Löhr BauGB § 34 Rn. 9.
57 *Mitschang/Reidt* in Battis/Krautzberger/Löhr BauGB § 34 Rn. 14.

nen Ansatz für eine Weiterentwicklung nach § 34 BauGB bietet. Bietet der Siedlungsansatz auch im Verhältnis zur vorhandenen Siedlungsstruktur der jeweiligen Gemeinde keine ausreichende Beurteilungsgrundlage für § 34 BauGB, so liegt kein im Zusammenhang bebauter Ortsteil vor. Die Beurteilung hat in diesen Fällen zwingend am Maßstab von § 35 BauGB zu erfolgen.

Beispiel Führt die Klausur im Sachverhalt aus, dass bei der Gemeinde X vom Ortskern ausgehend sich eine 400 Meter lange Straße über unbebaute Flächen stadtauswärts erstreckt, diese Straße in einem Wendehammer mündet, um den in loser, einzeiliger Bebauung neun Wohnhäuser entstanden sind, so liegt hier im Hinblick auf die Situierung der Grundstücke (Straße wegführend vom Ortszentrum, Zahl der Wohnhäuser, Anordnung einzeilig) kein Innenbereich nach § 34 BauGB vor. Die weitere bauplanungsrechtliche Beurteilung hat am Maßstab des § 35 BauGB zu erfolgen. ■

II. Zulässigkeit von Vorhaben nach § 34 Abs. 1 und Abs. 2 BauGB

1. Allgemeines

242 Nach **§ 34 Abs. 1 BauGB** ist ein Bauvorhaben in einem im Zusammenhang bebauten Ortsteil zulässig, wenn es sich nach **Art, Maß, Bauweise und hinsichtlich der überbaubaren Grundstücksflächen** in die **nähere Umgebung einfügt**. Maßgeblich ist damit zum einen die **Bestimmung der näheren Umgebung** des Bauvorhabens, in welche sich dieses **einfügen** muss. Zum anderen hat sich diese Beurteilung auf **vier bauplanungsrechtliche Kriterien** zu erstrecken. Für die Kriterien des Maßes der baulichen Nutzung, der Bauweise und der überbaubaren Grundstücksflächen ist ausschließlich § 34 Abs. 1 BauGB Beurteilungsgrundlage. Anhand der vorhandenen Bauten in der näheren Umgebung ist zu fragen, ob sich das Bauvorhaben in diesem tatsächlich vorgefundenen Rahmen hält. Die BauNVO kann für diese Kriterien niemals unmittelbar/direkt herangezogen werden. Die BauNVO kann außerhalb von § 34 Abs. 2 BauGB allenfalls eine **Auslegungshilfe** für die bauplanungsrechtliche Zulässigkeit darstellen.[58] Hinsichtlich des Kriteriums des Maßes der baulichen Nutzung hat das Bundesverwaltungsgericht aber mehrfach betont, dass das tatsächliche Ausmaß/Volumen der sich in der Umgebung befindlichen Baukörpers entscheidend sei.[59]

243 Hinsichtlich des Kriteriums des **Einfügens in die Art der baulichen Nutzung** gilt es **§ 34 Abs. 2 BauGB** zu beachten, wonach sich in Fällen, in denen die nähere Umgebung einem Baugebiet nach der BauNVO entspricht, die weitere bauplanungsrechtliche Prüfung der Zulässigkeit am Maßstab der BauNVO zu vollziehen hat. Man spricht hier von einem so genannten **faktischen Baugebiet**.[60] Es kommt in diesen Fällen eines **faktischen Baugebiets** zur **Direktanwendung der BauNVO**, d.h. es ist die Frage aufzuwerfen, ob das zu beurteilende Bauvorhaben nach der BauNVO allgemein zulässig (im Regelfall die Absätze 2 der §§ 2–9 BauNVO) bzw. ausnahmsweise zulässig ist (regelmäßig die Absätze 3 der §§ 2–9 BauNVO). Im Rahmen dieser Direktanwendung der BauNVO bleibt auch Raum für ein direktes Heranziehen von § 15 Abs. 1 BauNVO, d.h. es ist ergänzend zu fragen, ob ein nach der BauNVO allgemein oder ausnahmsweise zulässiges Bauvorhaben im Einzelfall das städtebauliche Gebot der Rücksichtnahme verletzt. Im faktischen Baugebiet entspricht die Prüfung

58 *BVerwG* NVwZ 1994, 1006 ff.

59 *BVerwG* DVBl. 1994, 702 ff.

60 *Spieß* in *Jäde/Dirnberger* BauGB, BauNVO § 34 Rn. 119 ff.

letztlich der Zulässigkeit eines Bauvorhabens im Bereich eines rechtsgültigen Bebauungsplans. Dies zeigt sich auch an § 34 Abs. 2 Hs. 2 BauGB, der bestimmt, dass im Übrigen § 31 Abs. 2 BauGB entsprechend anzuwenden ist.

JURIQ-Klausurtipp

Merken Sie sich aber bereits an dieser Stelle, dass Sie nur hinsichtlich des Kriteriums des Einfügens in die **Art der baulichen Nutzung** der näheren Umgebung zur Direktanwendung der BauNVO gelangen können. Nur wenn die nähere Umgebung des Baugrundstücks ein faktisches Baugebiet nach der BauNVO darstellt, d.h. ein Baugebiet nach der BauNVO tatsächlich abbildet, dürfen Sie die weitere Beurteilung am Maßstab der BauNVO vornehmen. Entspricht die nähere Umgebung keinem Baugebiet nach der BauNVO, verbleibt es bei der Prüfung des § 34 Abs. 1 BauGB, d.h. es ist zu fragen, ob sich das beabsichtigte Bauvorhaben im Rahmen des tatsächlich Vorhandenen der näheren Umgebung hält. Für die übrigen Kriterien in § 34 Abs. 1 BauGB (Maß, Bauweise und überbaubare Grundstücksfläche) ist die Beurteilung stets am Maßstab des § 34 Abs. 1 BauGB vorzunehmen. § 34 Abs. 2 BauGB beansprucht insoweit keine Geltung.

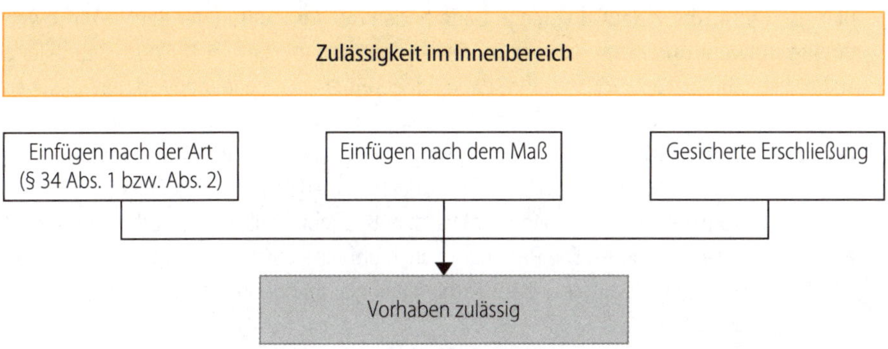

2. Prüfung des Einfügens in die nähere Umgebung im Sinne von § 34 BauGB

Für die Prüfung des Einfügens nach § 34 Abs. 1 und 2 BauGB hat das Bundesverwaltungsgericht eine bestimmte **Prüfungsreihenfolge** entwickelt.[61] **244**

1. In einem **ersten Schritt** muss zunächst die Umgebung festgestellt werden, d.h. der Bereich, auf den sich das Vorhaben auswirken kann und der andererseits selbst das Baugrundstück prägt.[62] Wie weit dieser Kreis zu ziehen ist, d.h. wie weit diese Wechselwirkung reicht, hängt von der Größe des Vorhabens und den sich in seiner Umgebung befindlichen Objekten ab. In der Praxis wird hier auf das umgebende Straßengeviert[63] und die diesem gegenüber liegende Bebauung abgestellt. **245**

61 *BVerwG* DVBl. 1978, 815 ff.

62 *Spieß* in *Jäde/Dirnberger* BauGB, BauNVO § 34 Rn. 67.

63 vgl. *BayVGH*, B.v. 1.12.2011, Az. 14 CS 11.2577 – juris Rn. 26.

JURIQ-Klausurtipp

In der Klausur wird von Ihnen die Beurteilung dieser Wechselwirkung zwischen Baugrundstück und Umgebung nicht verlangt. Die Klausurangabe gibt vor, welche Objekte sich in welcher Art und Größe in der näheren Umgebung befinden. Da die Klausur von Ihnen die Kenntnis des § 34 Abs. 2 BauGB erwartet, ist es regelmäßig so, dass hinsichtlich der Art der baulichen Nutzung ein faktisches Baugebiet nach der BauNVO (§§ 2 ff.) gegeben sein dürfte. Ihre Aufgabe besteht dann darin, die Sachverhaltsangaben in den Katalog der Baugebiete der BauNVO zu transformieren und festzustellen, welches faktische Baugebiet im Einzelfall einschlägig ist.

246 2. Im **zweiten Schritt** muss die dortige Bebauung festgestellt werden, und zwar anhand der Kriterien Art der baulichen Nutzung, Maß der baulichen Nutzung, Bauweise und überbaubare Grundstücksfläche. Bezüglich der Kriterien Maß, Bauweise und überbaubare Grundstücksfläche ist die BauNVO als **Auslegungshilfe** heranzuziehen.[64] Als Kriterien des Maßes der baulichen Nutzung kommen beispielsweise ergänzend zu den tatsächlichen Verhältnissen die in § 16 Abs. 2 BauNVO genannten Kriterien in Betracht.

Bei der **Art der baulichen Nutzung** ist zu beachten, dass u. U. ein sog. **faktisches Baugebiet** nach **§ 34 Abs. 2 BauGB** vorliegt. Dann finden die Vorschriften der BauNVO **insoweit direkte Anwendung**. Fremdkörper in der Umgebung bleiben bei dieser Beurteilung außer Betracht.[65] Fremdkörper sind dabei gegenüber einer weitgehend einheitlichen Bebauung auffällig in Kontrast stehende einzelne Anlagen.

247 3. In einem **dritten Schritt** ist zu prüfen, ob das geplante Vorhaben den vorgegebenen Rahmen einhält. Bei § 34 Abs. 2 BauGB ist unter direkter Heranziehung der BauNVO zu fragen, ob das Bauvorhaben im gegebenen faktischen Baugebiet **allgemein oder zumindest ausnahmsweise** zulässig ist. Die Prüfung ist auch auf eine ausnahmsweise Zulässigkeit zu erstrecken, wie § 34 Abs. 2 Hs. 2 BauGB mit der entsprechenden Anwendung von § 31 Abs. 1 BauGB indiziert.

248 4. Schließlich ist in einem **vierten Schritt** zu prüfen, ob das Gebot der Rücksichtnahme eingehalten ist.

Das in § 34 Abs. 1 BauGB („einfügen“, bzw. § 34 Abs. 2 BauGB i.V.m. § 15 Abs. 1 BauNVO) enthaltene **Gebot der Rücksichtnahme** trägt als Korrektiv der Tatsache Rechnung, dass die alleinige Orientierung an dem durch die Umgebung vorgegebenen Rahmen nicht immer zu befriedigenden Ergebnissen führt. So kann es sein, dass sich ein zwar grundsätzlich im vorgefundenen Rahmen bewegendes Vorhaben nicht einfügt, wenn es **rücksichtslos** ist.[66] Dies ist bei Vorliegen eines faktischen Baugebiets im Sinne von § 34 Abs. 2 BauGB am Maßstab der Norm des § 15 Abs. 1 BauNVO zu würdigen. Liegt ein Fall des § 34 Abs. 1 BauGB vor, so verletzt ein Bauvorhaben das Gebot der Rücksichtnahme, wenn es in unzumutbarer Weise bodenrechtliche Spannungen hervorruft bzw. bereits vorhandene Spannungspotentiale unzumutbar verschärft.[67]

Zum anderen kann es sich im **Einzelfall** auch dann einfügen, wenn es sich zwar nicht in jeder Hinsicht innerhalb des aus seiner Umgebung hervorgehenden Rahmens hält, aber weder selbst noch in Folge seiner evtl. Vorbildwirkung geeignet ist, bodenrechtlich

64 *Spieß* in *Jäde/Dirnberger* BauGB, BauNVO § 34 Rn. 78.
65 *Spieß* in *Jäde/Dirnberger* BauGB, BauNVO § 34 Rn. 70, 71.
66 *Mitschang/Reidt* in *Battis/Krautzberger/Löhr* BauGB § 34 Rn. 32.
67 *Mitschang/Reidt* in *Battis/Krautzberger/Löhr* BauGB § 34 Rn. 32.

beachtliche Spannungen zu begründen noch vorhandene Spannungen zu erhöhen.[68] Bei einem Vorhaben im faktischen Baugebiet ist dies gleichbedeutend mit der in § 34 Abs. 2 Hs. 2 BauGB eröffneten entsprechenden Prüfung von § 31 Abs. 2 BauGB.

Hinweis

Hinsichtlich des Einfügens eines Vorhabens in die Art der baulichen Nutzung gilt es bei gewerblichen Betrieben oder Handwerksbetrieben, die Erleichterung in § 34 Abs. 3a BauGB zu beachten. § 34 Abs. 3a sieht insoweit eine Abweichung im Einzelfall vor. Diese Erleichterung wurde in § 246 Abs. 8 BauGB auf die Erweiterung, Änderung oder Erneuerung von Asylbewerberunterkünften erstreckt. Für Einzelhandelsbetriebe gilt es die Einschränkungen in § 34 Abs. 3a S. 2 BauGB zu beachten.

PRÜFUNGSSCHEMA

Einfügen im Sinne von § 34 Abs. 1, 2 BauGB

I. Bestimmung der näheren Umgebung
Wechselwirkung von Baugrundstück und Umgebung

II. Bewertung der vorgefundenen näheren Umgebung
Bei **Art der baulichen Nutzung** Prüfung, ob faktisches Baugebiet nach § 34 Abs. 2 BauGB vorliegt; falls ja: Direktanwendung der BauNVO für weitere Prüfung; bei Kriterien **Maß, Bauweise, überbaubare Grundstücksfläche** BauNVO als **Auslegungshilfe**; Beurteilung im Weiteren am vorgefundenen tatsächlichen Rahmen

III. Prüfen, ob Vorhaben Rahmen einhält oder nicht
Bei § 34 Abs. 2 BauGB Prüfung, ob Bauvorhaben nach der BauNVO allgemein oder zumindest ausnahmsweise zulässig ist

IV. Prüfung von Ausnahmen (Gebot der Rücksichtnahme)
Bei Anwendung von § 34 Abs. 2 BauGB Prüfung von § 15 Abs. 1 BauNVO bei bislang zulässigem Vorhaben; bei bis dato unzulässigem Vorhaben Heranziehung von § 31 Abs. 2 BauGB entsprechend; bei § 34 Abs. 1 BauGB Prüfung, ob unzumutbare bodenrechtliche Spannungen entstehen bzw. verschärft werden

3. Weitere Zulässigkeitskriterien in § 34 BauGB

Neben dem Einfügen in die nähere Umgebung verlangt § 34 Abs. 1 S. 2 BauGB als weitere **249**
Voraussetzung für die Zulässigkeit eines Vorhabens im Innenbereich, dass die Anforderungen an gesunde Wohn- und Arbeitsverhältnisse gewahrt bleiben und dass das Ortsbild nicht beeinträchtigt werden darf. Gesunde Wohn- und Arbeitsverhältnisse wären nicht mehr gewahrt, wenn die Gebäude Immissionen ausgesetzt wären, bei denen eine Gesundheitsbeeinträchtigung naheliegend wäre, z.B. durch dauerhafte Überschreitung der maßgeblichen Lärmgrenzwerte. Daneben muss die Erschließung gesichert sein.

68 *Spieß* in *Jäde/Dirnberger* BauGB, BauNVO § 34 Rn. 90 ff.

250 Weitere Zulassungskriterien normiert § 34 BauGB nicht. **Kein Beurteilungsmaßstab** im Innenbereich sind insbesondere die **Darstellungen des Flächennutzungsplans**.[69] Bei der bauplanungsrechtlichen Zulässigkeit nach § 34 BauGB ist ausschließlich entscheidend, ob sich das Bauvorhaben in die nähere Umgebung des Baugrundstücks einfügt.

251 Gleiches gilt für einen sich in Aufstellung befindlichen Bebauungsplan. Dies gilt selbst dann, wenn dieser die formelle Planreife in § 33 Abs. 1 Nr. 1 BauGB aufweisen sollte. § 33 BauGB ist kein Versagungsgrund für ein Bauvorhaben im Innenbereich. Will die Gemeinde ihre planerischen Vorstellungen sichern, muss sie auf das Regelungsinstrumentarium in §§ 14, 15 BauGB zurückgreifen.[70]

252 Schließlich bedarf das Bauvorhaben im Innenbereich des gemeindlichen Einvernehmens nach § 36 BauGB. Wird dieses rechtswidrig von Seiten der Gemeinde verweigert, d.h. ist das Bauvorhaben nach § 34 BauGB planungsrechtlich zulässig, kann das Einvernehmen nach § 36 Abs. 2 S. 3 BauGB, Art. 67 Abs. 1 S.1 Hs. 2 BayBO von der Bauaufsichtsbehörde ersetzt werden.

JURIQ-Klausurtipp

Die Darstellungen des Flächennutzungsplanes, die einem Vorhaben im Innenbereich zuwider laufen, sind eine beliebte Klausurfalle. Beachten Sie, dass der Flächennutzungsplan im Innenbereich anders als im Außenbereich (§ 35 Abs. 3 Nr. 1, § 35 Abs. 3 S. 3 BauGB) kein Beurteilungskriterium für die bauplanungsrechtliche Zulässigkeit eines Vorhabens ist.

PRÜFUNGSSCHEMA

Prüfung des § 34 BauGB

I. Feststellung eines Innenbereichs; im Zusammenhang bebauter Ortsteil
Abgrenzung von der regellosen Splitterbebauung und vom Außenbereich; räumliche Grenzen des Innenbereichs

II. Einfügen des Vorhabens nach Art, Maß, Bauweise und überbaubarer Grundstücksflächen in die nähere Umgebung
Beachtung von § 34 Abs. 2 BauGB hinsichtlich des Einfügens in die Art der näheren Umgebung; siehe gesondertes Prüfungsschema

III. Wahrung von gesunden Wohn- und Arbeitsverhältnissen

IV. Keine Beeinträchtigung des Ortsbildes

V. Gesicherte Erschließung

VI. Gemeindliches Einvernehmen nach § 36 BauGB
Bei rechtswidriger Verweigerung Ersetzungsmöglichkeit nach § 36 Abs. 2 S. 3 BauGB, Art. 67 Abs. 1 S. 1 Hs. 2 BayBO

69 *BVerwG* NJW 1981, 2770 ff.; *Mitschang/Reidt* in Battis/Krautzberger/Löhr BauGB § 34 Rn. 1.
70 Vgl. *Reidt* in Battis/Krautzberger/Löhr BauGB § 33 Rn. 2.

III. Innenbereichssatzungen nach § 34 Abs. 4 BauGB

§ 34 Abs. 4 S. 1 BauGB sieht die Möglichkeiten der nachfolgenden Satzungen vor. Die Satzungen in § 34 Abs. 4 S. 1 BauGB sind sämtlich weder genehmigungs- noch anzeigepflichtig. Nach § 34 Abs. 4 S. 2 BauGB können die verschiedenen Innenbereichssatzungen auch miteinander verbunden werden. 253

1. Abgrenzungssatzung nach § 34 Abs. 4 S. 1 Nr. 1 BauGB

§ 34 Abs. 4 S. 1 Nr. 1 BauGB ermächtigt die Gemeinde durch Satzung, die Grenzen für im Zusammenhang bebaute Grundstücke festzulegen. Diese Satzung hat rein **deklaratorischen Charakter** und dient der exakten **Grenzziehung zwischen vorhandener Bebauung und dem Außenbereich nach § 35 BauGB.**[71] Weitere Anforderungen als einen tatsächlich im Zusammenhang bebauten Ortsteil stellt § 34 Abs. 4 S. 1 Nr. 1 BauGB nicht auf. 254

2. Festlegungssatzung bzw. Entwicklungssatzung nach § 34 Abs. 4 S. 1 Nr. 2 BauGB

§ 34 Abs. 4 S. 1 Nr. 2 BauGB ermächtigt die Gemeinde durch Satzung, bebaute Bereiche im Außenbereich als im Zusammenhang bebaute Ortsteile festzulegen, wenn die Flächen im Flächennutzungsplan als Bauflächen dargestellt sind. Diese Satzungsmöglichkeit in § 34 Abs. 4 S. 1 Nr. 2 BauGB wirkt **konstitutiv**[72] dahingehend, dass unter den dort genannten Voraussetzungen ein Außenbereichsgrundstück zu einem Innenbereich nach § 34 BauGB „aufgewertet" und umgewidmet wird. Weitere Voraussetzung einer Festlegungssatzung nach § 34 Abs. 4 S. 1 Nr. 2 BauGB ist nach § 34 Abs. 5 S. 1 Nr. 1, dass sie mit einer geordneten städtebaulichen Entwicklung vereinbar ist. Dies ist dann nicht der Fall, wenn der im Außenbereich vorhandene Siedlungsansatz so heterogen ist, dass seine künftige bauliche Entwicklung nur über einen ordnenden Bebauungsplan, nicht aber am Maßstab des Einfügens in § 34 Abs. 1 BauGB erreicht werden kann.[73] Daneben darf es durch die Satzung nicht zur Zulassung UVP-pflichtiger Bauvorhaben kommen (§ 34 Abs. 5 S. 1 Nr. 2 BauGB). Hinzuweisen ist ergänzend darauf, dass auch die Innenbereichssatzung nach § 34 Abs. 4 S. 1 Nr. 2 BauGB das Ergebnis einer ordnungsgemäßen Abwägung der betroffenen öffentlichen und privaten Belange sein muss, um rechtlichen Bestand zu haben.[74] 255

3. Einbeziehungssatzung bzw. Ergänzungssatzung nach § 34 Abs. 4 S. 1 Nr. 3 BauGB

§ 34 Abs. 4 S. 1 Nr. 3 BauGB ermächtigt die Gemeinde dazu, einzelne Außenbereichsgrundstücke in die im Zusammenhang bebauten Ortsteile einzubeziehen, wenn die einbezogenen Flächen durch die bauliche Nutzung des angrenzenden Bereichs entsprechend geprägt sind. Diese konstitutiv wirkende Satzung[75] dient der **Abrundung einer bereits vorhandenen Bebauung**. Es ist mit § 34 Abs. 4 S. 1 Nr. 3 BauGB nur möglich, Außenbereichsflächen an einen 256

---

71 *Spieß* in *Jäde/Dirnberger* BauGB, BauNVO § 34 Rn. 39.
72 *Mitschang/Reidt* in *Battis/Krautzberger/Löhr* BauGB § 34 Rn. 84.
73 vgl. *Mitschang/Reidt* in *Battis/Krautzberger/Löhr* BauGB § 34 Rn. 85.
74 *Mitschang/Reidt* in *Battis/Krautzberger/Löhr* BauGB § 34 Rn. 79.
75 *Spieß* in *Jäde/Dirnberger* BauGB, BauNVO § 34 Rn. 45.

bereits vorhandenen Innenbereich **anzugliedern** und dergestalt die Außenbereichsgrundstücke „aufzuwerten". Nicht möglich ist hingegen die isolierte Begründung eines Innenbereichs. Auch die Einbeziehungssatzung muss nach § 34 Abs. 5 S. 1 Nr. 1 BauGB mit einer geordneten städtebaulichen Entwicklung vereinbar sein, darf keine UVP-pflichtigen Bauvorhaben zulassen (§ 34 Abs. 5 S. 1 Nr. 2 BauGB) und muss Ergebnis einer ordnungsgemäßen Abwägung sein. Da sich die Regelung auf „einzelne" Außenbereichsflächen beschränkt, die überdies durch die bereits vorhandene Bebauung geprägt werden, ist es mit § 34 Abs. 4 S. 1 Nr. 3 BauGB nicht möglich, bebaute Bereiche beliebig in den Außenbereich zu erweitern und dergestalt das Planungsinstrumentarium in den §§ 2 ff. BauGB zu umgehen. Der Anwendungsbereich der Einbeziehungssatzung beschränkt sich damit wesensgemäß auf eine Abrundung bereits vorhandener bebauter Bereiche durch angrenzende unbebaute Flächen.[76]

Innenbereichssatzung

	Klarstellungs-, Abgrenzungssatzung (§ 34 Abs. 4 Nr. 1)	**Entwicklungs-, Festlegungssatzung** (§ 34 Abs. 4 Nr. 2)	**Ergänzungs-. Einbeziehungssatzung** (§ 34 Abs. 4 Nr. 3)
Wirkung	deklaratorisch	konstitutiv	konstitutiv
Bereichszugehörigkeit der einbezogenen Grundstücke	Innenbereich	Außenbereich bzw. Innenbereichszugehörigkeit zumindest zweifelhaft	Unstreitig Außenbereich
Weitere Voraussetzungen	Keine	Bebauter Bereich und Fläche im FLNPlan als Baufläche dargestellt (= geordnete städtebauliche Entwicklung) (s.u.)	Fläche durch die bauliche Nutzung des angrenzenden Bereichs entsprechend geprägt (vergleichbar dem „Einfügen" in Abs. 1)
Weitere planungsrechtliche Mindeststandards	Wegen der nur deklaratorischen Wirkung nicht erforderlich	• mit geordneter städtebaulicher Entwicklung vereinbar (§ 34 Abs. 5 S. 1 Nr. 1) • Abwägung nach § 1 Abs. 7 • keine Zulassung von UVP-pflichtigen Vorhaben (§ 34 Abs. 5 S. 1 Nr. 2) • keine Anhaltspunkte für Beeinträchtigung von FFH- oder Europ. Vogelschutzgebieten (§ 34 Abs. 5 S. 1 Nr. 3) • nur *einzelne* Festsetzungen iSv § 9 BauGB zulässig (§ 34 Abs. 5 S. 2); weitergehende Vorschriften für Ergänzungssatzung in § 34 Abs. 5 S. 4	
Verfahren		vereinfachtes Verfahren nach § 13 Nr. 2 und 3, (§ 34 Abs. 6 S. 1)	
Bekanntmachung	nach § 10 Abs. 3 (§ 34 Abs. 6 S. 2)	nach § 10 Abs. 3 (§ 34 Abs. 6 S. 2)	

76 *Spieß* in *Jäde/Dirnberger* BauGB, BauNVO § 34 Rn. 50.

Online-Wissens-Check

Welche Funktion kommt § 34 Abs. 2 BauGB im Innenbereich zu?

Überprüfen Sie jetzt online Ihr Wissen zu den in diesem Abschnitt erarbeiteten Themen. Unter **www.juracademy.de/skripte/login** steht Ihnen ein Online-Wissens-Check speziell zu diesem Skript zur Verfügung, den Sie kostenlos nutzen können. Den Zugangscode hierzu finden Sie auf der Codeseite.

F. Zulässigkeit von Vorhaben im Außenbereich

I. Allgemeines

Von den drei städtebaulichen Bereichen, in denen bauliche Anlagen vorgesehen werden können (Planbereich, Innenbereich, Außenbereich), ist der Außenbereich nach § 35 BauGB derjenige, der grundsätzlich von einer Bebauung freigehalten werden soll. **257**

In Abgrenzung zu §§ 30, 34 BauGB ist Außenbereich derjenige Bereich, der weder überplant ist (§ 30 Abs. 1 und 2 BauGB) noch sich als ein im Zusammenhang bebauter Ortsteil darstellt (§ 34 BauGB). Zum Innenbereich grenzt sich der Außenbereich zum einen dahingehend ab, dass sich eine Bebauung, die nicht das Gewicht eines Ortsteiles erreicht (regellose Splitterbebauung), als Außenbereich im Sinne von § 35 BauGB darstellt, und zum anderen dadurch, dass der Innenbereich an der Gemeindegrenze und nach der tatsächlich vorhandenen letzten Bebauung endet. Die im Anschluss sich befindlichen Flächen sind rechtlich als Außenbereich zu qualifizieren. Die bauplanungsrechtliche Beurteilung hat insofern am Maßstab des § 35 BauGB zu erfolgen. **258**

JURIQ-Klausurtipp

Denken Sie aber an dieser Stelle auch daran, dass, sofern ein Bebauungsplan unwirksam sein sollte, sich die nun nicht wirksam gemeindlich überplanten Flächen im Außenbereich befinden können. Die bauplanungsrechtliche Prüfung hat, sofern die Fläche sich als Außenbereich darstellt, anhand der städtebaulichen Vorschrift des § 35 BauGB zu erfolgen.

§ 35 BauGB differenziert im Weiteren zwischen im Außenbereich **privilegierten Vorhaben** nach § 35 Abs. 1 BauGB und den **nicht privilegierten sonstigen Vorhaben** im Sinne von § 35 Abs. 2 BauGB.[77] § 35 Abs. 3 BauGB nennt **in nicht abschließender Weise** („insbesondere") im Außenbereich regelmäßig betroffene öffentliche Belange, die von einem Bauvorhaben beeinträchtigt werden können. Diese in § 35 Abs. 3 BauGB genannten Belange sind in einer **wertenden Abwägungsentscheidung** den für das Vorhaben sprechenden Gründen gegenüberzustellen.[78] Im Rahmen dieser Abwägungsentscheidung ist wiederum zwischen privilegierten und sonstigen Vorhaben zu unterscheiden.[79] **259**

77 *Dürr/König* Baurecht Bayern S. 131 Rn. 195.
78 *BVerwG* DVBl. 1983, 894 ff.
79 *Dürr/König* Baurecht Bayern S. 131 Rn. 195.

260 Der Unterschied zwischen den in Abs. 1 privilegierten Vorhaben und den sonstigen des § 35 Abs. 2 BauGB besteht darin, dass es bei den in § 35 Abs. 1 BauGB genannten Vorhaben Gründe gibt, die diese auf einen Standort im Außenbereich verweisen. Der Gesetzgeber hat die in § 35 Abs. 1 BauGB genannten Vorhaben quasi planartig dem Außenbereich zugewiesen.[80] Dem folgend bestimmt § 35 Abs. 1 BauGB, dass ein Vorhaben im Außenbereich zulässig ist, wenn öffentliche Belange **nicht entgegenstehen**. Abweichend hiervon normiert § 35 Abs. 2 BauGB, dass ein sonstiges, nicht-privilegiertes Vorhaben im Außenbereich nur zugelassen werden kann, wenn öffentliche Belange **nicht beeinträchtigt werden**.

Zwar ist unstreitig, dass die vorzunehmende Abwägungsentscheidung sowohl bei § 35 Abs. 1 BauGB als auch bei sonstigen Vorhaben nach Abs. 2 am Maßstab der berührten öffentlichen Belange des § 35 Abs. 3 BauGB zu erfolgen hat.[81] Allerdings besteht hier ausgehend vom unterschiedlichen Wortlaut in § 35 Abs. 1 und Abs. 2 BauGB ein qualitativer Unterschied. Während ein privilegiertes Vorhaben nur unzulässig ist, wenn berührte öffentliche Belange entgegenstehen, führt bei sonstigen Vorhaben bereits die bloße Beeinträchtigung öffentlicher Belange zur bauplanungsrechtlichen Unzulässigkeit.

JURIQ-Klausurtipp

Prägen Sie sich bitte ein, dass ungeachtet des Wortlautes von § 35 Abs. 3 BauGB („Beeinträchtigung") die dort in nicht abschließender Form genannten öffentlichen Belange auch im Rahmen der bei privilegierten Vorhaben nach § 35 Abs. 1 BauGB geforderten Abwägungsentscheidung Anwendung finden.

261 Aufgrund dieser gesetzgeberischen Differenzierung in § 35 Abs. 1 und Abs. 2 BauGB setzen sich privilegierte Vorhaben regelmäßig auch gegen sonstige im Außenbereich berührte öffentliche Belange im Wege der zu treffenden Abwägungsentscheidung durch. Sonstige Vorhaben, d.h. alle Vorhaben, die im Außenbereich keiner Privilegierung nach § 35 Abs. 1 BauGB unterfallen, gehören an sich nicht in den grundsätzlich von Bebauung freizuhaltenden Außenbereich, mit der Folge, dass im Rahmen der anhand von § 35 Abs. 3 BauGB vorzunehmenden Abwägungsentscheidung regelmäßig die sonstigen im Außenbereich berührten öffentlichen Belange gegenüber dem standortfremden Vorhaben den Vorrang genießen.[82]

Bei sonstigen Vorhaben nach § 35 Abs. 2 BauGB gilt es im Weiteren § 35 Abs. 4 BauGB zu beachten. Bei so genannten teilprivilegierten Vorhaben fingiert das Gesetz, dass bestimmte öffentliche Belange, die von Vorhaben nach § 35 Abs. 2 BauGB typischerweise beeinträchtigt werden, als nicht beeinträchtigt angesehen werden können.

262 Schließlich bestimmt § 35 Abs. 5 S. 1 BauGB generell, dass ein im Außenbereich zulässiges Vorhaben in einer flächensparenden, Bodenversiegelungen auf das notwendige Maß begrenzenden und den Außenbereich schonenden Weise ausgeführt werden muss.

80 *Spieß* in *Jäde/Dirnberger* BauGB, BauNVO § 35 Rn. 8.
81 *Spieß* in *Jäde/Dirnberger* BauGB, BauNVO § 35 Rn. 187.
82 *Mitschang/Reidt* in *Battis/Krautzberger/Löhr* BauGB § 35 Rn. 6, 63.

Hinweis

Bei privilegierten Vorhaben nach § 35 Abs. 1 Nr. 2 bis 6 BauGB gilt es § 35 Abs. 5 S. 2 BauGB zu beachten, wonach als weitere Zulässigkeitsvoraussetzung eine Verpflichtungserklärung des Inhalts abzugeben ist, das Vorhaben nach dauerhafter Aufgabe der Nutzung zurückzubauen und Bodenversiegelungen zu beseitigen. Diese Erklärung wirkt konstitutiv.[83]

Zulässigkeit im Außenbereich

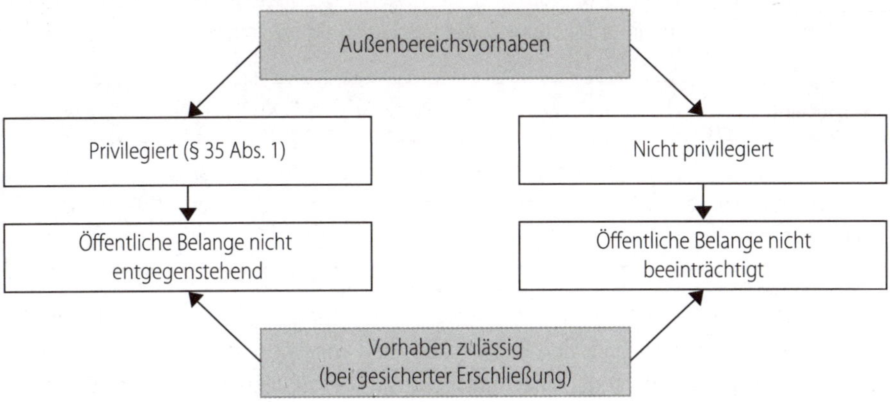

II. Privilegierte und sonstige Vorhaben

Im Folgenden sollen die in der Praxis und in Examensklausuren wichtigsten Fallgruppen privilegierter Vorhaben vorgestellt werden. 263

1. Land- und Forstwirtschaftliche Betriebe (§ 35 Abs. 1 Nr. 1 BauGB)

Der Begriff der **Landwirtschaft** ist anhand der baurechtlichen Regelung in § 201 BauGB zu 264 bestimmen. Landwirtschaft ist ausgehend von den klassischen Landwirtschaftsformen Ackerbau, Wiesen- und Weidewirtschaft, Erwerbsgartenbau und -obstbau (mittlerweile aber eigener Privilegierungstatbestand in § 35 Abs. 1 Nr. 2 BauGB) sowie Weinbau definiert als Tätigkeit, bei der der Boden planmäßig und eigenverantwortlich bewirtschaftet wird, um den Ertrag (pflanzliche und tierische Erzeugnisse) zu nutzen (Urproduktion).[84] Das Halten von Tieren ist nach dieser vom Bundesverwaltungsgericht herangezogenen Begriffsbestimmung nur dann Landwirtschaft, wenn das Futter überwiegend selbst erzeugt wird.[85] Tiermast, die überwiegend oder vollständig mit zugekauftem Futter betrieben wird, erfüllt nicht den Begriff der Landwirtschaft. Es liegt dann eine gewerbliche Nutzung vor, die nicht unter § 35 Abs. 1 Nr. 1 BauGB gefasst werden kann.

83 *Spieß* in *Jäde/Dirnberger* BauGB, BauNVO, § 35 Rn. 178
84 *Spieß* in *Jäde/Dirnberger* BauGB, BauNVO § 35 Rn. 14.
85 *Spieß* in *Jäde/Dirnberger* BauGB, BauNVO § 35 Rn. 20.

265 § 35 Abs. 1 Nr. 1 BauGB verlangt weiter, dass die Land- und Forstwirtschaft im Rahmen eines Betriebes ausgeübt wird. **Betrieb** ist dabei ein nachhaltiges, ernsthaftes, auf Dauer angelegtes und lebensfähiges Unternehmen mit einer bestimmten betrieblichen Organisation.[86] An dieser Stelle hat eine Abgrenzung zur bloßen Liebhaberei (Hobby bzw. Freizeitbeschäftigung) zu erfolgen.[87] Wichtiges Indiz für die Ernsthaftigkeit und Dauerhaftigkeit eines Unternehmens ist dabei die Möglichkeit und die Absicht, einen Gewinn zu erzielen. Auch Nebenerwerbsbetriebe können den Privilegierungstatbestand in § 35 Abs. 1 Nr. 1 BauGB erfüllen. Bei solchen ist aber stets besonders genau darauf zu achten, ob es sich nicht um eine bloße Freizeitbeschäftigung handelt, d.h. die Landwirtschaft nur vorgeschoben wird, um das grundsätzliche Bauverbot im Außenbereich zu umgehen.

266 Mit dem Tatbestandsmerkmal **dienen** wird die Beziehung zwischen dem Betrieb und dem Vorhaben bewertet, um einen Missbrauch der Privilegierung zu verhindern.

Hinweis

Das Merkmal des Dienens ist auch in den übrigen Privilegierungstatbeständen in § 35 Abs. 1 BauGB enthalten. Lediglich in § 35 Abs. 1 Nr. 4 BauGB hat der Gesetzgeber auf diesen Begriff verzichtet.

Einrichtungen, die für den Betriebsablauf wesensnotwendig und für das Erreichen des Betriebszwecks wesentlich sind, dienen der Land- und Forstwirtschaft. Die Rechtsprechung fragt danach, ob ein vernünftiger Land- und Forstwirt, der die Entscheidung des Gesetzgebers, den Außenbereich von einer Bebauung freizuhalten, respektiert, für einen entsprechenden Betriebszweck das Vorhaben in etwa gleicher Größe, Gestaltung und Ausstattung errichten würde.[88]

Hinweis

Auch ein zu einem landwirtschaftlichen Betrieb zugehöriges „zweites Standbein" kann an der Privilegierung teilhaben, wenn es zum typischen Erscheinungsbild eines landwirtschaftlichen Betriebes gerechnet werden kann und bodenrechtliche Nebensache mit untergeordnetem Stellenwert im Gesamtbild des Betriebes bleibt. Anerkannt ist dies für die Vermietung von Ferienzimmern auf der Hofstelle und den Verkauf von überwiegend selbst erzeugten Produkten ab Hofstelle.[89]

267 Forstwirtschaft ist die Anbau, Pflege und Abschlag umfassende planmäßige Bewirtschaftung des Waldes.

86 *Mitschang/Reidt* in *Battis/Krautzberger/Löhr* BauGB § 35 Rn. 13.
87 BVerwGE 18, 242 ff.
88 *Spieß* in *Jäde/Dirnberger* BauGB, BauNVO § 35 Rn. 31; *BVerwG* DVBl. 1967, 287 ff.
89 vgl. *Spieß* in *Jäde/Dirnberger* BauGB, BauNVO § 35 Rn. 28.

2. Öffentliche Versorgungsanlagen und ortsgebundene gewerbliche Betriebe (§ 35 Abs. 1 Nr. 3 BauGB)

§ 35 Abs. 1 Nr. 3 BauGB privilegiert Anlagen, die dem Fernmeldewesen, der öffentlichen Versorgung mit Elektrizität, Gas, Wärme und Wasser, der Abwasserwirtschaft oder einem ortsgebundenen gewerblichen Betrieb dienen. 268

Die der öffentlichen Versorgung dienenden Anlagen müssen in derselben Weise ortsgebunden sein wie Gewerbebetriebe, um in den Genuss der Privilegierung zu gelangen. Dies gilt grundsätzlich auch für Einrichtungen für Fernmeldeanlagen des Mobilfunks.

Ortsgebunden ist ein gewerblicher Betrieb nur dann, wenn das betreffende Gewerbe seinem Wesen und seinem Gegenstand nach auf die geografische oder geologische Eigenart der fraglichen Stelle angewiesen ist.[90] Der Betrieb muss damit mit dem in Aussicht genommenen Standort stehen und fallen. Ein bloßer Lagevorteil, beispielsweise eine kostengünstige Verkehrsanbindung, genügt nicht für eine Privilegierung nach § 35 Abs. 1 Nr. 3 BauGB. 269

Beispiel Die Regelung in § 35 Abs. 1 Nr. 3 BauGB kommt insbesondere Betrieben zugute, die Bodenschätze ausbeuten. Klassische Anwendungsfälle sind demnach der Abbau von Kies, Sand oder Torf. ■

Hinsichtlich des Umfangs und der Reichweite der Privilegierung ist bei nicht zwingend standortgebundenen Betriebszweigen danach zu fragen, ob aufgrund technischer Erfordernisse von einem einheitlichen Standort auszugehen ist und ob eine derartige Anlage typischerweise als Einheit konzipiert wird.[91]

Beispiel Bei einem Kiesabbau gehört eine Kieswasch- und Aufbereitungsanlage zum typischen Erscheinungsbild eines Kiesabbauunternehmens, nicht hingegen aber eine Verkaufsstelle für fertig abgepackte Kiessäcke. ■

3. Subsidiäre (§ 35 Abs. 1 Nr. 4 BauGB)

§ 35 Abs. 1 Nr. 4 BauGB privilegiert Vorhaben, die wegen ihrer besonderen Anforderungen an die Umgebung, wegen ihrer nachteiligen Auswirkungen auf die Umgebung oder infolge ihrer Zweckbestimmung nur im Außenbereich ausgeführt werden sollen. Anders als bei den übrigen Privilegierungen des § 35 Abs. 1 BauGB geht der Gesetzgeber bei § 35 Abs. 1 Nr. 4 BauGB nicht von einem bestimmten Vorhaben aus, sondern erklärt vielmehr generalklauselartig Vorhaben für privilegierungsfähig, die auf einen Standort im Außenbereich angewiesen sind. Der Vorschrift kommt damit der Charakter eines Auffangtatbestandes zu. 270

Da generell jedoch Voraussetzung für eine Privilegierung nach § 35 Abs. 1 Nr. 4 BauGB ist, dass das Vorhaben unter den dort genannten Voraussetzungen auf den betreffenden Standort im Außenbereich angewiesen sein muss, scheiden Vorhaben aus, die in der konkret betroffenen Gemeinde im Innenbereich (§ 34 BauGB) bzw. vorhandenen Planbereich (§ 30 BauGB) untergebracht werden können. Insoweit genießt das Gebot der größtmöglichen Außenbereichsschonung Vorrang.[92]

90 *BVerwG* NJW 1975, 550; *Mitschang/Reidt* in Battis/Krautzberger/Löhr BauGB § 35 Rn. 28 ff.
91 *Mitschang/Reidt* in Battis/Krautzberger/Löhr BauGB § 35 Rn. 32.
92 *BVerwG* DÖV 1964, 744 ff.

Mit dem Kriterium des **„Sollens“** in § 35 Abs. 1 Nr. 4 BauGB gelangt weiter der **Ausnahmecharakter** der Vorschrift zum Ausdruck.[93] Ausgehend vom grundsätzlichen Gebot größtmöglicher Schonung des Außenbereichs können regelmäßig nur Vorhaben nach § 35 Abs. 1 Nr. 4 BauGB privilegiert werden, wenn sie der Funktion des Außenbereichs als Erholungslandschaft für die Allgemeinheit entsprechen.[94] Nicht unter den Privilegierungstatbestand des § 35 Abs. 1 Nr. 4 BauGB fallen damit alle Einrichtungen der Freizeitgestaltung im Außenbereich, die nur einem beschränkten Personenkreis zugänglich sind.[95] Privilegiert nach § 35 Abs. 1 Nr. 4 BauGB können demnach nur Vorhaben sein, die nicht in einem vorhandenen Innen- oder Planbereich verwirklicht werden können, tatsächlich aus einem der in Nr. 4 genannten Gründe auf einen Standort im Außenbereich angewiesen sind und deren Verwirklichung im Allgemeininteresse liegt bzw. einer Nutzung durch die Allgemeinheit zugänglich gemacht werden.

Beispiel Nach § 35 Abs. 1 Nr. 4 BauGB privilegierungsfähig sind Seilbahneinrichtungen, Liftanlagen, Schutzunterstände für Wanderer im Gebirge, Aussichtstürme, Almgaststätten etc. Nicht der Privilegierung unterfallen hingegen Golfplätze, private Schießanlagen, Tennisplätze, Sportboothäfen, Hundesportplätze etc. ■

4. Anlagen der Wind- und Wasserenergie (§ 35 Abs. 1 Nr. 5 BauGB)

271 § 35 Abs. 1 Nr. 5 BauGB privilegiert Vorhaben, die der Erforschung, Entwicklung oder Nutzung der Wind- oder Wasserenergie dienen. Ihre besondere Relevanz erfährt die Privilegierung nach § 35 Abs. 1 Nr. 5 BauGB im planungsrechtlichen Steuerungselement nach § 35 Abs. 3 S. 3 BauGB, wonach die Gemeinde so genannte Konzentrationszonen für Windkraftanlagen im Flächennutzungsplan darstellen kann, mit der Folge, dass an anderen als den vorgesehenen Standorten ein Entgegenstehen öffentlicher Belange anzunehmen ist.

Hinweis

§ 35 Abs. 1 Nr. 6 BauGB schafft einen Privilegierungstatbestand für Biogasanlagen im Außenbereich. Ebenso wie die in § 35 Abs. 1 Nr. 7 BauGB geschaffene Privilegierung für Anlagen zur friedlichen Nutzung der Kernenergie sind diese von geringerer Klausurrelevanz. Gleiches gilt für die in § 35 Abs. 1 Nr. 8 BauGB geschaffene Privilegierung von Solaranlagen.

5. Sonstige Vorhaben (§ 35 Abs. 2 BauGB)

272 Sonstige Vorhaben nach § 35 Abs. 2 BauGB sind alle Vorhaben, die nicht vom abschließenden Katalog der privilegierten Vorhaben in § 35 Abs. 1 BauGB erfasst werden.

93 *Spieß* in *Jäde/Dirnberger* BauGB, BauNVO § 35 Rn. 68.
94 *BVerwGE* 48, 109 ff.; *Spieß* in *Jäde/Dirnberger* BauGB, BauNVO § 35 Rn. 69.
95 *Spieß* in *Jäde/Dirnberger* BauGB, BauNVO § 35 Rn. 66.

III. Entgegenstehen öffentlicher Belange/Beeinträchtigung öffentlicher Belange (§ 35 Abs. 3 BauGB)

§ 35 Abs. 3 BauGB enthält eine **nicht abschließende** Aufzählung[96] gewichtiger Belange, die 273
einem Vorhaben entgegenstehen können bzw. beeinträchtigt werden können.

Obwohl § 35 Abs. 3 BauGB nur von einer „Beeinträchtigung" öffentlicher Belange spricht und damit die gesetzliche Terminologie des § 35 Abs. 2 BauGB aufgreift, ist allgemein anerkannt, dass auch privilegierte Vorhaben nach § 35 Abs. 1 BauGB am Maßstab des § 35 Abs. 3 BauGB zu beurteilen sind. Im Rahmen der in § 35 Abs. 3 BauGB zu treffenden Abwägungsentscheidung ist zwischen Vorhaben nach § 35 Abs. 1 und Abs. 2 BauGB zu differenzieren.[97]

Bei einem **privilegierten Vorhaben** ist bei der Abwägung das besondere Gewicht der gesetzgeberischen Entscheidung, dieses Vorhaben im Außenbereich zuzulassen, angemessen zu berücksichtigen. Das privilegierte Vorhaben überwindet demnach regelmäßig sonstige im Außenbereich berührte öffentliche Belange.

Bei **sonstigen Vorhaben nach § 35 Abs. 2 BauGB** geht der Gesetzgeber dem Grunde nach von einem Bauverbot im Außenbereich aus. Demnach führt regelmäßig jede Beeinträchtigung öffentlicher Belange im Sinne von § 35 Abs. 3 BauGB zur bauplanungsrechtlichen Unzulässigkeit. Beeinträchtigt allerdings ein sonstiges Vorhaben ausnahmsweise keine Außenbereichsbelange im Sinne von § 35 Abs. 3 BauGB, besteht ein bauplanungsrechtlicher Zulassungsanspruch. Das „Können" in § 35 Abs. 2 BauGB ist vor dem Hintergrund des Art. 14 Abs. 1 GG als „Müssen" zu lesen.[98]

1. Widerspruch zu den Darstellungen des Flächennutzungsplans (§ 35 Abs. 3 Nr. 1 BauGB)

Als mittelfristiges Konzept für die bauliche Entwicklung einer Gemeinde sind die Darstellun- 274
gen des Flächennutzungsplanes bei der Zulassung von baulichen Anlagen im Außenbereich von Bedeutung.

Bei privilegierten Vorhaben nach § 35 Abs. 1 BauGB wird die Bedeutung der Darstellungen des 275
Flächennutzungsplanes allerdings eingeschränkt. Da privilegierte Vorhaben planartig dem Außenbereich zugewiesen sind, stehen die Darstellungen des Flächennutzungsplanes nur insoweit entgegen, als der Flächennutzungsplan für den vorgesehenen Standort eine konkrete andere Planung vorsieht (konkrete Standortaussage).[99] Eine derartige qualifizierte Standortaussage im Flächennutzungsplan kann auch einem Privilegierungstatbestand entgegen gehalten werden. Trifft der Flächennutzungsplan hingegen nur eine Aussage des Inhalts, dass der Außenbereich grundsätzlich kein Bauland ist, d.h. erschöpft sich die Darstellung in den grundsätzlichen Zwecken des Außenbereichs als Produktionsstätte für Landwirtschaft und Forst bzw. als Erholungsflächen für die Allgemeinheit (allgemeine Grünfläche), setzt sich im Rahmen der abwägenden Entscheidung die Privilegierung durch, da keine Vorabentscheidung der Gemeinde in Richtung einer bestimmten Außenbereichsnutzung getroffen wurde. Die Privilegierung überwindet demnach eine bloße Allgemeinaussage im Flächennutzungsplan.[100]

---

96 *Spieß* in *Jäde/Dirnberger*BauGB, BauNVO § 35 Rn. 188.

97 *Dürr/König* Baurecht Bayern S. 131 Rn. 195.

98 *BVerwG* BayVBl. 1964, 258 ff.; *Dürr/König* Baurecht Bayern S. 147 Rn. 224.

99 *BVerwG* BayVBl. 1984, 471 ff.; *BVerwG* NVwZ 1988, 54 ff.; *BVerwG* NVwZ 1998, 960 ff.

100 *Mitschang/Reidt* in Battis/Krautzberger/Löhr BauGB § 35 Rn. 68.

Hinweis

Da § 35 Abs. 3 Nr. 1 BauGB die planerischen Vorstellungen der Gemeinde schützen soll, haben von der Gemeinde im Flächennutzungsplan nachrichtlich übernommene Festsetzungen nach § 5 Abs. 4 BauGB im Rahmen von § 35 Abs. 3 BauGB unberücksichtigt zu bleiben.

276 Anders ist dies bei einem sonstigen Vorhaben nach § 35 Abs. 2 BauGB zu beurteilen. Da ein dem § 35 Abs. 2 BauGB unterfallendes Bauvorhaben im Außenbereich standortfremd ist, sind die Darstellungen des Flächennutzungsplanes stets zu berücksichtigen. Gegenüber sonstigen Vorhaben entsprechen die Wirkungen des Flächennutzungsplanes denjenigen eines Bebauungsplanes.[101] Insoweit ist es grundsätzlich unerheblich, ob der Flächennutzungsplan eine qualifizierte Nutzungsaussage trifft oder sich auf die allgemeine Darstellung der generellen Funktion des Außenbereichs beschränkt.[102]

Hinweis

Da die Darstellungen des Flächennutzungsplanes allein im öffentlichen Interesse bestehen, vermittelt die Bestimmung des § 35 Abs. 3 Nr. 1 BauGB keinen Drittschutz.

JURIQ-Klausurtipp

Ein noch nicht in Kraft gesetzter Flächennutzungsplan kann einem Außenbereichsvorhaben allenfalls dann unter den dargestellten Voraussetzungen entgegenstehen, wenn sein Entwicklungsstand dem eines planreifen Bebauungsplans nach § 33 BauGB entspricht. An dieser Stelle wird von Ihnen eine Transferleistung vom Bebauungsplan zum Flächennutzungsplan anhand der Vorschrift des § 33 BauGB erwartet.

2. Hervorrufen bzw. Ausgesetztsein in Bezug auf schädliche Umwelteinwirkungen (§ 35 Abs. 3 Nr. 3 BauGB)

277 Schädliche Umwelteinwirkungen im Sinne von § 35 Abs. 3 Nr. 3 BauGB sind Immissionen, die unzumutbar belästigen, wobei zur Bestimmung der Zumutbarkeit § 3 BImSchG herangezogen werden kann,[103] der wiederum mit Hilfe der Grenzwertbestimmungen der TA Lärm, TA Luft (§ 48 BImSchG) ausgefüllt wird. Zu berücksichtigen gilt es an dieser Stelle, dass § 35 Abs. 3 Nr. 3 BauGB mit dem Abstellen auf das Hervorrufen schädlicher Umwelteinwirkungen (Immissionen, § 3 Abs. 2 BImSchG), das Schutzgut der menschlichen Gesundheit in Art. 2 Abs. 2 S. 1 GG berührt und folglich **Drittschutz** vermittelt.[104]

---

101 BVerwGE 18, 247 ff.

102 *Mitschang/Reidt* in Battis/Krautzberger/Löhr BauGB § 35 Rn. 75.

103 BVerwGE 52, 122 ff.

104 vgl. *Reidt* in *Battis/Krautzberger/Löhr* BauGB vor §§ 29–38 Rn. 72.

3. Belange des Naturschutzes (§ 35 Abs. 3 Nr. 5 Alt. 1 BauGB)

Die in § 35 Abs. 3 Nr. 5 Alt. 1 BauGB genannten Belange des Naturschutzes weisen die Besonderheit auf, dass sie Gegenstand eigener gesetzlicher Regelungsmaterie sind (BNatSchG, BayNatSchG). Der bebauungsrechtliche Belang des Naturschutzes ist beeinträchtigt, wenn das Vorhaben den materiellen Anforderungen der naturschutzgesetzlichen Bestimmungen nicht entspricht, d.h. es insbesondere den Zielbestimmungen in §§ 1, 2 BNatSchG zuwider läuft.[105] Auch hierbei ist im Rahmen der zu treffenden Abwägungsentscheidung zwischen privilegierten und sonstigen Vorhaben nach § 35 Abs. 2 BauGB zu unterscheiden. Trifft ein Bauvorhaben auf ein förmlich unter Naturschutz gestelltes Gebiet, ist danach zu fragen, ob für das konkrete Vorhaben in der Naturschutzverordnung eine grundsätzliche Ausnahme vorgesehen bzw. zumindest eine Befreiung im Einzelfall erteilt werden kann.[106] 278

4. Natürliche Eigenart der Landschaft bzw. Verunstaltung des Orts- und Landschaftsbildes (§ 35 Abs. 3 Nr. 5 Alt. 2, 3 BauGB)

Die natürliche Eigenart der Landschaft ist dann beeinträchtigt, wenn ein Vorhaben der naturgemäßen Nutzungsweise der Landschaft widerspricht und deshalb am vorgesehenen Standort **wesensfremd** ist. Dabei sind als **naturgemäße Nutzung im Außenbereich** die land- und forstwirtschaftliche Bodennutzung sowie die der Allgemeinheit zugängliche Erholungsmöglichkeit maßgeblich. § 35 Abs. 3 Nr. 5 Alt. 2 BauGB will damit das Eindringen standortfremder Nutzungen im Außenbereich verhindern.[107] Seine besondere Bedeutung erlangt dieser Belang damit bei den sonstigen Vorhaben nach § 35 Abs. 2 BauGB. Ein Bauvorhaben in freier Landschaft beeinträchtigt den Belang des § 35 Abs. 3 Nr. 5 Alt. 2 BauGB regelmäßig nur dann nicht, wenn das in Aussicht genommene Grundstück seine natürlich vorgegebene Nutzung bereits durch eine unnatürliche Nutzungsart verloren hat (Vorbelastung).[108] 279

Eine **Verunstaltung des Orts- und Landschaftsbildes** (§ 35 Abs. 3 Nr. 5 Alt. 3 BauGB) ist nur dann gegeben, wenn das Bauvorhaben die noch schützenswerte Situation, in die es hinein gebaut werden soll, in ästhetischer Hinsicht gravierend beeinträchtigt.[109] Dies ist regelmäßig der Fall, wenn das Bauvorhaben einen auffälligen Fremdkörper zu einer im Wesentlichen einheitlichen Außenbereichsnutzung darstellt.

5. Entstehung, Verfestigung oder Erweiterung einer Splittersiedlung (§ 35 Abs. 3 Nr. 7 BauGB)

Der öffentliche Belang der zu befürchtenden Entstehung, Verfestigung oder Erweiterung einer Splittersiedlung dient der Unterbindung einer Zersiedelung des Außenbereichs in Gestalt einer zusammenhanglosen unorganischen Streubebauung.[110] 280

Splittersiedlung ist dabei jeder Siedlungsansatz, dem es an dem für einen im Zusammenhang bebauten Ortsteil erforderlichen Gewicht bzw. an der erforderlichen organischen Sied- 281

105 *BVerwG* DVBl. 1969, 261 ff.
106 *Spieß* in *Jäde/Dirnberger* BauGB, BauNVO § 35 Rn. 204.
107 *Spieß* in *Jäde/Dirnberger* BauGB, BauNVO § 35 Rn. 212 ff.
108 Vgl. *BVerwG* DVBl. 1972, 865 ff.
109 *BVerwG* DVBl. 1969, 261 ff.
110 *Mitschang/Reidt* in *Battis/Krautzberger/Löhr* BauGB § 35 Rn. 93.

lungsstruktur fehlt. Hier verläuft eine Abgrenzungslinie zum bauplanungsrechtlichen Innenbereich in § 34 BauGB.[111]

Hinweis

Der Begriff der „Siedlung" ist dabei nicht auf zum Wohnen bestimmte Gebäude beschränkt. Ausgehend vom Ziel des § 35 Abs. 3 Nr. 7 BauGB, eine Zersiedelung der Landschaft zu verhindern, werden auch Bauvorhaben erfasst, die nur zum gelegentlichen Aufenthalt von Menschen bestimmt sind. So kann eine Zersiedelungswirkung auch von gewerblichen Niederlassungen und Garagen ausgehen.[112]

282 Die **Entstehung einer Splittersiedlung** meint dabei den ersten (unerwünschten Ansatz) einer Bebauung im Außenbereich. **Verfestigung einer Splittersiedlung** meint hingegen die Ausfüllung einer bereits im Außenbereich vorhandenen Bebauung, ohne dass die Streubebauung weiter in den bislang nicht genutzten Außenbereich erstreckt wird (Schließen vorhandener Lücken).[113] Die **Erweiterung einer Splittersiedlung** geht demgegenüber davon aus, dass die bislang bereits durch Bebauung in Anspruch genommenen Flächen im Außenbereich weiter ausgedehnt werden. Es kommt hier nicht lediglich zur Verdichtung der Splittersiedlung nach innen, sondern vielmehr zur Ausdehnung der Streubebauung in den bislang nicht beanspruchten Außenbereich.[114]

JURIQ-Klausurtipp

Gewöhnen Sie es sich von Beginn bei § 35 Abs. 3 Nr. 7 BauGB an, genau zu subsumieren, welcher der drei Fälle – Entstehung, Verfestigung, Erweiterung – konkret einschlägig ist. Sie müssen hier bereits exakt arbeiten, um sich später die Vorschrift des § 35 Abs. 6 BauGB erschließen zu können.

6. Weitere öffentliche Belange

283 Die Aufzählung öffentlicher Belange in § 35 Abs. 3 BauGB ist ausgehend vom Wortlaut „insbesondere" nicht abschließend. Neben den ausdrücklich genannten Belangen sind weitere öffentliche Belange denkbar, die einem Außenbereichsvorhaben entgegenstehen oder von ihm beeinträchtigt werden können.

Kein öffentlicher Belang ist hierbei die **Planungshoheit der Gemeinde** selbst.[115] Jedoch kann ein sich **in Aufstellung befindlicher Bebauungsplan** zu berücksichtigen sein, sofern er ein hinreichend konkretisiertes Planungsstadium erreicht hat. Hierbei wird man den Konkretisierungsgrad des § 33 BauGB verlangen müssen.[116]

111 *Spieß* in *Jäde/Dirnberger* BauGB, BauNVO § 35 Rn. 222 ff.
112 *BVerwG* BauR 1976, 344 ff.
113 *Mitschang/Reidt* in *Battis/Krautzberger/Löhr* BauGB § 35 Rn. 96.
114 *Mitschang/Reidt* in *Battis/Krautzberger/Löhr* BauGB § 35 Rn. 95; *BVerwG* NVwZ 1984, 510 ff.
115 *BVerwG* DÖV 1980, 176 ff.
116 *BayVGH* BayVBl. 1996, 278 ff.

Auch ein **Planungserfordernis** kann als ungeschriebener öffentlicher Belang von Bedeutung sein.[117] Dies allerdings nur, wenn eine Konfliktlage gegeben ist, die im Hinblick auf die vom Bauvorhaben berührten öffentlichen Belange einen Koordinierungsbedarf auslöst, dem nur im Rahmen einer geordneten Bauleitplanung Rechnung getragen werden kann. Bei privilegierten Vorhaben nach § 35 Abs. 1 BauGB ist ein solches Planungserfordernis im Hinblick auf die sonstigen berührten Außenbereichsbelange nicht denkbar **(Außenkoordination)**. Da der Gesetzgeber mit seiner Privilegierungsentscheidung diese Vorhaben dem Außenbereich generalklauselartig zugewiesen hat, genügt insoweit das Konditionalprogramm in § 35 Abs. 3 BauGB für eine abschließende Beurteilung der bauplanungsrechtlichen Zulässigkeit. Der Regelung mittels eines Bebauungsplanes bedarf es insoweit nicht. **284**

Schließlich ist das **Gebot der Rücksichtnahme** als relevanter (ungeschriebener) öffentlicher Belang im Außenbereich zu berücksichtigen.[118] Lediglich in Bezug auf ausgelöste Immissionskonflikte enthält § 35 Abs. 3 Nr. 3 BauGB eine vorrangige geschriebene Regelung. Rücksicht zu nehmen ist aber nur auf schutzwürdige Interessen Dritter. Nutzt der betroffene Dritte seinerseits in rechtswidriger Weise, kann das Gebot der Rücksichtnahme keine Berücksichtigung finden. Darüber hinaus darf das Vorhaben in Bezug zu seiner Umgebung nicht rücksichtslos bzw. erdrückend wirken. **285**

Schließlich ist auf § 35 Abs. 3 S. 3 BauGB hinzuweisen, wonach einem Bauvorhaben nach § 35 Abs. 1 Nr. 2 bis 6 BauGB auch dann öffentliche Belange entgegenstehen, wenn an anderer Stelle für derartige Vorhaben eine Ausweisung im Flächennutzungsplan erfolgt ist. Mit diesem Steuerungsinstrument der **Konzentrationszonen** wird es der Gemeinde ermöglicht, vorausschauend unerwünschte Nutzungen auf bestimmte Standorte zu verweisen und so andere Standorte von derartiger Bebauung freizuhalten.[119] Allerdings muss einer solchen Planung im Flächennutzungsplan ein schlüssiges gesamträumliches Konzept zugrunde liegen und darf die Gemeinde die (unerwünschten) Nutzungen nicht auf gänzlich ungeeignete Flächen verweisen.[120] **286**

117 *Mitschang/Reidt* in Battis/Krautzberger/Löhr BauGB § 35 Rn. 99.
118 *BVerwG* NVwZ 2007, 336 ff.
119 *Mitschang/Reidt* in Battis/Krautzberger/Löhr BauGB § 35 Rn. 111; *BVerwG* DVBl. 2008, 1511 ff.
120 *BVerwG* NVwZ 2008, 559 ff.; *BVerwG* DVBl. 2003, 797 ff.

PRÜFUNGSSCHEMA

Prüfung privilegierter Vorhaben im Außenbereich, § 35 Abs. 1 BauGB

I. Feststellung, dass Außenbereich nach § 35 BauGB vorliegt
Abgrenzung zu Planbereich, Innenbereich

II. Privilegierungstatbestand nach § 35 Abs. 1 BauGB feststellen
Wichtig insbesondere § 35 Abs. 1 Nrn. 1, 3, 4, 5 BauGB

III. Entgegenstehen öffentlicher Belange
Entgegen Wortlaut Prüfung am Maßstab von § 35 Abs. 3 BauGB; Abwägungsentscheidung zwischen gesetzgeberischer Entscheidung zur Privilegierung und berührten öffentlichen Belangen nach § 35 Abs. 3 BauGB; wichtige Belange nach § 35 Abs. 3. Darstellungen Flächennutzungsplan (Nr. 1); schädliche Umwelteinwirkungen (Nr. 3), (Splittersiedlung (Nr. 7); ungeschriebene öffentliche Belange (z.B. Rücksichtnahmegebot); eventuell Konzentrationszone nach § 35 Abs. 3 S. 3 BauGB

IV. Verpflichtungserklärung nach § 35 Abs. 5 S. 2 BauGB
Bei Vorhaben nach § 35 Abs. 1 Nr. 2–6 BauGB

V. Gesicherte Erschließung

VI. Gemeindliches Einvernehmen, § 36 BauGB

IV. Teilprivilegierte Vorhaben nach § 35 Abs. 4 BauGB

287 Bestimmten in § 35 Abs. 4 BauGB genannten sonstigen Vorhaben kann nicht entgegen gehalten werden, dass sie Darstellungen des Flächennutzungsplanes oder eines Landschaftsplans widersprechen, die natürliche Eigenart der Landschaft beeinträchtigen oder die Entstehung, Verfestigung oder Erweiterung einer Splittersiedlung befürchten lassen. Zu beachten ist, dass die Vorschrift ausschließlich für sonstige Vorhaben nach § 35 Abs. 2 BauGB Geltung beansprucht und weitere Voraussetzung ist, dass das sonstige Vorhaben im Übrigen außenbereichsverträglich ist, d.h. die in § 35 Abs. 4 BauGB genannten grundsätzlich überwindbaren Belange der § 35 Abs. 3 Nrn. 1, 5 Alt. 2 und 7 BauGB dürfen die einzigen Belange sein, die das Vorhaben beeinträchtigt. Werden über die in § 35 Abs. 4 BauGB genannten Belange hinaus weitere geschriebene oder ungeschriebene Belange in § 35 Abs. 3 BauGB beeinträchtigt, ist die Anwendung der Teilprivilegierungsvorschriften ausgeschlossen.

JURIQ-Klausurtipp

Prüfen Sie daher in Außenbereichsklausuren vor Heranziehen der Nrn. 1 bis 6 in § 35 Abs. 4 BauGB immer, ob überhaupt eine Teilprivilegierung möglich ist. Ist das Vorhaben nämlich nicht außenbereichsverträglich, weil es andere als die in § 35 Abs. 4 S. 1 BauGB ausdrücklich genannten Belange beeinträchtigt, muss eine Teilprivilegierung begrifflich scheitern. Das Bauvorhaben ist dann keinesfalls nach § 35 Abs. 4 BauGB planungsrechtlich zulässig.

Zu beachten ist generell, dass die Teilprivilegierungstatbestände in § 35 Abs. 4 BauGB sämtlich restriktiv zu handhaben sind und einer Analogie grundsätzlich nicht zugänglich sind.

1. Nutzungsänderungen bei land- oder forstwirtschaftlich genutzten Anlagen (§ 35 Abs. 4 S. 1 Nr. 1 BauGB)

Nach § 35 Abs. 4 S. 1 Nr. 1 BauGB sind unter bestimmten enumerativ aufgezählten Voraussetzungen Änderungen der bisherigen Nutzung eines privilegierten land- oder forstwirtschaftlichen Zwecken dienenden Gebäudes möglich. Ermöglicht wird damit die **Entprivilegierung** von land- oder forstwirtschaftlichen Gebäuden, die für diesen Zweck nicht mehr benötigt werden, weil der Betrieb eingestellt oder umgestellt wird. Besondere Bedeutung kommt bei Anwendung der Nr. 1 der Zulässigkeitsvoraussetzung in Buchstabe d zu, wonach das in der Nutzung geänderte Gebäude vor mehr als sieben Jahren zulässigerweise errichtet worden sein muss. **288**

Hinweis

Dieses Kriterium der zulässigerweise erfolgten Errichtung taucht gleichfalls in den Teilprivilegierungstatbeständen der Nrn. 2, 3, 5 und 6 des § 35 Abs. 4 S. 1 BauGB auf und ist in allen Tatbestandsvarianten des § 35 Abs. 4 BauGB in gleicher Weise zu interpretieren.

Zulässigerweise errichtet im Sinne von § 35 Abs. 4 S. 1 Nr. 1 BauGB ist dabei ein Vorhaben, das entweder formell legalisiert wurde durch Vorliegen einer Baugenehmigung bzw., falls eine Baugenehmigung nicht vorliegt, jedenfalls zu einem bestimmten Zeitpunkt in Einklang mit den materiellen Vorschriften des Baurechts (materielle Baurechtskonformität) stand. Sofern für das nun geänderte Gebäude eine Baugenehmigung vorlag (formelle Legalität) ist nicht entscheidend, ob diese Genehmigung seinerzeit zu Recht erteilt wurde.[121] Auch genehmigungs- bzw. verfahrensfreie Bauvorhaben (vgl. Art. 57 BayBO) können als zulässigerweise errichtet betrachtet werden.[122] **289**

2. Ersatzbauten für mängelbehaftete Gebäude (§ 35 Abs. 4 S. 1 Nr. 2 BauGB)

§ 35 Abs. 4 S. 1 Nr. 2 BauGB sieht die Möglichkeit vor, ein **zulässigerweise errichtetes Wohngebäude** durch einen gleichartigen Neubau zu ersetzen, statt eine möglicherweise inadäquate Modernisierungsmaßnahme vorzunehmen. **Zulässigerweise errichtet** (Buchstabe a) ist das durch den Ersatzbau beseitigte Gebäude, wenn es entweder formell legalisiert wurde oder zumindest zeitweise der materiellen Rechtslage entsprochen hat. In welchen Fällen das ursprünglich vorhandene Gebäude **Missstände und Mängel** aufweist (Buchstabe b), lässt sich § 177 Abs. 2 und Abs. 3 BauGB entnehmen.[123] **Gleichartig** ist das Gebäude als Ersatzbau nur, wenn es dem beseitigten Wohngebäude in **Volumen, Nutzung und Funktion** entspricht.[124] **290**

121 *Spieß* in *Jäde/Dirnberger* BauGB, BauNVO § 35 Rn. 115 f.
122 *BVerwG*, U.v. 3.8.2016 – 4 C 3/15 – juris; *Spieß* in *Jäde/Dirnberger* BauGB, BauNVO § 35 Rn. 116
123 *Spieß* in *Jäde/Dirnberger* BauGB, BauNVO § 35 Rn. 133.
124 *Spieß* in *Jäde/Dirnberger* BauGB, BauNVO § 35 Rn. 128.

Vom Erfordernis der Errichtung des Ersatzbaus **an gleicher Stelle** sieht das Gesetz in § 35 Abs. 4 S. 3 BauGB eine Durchbrechung vor, wonach **geringfügige Abweichungen** vom bisherigen Standort des Gebäudes zulässig sind. Geringfügig ist dabei jedoch nicht nur quantitativ, metrisch aufzufassen, sondern insbesondere in qualitativer Sicht zu begreifen.[125] Werden die Außenbereichsbelange am neuen Standort anders und stärker betroffen, kann keine Geringfügigkeit der Abweichung gegeben sein.

Beispiel Wird ein beseitigter Altbestand im Außenbereich durch ein Wohngebäude ersetzt, das sich gegenüber dem ursprünglichen Standort fünf Meter hangaufwärts befindet und damit deutlich besser einsehbar erscheint, so mögen die fünf Meter Verschiebung an sich quantitativ isoliert betrachtet noch geringfügig sein, die qualitative Betrachtung ergibt jedoch einen weitaus exponierteren Standort, der eine Geringfügigkeit ausschließt. ■

Schließlich muss nach Buchstabe c der Altbestand von demjenigen, der im Zeitpunkt der Erstellung des Ersatzbaus Eigentümer ist, für längere Zeit – nicht unter zwei Jahren[126] – eigengenutzt worden sein. Ob der Betreffende das Gebäude (Altbestand) als Eigentümer oder bloß als Mieter genutzt hat, ist hingegen nicht entscheidend.

3. Wiederaufbau von durch außergewöhnliche Ereignisse zerstörten Gebäuden (§ 35 Abs. 4 S. 1 Nr. 3 BauGB)

291 § 35 Abs. 4 S. 1 Nr. 3 BauGB begünstigt den Ersatzbau für ein durch außergewöhnliche Ereignisse zerstörtes Gebäude. Anders als bei § 35 Abs. 4 S. 1 Nr. 2 muss es sich bei dem zerstörten Gebäude nicht zwingend um ein Wohngebäude handeln. Die Voraussetzungen der **Gleichartigkeit des Ersatzbaus an gleicher Stelle** sowie die geforderte **zulässigerweise erfolgte Errichtung** entsprechen exakt der Vorschrift des § 35 Abs. 4 S. 1 Nr. 2 BauGB. Damit sind auch im Rahmen von § 35 Abs. 4 S. 1 Nr. 3 BauGB geringfügige Abweichungen im Standort nach § 35 Abs. 4 S. 3 BauGB zulässig.

Darüber hinaus muss der Wiederaufbau **alsbald** erfolgen, wobei die Rechtsprechung auf die Verkehrsanschauung abstellt, wonach im ersten Jahr nach der Zerstörung mit einem Wiederaufbau gerechnet und im zweiten Jahr dieser noch erwartet wird.[127]

Die Zerstörung durch ein **außergewöhnliches Ereignis** ist dann gegeben, wenn das Gebäude durch einen **Unglücksfall** zerstört wird, der einem Naturereignis gleichkommt. Kein außergewöhnliches Ereignis ist demnach der stetige Verfall eines Gebäudes bei aufgestautem Reparaturbedarf oder ein vom Eigentümer selbst verursachtes oder veranlasstes Ereignis.[128]

4. Erweiterung von Wohngebäuden (§ 35 Abs. 4 S. 1 Nr. 5 BauGB)

292 § 35 Abs. 4 S. 1 Nr. 5 BauGB ermöglicht die Erweiterung von Gebäuden auf bis zu **höchstens zwei Wohnungen**, sofern das Gebäude **zulässigerweise errichtet** worden ist, die **Erweiterung angemessen** ist und die Errichtung einer weiteren Wohnung zur **Eigennutzung** erfolgt. Die Erweiterung findet ihre Grenze dort, wo sie in eine qualitative Änderung des Gebäudes umschlägt.[129]

---

125 BVerwGE 61, 290 ff.; *Mitschang/Reidt* in *Battis/Krautzberger/Löhr* BauGB § 35 Rn. 146, 148.
126 *Mitschang/Reidt* in Battis/Krautzberger/Löhr BauGB § 35 Rn. 144.
127 *Mitschang/Reidt* in Battis/Krautzberger/Löhr BauGB § 35 Rn. 151.
128 BVerwGE 62, 32 ff.; *BVerwG* NVwZ 1982, 349 ff.
129 BVerwGE 61, 285 ff.

Beispiel Wird ein Kleinsiedlungshaus einer Familie in ein villenartiges komfortables Einfamilienhaus umgewandelt, wird der Rahmen des Zulässigen aus § 35 Abs. 4 S. 1 Nr. 5 BauGB verlassen. Ebenfalls nicht geschützt ist die Errichtung eines sonstigen vom bisherigen Wohngebäude abgesetzten weiteren Gebäudes. Dies kollidiert bereits mit dem Begriff der „Erweiterung". ■

5. Erweiterung von gewerblichen Betrieben (§ 35 Abs. 4 S. 1 Nr. 6 BauGB)

§ 35 Abs. 4 S. 1 Nr. 6 BauGB begünstigt die angemessene Erweiterung von zulässigerweise im **293**
Außenbereich errichteten Gewerbebetrieben. Die Angemessenheit der Erweiterung ist dabei zum einen mit Blick auf das vorhandene Gebäude, zum anderen auf den Zuschnitt des Betriebs zu beurteilen. Der zulässige Rahmen in § 35 Abs. 4 S. 1 Nr. 6 BauGB wird jedenfalls verlassen, wenn der außenbereichstypische Gewerbebetrieb durch die Erweiterung eine Dimension erhält, die ihn gewerbegebiets- bzw. industriegebietstypisch macht. Auch dürfte die äußerste Grenze in einer Verdoppelung des bisherigen Baubestandes zu sehen sein.[130]

V. Außenbereichssatzung (§ 35 Abs. 6 BauGB)

§ 35 Abs. 6 S. 1 BauGB eröffnet der Gemeinde für **bebaute Bereiche im Außenbereich**, die **294**
nicht überwiegend landwirtschaftlich geprägt sind und in denen eine **Wohnbebauung von einigem Gewicht** vorhanden ist (im Einzelfall können hier bereits vier bzw. fünf Wohngebäude ausreichend sein[131]), die Möglichkeit, durch **Satzung** zu bestimmen, dass **Wohnzwecken dienenden Vorhaben im Sinne von § 35 Abs. 2 BauGB** nicht entgegengehalten werden kann, dass sie einer Darstellung im Flächennutzungsplan über Flächen für die Landwirtschaft oder Wald widersprechen oder die Entstehung oder Verfestigung einer Splittersiedlung befürchten lassen. Nach § 35 Abs. 6 S. 2 BauGB kann die Satzung **auch** auf kleine, d.h. der Struktur einer Splitterbebauung im Außenbereich entsprechende Handwerks- und Gewerbebetriebe erstreckt werden. Primäres Ziel der Außenbereichssatzung muss aber stets die Förderung der Wohnnutzung auf nicht überwiegend landwirtschaftlich geprägten Flächen im Außenbereich sein (vgl. Wortlaut „auch" in § 35 Abs. 6 S. 2 BauGB).

Bei der Außenbereichssatzung handelt es sich um eine weitere Möglichkeit der Teilprivilegierung eines sonstigen Vorhabens nach § 35 Abs. 2 BauGB. Anders als im Rahmen von § 34 Abs. 4 S. 1 Nrn. 2 und 3 BauGB erfolgt keine Aufwertung der Flächen zu einem Innenbereich nach § 34 BauGB. Auch bei Wirksamkeit der Außenbereichssatzung ist die bauplanungsrechtliche Zulässigkeit stets am Maßstab des § 35 BauGB vorzunehmen. § 35 Abs. 6 BauGB gestattet lediglich die Überwindung zweier öffentlicher Belange im Sinne von § 35 Abs. 3 BauGB (Nrn. 1, 7).[132]

Weiter gilt es zu beachten, dass § 35 Abs. 6 BauGB im Hinblick auf den beeinträchtigten Belang in § 35 Abs. 3 Nr. 7 BauGB nur eine **Verdichtung der Splittersiedlung** zulässt. Da § 35 Abs. 6 BauGB nach seinem eindeutigen Wortlaut nur den Belang der Entstehung und Verfestigung der Splittersiedlung erfasst und für überwindbar erklärt, kann mit der Außenbereichssatzung des § 35 Abs. 6 BauGB **keine Erweiterung der Splitterbebauung in den bislang nicht in Anspruch genommenen Außenbereich** erfolgen.[133]

---

130 vgl. zum Ganzen *Spieß* in *Jäde/Dirnberger* BauGB, BauNVO § 35 Rn. 168 f.
131 *BayVGH* NVwZ-RR 2004, 13 ff.
132 *Mitschang/Reidt* in *Battis/Krautzberger/Löhr* BauGB § 35 Rn. 177.
133 *Spieß* in *Jäde/Dirnberger* BauGB, BauNVO § 35 Rn. 290.

JURIQ-Klausurtipp

Gerade dieser notwendig werdende Vergleich des beeinträchtigten Belanges nach § 35 Abs. 3 Nr. 7 BauGB, der drei unterschiedliche Varianten vorsieht, und der Außenbereichssatzung nach § 35 Abs. 6 BauGB, der eine Beschränkung auf nur mehr zwei überwindbare Varianten des § 35 Abs. 3 Nr. 7 BauGB vornimmt, ist häufiger Gegenstand bayerischer Examensklausuren.

295 Daneben muss auch die Außenbereichssatzung wie die Innenbereichssatzungen des § 34 Abs. 4 S. 1 Nr. 2, 3 BauGB nach § 35 Abs. 6 S. 4 Nr. 1 BauGB mit einer geordneten städtebaulichen Entwicklung vereinbar sein. Dies ist sie nur, wenn sie das Ergebnis einer ordnungsgemäßen Abwägung der Gemeinde zwischen öffentlichen und berührten privaten Belangen ist.[134]

Hinweis

Auch die Außenbereichssatzung nach § 35 Abs. 6 BauGB bedarf keiner aufsichtlichen Genehmigung. Im gerichtlichen Rechtsschutz kann sie als Satzung nach dem Baugesetzbuch mit der Normenkontrolle in § 47 Abs. 1 Nr. 1 VwGO angegriffen werden.

PRÜFUNGSSCHEMA

Prüfung der Zulässigkeit sonstiger Vorhaben nach § 35 Abs. 2 BauGB

I. Feststellung, dass Außenbereich nach § 35 BauGB vorliegt
Abgrenzung zu Planbereich, Innenbereich

II. Sonstiges Vorhaben nach § 35 Abs. 2 BauGB
Gegeben, soweit kein Privilegierungstatbestand nach § 35 Abs. 1 BauGB vorliegt

III. Beeinträchtigung öffentlicher Belange
Prüfung am Maßstab von § 35 Abs. 3 BauGB; Abwägungsentscheidung unter Berücksichtigung des grundsätzlichen Bauverbots im Außenbereich; insbesondere von Relevanz § 35 Abs. 3 Nr. 1 BauGB Darstellungen des Flächennutzungsplans

IV. Mögliche Teilprivilegierung nach § 35 Abs. 4 BauGB
Überwindbarkeit einzelner beeinträchtigter Belange nach § 35 Abs. 3 BauGB (Nr. 1, 5, 7); nur möglich, soweit Vorhaben im Übrigen außenbereichsverträglich

V. Mögliche weitere Teilprivilegierung durch Außenbereichssatzung, § 35 Abs. 6 BauGB
Ermöglicht im Hinblick auf Splitterbebauung aber nur Verdichtung der Splittersiedlung, nicht deren Erweiterung

VI. Gesicherte Erschließung

VII. Gemeindliches Einvernehmen, § 36 BauGB

134 *Spieß* in *Jäde/Dirnberger* BauGB, BauNVO § 35 Rn. 305.

Online-Wissens-Check

Worin besteht der Unterschied zwischen privilegierten und sonstigen Vorhaben bei § 35 BauGB?

Überprüfen Sie jetzt online Ihr Wissen zu den in diesem Abschnitt erarbeiteten Themen. Unter **www.juracademy.de/skripte/login** steht Ihnen ein Online-Wissens-Check speziell zu diesem Skript zur Verfügung, den Sie kostenlos nutzen können. Den Zugangscode hierzu finden Sie auf der Codeseite.

VI. Bestandsschutz

Hinweis 296

Fragen des Bestandsschutzes werden in diesem Skriptum im Zusammenhang mit der baurechtlichen Zulässigkeit von Außenbereichsvorhaben dargelegt, da sie in diesem Kontext ihre größte Bedeutung haben.

1. Begriff des Bestandsschutzes

Bestandsschutz bezeichnet im Baurecht das **Recht des Eigentümers**, eine bauliche 297
Anlage verbunden mit einer bestimmten Nutzung, die ursprünglich legal war oder zumindest formell durch Erteilung einer Baugenehmigung legalisiert wurde, auch dann weiter erhalten und nutzen zu können, wenn die Anlage mit dieser Form der Nutzung aufgrund einer Änderung der Rechtslage nicht mehr neu errichtet werden dürfte. Mithin bedeutet Bestandsschutz das Geschütztsein vor bauaufsichtlichen Maßnahmen nach Art. 75, 76 BayBO, die aufgrund der Rechtsänderung ansonsten dem Eigentümer drohen würden.[135]

2. Arten des Bestandsschutzes

Bei den Arten des Bestandsschutzes lässt sich generell zwischen dem **aktiven und dem pas-** 298
siven Bestandsschutz unterscheiden.[136]

a) Passiver Bestandsschutz

Die **abwehrende (passive) Funktion des Bestandsschutzes** besteht darin, dass sie dem 299
Eigentümer das Recht gewährt, einen seinerzeit rechtmäßigen baulichen Zustand erhalten zu dürfen. Dem passiven Bestandsschutz kommt damit eine Abwehrfunktion gegenüber bauaufsichtlichen Maßnahmen der Bauaufsichtsbehörde (Art. 75, 76 BayBO) zu. Der passive Bestandsschutz beschränkt sich allerdings in seinem Umfang auf den Schutz des Vorhande-

135 vgl. BVerwGE 42, 8 ff.
136 *Brenner* Öffentliches Baurecht S. 211 Rn. 701.

nen. Ein Anspruch auf Genehmigung einer ursprünglich materiell legalen baulichen Anlage kann aus ihm nicht abgeleitet werden. Ebenfalls enthält er keinen Anspruch auf Änderung einer ausgeübten Nutzung bzw. auf eine Erweiterung oder einen Ersatzbau. Passiver Bestandsschutz ist damit in erster Linie **Bestandsnutzungsschutz**.[137]

b) Aktiver Bestandsschutz

300 Der Terminus **aktiver Bestandsschutz** beschränkt sich nicht auf die abwehrende Funktion, sondern wirft die Frage auf, ob dem Eigentümer das Recht zukommt, eine einmal baurechtlicher Legalität unterfallende bauliche Anlage auch nach zwischenzeitlich eingetretener Rechtsänderung in ihrer **Nutzung abzuändern**, sie zu **erweitern** bzw. einen **Ersatzbau** zu errichten.[138]

3. Bestandsschutz und Eigentumsdogmatik

301 Das Institut des Bestandsschutzes ist von der Rechtsprechung aus der **verfassungsrechtlich abgesicherten Eigentumsgarantie** entwickelt worden.[139] Entsprach eine Nutzung einer baulichen Anlage in der Vergangenheit dem materiell damals gültigen Recht bzw. war die Anlage formell legalisiert worden durch Erteilung einer Baugenehmigung, so stand diese Nutzung nicht im Widerspruch zu der gesetzlichen Ausgestaltung von Inhalt und Schranken des Eigentums in Art. 14 Abs. 1 S. 2 GG.

Von dieser unmittelbaren Ableitung des Bestandsschutzes aus Art. 14 Abs. 1 GG hat sich die Rechtsprechung zwischenzeitlich verabschiedet. Die Reichweite des Art. 14 Abs. 1 GG bestimmt sich allein durch die ausfüllenden materiellen Rechtsvorschriften. Dem einfachen Gesetz gebührt insoweit der Vorrang vor der Verfassung, was auch bereits Art. 14 Abs. 1 S. 2 GG indiziert. Außerhalb bestehender gesetzlicher Bestimmungen ist aus dem Institut des Bestandsschutzes kein Anspruch auf bauaufsichtliche Zulassung eines Vorhabens abzuleiten.[140] Damit entfällt jedenfalls für die Fallgruppen des **aktiven Bestandsschutzes**, in denen die Änderung der Nutzung, die Erweiterung der baulichen Anlage oder der Ersatzbau einer bauaufsichtlichen Zulassung bedürfen (Art. 55 Abs. 1 BayBO) der verfassungsunmittelbare Bestandsschutz aus Art. 14 Abs. 1 GG.

Ob in den Fallgruppen des bloß abwehrenden **passiven Bestandsschutzes** noch der Rückgriff auf die Verfassung in Art. 14 Abs. 1 GG zulässig ist, braucht nicht abschließend entschieden zu werden. Insoweit kann man die Bestimmungen über die Beseitigung rechtswidriger baulicher Anlagen dahingehend verfassungskonform auslegen, dass die durchgängige materielle Baurechtswidrigkeit ungeschriebene Voraussetzung der bauaufsichtlichen Eingriffsnormen ist.[141]

---

137 BVerwGE 60, 296 ff.

138 *Brenner* Öffentliches Baurecht S. 215 Rn. 712.

139 BverfGE 36, 296 ff.; BVerfGE 47, 126 ff.

140 BVerwGE 84, 322 ff.; BVerwGE 88, 191 ff.; BVerwGE 106, 228 ff.

141 *Brenner* Öffentliches Baurecht S. 214 Rn. 711.

4. Voraussetzungen und Grenzen des passiven Bestandsschutzes

Nach allgemeiner Auffassung genießen bauliche Anlagen passiven Bestandsschutz, wenn sie entweder zum Zeitpunkt der Errichtung rechtswirksam genehmigt wurden (formell baurechtsmäßig) oder aber, ohne rechtswirksam genehmigt zu sein, zur Zeit der Errichtung den materiellen Bauvorschriften entsprochen haben (materiell baurechtsmäßig). Es genügt aber auch, wenn die bauliche Anlage, ohne rechtswirksam genehmigt und errichtet worden zu sein, nach der Errichtung längere Zeit den materiellen Bauvorschriften entsprochen hat (materiell baurechtsmäßig).[142] Dieser erforderlich werdende längere Zeitraum muss mindestens die angemessene Frist zur Bearbeitung eines dem vorhandenen Bestand entsprechenden Bauantrags umfassen und wird in Anlehnung an § 75 S. 2 VwGO – drei Monate – bestimmt. **302**

Grenzen des passiven Bestandsschutzes ergeben sich zum einen daraus, dass eine dem **Verfall** preisgegebene bauliche Anlage **keinen Bestandsschutz** mehr genießen kann. Insofern ist für einen Schutz der Fortsetzung der Nutzung kein Raum mehr. Bestandsschutz setzt demnach immer voraus, dass noch eine Schutz beanspruchende Nutzung vorliegt und diese auch fortgesetzt werden kann. **303**

Gleichfalls endet der baurechtliche Bestandsschutz bei **endgültiger Nutzungsaufgabe**. Eine nicht nur vorübergehende andersartige Nutzung, d.h. eine Nutzung, die eine andere baurechtliche Qualität aufweist, lässt den Bestandsschutz unmittelbar entfallen.[143]

Eine bloße **Nutzungsunterbrechung** führt hingegen nicht zum Verlust des Bestandsschutzes.[144] Da die Vorschriften der BayBO diesen Fall im Gegensatz zur immissionsschutzrechtlichen Bestimmung in § 18 Abs. 1 Nr. 2 BImSchG nicht erfassen – Art. 69 BayBO erfasst nur den Fall nicht begonnener oder unterbrochener Errichtung –, ist eine Nutzungsunterbrechung mit anschließender Wiederaufnahme der Nutzung grundsätzlich unschädlich. **304**

Schließlich erlaubt Art. 54 Abs. 4 BayBO eine **Bestandsanpassung** bestandsgeschützter baulicher Anlagen. **305**

5. Voraussetzungen und rechtliche Zulässigkeit des aktiven Bestandsschutzes

Der aktive Bestandsschutz betrifft die Frage, inwieweit an dem geschützten Bestand baurechtlich relevante Veränderungen zu genehmigen oder jedenfalls zu dulden sind. Anders als der passive Bestandsschutz zielen die Fallgruppen des aktiven Bestandsschutzes darauf ab, den vorhandenen Bestand zu verändern bzw. zu erweitern. **306**

a) Einfach-aktiver Bestandsschutz

Nach allgemeiner Auffassung unterfallen dem so genannten einfach-aktiven Bestandsschutz **Erhaltungsmaßnahmen** in Gestalt von Instandsetzungs-, Instandhaltungs-, Reparatur-, Unterhaltungsarbeiten.[145] Der Eigentümer wird in die Lage versetzt, an einer rechtmäßig errichteten Anlage die zur Erhaltung und zeitgemäßen Nutzung notwendigen Maßnahmen durchzu- **307**

142 vgl. *BVerfG* NVwZ 2001, 424.
143 *BVerwG* BauR 1994, 737 ff.; *BVerwG* NVwZ 1989, 667 ff.
144 *BayVGH* BayVBl. 2003, 626; *BayVGH* BayVBl. 2008, 667; *BayVGH* B.v. 7.12.2009, Az. 15 CS 09.2755 – juris.
145 BVerwGE 47, 126 ff.

führen. Dies schließt auch Modernisierungsmaßnahmen ein, die aufgrund der Anforderungen des modernen Wohnungsbaus und der gewandelten Lebensgewohnheiten notwendig erscheinen.[146]

Eine bauliche Maßnahme dient dann der **Bestandserhaltung**, wenn durch sie die **Identität** des geschützten Bestands erhalten bleibt, wenn also Standort, Bauvolumen und Zweckrichtung nicht geändert werden.

b) Qualifiziert-aktiver Bestandsschutz

308 Die Fallgruppe des **qualifiziert-aktiven Bestandsschutzes** betrifft Veränderungen baulicher Anlagen, die nicht mehr nur bestandserhaltend, sondern **bestandserweiternd** sind.[147] Auch ein **Ersatzbau** für ein zuvor beseitigtes Gebäude stellt eine Fallgruppe qualifiziert-aktiven Bestandsschutzes dar.[148]

Veränderungen einer baulichen Anlage, die bestanderweiternden Charakter besitzen, sind aufgrund ihrer grundsätzlichen Genehmigungspflicht nach der BayBO nach der Rechtsprechung des Bundesverwaltungsgerichts zu Art. 14 GG nur dann zulässig, wenn sie einfachgesetzlich normiert sind. Für den Außenbereich hat der Gesetzgeber in § 35 Abs. 4 BauGB eine derartige einfachgesetzliche Ausgestaltung des aktiven Bestandsschutzes vorgenommen. In den Fällen des § 35 Abs. 4 BauGB sind nämlich im Außenbereich trotz grundsätzlicher Unzulässigkeit des Bauvorhabens nach § 35 Abs. 2 und 3 BauGB bestimmte bauliche Erleichterungen ermöglicht. Diese betreffen **Nutzungsänderungen** landwirtschaftlicher Gebäude (§ 35 Abs. 4 S. 1 Nr. 1 BauGB), **Neuerrichtungen** (Ersatzbauten nach § 35 Abs. 4 S. 1 Nr. 2, 3 BauGB) sowie **Erweiterungen** (§ 35 Abs. 4 S. 1 Nr. 5, 6 BauGB). Außerhalb dieser gesetzlichen Regelungen gibt es keinen Anspruch auf Zulassung eines Vorhabens aus eigentumsrechtlichem Bestandsschutz. Die Regelungen in § 35 Abs. 4 BauGB sind insoweit **abschließend** und auch **nicht analogiefähig**.[149]

G. Das Erfordernis der gesicherten Erschließung

309 Die §§ 30 ff. BauGB verlangen für die planungsrechtliche Zulässigkeit eines Bauvorhabens grundsätzlich eine **gesicherte Erschließung**. Lediglich im **Außenbereich** nach § 35 BauGB nimmt das Gesetz hiervon Abstand und verlangt nur noch, dass **eine ausreichende Erschließung** gegeben ist.

> Die **Erschließung** ist **gesichert**, wenn im Zeitpunkt der Erteilung der Baugenehmigung damit gerechnet werden kann, dass die notwendig werdenden Erschließungsanlagen im Zeitpunkt der Fertigstellung des Bauvorhabens funktionsfähig hergestellt sein werden.[150]

146 vgl. BVerwGE 25, 161 ff. zum Bau von Stellplätzen, Garagen.

147 BVerwGE 50, 49 ff.

148 *Mitschang/Reidt* in *Battis/Krautzberger/Löhr* BauGB § 35 Rn. 126, 141, 149.

149 *BVerwG* BauR 1998, 78 ff.; *Mitschang/Reidt* in *Battis/Krautzberger/Löhr* BauGB § 35 Rn. 125; *Spieß* in *Jäde/Dirnberger* BauGB, BauNVO, § 35 Rn. 98 f.

150 *BVerwG* DVBl. 1986, 685 ff.

Es handelt sich hierbei um eine **Prognoseentscheidung** der Bauaufsichtsbehörde im Zeitpunkt der Genehmigung bezogen auf den künftigen Zeitpunkt der Fertigstellung des Bauvorhabens.

Die **gesicherte Erschließung** setzt jedenfalls **im Planbereich nach § 30 BauGB** und im **Innenbereich nach § 34 BauGB** einen **Anschluss an das öffentliche Straßennetz** voraus sowie das Vorhandensein einer **ausreichenden Versorgung mit Elektrizität, Wärme und Wasser** sowie einer **funktionsfähigen Abwasser- und Abfallbeseitigung** (regelmäßig Anschluss an zentrale Abwasserbeseitigungsanlage).[151] 310

JURIQ-Klausurtipp

Sie können sich an dieser Stelle der notwendig werdenden Erschließungsanlagen mit der gesetzlichen Bestimmung in § 127 Abs. 2 und Abs. 4 BauGB helfen. Dort sind die maßgeblichen Erschließungsanlagen genannt. Geben Sie allerdings darauf Acht, dass Sie für die Erschließung in den §§ 30 ff. BauGB **nicht** die Vorschrift des § 127 BauGB zitieren. § 127 BauGB betrifft nämlich nur die Frage der zulässigen **Erhebung von Erschließungsbeiträgen** und steht damit im Kontext mit Art. 5a KAG. Es handelt sich daher nur um eine gedankliche „Behelfsbrücke", um die notwendigen Erschließungseinrichtungen im Planbereich des § 30 BauGB parat zu haben.

Da das Gesetz bei Vorhaben im Außenbereich zumindest bei privilegierten Vorhaben nur von einer ausreichenden Erschließung spricht, sind hier Abstriche in den Anforderungen gegenüber Vorhaben im Plan- oder Innenbereich angezeigt. Gefordert werden aber zumindest auch insoweit die **wegemäßige Erreichbarkeit des Grundstücks** sowie die **Versorgung mit Wasser und Strom nebst einer ausreichenden Abwasserbeseitigung**.[152] Welche Anforderungen an die gesicherte Erschließung bei sonstigen Vorhaben nach § 35 Abs. 2 BauGB gestellt werden, hängt letztlich vom Umfang und von der Art des jeweiligen Vorhabens ab und ist Einzelfallbeurteilung. 311

H. Das gemeindliche Einvernehmen, § 36 BauGB

I. Ziel und Erforderlichkeit

§ 36 Abs. 1 S. 1 BauGB normiert, dass über die Zulässigkeit von Vorhaben nach den §§ 31, 33, 34 und 35 BauGB im bauaufsichtlichen Verfahren die Entscheidung der Baugenehmigungsbehörde im Einvernehmen mit der Gemeinde zu erfolgen hat. Über die gesetzlich vorgesehene Mitwirkung der Gemeinde am Verfahren wird das **Ziel** verfolgt, **die gemeindliche Planungshoheit** als Kernelement kommunaler Selbstverwaltung zu sichern.[153] 312

151 *Dürr/König* Baurecht Bayern S. 154 Rn. 234.
152 *Spieß* in *Jäde/Dirnberger* BauGB, BauNVO § 35 Rn. 281 ff.
153 *Reidt* in Battis/Krautzberger/Löhr BauGB § 36 Rn. 1.

JURIQ-Klausurtipp

Denken Sie daran, dass aufgrund dieser Zielrichtung des § 36 BauGB – Sicherung der gemeindlichen Planungshoheit – das städtebauliche Einvernehmen tauglicher Gegenstand eines Bürgerbegehrens nach Art. 18a GO sein kann. Anders als die Baugenehmigung selbst, die für Gemeinden, die gleichzeitig Bauaufsichtsbehörde sind (vgl. Art. 9 Abs. 1, 9 Abs. 2 GO, Art. 53 Abs. 2 BayBO, § 5 Abs. 1 ZustVBau), Gegenstand des übertragenen Wirkungskreises ist (vgl. Art. 54 Abs. 1 Hs. 2 BayBO), ist die Erteilung des Einvernehmens Gegenstand des eigenen Wirkungskreises (Art. 7 GO).

313 Steht ein Bauvorhaben im Gebiet eines Bebauungsplanes (§ 30 BauGB) zur Entscheidung, bedarf es des planungssichernden Einvernehmens grundsätzlich nicht, da die Gemeinde im Bebauungsplan ihre planerischen Vorstellungen für das Gebiet bereits zum Ausdruck gebracht hat.

JURIQ-Klausurtipp

Beachten Sie aber, dass, sofern das Bauvorhaben in Abweichung zu den Festsetzungen des Bebauungsplans steht, eine erforderlich werdende Ausnahme oder Befreiung nach § 31 Abs. 1 bzw. Abs. 2 BauGB unter dem Vorbehalt der Erteilung des gemeindlichen Einvernehmens steht.

314 Weiter ist ein gemeindliches Einvernehmen nach § 36 BauGB dann nicht erforderlich, wenn Gemeinde und Baugenehmigungsbehörde identisch sind.[154] Die Erteilung des gemeindlichen Einvernehmens setzt immer zwei personenverschiedene Rechtsträger voraus. Der mit § 36 BauGB verfolgte Zweck der Sicherung der gemeindlichen Planungshoheit ist von vornherein erfüllt, wenn die Gemeinde mit der unteren Bauaufsichtsbehörde identisch ist. Damit entfällt ein gemeindliches Einvernehmen nach § 36 BauGB immer bereits dann, wenn die Gemeinde selbst Baugenehmigungsbehörde ist. Es sind dies die Fälle der kreisfreien Stadt nach Art. 9 Abs. 1 GO, der Großen Kreisstadt nach Art. 9 Abs. 2 GO in Verbindung mit § 1 Abs. 1 Nr. 1 GrKrV[155] sowie der Delegationsgemeinden nach Art. 53 Abs. 2 BayBO in Verbindung mit § 5 Abs. 1 ZustVBau.[156]

Hinweis

Das gemeindliche Einvernehmen entfällt bei Personenidentität von Genehmigungsbehörde und Gemeinde auch dann, wenn innerhalb der Gemeinde unterschiedliche Organe zur Entscheidung über den Bauantrag und die Erklärung des Einvernehmens berufen sind.

315 Gemäß § 36 Abs. 1 S. 2 Hs. 1 BauGB bedarf es des Einvernehmens grundsätzlich auch dann, wenn über die Zulässigkeit nach den §§ 31, 33, 34, 35 BauGB in einem anderen Verfahren entschieden wird. Relevant wird dies insbesondere bei der Genehmigung einer Anlage, die einer Genehmigung nach dem Bundesimmissionsschutzgesetz (BImSchG) bedarf.

154 BVerwGE 45, 207 ff.; *Reidt* in Battis/Krautzberger/Löhr BauGB § 36 Rn. 12.
155 *Ziegler/Tremel* Nr. 284.
156 *Ziegler/Tremel* Nr. 63.

Hinweis

Wer sich in Bayern auf die Zweite Juristische Staatsprüfung vorbereitet, sollte sich daher den § 36 Abs. 1 S. 2 Hs. 1 BauGB neben § 13 BImSchG kommentieren.

II. Rechtsnatur

Da das nach § 36 BauGB erforderlich werdende Einvernehmen eine gesetzlich vorgesehene 316
Mitwirkungshandlung der Gemeinde im Verfahren der Erteilung einer Baugenehmigung darstellt, liegt im Verhältnis von Gemeinde und Bauaufsichtsbehörde ein rein intern zu beurteilender Vorgang vor, der mangels Außenwirkung gegenüber dem Bürger **keinen Verwaltungsakt** im Sinne von Art. 35 BayVwVfG darstellt.[157]

Das **Einvernehmen** nach § 36 BauGB ist als bloße Mitwirkungshandlung am Verfahren ein Verwaltungsinternum ohne Außenwirkung.

Aufgrund der fehlenden Verwaltungsakts-Qualität des verweigerten Einvernehmens gegen- 317
über dem Bürger kann dieser auch die Erteilung des Einvernehmens nicht im Klagewege isoliert einklagen. Dem durch eine (unberechtigte) Verweigerung des gemeindlichen Einvernehmens betroffenen Bauherrn verbleibt bei Versagung der Baugenehmigung nur der Rechtsschutz über eine Verpflichtungsklage auf Erteilung der Baugenehmigung selbst, § 42 Abs. 1 Alt. 2 VwGO.

III. Versagungsgründe und Fiktion des Einvernehmens

Da § 36 BauGB die gemeindliche Planungshoheit absichert, kann das gemeindliche Einver- 318
nehmen auch nur aus bauplanungsrechtlichen Gründen von der Gemeinde versagt werden. § 36 Abs. 2 S. 1 BauGB bestätigt diese Überlegung. Die Gemeinde darf ihr städtebaulich erforderliches Einvernehmen nur aus Gründen der §§ 31, 33, 34, 35 BauGB versagen. Prüfungs- und Entscheidungsmaßstab der Gemeinde sind damit ausschließlich die bauplanungsrechtlichen Anforderungen in den §§ 31, 33, 34, 35 BauGB. Eine Verweigerung des Einvernehmens aus anderen Gründen (beispielsweise Bauordnungsrecht) wäre rechtswidrig. Ein Ermessen kommt der Gemeinde bei § 36 BauGB nur im Rahmen der Ausnahmen und Befreiungen nach § 31 BauGB zu. Im Übrigen ist die Gemeinde, wenn die Voraussetzungen nach §§ 33, 34 oder 35 BauGB vorliegen, zur Erteilung des städtebaulichen Einvernehmens verpflichtet.

Nach § 36 Abs. 2 S. 2 BauGB gilt das Einvernehmen der Gemeinde als erteilt **(Fiktion des Einver-** 319
nehmens), wenn es nicht innerhalb von zwei Monaten nach Eingang des Ersuchens der Genehmigungsbehörde verweigert wird; dem Ersuchen gegenüber der Gemeinde steht die Einreichung des Antrags bei der Gemeinde gleich, wenn dies nach Landesrecht vorgeschrieben ist. Letzterer Fall beansprucht in Bayern Geltung, da Art. 64 Abs. 1 S. 1 BayBO die Einreichung des Bauantrags bei der Gemeinde verlangt. Die Frist für die Erteilung des gemeindlichen Einvernehmens nach § 36 Abs. 2 S. 2 BauGB – bei Säumnis ist die Fiktion des Einvernehmens die

157 *Spieß* in *Jäde/Dirnberger* BauGB, BauNVO § 36 Rn. 62.

Rechtsfolge – ist eine **Ereignisfrist** im Sinne von Art. 31 Abs. 1 BayVwVfG, § 187 Abs. 1 BGB, d.h. der Tag des Eingangs des Baugesuchs bei der Gemeinde ist beim Fristlauf **nicht mitzurechnen.**[158] Die Einvernehmensfiktion tritt nicht ein, wenn die Gemeinde das Einvernehmen vor Ablauf der Frist aus § 36 Abs. 2 S. 2 BauGB verweigert. Um die Einvernehmensfiktion zu vermeiden, muss die Verweigerung des Einvernehmens bis zum Ablauf der Frist nicht nur erklärt, sondern der Bauaufsichtsbehörde zugegangen sein.[159]

Denken Sie bitte auch daran, dass die Erteilung des gemeindlichen Einvernehmens unter bestimmten Bedingungen und Auflagen einer Ablehnung des Einvernehmens gleichsteht. Die Gemeinde hat in § 36 BauGB nur die Möglichkeit, dem jeweiligen Bauvorhaben zuzustimmen bzw. es abzulehnen. Ein „Ja, aber…" der Gemeinde bedeutet rechtlich eine Verweigerung der Zustimmung zum Bauvorhaben.

Gemeindeintern ist regelmäßig der Bauausschuss bzw. der Gemeinderat zuständig zur Erteilung des gemeindlichen Einvernehmens. Dies beurteilt sich ausschließlich nach bayerischem Kommunalrecht. Denkbar ist es insoweit auch, dass der Gemeinderat in seiner Geschäftsordnung (Art. 45 Abs. 1 GO) Regelungen zur Organkompetenz trifft (z.B., dass der erste Bürgermeister für Befreiungen von Bebauungsplänen oder für Innenbereichsvorhaben zuständig ist, während bei Außenbereichsprojekten der Gemeinderat zu entscheiden hat). Merken Sie sich, dass die Erteilung des gemeindlichen Einvernehmens jedenfalls regelmäßig keine laufende Angelegenheit im Sinne von Art. 37 Abs. 1 Nr. 1 GO darstellt.

IV. Bindungswirkungen

1. Keine positive Bindungswirkung

320 Die Erteilung des gemeindlichen Einvernehmens hat keine positive Bindungswirkung für die Bauaufsichtsbehörde. Hat die Gemeinde das Einvernehmen zur Baugenehmigung hergestellt, so ist die Baugenehmigungsbehörde nicht gezwungen, auch ihrerseits dem Vorhaben planungsrechtlich zuzustimmen und eine Genehmigung zu erteilen.[160] Zur Erteilung einer Baugenehmigung kommt es nur bei einer Willensübereinstimmung von Gemeinde und Bauaufsichtsbehörde.

2. Negative Bindungswirkung

321 Fehlt das gemeindliche Einvernehmen bzw. ist es von Seiten der Gemeinde verweigert worden, so ist die Baugenehmigungsbehörde an diese Entscheidung, mag sie auch rechtswidrig gewesen sein, dem Grunde nach gebunden, es sei denn, die Bauaufsichtsbehörde ersetzt das nach ihrer Auffassung rechtswidrig verweigerte Einvernehmen.[161] Diese **Ersetzungsmöglichkeit** für ein **rechtswidrig verweigertes Einvernehmen** findet sich zum einen in § 36 Abs. 2 S. 3 BauGB, zum anderen in Art. 67 Abs. 1 S. 1 BayBO. Art. 67 Abs. 1 S. 1 Hs. 2 BayBO bestimmt, dass ein aus Städtebaurecht (§ 36 BauGB) rechtswidrig verweigertes Einvernehmen nach Maßgabe von Art. 67 Abs. 2 bis 4 BayBO zu ersetzen ist. Art. 67 Abs. 1 S. 2 BayBO stellt klar, dass der Bauherr einen Rechtsanspruch auf Ersetzung nur in den Fällen des § 36

158 *Spieß* in *Jäde/Dirnberger* BauGB, BauNVO § 36 Rn. 31.
159 *Spieß* in *Jäde/Dirnberger* BauGB, BauNVO § 36 Rn. 35.
160 *Spieß* in *Jäde/Dirnberger* BauGB, BauNVO § 36 Rn. 50.
161 *Spieß* in *Jäde/Dirnberger* BauGB, BauNVO § 36 Rn. 51.

Abs. 2 S. 3 BauGB besitzt. Diese Entscheidung über die Ersetzung des Einvernehmens hat seitens der Bauaufsichtsbehörde ausdrücklich zu erfolgen. Es handelt sich hierbei um eine gesetzlich ausdrücklich zugelassene (rechtsaufsichtliche) **Ersatzvornahme** gegenüber der Gemeinde (vgl. Art. 67 Abs. 2 und Abs. 3 S. 1 Hs. 1 BayBO). Da in der Ersetzung der Baugenehmigungsbehörde eine rechtsaufsichtliche Maßnahme gegenüber der Gemeinde vorliegt, hat die Entscheidung gegenüber der von ihr betroffenen Gemeinde die rechtliche Qualität eines **Verwaltungsakts** im Sinne von Art. 35 S. 1 BayVwVfG.

3. Zeitliche Bindungswirkung

Aus Rechtssicherheitsgründen ist das von der Gemeinde einmal erteilte Einvernehmen nur 322
bis zum Ende der (Ausschluss-)Frist in § 36 Abs. 2 S. 2 BauGB frei widerruflich. Nach Ablauf dieser Frist ist eine Rücknahme bzw. ein Widerruf eines ausdrücklich bzw. fiktiv erteilten Einvernehmens ausgeschlossen.[162] Auch eine Wiedereinsetzung (Art. 32 BayVwVfG) scheidet aufgrund des Charakters als **echte Ausschlussfrist** aus.

V. Rechtsschutzfragen

1. Rechtsschutz bei Ablehnung der Baugenehmigung

Verweigert die Gemeinde ihr Einvernehmen und sieht die Bauaufsichtsbehörde nachfol- 323
gend von einer Ersetzung des Einvernehmens ab, d.h. es kommt gegenüber dem Bauherrn zu einer Versagung der Genehmigung, kann der Bauherr nicht isoliert die Erteilung des gemeindlichen Einvernehmens einklagen, da die Verweigerung des Einvernehmens bloßes Verwaltungsinternum ist. Dem **Bauherrn** verbleibt hier nur die zielführende Erhebung einer **Verpflichtungsklage** in Form der **Versagungsgegenklage**, § 42 Abs. 1 Alt. 2 VwGO, auf **Erteilung der Baugenehmigung** (unter gleichzeitiger Aufhebung der ablehnenden Entscheidung der Bauaufsichtsbehörde). In einem derartigen Verwaltungsgerichtsverfahren ist die **Gemeinde** nach **§ 65 Abs. 2 VwGO notwendig beizuladen**, um das ergehende Urteil in seiner Rechtskraft auf die das Einvernehmen verweigernde Gemeinde zu erstrecken, § 121 VwGO.

2. Rechtsschutz bei Erteilung der Baugenehmigung und Ersetzung des Einvernehmens

Ersetzt hingegen die Bauaufsichtsbehörde das von der Gemeinde verweigerte Einverneh- 324
men und erteilt dem Bauherrn die Baugenehmigung antragsgemäß, weil sie der Auffassung ist, die Verweigerung sei rechtswidrig erfolgt, so muss jetzt die Gemeinde um **gerichtlichen Rechtsschutz** nachsuchen. Nach Auffassung der Verfasser sieht sich die Gemeinde in einer derartigen Konstellation **zwei Verwaltungsakten** gegenüber. Um zu verhindern, dass die dem Bauherrn erteilte Baugenehmigung bestandskräftig wird, muss die Gemeinde eine **erste Anfechtungsklage, § 42 Abs. 1 Alt. 1 VwGO, gegen die Baugenehmigung** richten.[163] Da die Gemeinde diese Baugenehmigung als Dritter angreift, muss sie geltend machen, in der sie schützenden gemeindlichen Planungshoheit (Art. 28 Abs. 2 GG, Art. 11 Abs. 2 BV, § 36 BauGB) verletzt zu sein. Eine derartige Anfechtungsklage der

162 *Spieß* in *Jäde/Dirnberger* BauGB, BauNVO § 36 Rn. 54.

163 *Reidt* in *Battis/Krautzberger/Löhr* BauGB § 36 Rn. 24.

Gemeinde hat **keine aufschiebende Wirkung nach § 80 Abs. 1 VwGO**. Diese entfällt nach § 80 Abs. 2 Nr. 3 VwGO, § 212a BauGB, da die Gemeinde **Dritter** im Sinne dieser Vorschrift ist. Da das Gesetz in § 212a BauGB nicht den engeren Begriff des Nachbarn wählt, erfasst die Norm des § 212a BauGB auch die Gemeinde.[164] Eine derartige Klage hat dann Erfolg, wenn die Gemeinde ihr städtebauliches Einvernehmen zu Recht versagt hat, d.h. die Baugenehmigung aus den in § 36 Abs. 2 S. 1 BauGB genannten bauplanungsrechtlichen Gründen (§§ 31, 33, 34, 35 BauGB) rechtswidrig ist.

325 Daneben sieht sich die Gemeinde aber auch der **rechtsaufsichtlichen Ersatzvornahme** aus Art. 67 Abs. 1, Abs. 3 S. 1 Hs. 1 BayBO gegenüber. Dieser weitere **rechtsaufsichtliche Verwaltungsakt** kann ebenfalls mit der **Anfechtungsklage** nach § 42 Abs. 1 Alt. 1 VwGO angegriffen werden. Von dieser Sichtweise eines **zweiten isoliert angreifbaren Verwaltungsakts** geht auch der Gesetzgeber in Art. 67 Abs. 3 S. 2 BayBO aus.[165] Ein derartiges Rechtsmittel der Gemeine hätte aufschiebende Wirkung gem. § 80 Abs. 1 VwGO. § 212a BauGB findet insofern keine Anwendung. Diese weitere Anfechtungsklage ist dann begründet (§ 113 Abs. 1 S. 1 VwGO), wenn die Ersetzung des Einvernehmens rechtswidrig war und die Gemeinde in ihrem Recht auf gemeindliche Planungshoheit (Art. 28 Abs. 2 GG, Art. 11 Abs. 2 BV, § 36 BauGB) verletzt ist. Dies ist wiederum dann der Fall, wenn die Verweigerung des Einvernehmens rechtmäßig war, d.h. die Gründe des § 36 Abs. 2 S. 1 BauGB für eine Verweigerung des Einvernehmens vorlagen.

Online-Wissens-Check

Welche Rechtsnatur hat das gemeindliche Einvernehmen nach § 36 BauGB?

Überprüfen Sie jetzt online Ihr Wissen zu den in diesem Abschnitt erarbeiteten Themen. Unter **www.juracademy.de/skripte/login** steht Ihnen ein Online-Wissens-Check speziell zu diesem Skript zur Verfügung, den Sie kostenlos nutzen können. Den Zugangscode hierzu finden Sie auf der Codeseite.

164 *Széchényi* in *Jäde/Dirnberger* BauGB, BauNVO § 212a Rn. 8.

165 so auch *Reidt* in *Battis/Krautzberger/Löhr* BauGB § 36 Rn. 25; *BVerwG* NVwZ 2010, 1561.

4. Teil
Die Zulässigkeit von baulichen Einzelvorhaben

A. Die Baugenehmigung

I. Rechtsnatur der Baugenehmigung

Die Baugenehmigung ergeht aufgrund einer rechtlich gebundenen Entscheidung nach Art. 68 Abs. 1 S. 1 BayBO. Dieser rechtlich gebundene Anspruch stellt den Ausfluss der Eigentumsfreiheit nach Art. 14 Abs. 1 GG dar, der auch eine grundsätzliche **Baufreiheit** umfasst, weil der Schutz des Eigentums es einschließt, dass man sein Grundstück beliebig nutzen und damit auch bebauen darf. Man spricht in diesem Zusammenhang auch von einem **präventiven Verbot mit Erlaubnisvorbehalt**.[1] **326**

Hinweis

Von einem präventiven Verbot mit Erlaubnisvorbehalt spricht man dann, wenn ein Vorhaben grundsätzlich erlaubt und gewünscht ist, zu dessen Durchführung aber ein entsprechendes Verfahren (hier das Baugenehmigungsverfahren) durchzuführen ist; dieses Verfahren dient dann lediglich der Feststellung, ob das Vorhaben mit den einzuhaltenden öffentlich-rechtlichen Anforderungen im Einklang steht oder nicht.

Die Baugenehmigung als zentraler Verwaltungsakt im Bauordnungsrecht stellt aufgrund des Erfordernisses eines Antrags (vgl. Art. 64 BayBO) zunächst einen so genannten mitwirkungsbedürftigen Verwaltungsakt dar. Weil er auch die Interessen und Rechte Dritter berührt (insbesondere der Grundstücksnachbarn), stellt er zudem einen Verwaltungsakt mit Doppelwirkung i.S.d. § 80a VwGO dar. Letztlich handelt es sich um einen dinglichen bzw. sachbezogenen Verwaltungsakt (vgl. Art. 54 Abs. 2 S. 3 BayBO), da eine Baugenehmigung auch für und gegen den Rechtsnachfolger gilt.[2] **327**

II. Wirkungen der Baugenehmigung

Eine erteilte Baugenehmigung entfaltet zunächst Gestattungswirkung nach Art. 68 Abs. 5 BayBO; sie stellt die entscheidende Voraussetzung für den Beginn mit der Ausführung des baulichen Vorhabens dar. Daneben entfaltet diese eine so genannte Feststellungswirkung für die von der Baugenehmigungsbehörde in der Baugenehmigung behandelten Fragen; mit anderen Worten enthält sie die Aussage, dass das bauliche Vorhaben im Hinblick auf die in ihr behandelten Fragen mit den öffentlichen-rechtlichen Anforderungen vereinbar ist. **328**

---

1 Vgl. auch *Brenner* Öffentliches Baurecht S. 226 Rn. 748.
2 Vgl. auch *Brenner* Öffentliches Baurecht S. 228 Rn. 752.

JURIQ-Klausurtipp

Bedeutung erlangt diese Feststellungswirkung vor allem beim Rechtsschutz des Nachbarn gegen die Baugenehmigung. Dieser kann sich beim Vorgehen gegen die Baugenehmigung nur auf solche Vorschriften stützen, welche von der Bauaufsichtsbehörde vor Erteilung der Baugenehmigung zu prüfen sind und demnach auch Inhalt der Baugenehmigung sind.

Die erteilte Baugenehmigung erlischt nach Art. 69 Abs. 1 BayBO, wenn nicht innerhalb von vier Jahren nach ihrer Erteilung mit der Ausführung des Bauvorhabens begonnen wird oder die Bauausführung vier Jahre unterbrochen wird; Hemmung tritt durch Rechtsbehelfe bis zur Unanfechtbarkeit der Genehmigung ein.[3] Eine Möglichkeit zur Verlängerung schafft Art. 69 Abs. 2 BayBO.

B. Anspruch auf Erteilung einer Baugenehmigung

329 Beim Anspruch auf Erteilung einer Baugenehmigung handelt es sich – wie bereits erwähnt – um eine im Grundsatz gebundene Entscheidung nach Art. 68 Abs. 1 S. 1 BayBO, wonach die Baugenehmigung zu erteilen ist, wenn dem Vorhaben keine öffentlich-rechtlichen Vorschriften entgegenstehen, die im bauaufsichtlichen Genehmigungsverfahren zu prüfen sind. Ermessenserwägungen spielen bei der Erteilung der Baugenehmigung nur dann eine Rolle, wenn der Antragsteller Abweichungen i.S.d. Art. 63 BayBO beantragt, da der Bauaufsichtsbehörde insoweit ein Ermessensspielraum zusteht.

Hinweis

Sämtliche Voraussetzungen werden hier vorab dargestellt, um Ihnen einen Gesamtüberblick zu verschaffen. Im Rahmen der einzelnen Klagearten werden aber nicht alle dieser Punkte relevant (siehe dazu mehr beim Rechtsschutz). Relevant werden alle hier dargestellten Voraussetzungen insbesondere bei der Erstellung eines Gutachtens zur Frage des Anspruchs auf Erteilung einer Baugenehmigung sowie bei der Erstellung einer Baugenehmigung aus Sicht der Baugenehmigungsbehörde.

3 Vgl. zu allem auch *Erbguth/Mann/Schubert* Besonderes Verwaltungsrecht Rn. 1279 ff.

Anspruch auf Erteilung einer Baugenehmigung nach Art. 68 Abs. 1 S. 1 BayBO

PRÜFUNGSSCHEMA

A. Formelle Voraussetzungen
- I. Ordnungsgemäßer Bauantrag bei Gemeinde eingereicht
- II. Sachliche Zuständigkeit der Bauaufsichtsbehörde nach Art. 53 BayBO
- III. Örtliche Zuständigkeit der Bauaufsichtsbehörde nach Art. 3 Abs. 1 Nr. 1 BayVwVfG i.V.m. § 206 BauGB
- IV. Ordnungsgemäße Nachbarbeteiligung nach Art. 66 BayBO
- V. Schriftform der Baugenehmigung nach Art. 68 Abs. 2 S. 1 BayBO

B. Materielle Voraussetzungen
- I. Genehmigungspflichtigkeit des Vorhabens
  1. Anwendungsbereich der BayBO eröffnet nach Art. 1 f. BayBO
  2. Anwendungsfall des Art. 55 BayBO
  3. Vorrang anderer Gestattungsverfahren nach Art. 56 BayBO
  4. Verfahrensfreie Bauvorhaben nach Art. 57 BayBO
  5. Genehmigungsfreistellungsverfahren nach Art. 58 BayBO
  6. Genehmigung fliegender Bauten nach Art. 72 BayBO
  7. Bauaufsichtliche Zustimmung nach Art. 73 BayBO
- II. Genehmigungsfähigkeit des Vorhabens

I. Formelle Voraussetzungen

1. Ordnungsgemäßer Bauantrag bei Gemeinde eingereicht

Nach Art. 64 Abs. 1 S. 1 BayBO ist der Bauantrag schriftlich bei der Gemeinde einzureichen; 330
sofern diese nicht selbst zur Entscheidung zuständig ist, legt sie diesen nach Art. 64 Abs. 1 S. 2 BayBO mit ihrer Stellungnahme unverzüglich der Bauaufsichtsbehörde vor.

» Wie immer gilt der Grundsatz, dass in diesem Schema alle denkbaren relevanten Punkte angesprochen wurden. Im Einzelnen sollten Sie in der Klausur aber auch nur die Punkte ansprechen, die auch wirklich problematisch sind! «

Hinweis

Einzureichen ist der Bauantrag also in jedem Fall bei der Gemeinde, unabhängig davon, ob diese auch zur Entscheidung über diesen zuständig ist oder nicht.

Mit dem Bauantrag sind nach Art. 64 Abs. 2 S. 1 BayBO auch die Bauvorlagen i.S.d. BauVorlV einzureichen. Nach Art. 64 Abs. 4 S. 1 BayBO haben zudem der Bauherr und der Entwurfsverfasser den Bauantrag und die Bauvorlagen zu unterschreiben.

Bauherr i.S.d. Art. 50 BayBO ist, wer auf seine Verantwortung eine bauliche Anlage vorbereitet oder ausführt oder vorbereiten oder ausführen lässt.[4] Denken Sie daran, dass der Bauherr nicht zwingend identisch mit dem jeweiligen Grundstückseigentümer sein muss.

4 Vgl. *Brenner* Öffentliches Baurecht S. 234 Rn. 772.

Unter diese Definition fällt jede natürliche oder juristische Person, in deren Auftrag und für deren Rechnung eine Baumaßnahme durchgeführt wird.[5]

Entwurfsverfasser i.S.d. Art. 51 BayBO ist eine sachkundige Person, die das jeweilige Bauvorhaben vorbereitet, i.d.R. der Architekt.[6]

331 Achten Sie bereits an dieser Stelle auf Art. 64 Abs. 4 S. 2 BayBO: Danach hat der Eigentümer oder der Erbbauberechtigte, soweit er dem Bauvorhaben zugestimmt hat, bauaufsichtliche Maßnahmen zu dulden, die aus Nebenbestimmungen der Baugenehmigung herrühren. In diesem Zusammenhang wird auch die Vorschrift des Art. 68 Abs. 4 BayBO relevant, wonach die Baugenehmigung unbeschadet der privaten Rechte Dritter erteilt wird. Aus beiden Vorschriften wird deutlich, dass der Bauherr und der materiell am Grundstück Berechtigte (Eigentümer oder Erbbauberechtigter) zu unterscheiden sind. Der Bauherr und der materiell Berechtigte können identisch sein, müssen es aber nicht sein.

JURIQ-Klausurtipp

Dabei handelt es sich um eine beliebte Klausurfalle. In diesen Fällen wird der Anspruch des Bauherrn auf die Baugenehmigung mit dem Argument in Frage gestellt, er sei nicht materiell Berechtigter des Grundstücks.

332 Das Erfordernis der Anhörung der öffentlichen Stellen zum Bauantrag durch die Bauaufsichtsbehörde nach Art. 65 BayBO stellt dagegen eine bloß verwaltungsinterne Regelung dar; ein Verstoß hindert also den Erlass einer Baugenehmigung nicht.

Bei dem Erfordernis des gemeindlichen Einvernehmens nach § 36 BauGB handelt es sich um eine materielle Voraussetzung der Baugenehmigung. Auf formeller Ebene wird dies ausnahmsweise dann relevant, wenn ein Einvernehmen erforderlich ist[7] und die Gemeinde aber überhaupt nicht am Verfahren beteiligt wurde. Sofern die Gemeinde hingegen beteiligt wurde und das Einvernehmen schlicht nicht erteilt hat oder deren Verweigerung des Einvernehmens ersetzt wurde, handelt es sich um eine Frage der materiellen Voraussetzungen der Baugenehmigung.

2. Sachliche Zuständigkeit der Bauaufsichtsbehörde

333 **Hinweis**

Sofern Sie im Rahmen des zweiten Staatsexamens einen Bescheid aus Sicht der Baugenehmigungsbehörde erstellen müssen, denken Sie bitte daran, dass es dabei üblich ist, die Zuständigkeit der Behörde vorab als ersten Punkt zu prüfen und dann zu den übrigen formellen und materiellen Voraussetzungen überzugehen.

334 Sachlich zuständig zur Durchführung des Genehmigungsverfahrens sind die Bauaufsichtsbehörden i.S.d. Art. 53 BayBO. Dabei wird nach Art. 53 Abs. 1 S. 1 BayBO unterschieden zwischen

5 Vgl. *Brenner* Öffentliches Baurecht S. 234 Rn. 772.

6 Vgl. *Brenner* Öffentliches Baurecht S. 234 Rn. 773.

7 Das Erfordernis des Einvernehmens entfällt, wenn die Gemeinde zugleich auch Bauaufsichtsbehörde ist; dazu mehr unter Rn. 314.

den unteren Bauaufsichtsbehörden (Kreisverwaltungsbehörden), den höheren Bauaufsichtsbehörden (Regierungen) und der obersten Bauaufsichtsbehörde (Staatsministerium des Inneren, für Bau und Verkehr). Soweit nichts anderes bestimmt ist, ergibt sich nach Art. 53 Abs. 1 S. 2 BayBO die Zuständigkeit der unteren Bauaufsichtsbehörde.

Hinweis

Aufgrund der Abschaffung des Widerspruchsverfahrens in Bayern nach § 68 Abs. 1 S. 2 Hs. 2 VwGO i.V.m. Art. 15 Abs. 1, 2 AGVwGO ist in der baurechtlichen Klausur eigentlich nur noch die untere Bauaufsichtsbehörde relevant. Lediglich bei einer bauaufsichtlichen Zustimmung nach Art. 73 BayBO ist die höhere Bauaufsichtsbehörde (Regierung) zuständig.

Grundsätzlich ist das Landratsamt nach Art. 53 Abs. 1 S. 1 BayBO i.V.m. Art. 37 Abs. 1 S. 2 LKrO untere Bauaufsichtsbehörde. Die kreisfreie Gemeinde erfüllt nach Art. 9 Abs. 1 GO jedoch im übertragenen Wirkungskreis die Aufgaben des Landratsamtes als unterer staatlicher Verwaltungsbehörde; kreisfreie Gemeinden wie beispielsweise Augsburg oder München verfügen deshalb über ein eigenes Baureferat.

Nach Art. 9 Abs. 2 S. 1 GO i.V.m. § 1 Nr. 1 GrKrV nehmen zudem die Großen Kreisstädte die Aufgaben der unteren Bauaufsichtsbehörden wahr.

Letztlich wurden einigen leistungsfähigen kreisangehörigen Gemeinden nach Art. 53 Abs. 2 S. 1 BayBO im Rahmen der Delegation Aufgaben der unteren Bauaufsichtsbehörde übertragen. Die so genannte große Delegation nach Art. 53 Abs. 2 S. 1 Nr. 1 BayBO i.V.m. § 5 Abs. 1 ZustVBau umfasst alle Aufgaben der unteren Bauaufsichtsbehörde; die so genannte kleine Delegation nach Art. 53 Abs. 2 S. 1 Nr. 2 BayBO i.V.m. § 5 Abs. 2 ZustVBau umfasst nur bestimmte Aufgabenbereiche der unteren Bauaufsichtsbehörde. Lesen Sie bitte § 5 ZustVBau unbedingt durch, um ein Gefühl für die Gemeinden der Delegation zu entwickeln; insbesondere die Stadt Friedberg kam schon häufiger in Examensklausuren vor.

Hinweis

Bei den Aufgaben der unteren Bauaufsichtsbehörde handelt es sich nach Art. 54 Abs. 1 Hs. 1 BayBO um Staatsaufgaben, für die Gemeinden handelt es sich um übertragene Aufgaben (Hs. 2). Ganz wichtig ist, dass Sie sich an dieser Stelle klarmachen, dass Gemeinden, sofern sie die Zuständigkeiten der unteren Bauaufsichtsbehörde wahrnehmen, zwar inhaltlich Staatsaufgaben ausführen, dadurch aber nicht zum Teil der staatlichen Verwaltung werden. Eine Gemeinde bleibt stets ihr eigener Rechtsträger und damit auch immer selber passivlegitimiert i.S.d. § 78 Abs. 1 Nr. 1 VwGO.

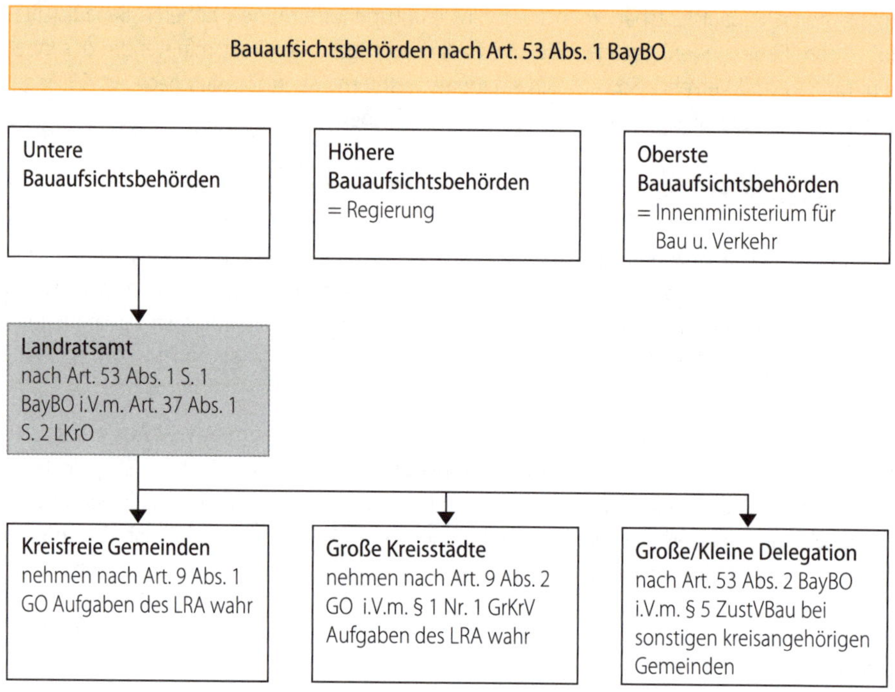

3. Örtliche Zuständigkeit der Bauaufsichtsbehörde

335 Die örtliche Zuständigkeit der Bauaufsichtsbehörde bestimmt sich mangels abschließender spezieller Regelung im Grundsatz nach Art. 3 Abs. 1 Nr. 1 BayVwVfG (aufgrund von Art. 1 Abs. 1 S. 1 BayVwVfG mangels spezieller Regelung anwendbar), wonach die Behörde zuständig ist, in deren Bezirk das vom Bauvorhaben betroffene Grundstück liegt. Für den Bereich des Bauplanungsrechts trifft § 206 Abs. 1 BauGB die inhaltsgleiche Regelung.

JURIQ-Klausurtipp

In der Klausur ist es völlig ausreichend, wenn sie bei der örtlichen Zuständigkeit auf Art. 3 Abs. 1 Nr. 1 BayVwVfG i.V.m. § 206 Abs. 1 BauGB verweisen!

Achten Sie bitte darauf, dass eine Verletzung des Art. 3 Abs. 1 Nr. 1 BayVwVfG nach Art. 44 Abs. 2 Nr. 3 BayVwVfG nicht nur zur Rechtswidrigkeit der Baugenehmigung, sondern sogar zu deren Nichtigkeit führt.

4. Ordnungsgemäße Nachbarbeteiligung nach Art. 66 BayBO

336 Nach Art. 66 Abs. 1 S. 1 BayBO sind den Eigentümern (bzw. dem Erbbauberechtigten oder dem Verwalter einer WEG nach Art. 66 Abs. 3 BayBO) der benachbarten Grundstücke vom Bauherrn oder seinem Beauftragten der Lageplan und die Bauzeichnungen zur Unterschrift vorzulegen. Der Nachbar ist dabei nach Art. 66 Abs. 2 S. 1 BayBO Beteiligter i.S.d. Art. 13 Abs. 1 Nr. 1 BayVwVfG. Gemäß Art. 66 Abs. 2 S. 2 BayBO findet Art. 28 BayVwVfG keine Anwendung, weil Art. 66 BayBO eine spezielle Form der Anhörung der zu beteiligenden Nachbarn darstellt.[8]

8 vgl. *Becker/Heckmann/Kempen/Manssen* Öffentliches Recht in Bayern Rn. 595.

Hinweis

Nicht in den Anwendungsbereich des Art. 66 BayBO fallen dagegen die bloß obligatorisch berechtigten Mieter oder Pächter. Nach Art. 66 Abs. 3 S. 3 BayBO nimmt der Eigentümer des Grundstücks auch deren Rechte wahr.

Diese haben die Wahl, den Bauantrag zu unterschreiben oder nicht. Sofern sie die Unterlagen unterschreiben, gilt dies nach Art. 66 Abs. 1 S. 2 BayBO als Zustimmung. Mit dieser Zustimmung verliert der Nachbar seine Klagebefugnis i.S.d. § 42 Abs. 2 VwGO; denn würde er nach geleisteter Unterschrift doch noch gegen die Baugenehmigung vorgehen wollen, würde er sich widersprüchlich verhalten.[9] Allerdings gilt es zu beachten, dass sich der Rechtsverzicht nicht auf private Rechte erstreckt. In Ausnahmefällen scheidet insoweit allenfalls ein Berufen aufgrund treuwidriger Rechtsausübung (§ 242 BGB) aus.[10]

JURIQ-Klausurtipp

Wichtig ist, dass die Zustimmung des Nachbarn mit der Unterschrift nur zu den Planangaben erfolgt ist, welche ihm auch vorgelegt wurden. Werden die Pläne im Nachhinein geändert, kann dem Nachbarn in Bezug auf die Änderungen seine Klagebefugnis nicht abgesprochen werden; denn diese Änderungen hat er schließlich niemals vorgelegt bekommen, insoweit kann er sich also auch nicht widersprüchlich verhalten.

Aufgrund dieser Wirkung des Verlustes der Klagebefugnis stellt sich in den Klausuren oft das Problem, ob sich der Nachbar von seiner Zustimmung, die er durch seine Unterschrift erteilt hat, durch Widerruf wieder lösen kann (dazu mehr beim Rechtsschutz).

Sofern der Nachbar nicht unterschreibt und damit nicht zustimmt, ist ihm nach Art. 66 Abs. 1 S. 6 BayBO eine Ausfertigung der Baugenehmigung zuzustellen. Dasselbe gilt, wenn er Einwendungen erhoben hat, welchen nicht entsprochen wurde.

Soweit diese Vorschriften verletzt werden, insbesondere dem Nachbarn der Lageplan und die Bauzeichnungen nicht vorgelegt werden, stellt sich die Frage nach der Rechtsfolge; insbesondere, ob eine danach erteilte Baugenehmigung rechtswidrig ist. Hier gilt, dass alleine eine Verletzung der Verfahrensrechte nicht ausreichend ist, um die Baugenehmigung aus der Sicht des Dritten rechtswidrig zu machen. Wesentliches Argument ist insoweit die Vorschrift des Art. 66 Abs. 1 S. 6 BayBO, wonach dem Nachbarn, der nicht zugestimmt hat oder dessen Einwendungen nicht entsprochen wurde, eine Ausfertigung der Baugenehmigung zuzustellen ist. Sofern der Nachbar also ordnungsgemäß beteiligt wird, kann dies allenfalls eine Zustellpflicht an diesen auslösen. Bei dieser Zustellpflicht und den Anforderungen nach Art. 66 BayBO insgesamt handelt es sich aber um verfahrensrechtliche Vorschriften. Eine Verletzung dieser Verfahrensvorschriften ist nach Art. 46 BayVwVfG aber unbeachtlich. Art. 45 und 46 BayVwVfG sind im Umkehrschluss zu Art. 66 Abs. 2 S. 1 BayBO anwendbar, da es sich bei der Erteilung der Baugenehmigung im Regelfall um eine rechtlich gebundene Entscheidung handelt (Art. 68 Abs. 1 S. 1 BayBO), ist Art. 46 BayVwVfG einschlägig. Beachten Sie bei der Bekanntgabe/Zustellung der Baugenehmigung auch die Vorschrift des Art. 66 Abs. 2 S. 4 **337**

9 vgl. *Becker/Heckmann/Kempen/Manssen* Öffentliches Recht in Bayern Rn. 595.
10 vgl. *Becker/Heckmann/Kempen/Manssen* Öffentliches Recht in Bayern Rn. 598.

BayBO, der eine öffentliche Bekanntmachung unter den dort genannten Voraussetzungen ermöglicht.[11]

Zu beachten gilt es Art. 66a Abs. 1 BayBO, welcher dem Bauherrn eines stark emittierenden Vorhabens die Möglichkeit einräumt, eine öffentliche Bekanntmachung des Vorhabens zu beantragen. Diese öffentliche Form der Beteiligung ersetzt in diesen Fällen die individuelle Nachbarbeteiligung (Art. 66a Abs. 1 S. 1 Hs. 2 BayBO). Bei Bauvorhaben, die Art. 66a Abs. 2 S. 1 BayBO unterfallen (sog Störfallbetriebe), ist die Beteiligung der Öffentlichkeit sogar zwingend vorgesehen.[12]

Prozessual ist auf folgende Besonderheit hinzuweisen: Den Schutz durch Vorschriften des öffentlichen Baurechts und damit seine Klagebefugnis verliert ein Nachbar auch, wenn die Bauaufsicht gemäß Art. 66a Abs. 1 BayBO das Vorhaben öffentlich bekannt macht und der Nachbar es versäumt, seine Einwendungen gegen das Vorhaben innerhalb eines Monats vorzutragen. Gemäß Art. 66a Abs. 1 S. 2 BayBO und im Interesse der Rechtssicherheit des Vorhabenträgers sind alle Einwendungen präkludiert, die nicht innerhalb der gemäß Art. 31 BayVwVfG i.V.m. § 187 Abs. 1, § 188 Abs. 2 Alt. 1 BGB zu berechnenden Frist von einem Monat ab der öffentlichen Bekanntmachung des Bauvorhabens erhoben wurden.[13]

338 Eine Verletzung der Verfahrensvorschriften nach Art. 66 BayBO führt damit also niemals eigenständig zur Rechtswidrigkeit einer Baugenehmigung und einer Rechtsverletzung des Nachbarn. Eine solche liegt nur vor, wenn über die Verletzung der Verfahrensvorschriften hinaus drittschützende materielle Vorschriften verletzt worden sind. Dies gilt auch für die Vorschrift des Art. 66a BayBO.

> **Hinweis**
>
> Diese Ausführungen zur Nachbarbeteiligung, der Folge der Unterschrift des Nachbarn und der Rechtsfolge bei Verletzung der Verfahrensvorschriften gelten aufgrund der Verweisung des Art. 71 S. 4 BayBO auch beim Vorbescheid!

5. Schriftform der Baugenehmigung

339 Nach Art. 68 Abs. 2 S. 1 Hs. 1 BayBO bedarf die Baugenehmigung in Abweichung zu der allgemeinen Regel des Art. 37 Abs. 2 S. 1 BayVwVfG der Schriftform. Gemäß Art. 68 Abs. 2 S. 2 BayBO ist sie abweichend von der allgemeinen Regel des Art. 39 Abs. 1 BayVwVfG nur soweit zu begründen, als von nachbarschützenden Vorschriften abgewichen wird oder der Nachbar gegen das Bauvorhaben schriftlich Einwendungen erhoben hat.

> **Hinweis**
>
> Beachten Sie bitte, dass Sie bei der Erstellung eines Bescheids im zweiten Staatsexamen kein Wort über die Schriftform verlieren dürfen, da Sie diese mit der Bescheidserstellung ja bereits selbst ausführen.

11 Eine lesenswerte Entscheidung hierzu finden Sie bei *BayVGH* B.v. 16.10.2018 – 9 CS 18.1415 – juris.
12 *Heitzer/Kaufhold* in *Huber/Wollenschläger* Landesrecht Bayern Studenbuch § 2 Rn. 178.
13 *Heitzer/Kaufhold* in *Huber/Wollenschläger* Landesrecht Bayern Studienbuch § 2 Rn. 439.

II. Materielle Voraussetzungen

Die Baugenehmigung ist nach Art. 68 Abs. 1 S. 1 BayBO zu erteilen, wenn dem Bauvorhaben keine öffentlich-rechtlichen Vorschriften entgegenstehen, die im bauaufsichtlichen Genehmigungsverfahren zu prüfen sind. Das ist dann der Fall, wenn ein genehmigungspflichtiges und genehmigungsfähiges Vorhaben gegeben ist. **340**

1. Genehmigungspflichtigkeit des Vorhabens

Zunächst muss ein genehmigungspflichtiges Vorhaben vorliegen. Sofern ein konkretes bauliches Vorhaben nach den Vorschriften der BayBO keiner Baugenehmigung bedarf, macht auch ein Anspruch auf Erteilung einer Baugenehmigung nach Art. 68 Abs. 1 S. 1 BayBO keinen Sinn. **341**

a) Anwendungsbereich der BayBO eröffnet nach Art. 1 f. BayBO

Um festzustellen, ob ein Vorhaben genehmigungspflichtig ist oder nicht, muss zunächst der Anwendungsbereich der BayBO nach Art. 1 f. BayBO eröffnet sein. **342**

Nach Art. 1 Abs. 1 S. 1 BayBO gilt diese zunächst für alle baulichen Anlagen und Bauprodukte. Ausnahmen von der Anwendbarkeit der BayBO ergeben sich aus Art. 1 Abs. 2 BayBO. Den Begriff der baulichen Anlage definiert Art. 2 Abs. 1 BayBO. Dabei ergibt sich zunächst einmal aus Art. 2 Abs. 1 S. 4 BayBO, dass der Begriff der Anlage den Oberbegriff für bauliche Anlagen sowie andere Anlagen darstellt.

Bauliche Anlagen sind nach Art. 2 Abs. 1 S. 1 BayBO mit dem Erdboden (fest) verbundene, aus Bauprodukten hergestellte Anlagen; der Begriff der Bauprodukte wird in Art. 2 Abs. 11 BayBO erläutert.

Beispiele Haus, Garage, Strommast. ■

Hinsichtlich der Verbindung mit dem Erdboden soll es nach allgemeiner Meinung auch ausreichend sein, wenn eine Anlage nicht fest mit dem Erdboden verbunden ist, aber aufgrund ihrer Schwere und/oder Beschaffenheit nur mit technischen Hilfsmitteln fortbewegt werden kann. **343**

» Merken Sie sich bereits an dieser Stelle, dass der Begriff der baulichen Anlage nach der BayBO nicht mit dem Begriff der baulichen Anlage nach dem BauGB übereinstimmt (dazu mehr bei der Genehmigungsfähigkeit des Vorhabens)! «

Beispiele Nicht mit dem Boden verbundene Solaranlage; Containerbaracke. ■

Nach Art. 2 Abs. 1 S. 2 BayBO sind zudem ortsfeste Anlagen der Wirtschaftswerbung (Werbeanlagen) einschließlich Automaten bauliche Anlagen.

Beispiele Zigarettenautomat, Werbeschild an einem Haus, Werbeschild neben der Autobahn. ■

Letztlich kennt die BayBO so genannte fingierte bauliche Anlagen nach Art. 2 Abs. 1 S. 3 BayBO. Zunächst sind dies Anlagen, die nach ihrem Verwendungszweck dazu bestimmt sind, überwiegend ortsfest benutzt zu werden.

Beispiele Imbissstand, Buden auf dem Jahrmarkt, Pumpe neben dem Wasser, Wohnwagen. ■

Daneben enthält Art. 2 Abs. 1 S. 3 Nrn. 1–5 BayBO eine abschließende Aufzählung sonstiger baulicher Anlagen.

» Lesen Sie die Vorschrift des Art. 2 Abs. 1 S. 3 BayBO in Ruhe durch! «

344 Art. 1 Abs. 1 S. 2 BayBO erweitert den Anwendungsbereich der BayBO auf Grundstücke und alle anderen Anlagen und Einrichtungen, an die nach diesem Gesetz oder in Vorschriften auf Grund dieses Gesetzes Anforderungen gestellt werden.

Letztlich enthält Art. 1 Abs. 2 BayBO einen Ausschluss des Anwendungsbereichs des BayBO für bestimmte Anlagen. Interessant ist dabei insbesondere Art. 1 Abs. 2 Nr. 3 BayBO, wonach die BayBO keine Anwendung auf Rohrleitungsanlagen sowie Leitungen aller Art, ausgenommen in Gebäuden, findet. Auch Krananlagen unterfallen nicht dem Anwendungsbereich der BayBO, es sei denn sie sind unselbständiger Teil einer größeren Anlage beispielsweise eines Lagerplatzes (Art. 1 Abs. 2 Nr. 4 BayBO).

JURIQ-Klausurtipp

Rohrleitungsanlagen und Leitungen kommen des Öfteren in Klausuren im Zusammenhang mit größeren wasser- oder immissionsschutzrechtlichen Projekten vor!

b) Anwendungsfall des Art. 55 BayBO

345 Nach Art. 55 BayBO bedürfen die Errichtung, Änderung und Nutzungsänderung von Anlagen der Baugenehmigung, soweit in Art. 56–58, 72 und 73 BayBO nichts anderes bestimmt ist. Die Beseitigung von Anlagen ist in Art. 57 Abs. 5 BayBO geregelt (dazu sogleich mehr).

Errichtung ist dabei die erstmalige Herstellung einer baulichen Anlage.[14]

Beispiele Errichtung eines Gebäudes; Ablagerung von Betriebsmitteln auf einem Grundstück (dadurch wird dieses zum Lagerplatz nach Art. 2 Abs. 1 S. 3 Nr. 2 BayBO); Errichtung eines Campingplatzes, Freizeitparks oder Stellplatzes für Kraftfahrzeuge (Art. 2 Abs. 1 S. 3 Nrn. 3–5 BayBO). ■

Änderung ist der Eingriff in eine bereits vorhandene bauliche Anlage in Form von Umbau, Anbau oder Erweiterung, ohne dass der baulichen Anlage eine andere Zweckbestimmung zukommt.[15]

346 Die Änderung einer baulichen Anlage ist dabei zu den bloßen Instandhaltungsarbeiten an baulichen Anlagen abzugrenzen. Bloße Instandhaltungsarbeiten bedürfen keiner Baugenehmigung; entscheidend ist dabei, ob die Identität des Bauwerks gewahrt bleibt und das ursprüngliche Gebäude unverändert erscheint. Aus diesem Grund stellt ein Anbau oder ein Umbau niemals eine bloße Instandhaltungsmaßnahme dar, weil die Identität des Bauwerks nicht gewahrt bleibt, sondern in jedem Fall eine Änderung einer baulichen Anlage i.S.d. Art. 55 BayBO vorliegt.[16]

---

14 *Reidt* in *Battis/Krautzberger/Löhr* BauGB § 29 Rn. 17.
15 *Reidt* in *Battis/Krautzberger/Löhr* BauGB § 29 Rn. 18.
16 Vgl. auch *Brenner* Öffentliches Baurecht S. 236 Rn. 780.

Beispiele Aufbau auf dem Dach eines Bungalows; Einbau einer Dachgaube. ■

Gegenbeispiele Beseitigung von Schäden und Mängeln, Wiederherrichten von schadhaften Bauteilen (= bloße Instandhaltungsarbeiten zur Erhaltung der Bausubstanz). ■

Eine **Nutzungsänderung** i.S.d. Art. 55 BayBO liegt vor, wenn ein Vergleich der bisherigen Nutzung und der neuen beabsichtigen Nutzung ergibt, dass die **Variationsbreite** der bisherigen Nutzung überschritten wird und deshalb die Genehmigungsfrage aus öffentlich-rechtlicher Sicht neu aufgeworfen wird, letztlich eine neue Qualität der Nutzung vorliegt.

Beispiele Bisherige Büroräume sollen nun als Wohnraum genutzt werden; bisheriges Rechtsanwaltsbüro soll nun als Gaststätte benutzt werden. ■

Achten Sie bitte darauf, dass jede Errichtung, Änderung oder Nutzungsänderung einer 347
Anlage i.S.d. Art. 55 BayBO eine baurechtliche Genehmigungspflicht auslöst. Ein Gesamtvorhaben, das Ihnen in der Klausur vorgestellt wird und das ein Bauherr verwirklichen möchte, kann deshalb durchaus aus mehreren baulichen Anlagen bestehen und deshalb auch mehrere Baugenehmigungen erfordern.

Beispiel Der Motocrossverein M möchte eine Rennbahn (Seitenbegrenzung durch mit dem Erdboden fest verbundene Reifenstapel) samt Vereinsheim errichten. Hier ist zu beachten, dass sowohl die Rennbahn aufgrund der Reifenstapel als auch das Vereinsheim jeweils die Errichtung einer baulichen Anlage darstellen und deshalb zwei Baugenehmigungen zur Realisierung des Vorhabens erforderlich sind. ■

Anderes gilt wiederum im Rahmen der fingierten baulichen Anlagen i.S.d. Art. 2 Abs. 1 S. 3 348
Nr. 2–5 BayBO, bei denen mehrere einzelne Anlagen in der Einheit als eine fingierte bauliche Anlage behandelt werden.

Beispiel und Gegenbeispiel zu oben A errichtet einen Campingplatz und baut dafür einen Dusch- und Waschtrakt, ein Kassengebäude am Eingang und einzelne Lagerräume. Qua definitionem würde es sich eigentlich um mehrere einzelne bauliche Vorhaben handeln; beispielsweise stellt das Kassengebäude alleine für sich eine bauliche Anlage dar. Nach Art. 2 Abs. 1 S. 3 Nr. 3 BayBO stellt ein Campingplatz jedoch **eine** fingierte bauliche Anlage dar, weshalb in diesem Fall nicht mehrere Baugenehmigungen erforderlich sind, sondern nur eine einzige für die fingierte bauliche Anlage Campingplatz (in ihrer Gesamtheit). ■

c) Vorrang anderer Gestattungsverfahren nach Art. 56 BayBO

Keiner Baugenehmigung, Abweichung, Genehmigungsfreistellung, Zustimmung und Bau- 349
überwachung bedürfen bestimmte, nach anderen Rechtsvorschriften genehmigungspflichtige Anlagen. In diesem Fall ersetzt die nach anderen Rechtsvorschriften erforderliche Genehmigung die Baugenehmigung. Lesen Sie die einzelnen Nummern in Ruhe durch; im Folgenden werden die wichtigsten Fälle erläutert. Soweit eine Baugenehmigung nach Art. 56 BayBO nicht erforderlich ist, entbindet dies nach Art. 55 Abs. 2 BayBO aber nicht von der Verpflichtung zur Einhaltung der baurechtlichen Anforderungen und lässt auch die bauaufsichtlichen Eingriffsbefugnisse unberührt.

Art. 56 S. 1 Nr. 1 BayBO regelt zunächst das Verhältnis zum Wasserrecht und enthält eigentlich 350
zwei verschiedene Tatbestände.

Nach Art. 56 S. 1 Nr. 1 Alt. 1 BayBO bedürfen keiner Baugenehmigung.

[...] nach anderen Rechtsvorschriften zulassungsbedürftige Anlagen in oder an oberirdischen Gewässern, [...] ausgenommen Gebäude, Überbrückungen, Lager-, Camping- und Wochenendplätze.

Diese erste Alternative des Art. 56 S. 1 Nr. 1 BayBO regelt das Verhältnis der Baugenehmigung zur wasserrechtlichen Anlagengenehmigung nach Art. 20 BayWG.

Beispiel A errichtet ein Bootshaus am nahe gelegenen See (Gewässer erster oder zweiter Ordnung). Bei dem Bootshaus handelt es sich um eine Anlage am Gewässer, die nicht der Benutzung, der Unterhaltung oder dem Ausbau des Gewässers dient. Damit erfordert das Bootshaus eigentlich eine Anlagengenehmigung nach Art. 20 Abs. 1 BayWG. Als Gebäude bedürfte das Bootshaus eigentlich auch einer Baugenehmigung nach Art. 55 BayBO. Nach Art. 56 S. 1 Nr. 1 Alt. 1 BayBO i.V.m. Art. 20 Abs. 1 BayWG entfällt die Baugenehmigung jedoch im Grundsatz, weil es sich um eine Anlage am oberirdischen Gewässer handelt. Nach Art. 56 S. 1 Nr. 1 Alt. 1 Hs. 2 BayBO sind von dem Vorrang der wasserrechtlichen Anlagengenehmigung aber unter anderem Gebäude ausgenommen. Da es sich bei dem Bootshaus um ein Gebäude handelt, greift der Vorrang der wasserrechtlichen Anlagengenehmigung somit nicht ein und es bleibt beim Erfordernis der Baugenehmigung; vgl. auch Art. 20 Abs. 5 S. 1 BayWG, wonach aufgrund des Erfordernisses der Baugenehmigung die wasserrechtliche Anlagengenehmigung entfällt. Die Anforderungen nach dem BayWG (und nach § 36 WHG) hat die Bauaufsichtsbehörde in diesem Fall als sonstiges öffentliches Recht nach Art. 59 S. 1 Nr. 3 BayBO bzw. Art. 60 S. 1 Nr. 3 BayBO zu prüfen. ■

351 Nach Art. 56 S. 1 Nr. 1 Alt. 2 BayBO bedürfen keiner Baugenehmigung

[...] Anlagen, die dem Ausbau, der Unterhaltung oder der Benutzung eines Gewässers dienen oder als solche gelten, ausgenommen Gebäude, Überbrückungen, Lager-, Camping- und Wochenendplätze.

Hinsichtlich der Anlagen, die der Unterhaltung oder der Benutzung eines Gewässers dienen, regelt Art. 56 S. 1 Nr. 1 Alt. 2 BayBO das Verhältnis der Baugenehmigung zur wasserrechtlichen Gestattung.

» **Hinweis für Fortgeschrittene: Für den Ausbau regelt Art. 56 S. 1 Nr. 1 BayBO nur das Verhältnis zur Plangenehmigung nach § 68 Abs. 2 WHG, da im Bereich des Planfeststellungsverfahrens bereits die formelle Konzentrationswirkung nach Art. 75 BayVwVfG eingreift (dazu sogleich mehr).** «

Beispiel A stellt eine Pumpe am nahe gelegenen See auf, mit der er Wasser aus dem See für seine Landwirtschaft abpumpt. Bei der Pumpe handelt es sich um eine Anlage, die i.S.d. Art. 2 Abs. 1 S. 3 Alt. 1 BayBO dazu bestimmt ist, überwiegend ortsfest benutzt zu werden; grundsätzlich wäre damit nach Art. 55 BayBO eine Baugenehmigung erforderlich. Nach Art. 56 S. 1 Nr. 1 Alt. 1 BayBO bedarf es jedoch keiner Baugenehmigung bei Anlagen, die der Benutzung eines Gewässers dienen. Da die Pumpe der Benutzung des Gewässers i.S.d. § 9 Abs. 1 Nr. 1 WHG dient, ist somit keine Baugenehmigung erforderlich. Auch die Rückausnahme des Art. 56 S. 1 Nr. 1 Alt. 2 Hs. 2 BayBO greift nicht ein, weil es sich bei der Pumpe nicht um ein Gebäude handelt. Damit entfällt die Baugenehmigung, nach Art. 56 S. 2 BayBO nimmt in diesem Fall die für den Vollzug der wasserrechtlichen Rechtsvorschriften zuständige Behörde die Aufgaben und Befugnisse der Bauaufsichtsbehörde wahr. ■

352 Art. 56 S. 1 Nr. 2 BayBO regelt das Verhältnis zwischen der Baugenehmigung und der Genehmigung nach dem Bayerischen Abgrabungsgesetz. Alle Anlagen, die einer Genehmigung nach dem BayAbgrG bedürfen, bedürfen keiner Baugenehmigung nach der BayBO. Nach Art. 1 BayAbgrG gilt dieses Gesetz für Abgrabungen einschließlich der Aufschüttungen, die unmittelbare Folge von Abgrabungen sind, sowie der dem Abgrabungsbetrieb dienenden

Gebäude und Nebenanlagen. Gemäß Art. 6 Abs. 1 BayAbgrG bedarf die Ausführung einer Abgrabung der Genehmigung, soweit nichts anderes bestimmt ist. Keiner Genehmigung bedürfen nach Art. 6 Abs. 2 Nr. 2 BayAbgrG insbesondere Abgrabungen, die einer anderen öffentlich-rechtlichen Zulassung bedürfen. Erfasst sind davon die Fälle der wasserrechtlichen Erlaubnis und Bewilligung sowie der Plangenehmigung.

Hinweis

Diese wasserrechtlichen Kenntnisse müssen Sie noch nicht beherrschen. Wichtig ist nur, dass Ihnen klar ist, dass Sie im Rahmen des Art. 6 Abs. 2 Nr. 2 BayAbgrG nicht auf eine Baugenehmigungspflicht abstellen können, weil Sie sich ansonsten im Kreis drehen. Lassen Sie sich insoweit nicht beunruhigen. Sie steigen ein über die BayBO und fragen im Rahmen des Art. 56 S. 1 Nr. 2 BayBO, ob die Genehmigungspflicht entfällt, weil eine Genehmigung nach Art. 6 Abs. 1 BayAbgrG erforderlich ist.

Soweit eine Baugenehmigung wiederum entfällt, nimmt die für den Vollzug des Abgrabungsgesetzes zuständige Behörde nach Art. 56 S. 2 BayBO wiederum die Aufgaben und Befugnisse der Bauaufsichtsbehörde wahr.

Daneben kann sich ein Entfallen der Baugenehmigung aufgrund von so genannter formeller **353** Konzentrationswirkung ergeben. Davon spricht man dann, wenn aufgrund ausdrücklicher gesetzlicher Anordnung (und nur dann!) statt mehrerer Genehmigungsverfahren nur ein einziges Genehmigungsverfahren durchzuführen ist, in dessen Rahmen dann alle verschiedenen materiellen Anforderungen geprüft werden. Im Falle der formellen Konzentrationswirkung wird also nur ein Genehmigungsverfahren von einer Behörde durchgeführt; in dessen Rahmen werden aber alle verschiedenen materiellen Anforderungen geprüft.

Hinweis

Unterscheiden Sie dies von der materiellen Konzentrationswirkung, bei welcher auch eine Konzentration hinsichtlich der materiellen zu prüfenden Anforderungen stattfindet. Einziger denkbar relevanter Fall für das Examen sind Anlagen von überörtlicher Bedeutung nach § 38 BauGB.

Wichtigster Fall der Konzentrationswirkung ist § 13 BImSchG für genehmigungsbedürftige **354** Anlagen nach BImSchG sowie Art. 75 BayVwVfG für das Planfeststellungsverfahren,[17] insbesondere auch beim Ausbau, Umbau oder Erweiterung eines Gewässers nach § 68 WHG.

Beispiel A errichtet eine Industrieanlage, die zugleich nach BImSchG genehmigungspflichtig ist. Nach § 13 BImSchG schließt die immissionsschutzrechtliche Genehmigung die Baugenehmigung mit ein; eine eigene Baugenehmigung ist somit also nicht erforderlich; gemäß § 6 Abs. 1 Nr. 2 BImSchG hat die BImSch-Behörde im Genehmigungsverfahren als sonstiges öffentliches Recht die Anforderungen nach der BayBO mit zu prüfen. ■

Sofern keine gesetzliche Regelung hinsichtlich des Verhältnisses zwischen der Baugenehmigung und anderen öffentlich-rechtlichen Gestattungen vorhanden ist, sind beide Genehmigungen nebeneinander erforderlich.

17 Vgl. *Brenner* Öffentliches Baurecht S. 232 Rn. 766.

Beispiel A möchte seine bisher als Büroraum genutzten Flächen künftig als Gaststätte verwenden. Dabei handelt es sich um eine Nutzungsänderung, die nach Art. 55 BayBO der Baugenehmigung bedarf. Daneben ist nach § 2 Abs. 1 S. 1 GastG eine gaststättenrechtliche Genehmigung erforderlich. Mangels einer gesetzlichen Regelung (Art. 56 S. 1 BayBO ist nicht einschlägig und das GastG enthält keine angeordnete formelle Konzentrationswirkung) sind Baugenehmigung und Gaststättengenehmigung nebeneinander erforderlich.[18] ■

d) Verfahrensfreie Bauvorhaben nach Art. 57 BayBO

355 Art. 57 Abs. 1 und 2 BayBO bestimmt bauliche Vorhaben, die verfahrensfrei sind, bei denen mit anderen Worten kein baurechtliches Genehmigungsverfahren durchgeführt werden muss.

Beispiele Telefonantenne eines Mobilfunkbetreibers bis 10 Meter Höhe (Art. 57 Abs. 1 Nr. 5a aa BayBO); Schwimmbecken bis 100 m³ Beckeninhalt[19] (Art. 57 Abs. 1 Nr. 10a BayBO); Garagen bis 100 m² und überdachte Stellplätze (Art. 57 Abs. 2 Nr. 1 BayBO) und Werbeanlagen (Art. 57 Abs. 2 Nr. 6 BayBO) jeweils im Geltungsbereich einer städtebaulichen Satzung nach Art. 81 BayBO. ■

Verfahrensfrei sind zudem Instandhaltungsarbeiten nach Art. 57 Abs. 6 BayBO.

Denken Sie bitte daran, dass Sie eine einheitliche Anlage nicht sachfremd in verfahrensfreie und genehmigungspflichtige Bestandteile aufteilen. Bei Anlagen, die aus mehreren Teil-Komponenten bestehen, verhält es sich so, dass ein genehmigungspflichtiges Element die Gesamtanlage in die Genehmigungspflicht zieht.

Art. 57 Abs. 4 BayBO regelt die Verfahrensfreiheit von Nutzungsänderungen; diese sind verfahrensfrei, wenn sie als Errichtung oder Änderung einer Anlage nach Art. 57 Abs. 1 und 2 BayBO verfahrensfrei wären oder für die neue Nutzung keine anderen öffentlichen-rechtlichen Anforderungen als für diese bisherige Nutzung in Betracht kommen.

Beispiele Scheune, die bisher als Lagerplatz genutzt wurde, soll künftig als Garage genutzt werden (Art. 57 Abs. 4 Nr. 2 i.V.m. Abs. 1 Nr. 1b BayBO); Räumlichkeiten, die bisher als Außenbüro eines Unternehmens genutzt wurden, sollen nun für eine Rechtsanwaltskanzlei genutzt werden. ■

Gegenbeispiele Bisherige Werkstatt eines Handwerkers soll nun Büro werden; land- und forstwirtschaftliche Gebäude sollen nun gewerblich genutzt werden. ■

JURIQ-Klausurtipp

Zur Beurteilung der Frage, ob für die Nutzung andere öffentlich-rechtliche Anforderungen in Betracht kommen oder nicht, können Sie sich gedanklich an den Begrifflichkeiten der BauNVO orientieren. Sofern insoweit ein anderer Begriff einschlägig ist, kommen auch andere öffentlich-rechtliche Anforderungen in Betracht.

18 Vgl. *Becker/Heckmann/Kempen/Manssen* Öffentliches Recht in Bayern Rn. 490.

19 Achtung: 1 m³ Beckeninhalt fasst 1000 Liter Wasser.

Art. 57 Abs. 5 BayBO regelt letztlich die Beseitigung von Anlagen; sofern diese nicht nach Art. 57 Abs. 5 S. 1 BayBO verfahrensfrei sind, sind diese nach Art. 57 Abs. 5 S. 2 BayBO mindestens einen Monat zuvor der Gemeinde und (!) der Bauaufsichtsbehörde anzuzeigen. 356

Im Rahmen der verfahrensfreien Bauvorhaben ist wiederum die Regelung des Art. 55 Abs. 2 BayBO zu beachten; die Verfahrensfreiheit entbindet also nicht von der Verpflichtung zur Einhaltung der öffentlich-rechtlichen Vorschriften und lässt die Möglichkeit bauaufsichtlicher Maßnahmen unberührt.

Bestehen zwischen Bauherr und Baugenehmigungsbehörde Meinungsverschiedenheiten bezüglich der Genehmigungspflicht eine baulichen Vorhabens, so kann der Bauherr gegebenenfalls Feststellungsklage (§ 43 VwGO) erheben (Feststellung, dass das geplante Vorhaben genehmigungsfrei nach Art. 57 BayBO ist).[20] Einen Anspruch darauf, dass die Bauaufsichtsbehörde bestätigt, ein bestimmtes Vorhaben unterliege nicht der Genehmigungspflicht, hat der Bauherr jedoch nicht.[21]

e) Genehmigungsfreistellung nach Art. 58 BayBO

Keiner Genehmigung bedürfen Errichtung, Änderung und Nutzungsänderung von Anlagen unter folgenden Voraussetzungen: 357

- Keine Sonderbauten i.S.d. Art. 2 Abs. 4 BayBO (Art. 58 Abs. 1 S. 1 BayBO) bzw. ausgeschlossene Vorhaben nach Art. 58 Abs. 2 Nr. 4 BayBO
- Vorhaben liegt im Geltungsbereich eines qualifizierten oder vorhabenbezogenen Bebauungsplans und widerspricht dessen Festsetzungen sowie den Festsetzungen örtlicher Bauvorschriften nicht (Art. 58 Abs. 2 Nr. 1 und 2 BayBO),
- Erschließung ist gesichert,
- Gemeinde erklärt nicht innerhalb der Frist nach Art. 58 Abs. 3 S. 3 BayBO, dass ein Genehmigungsverfahren durchgeführt werden soll und beantragt keine vorläufige Untersagung nach § 15 Abs. 1 S. 2 BauGB (Ermessensentscheidung der Gemeinde, vgl. Art. 58 Abs. 4 S. 1 BayBO),
- es ist keine örtliche Bauvorschrift der Gemeinde vorhanden, welche die Anwendung auf Vorhaben in der Art des beantragten ausschließt (nur möglich für bestimmte handwerkliche und gewerbliche Vorhaben, Art. 58 Abs. 1 S. 2 BayBO).

Sofern der Bauherr der Überzeugung ist, dass die Voraussetzungen des Genehmigungsfreistellungsverfahrens erfüllt sind, hat dieser nach Art. 58 Abs. 3 S. 1 BayBO die erforderlichen Unterlagen (Antrag i.S.d. Art. 64 BayBO sowie bautechnische Nachweise nach Art. 58 Abs. 5 i.V.m. Art. 62 BayBO) bei der Gemeinde einzureichen. Spätestens mit der Vorlage bei der Gemeinde hat der Bauherr nach Art. 58 Abs. 3 S. 2 BayBO die Eigentümer der benachbarten Grundstücke von dem Bauvorhaben zu benachrichtigen; Art. 66 Abs. 1 S. 2 und 5 sowie Abs. 3 BayBO gelten dabei entsprechend, insbesondere eine Zustimmung durch Unterschrift ist also möglich.

Nach Art. 58 Abs. 3 S. 3 BayBO darf einen Monat nach Vorlage der Unterlagen bei der Gemeinde mit dem Bauvorhaben begonnen werden; sofern die Gemeinde vor Ablauf dieser Monatsfrist erklärt, dass kein Baugenehmigungsverfahren durchgeführt werden soll, darf der Bauherr bereits ab dieser Erklärung mit dem Bauvorhaben beginnen (Art. 58 Abs. 3 S. 4 Hs. 1 BayBO). Art. 58 Abs. 3 S. 5 BayBO schafft einen Gleichlauf mit Art. 69 Abs. 1 BayBO; wenn der Bauherr nach vier Jahren noch nicht mit der Ausführung des Bauvorhabens begonnen hat, muss er das Freistellungsverfahren erneut durchlaufen.

---

20 *Becker/Heckmann/Kempen/Manssen* Öffentliches Recht in Bayern Rn. 450.

21 *BayVGH* BayVBl. 1987, 499 f.

358 Nach Art. 58 Abs. 4 S. 2 BayBO besteht kein Rechtsanspruch darauf, dass die Gemeinde von ihrer Erklärungsmöglichkeit keinen Gebrauch macht; soweit sie erklärt, dass das vereinfachte Baugenehmigungsverfahren durchgeführt werden soll (i.S.d. Art. 59 BayBO, weil keine Sonderbauten erfasst werden, dazu sogleich mehr), hat sie nach Art. 58 Abs. 4 S. 3 BayBO dem Bauherr seine Unterlagen zurückzusenden; hatte der Bauherr bei Vorlage seiner Unterlagen nach Art. 68 Abs. 2 S. 1 BayBO erklärt, dass seine Vorlage im Falle der gemeindlichen Erklärung als Bauantrag zu behandeln sein soll, leitet die Gemeinde die Unterlagen nach Art. 58 Abs. 4 S. 4 BayBO an die Baugenehmigungsbehörde weiter.

Sowohl die Verweigerung der Freistellung durch die Gemeinde als auch die Freistellung an sich durch Zeitablauf oder entsprechende Äußerung der Gemeinde stellen keine Verwaltungsakte i.S.d. Art. 35 S. 1 BayVwVfG dar.[22] Rechtsschutz erlangt der Bauherr also in jedem Fall nur über eine Verpflichtungsklage, gerichtet auf Erteilung einer Baugenehmigung. Sofern sich der Nachbar dagegen wehren möchte, dass ein Bauvorhaben durch die Gemeinde vom Genehmigungsverfahren freigestellt wird, bleibt ihm nur die Möglichkeit, Klage und einstweiligen Rechtsschutz auf bauaufsichtliches Einschreiten der Bauaufsichtsbehörde geltend zu machen; dazu muss er die Rechtswidrigkeit der Baugenehmigung geltend machen (dazu mehr beim Rechtsschutz). Dabei ist aber wiederum ein Rechtsschutzverlust des Nachbarn denkbar, wenn dieser den Freistellungsunterlagen zugestimmt hat (Art. 58 Abs. 3 S. 2, 66 Abs. 1 S. 2 BayBO).

Hinweis

Die Genehmigungsfreistellung entfaltet keinerlei Legalisierungswirkung, trifft also keine Aussage über die Vereinbarkeit des Bauvorhabens mit den zu prüfenden öffentlich-rechtlichen Anforderungen. Deshalb gilt auch wiederum Art. 55 Abs. 2 BayBO, welcher zur Einhaltung der öffentlich-rechtlichen Anforderungen verpflichtet und die Möglichkeit bauaufsichtlicher Maßnahmen unberührt lässt.

f) Genehmigung fliegender Bauten nach Art. 72 BayBO

359 Nicht genehmigungspflichtig ist die Errichtung so genannter fliegender Bauten. Bevor diese zum ersten Mal aufgestellt und in Gebrauch genommen werden, muss hierfür eine so genannte Ausführungsgenehmigung nach Art. 72 Abs. 2 S. 1 BayBO[23] (außer es liegt ein Fall des Art. 72 Abs. 3 BayBO vor) beantragt werden. Die jeweilige Aufstellung der fliegenden Bauten im Einzelfall ist dann nach Art. 72 Abs. 5 S. 1 BayBO jeweils mindestens eine Woche vorher anzuzeigen.

Fliegende Bauten sind nach Art. 72 Abs. 1 S. 1 BayBO bauliche Anlagen, die (in objektiver Hinsicht) geeignet und (in subjektiver Hinsicht) bestimmt sind, wiederholt an wechselnden Orten aufgestellt und zerlegt zu werden. Als Faustformel kann man sich dabei einen Zeitraum von maximal drei Monaten an einem Ort einprägen. Nach Art. 72 Abs. 1 S. 2 BayBO sind Baustelleneinrichtungen keine fliegenden Bauten.

Beispiele Buden für das Volksfest, Verkaufsstände für Saisonmärkte, Zirkuszelte, Bierzelte, Fahrgeschäfte. ■

22 Vgl. *Becker/Heckmann/Kempen/Manssen* Öffentliches Recht in Bayern Rn. 444.

23 Vgl. auch *Brenner* Öffentliches Baurecht S. 232 Rn. 764.

g) Bauaufsichtliche Zustimmung nach Art. 73 BayBO

Hinweis 360

Beim Zustimmungsverfahren nach Art. 73 BayBO handelt es sich lediglich um einen ungewöhnlichen Einstieg in die Klausur, bei dem sich dann in der Folge die bekannten Probleme stellen; entscheidend ist nur, dass Sie Art. 73 BayBO erkennen.

Für nicht verfahrensfreie Bauvorhaben des Bundes, eines Landes oder eines Bezirks (bzw. 361
Landkreise und Gemeinden unter den Voraussetzungen des Art. 73 Abs. 5 S. 1 BayBO) ist keine Baugenehmigung erforderlich. Nach Art. 73 Abs. 1 S. 2 BayBO (bzw. Art. 73 Abs. 5 S. 1, Abs. 1 S. 2 BayBO) bedürfen diese der Zustimmung der Regierung (bzw. der unteren Bauaufsichtsbehörde bei Landkreisen und Gemeinden nach Art. 73 Abs. 5 S. 2 BayBO); diese prüft nach Art. 73 Abs. 2 S. 2 BayBO nach dem dort vorgeschriebenen Prüfprogramm.

Beispiele Der Freistaat Bayern möchte für die Polizei eine neue Dienststelle errichten. Die Stadt Augsburg (welche Personen i.S.d. Art. 73 Abs. 5 S. 1 BayBO beschäftigt) möchte ein neues Gerätehaus für die gemeindliche Feuerwehr errichten. ■

Die Zustimmung ist dabei ein Verwaltungsakt i.S.d. Art. 35 S. 1 BayVwVfG; nach allgemeiner Ansicht soll dies sogar dann gelten, wenn die Regierung dem Freistaat Bayern die Zustimmung erteilt. Insoweit kann in diesem Fall (aber nur in diesem zwischen Regierung und Freistaat) auch die andere Ansicht gut vertreten werden, weil die Regierung schließlich Teil des Freistaats Bayern ist.

2. Genehmigungsfähigkeit des Vorhabens

Die Genehmigungsfähigkeit soll zur besseren Darstellbarkeit im Folgenden eigenständig dar- 362
gestellt werden.

C. Genehmigungsfähigkeit des Vorhabens

Genehmigungsfähigkeit des Vorhabens 363

PRÜFUNGSSCHEMA

I. Prüfungsmaßstab nach Art. 59 f. BayBO
1. Vereinfachtes Baugenehmigungsverfahren nach Art. 59 BayBO
2. Baugenehmigungsverfahren nach Art. 60 BayBO

II. Bauplanungsrechtliche Zulässigkeit des Vorhabens

III. Vereinbarkeit des Vorhabens mit örtlichen Bauvorschriften

IV. Bauordnungsrechtliche Zulässigkeit des Vorhabens
Zulässigkeit des Vorhabens im Hinblick auf andere öffentlich-rechtliche Anforderungen

I. Prüfungsmaßstab nach Art. 59 f. BayBO

364 Art. 68 Abs. 1 S. 1 BayBO bestimmt lediglich, dass die Baugenehmigung zu erteilen ist, wenn dem Vorhaben keine öffentlich-rechtlichen Vorschriften entgegenstehen, die im bauaufsichtlichen Genehmigungsverfahren zu prüfen ist. Welche öffentlich-rechtlichen Anforderungen bei dem jeweiligen Vorhaben zu prüfen sind, bestimmen die Regelungen der Art. 59 f. BayBO.

1. Vereinfachtes Baugenehmigungsverfahren nach Art. 59 BayBO

365 Außer bei Sonderbauten i.S.d. Art. 2 Abs. 4 BayBO kommt grundsätzlich nach Art. 59 BayBO das so genannte vereinfachte Baugenehmigungsverfahren zur Anwendung. Danach werden gemäß Nr. 1a in jedem Fall die bauplanungsrechtliche Zulässigkeit, die Abstandsflächen nach Nr. 1b, Regelungen örtlicher Bauvorschriften i.S. des Art. 81 Abs. 1 BayBO (Nr. 1c), beantragte Abweichungen nach Art. 63 Abs. 1, Abs. 2 S. 2 BayBO (Nr. 2) sowie nach Nr. 3 andere öffentlich-rechtliche Anforderungen, soweit wegen der Baugenehmigung eine Entscheidung nach anderen öffentlich-rechtlichen Vorschriften entfällt, ersetzt oder eingeschlossen wird, geprüft. Das Bauordnungsrecht (also die Anforderungen nach der BayBO) wird dagegen nach Nrn. 1b und c und Nr. 2 nur im Bereich des Abstandsflächenrechts (Art. 6 BayBO) und der örtlichen Bauvorschriften (Art. 81 Abs. 1 BayBO) sowie im Rahmen beantragter Abweichungen i.S.d. Art. 63 BayBO geprüft.

Hinweis

Die weiteren bauordnungsrechtlichen Fragestellungen werden durch die Nachweiserfordernisse nach Art. 62 BayBO (nach Art. 59 S. 2 BayBO auch im vereinfachten Baugenehmigungsverfahren anzuwenden) in den Verantwortungsbereich des Bauherren verlagert.[24]

366 **JURIQ-Klausurtipp**

Wichtig ist jedoch Folgendes: Selbst wenn die Bauaufsichtsbehörde ihr Prüfprogramm überschreitet und entgegen dem Wortlaut des Art. 59 BayBO ohne einen Antrag auf Abweichung durch den Bauherrn weitergehendes Bauordnungsrecht prüft und in der Folge die Baugenehmigung erteilt, ist die Vereinbarkeit des Vorhabens mit den geprüften bauordnungsrechtlichen Vorschriften nicht von der Feststellungswirkung der Baugenehmigung umfasst; der Nachbar kann in der Folge insbesondere keine Anfechtungsklage unter Berufung auf Verletzung dieser unter Verstoß gegen Art. 59 BayBO geprüften Vorschriften erheben (soweit diese auch drittschützend sind, dazu mehr beim Rechtsschutz)[25].

Wiederum gilt jedoch die Regelung des Art. 55 Abs. 2 BayBO, die Einschränkung des Prüfungsmaßstabes entbindet den Bauherren also nicht von der Einhaltung aller relevanten öffentlich-rechtlichen Anforderungen und lässt die Möglichkeit bauaufsichtlicher Maßnahmen unberührt.[26]

24 Vgl. auch *Brenner* Öffentliches Baurecht S. 243 Rn. 798, 800.

25 *BayVGH*, B.v. 12.12.2013, 2 ZB 12.1513 – juris; *BayVGH*, B.v. 23.4.2014, 9 CS 14.222 – juris; *BayVGH*, B.v. 17.3.2014, 15 CS 13.2648 – juris; *BayVGH* BayVBl. 2011, 174.

26 Vgl. auch *Brenner* Öffentliches Baurecht S. 243 Rn. 800.

Exkurs: Örtliche Bauvorschriften i.S.d. Art. 81 BayBO 367

Bei den örtlichen Bauvorschriften, die nach Art. 59 S. 1 Nr. 1c BayBO mit zu prüfen sind, handelt es sich um Satzungen der Gemeinden im eigenen Wirkungskreis nach Art. 81 BayBO, mit welchen diese für die dort abschließend aufgezählten Tatbestände konkrete Anforderungen an die Gestaltung von baulichen Vorhaben im Einzelfall erlassen können.[27] Dabei stehen für die Gemeinde zwei Möglichkeiten zum Erlass einer örtlichen Bauvorschrift zur Auswahl. Nach Art. 81 Abs. 2 BayBO i.V.m. § 9 Abs. 4 BauGB können sie zusammen mit dem Bebauungsplan als Teil des Bebauungsplans erlassen werden.

Zum anderen besteht die Möglichkeit, sie als eigenständige Satzungen nach Art. 81 Abs. 1 BayBO zu erlassen.[28]

Beispiel Festsetzung in einer Satzung, dass Häuser in einem bestimmten Gebiet nur mit Flachdach zulässig sind oder nur einen weißen Außenanstrich haben dürfen (= örtliche Bauvorschrift nach Art. 81 Abs. 1 Nr. 1 BayBO). ■

JURIQ-Klausurtipp

In der Klausur werden Sie regelmäßig die Variante eines Erlasses zusammen mit dem Bebauungsplan haben. Im Bebauungsplan sind dann bestimmte Festsetzungen enthalten, die nicht von dem Numerus Clausus des § 9 Abs. 1 BauGB erfasst sind und deshalb nur örtliche Bauvorschriften darstellen können. In diesem Fall finden die meisten Vorschriften über die bauplanungsrechtliche Zulässigkeit nach Art. 81 Abs. 2 S. 2 BayBO entsprechende Anwendung; insbesondere muss das bauliche Vorhaben nach Art. 81 Abs. 2 S. 2 BayBO, § 30 BauGB mit den Festsetzungen (der örtlichen Bauvorschriften im Bebauungsplan) vereinbar sein; zudem ist entsprechend § 36 BauGB ein gemeindliches Einvernehmen erforderlich.

Soweit örtliche Bauvorschriften nach Art. 81 Abs. 1 BayBO als eigenständige Satzungen erlassen worden sind, fallen sie unter Art. 59 S. 1 Nr. 1 Nr. 1c BayBO. Soweit sie einen Teil des Bebauungsplans nach Art. 81 Abs. 2 BayBO i.V.m. § 9 Abs. 4 BauGB darstellen, fallen sie unter Art. 59 S. 1 Nr. 1a BayBO.

Beachte letztlich die eingeschränkte Rechtsschutzmöglichkeit gegen örtliche Bauvorschriften als eigenständige Satzungen (nur dann!) im Normenkontrollverfahren nach § 47 VwGO i.V.m. Art. 5 S. 2 AGVwGO.

2. Baugenehmigungsverfahren nach Art. 60 BayBO

Bei Sonderbauten i.S.d. Art. 2 Abs. 4 BayBO findet dagegen das Baugenehmigungsverfahren 368
nach Art. 60 BayBO Anwendung. Hier prüft die Bauaufsichtsbehörde zusätzlich im Vergleich zum vereinfachten Genehmigungsverfahren nach Nr. 2 Bauordnungsrecht nicht nur auf Beachtung des Abstandsflächenrechts, örtliche Bauvorschriften und beantragte Änderungen des Bauherrn, sondern in jedem Fall vollumfänglich alle Vorschriften des Bauordnungsrechts. Wie auch beim vereinfachten Baugenehmigungsverfahren nach Art. 59 BayBO ist in jedem Fall die Vereinbarkeit mit örtlichen Bauvorschriften zu prüfen; soweit diese als Teil des Bebauungsplans erlassen sind, nach Art. 60 S. 1 Nr. 1 BayBO; im Falle des Erlasses als eigenständige Satzungen nach Art. 60 S. 1 Nr. 2 Alt. 2 BayBO.

27 Vgl. *Becker/Heckmann/Kempen/Manssen* Öffentliches Recht in Bayern Rn. 561 ff.
28 Vgl. *Becker/Heckmann/Kempen/Manssen* Öffentliches Recht in Bayern Rn. 564.

» Lesen Sie sich die Fälle der Sonderbauten nach Art. 2 Abs. 4 BayBO in Ruhe durch, um hier ein gewisses Gespür zu entwickeln! «

II. Bauplanungsrechtliche Zulässigkeit des Vorhabens nach den §§ 29–38 BauGB

369 Sowohl im vereinfachten Baugenehmigungsverfahren nach Art. 59 S. 1 Nr. 1a BayBO als auch im Baugenehmigungsverfahren nach Art. 60 S. 1 Nr. 1 BayBO ist die Vereinbarkeit mit den Vorschriften der §§ 29–38 BauGB zu prüfen. Wie bereits ausgeführt, zählen dazu auch die örtlichen Bauvorschriften, die nach Art. 81 Abs. 2 BayBO i.V.m. § 9 Abs. 4 BauGB als Teil des Bebauungsplans erlassen worden sind.

1. Die Regelungen der §§ 29–38 BauGB

370 Insoweit prüfen Sie die Vereinbarkeit des Vorhabens mit den §§ 29 ff. BauGB entsprechend den obigen Ausführungen (vgl. Rn. 200 ff.).

2. Anträge auf Abweichung nach Art. 63 BayBO

371 Nach Art. 63 Abs. 2 S. 1 BayBO sind Ausnahmen und Befreiungen i.S.d. § 31 BauGB und nach § 34 Abs. 2 Hs. 2 BauGB gesondert schriftlich zu beantragen (gilt nach Art. 63 Abs. 2 S. 2 BayBO auch bei verfahrensfreien Vorhaben). Zur Entscheidung berufen ist nach Art. 63 Abs. 3 S. 1 BayBO bei verfahrensfreien Bauvorhaben die Gemeinde, im Übrigen (also bei nicht verfahrensfreien Bauvorhaben) nach Art. 63 Abs. 3 S. 2 BayBO die Bauaufsichtsbehörde im Einvernehmen mit der Gemeinde.

Hinweis

Art. 63 Abs. 2 S. 1 BayBO ist als rein verfahrensrechtliche Norm zu verstehen, die lediglich das Erfordernis eines gesonderten schriftlichen Antrags normiert!

372 Da die Ausnahmen i.S.d. § 31 Abs. 1 BauGB aber direkt im Bebauungsplan vorgesehen und festgeschrieben sind,[29] macht das Antragserfordernis des Art. 63 Abs. 2 S. 1 BayBO insoweit keinen Sinn. Aufgrund des Art. 59 S. 1 Nr. 1a BayBO (bzw. Art. 60 S. 1 Nr. 1 BayBO) i.V.m. § 30 Abs. 1 BauGB hat die Baugenehmigungsbehörde nämlich ohnehin zwingend die Übereinstimmung des Bauvorhabens mit den Festsetzungen des Bebauungsplanes von Amts wegen zu überprüfen; insoweit ist ein Antragserfordernis überhaupt nicht vorstellbar; für Ausnahmen i.S.d. § 31 Abs. 1 BauGB läuft das Antragserfordernis nach Art. 63 Abs. 2 S. 1 BayBO deshalb leer.

373 Dagegen handelt es sich beim Dispens nach § 31 Abs. 2 BauGB um eine Einzelfallentscheidung, welche gerade nicht in den Festsetzungen des Bebauungsplans vorgeschrieben und festgesetzt ist. Das Erfordernis eines Antrags nach Art. 63 Abs. 2 S. 1 BayBO wäre hier also grundsätzlich vorstellbar. Allerdings ist die Regelung des § 31 Abs. 2 BauGB nach Art. 59 S. 1 Nr. 1a BayBO (bzw. Art. 60 S. 1 Nr. 1 BayBO) ebenfalls vom Pflichtprüfprogramm der Bauaufsichtsbehörde umfasst; die Erteilung eines Dispenses steht nach dem Wortlaut des § 31 Abs. 2 BauGB alleine im Ermessen („kann"). Insoweit besteht ein Widerspruch zur Regelung des Art. 63 Abs. 2 S. 1 BayBO, der insoweit einen gesonderten schriftlichen Antrag fordert. Als Lösung bietet sich deshalb an, davon auszugehen, dass im Bauantrag des Bauherrn ein kon-

29 Vgl. dazu die Ausführungen unter Rn. 227.

kludenter Antrag nach Art. 63 Abs. 2 S. 1 BayBO auf etwaige Gewährung eines Dispenses i.S.d. § 31 Abs. 2 BauGB mitenthalten ist. Letztlich entfaltet damit das Antragserfordernis im Falle des § 31 Abs. 2 BauGB keine Bedeutung.

Hinweis

Dieselben Grundsätze gelten im Falle des § 34 Abs. 2 Hs. 2 BauGB aufgrund dessen Verweisung auf die Regelung des § 31 Abs. 2 BauGB!

III. Vereinbarkeit des Vorhabens mit örtlichen Bauvorschriften

Sowohl im vereinfachten Genehmigungsverfahren nach Art. 59 S. 1 Nr. 1c BayBO als auch im 374
Baugenehmigungsverfahren nach Art. 60 S. 1 Nr. 2 Alt. 2 BayBO wird die Vereinbarkeit des Vorhabens mit örtlichen Bauvorschriften geprüft. Gemeint sind damit nur die örtlichen Bauvorschriften, die nach Art. 81 Abs. 1 BayBO als eigenständige Satzungen erlassen wurden.

Von örtlichen Bauvorschriften kann nach Art. 63 Abs. 1 BayBO unter den dort genannten Voraussetzungen (letztlich reine Ermessensentscheidung) eine Abweichung zugelassen werden. Wiederum ist nach Art. 63 Abs. 2 S. 1 BayBO ein gesonderter schriftlicher Antrag erforderlich (nach Art. 63 Abs. 2 S. 2 BayBO auch bei verfahrensfreien Vorhaben). Zuständig für die Entscheidung ist nach Art. 63 Abs. 3 S. 1 BayBO bei verfahrensfreien Bauvorhaben die Gemeinde, im Übrigen nach Art. 63 Abs. 3 S. 2 BayBO die Bauaufsichtsbehörde im Einvernehmen mit der Gemeinde. Anders als beim Bauplanungsrecht – zu dem selbstverständlich auch die örtlichen Bauvorschriften zählen, die nach Art. 81 Abs. 2 BayBO i.V.m. § 9 Abs. 4 BauGB als Festsetzungen des Bebauungsplans erlassen wurden[30] – ist bei den selbstständigen örtlichen Bauvorschriften tatsächlich ein Antrag auf Abweichung vom Bauherren zu stellen. Dies macht auch Sinn, denn in örtlichen Bauvorschriften ist die Möglichkeit zur Abweichung gerade nicht vorgeschrieben; die Möglichkeit der Abweichung ergibt sich alleine aus der Regelung des Art. 63 BayBO. Dies ist der entscheidende Unterschied zu §§ 31, 34 BauGB, bei denen sich die Möglichkeit der Abweichung aus dem BauGB selbst ergibt.

IV. Bauordnungsrechtliche Zulässigkeit des Vorhabens

Im Baugenehmigungsverfahren wird die bauordnungsrechtliche Zulässigkeit des Vorhabens 375
nach Art. 60 S. 1 Nr. 2 Alt. 1 BayBO in jedem Fall geprüft. Die Vereinbarkeit des Vorhabens mit den Vorschriften der BayBO wird im vereinfachten Baugenehmigungsverfahren nach Art. 59 S. 1 Nr. 1 b, c BayBO in Bezug auf die Beachtung des Abstandsflächenrechts (Art. 6 BayBO), die Vereinbarkeit mit örtlichen Bauvorschriften (Art. 81 Abs. 1 BayBO) und auf beantragte Abweichungen (Art. 63 Abs. 1, Abs. 2 S. 2 BayBO) geprüft; Abweichungen von sonstigen Normen der BayBOerfordern nach Art. 63 Abs. 2 S. 1 BayBO einen gesonderten schriftlichen Antrag. Die Entscheidung obliegt der Gemeinde bei verfahrensfreien Bauvorhaben (Art. 63 Abs. 3 S. 1 BayBO) – im Übrigen der Bauaufsichtsbehörde im Einvernehmen mit der Gemeinde (Art. 63 Abs. 3 S. 2 BayBO) – und stellt nach Art. 63 Abs. 1 BayBO letztlich eine reine Ermessensentscheidung dar.

30 Insoweit gelten für Abweichungen die dargestellten Grundsätze unter Rn. 371 ff.

Es entspricht der ständigen Rechtsprechung des BayVGH, dass die Zulassung einer Abweichung Gründe erfordert, durch die sich das Vorhaben vom Regelfall unterscheidet und die etwa bewirkte Einbußen an geschützten Nachbarrechtspositionen vertretbar erscheinen lassen[31]. Insoweit muss es sich um eine atypische, von der gesetzlichen Regel nicht zureichend erfasste oder bedachte Fallgestaltung handeln. Bei der Zulassung einer Abweichung ist eine atypische Situation zu fordern. In besonderen städtebaulichen Lagen kann auch das Interesse des Grundstückseigentümers, vorhandene Bausubstanz zu erhalten und sinnvoll zu nutzen oder bestehenden Wohnraum zu modernisieren, eine Verkürzung beispielsweise der Abstandsflächen durch die Zulassung einer Abweichung rechtfertigen[32].

Die Beschränkung des Prüfungsmaßstabes im Rahmen des Art. 59 BayBO ist zwar immer noch vorhanden, mittlerweile wurde aber Art. 68 Abs. 1 S. 1 BayBO um den zweiten Halbsatz ergänzt, dass die Baugenehmigungsbehörde auch aufgrund des Verstoßes der Baugenehmigung gegen andere Rechtsvorschriften zur Ablehnung des Bauantrags berechtigt ist. Das Gesetz schafft hier aber lediglich eine Möglichkeit zur Ablehnung des Bauantrags bei Verstoß gegen Normen außerhalb des gesetzlichen Prüfprogramms. Damit wurde das zuvor bestehende Problem gelöst, dass die Baugenehmigungsbehörde im Rahmen des vereinfachten Baugenehmigungsverfahrens aufgrund eines Verstoßes gegen weitergehendes Bauordnungsrecht die Baugenehmigung ablehnen wollte.

Hinweis

Eine Möglichkeit zur Genehmigung des Bauvorhabens unter Erweiterung des gesetzlich beschränkten Prüfrahmens in Art. 59 BayBO lässt sich Art. 68 Abs. 1 S. 1 Hs. 2 BayBO gerade nicht entnehmen.

376 Zum besseren Verständnis soll insoweit noch die Rechtslage vor Ergänzung des Art. 68 Abs. 1 S. 1 BayBO um dessen Hs. 2 und vor Erweiterung des Prüfprogramms um die Abstandsflächen des Art. 6 BayBO durch Gesetz vom 10.7.2018 mit Wirkung vom 1.9.2018 erläutert werden.

Häufig trat der Fall auf, dass die Baugenehmigungsbehörde einen Verstoß gegen bauordnungsrechtliche Vorschriften feststellte und dem Bauherren aus diesem Grund die Baugenehmigung im vereinfachten Baugenehmigungsverfahren versagen wollte, obwohl dieser gar keinen Antrag auf Abweichung i.S.d. Art. 59 S. 1 Nr. 2, 63 BayBO gestellt hatte. Im Ausgangspunkt war hierbei zu beachten, dass der Wortlaut des Art. 59 BayBO eindeutig und unzweifelhaft eine Prüfung der Vereinbarkeit des Vorhabens mit Vorschriften des Bauordnungsrechts nur dann zulässt, wenn ein Antrag auf Abweichung i.S.d. Art. 63 BayBO gestellt wurde. Dies entsprach auch dem Gesetzeszweck des Art. 59 BayBO in Form einer Beschleunigung des baurechtlichen Genehmigungsverfahrens. Grundsätzlich war die Baugenehmigungsbehörde ohne Antrag auf Abweichung also nicht befugt, Bauordnungsrecht zu prüfen und aus diesem Grund die Erteilung der Baugenehmigung abzulehnen.

377 Daneben galt aber schon damals die Vorschrift des Art. 55 Abs. 2 BayBO, wonach der Bauherr trotz Beschränkung des Prüfungsmaßstabes alle öffentlich-rechtlichen Anforderungen zu beachten hat und bauaufsichtliche Maßnahmen ausdrücklich möglich bleiben. Der Bau-

31 vgl. *BayVGH*, B.v. 13.3.2002 – 2 CS 01.5 – juris; B.v. 15.10.2014 – 2 ZB 13.530 – juris; U.v. 9.11.2017 – 2 B 17.1742 – juris.

32 vgl. *BayVGH*, B.v. 16.7.2007 – 1 CS 07.1340 – juris; U.v. 19.3.2013 – 2 B 13.99 – BayVBl. 2013, 729.

genehmigungsbehörde blieb also in jedem Fall die Möglichkeit, eine Baugenehmigung zu erteilen und anschließend sofort bauaufsichtliche Maßnahmen zu erlassen. Da dies auf den ersten Blick widersinnig erschien, wurde eine Ablehnung des Bauantrags unter dem Gesichtspunkt des **fehlenden Sachbescheidungsinteresses** diskutiert. Dabei handelt es sich um einen allgemeinen Rechtsgedanken des gesamten Verwaltungsrechts, wonach eine Genehmigung nicht erteilt werden soll, wenn offensichtlich ist, dass sie der Antragsteller nicht nutzen können wird und sie folglich für den Bauherrn nutzlos erscheint; letztlich handelt es sich dabei um einen Gedanken der Verfahrensökonomie, da das Verwaltungsverfahren bei offensichtlicher Nicht-Nutzbarkeit der beantragten Genehmigung letztlich umsonst durchgeführt wird. Der Bayerische Verwaltungsgerichtshof hatte einer Ablehnung des Bauantrags wegen fehlenden Sachbescheidungsinteresses aufgrund von bauordnungsrechtlichen Verstößen des Vorhabens aber grundsätzlich eine Absage erteilt. Ein derartiges Vorgehen sei nur im Ausnahmefalle zulässig und zwar dann, wenn es unter jedem denkbaren Gesichtspunkt ausgeschlossen ist, dass die Baugenehmigung durch den Bauherren irgendwann einmal genutzt werden kann[33]; dabei müsse sich dies eindeutig alleine aus den bei der Baugenehmigungsbehörde vorhandenen Unterlagen ohne weitere Rückfrage beim Bauherren ergeben. Zudem dürfe die Unvereinbarkeit des Vorhabens mit bauordnungsrechtlichen Vorschriften nicht von einer Wertungsfrage abhängig sein, sondern müsse eindeutig feststehen.[34]

Aufgrund dieser strengen Anforderungen handelte es sich bei der zulässigen Ablehnung also **378**
um den systematischen Ausnahmefall. Aufgrund der Ergänzung des Art. 68 Abs. 1 S. 1 Hs. 2 BayBO kann dieses Problem nun aber nicht mehr auftreten.

Ob die Bauaufsichtsbehörde einen Bauantrag bei Verstößen gegen öffentlich-rechtliche Anforderungen aus Vorschriften außerhalb des eigentlichen Prüfprogramms aus Art. 59, 60 BayBO nur ablehnen darf, wenn dieser Verstoß offensichtlich (evident) ist, ist streitig. Teilweise wird hier die Auffassung vertreten, dass der Verstoß bei „sachfremdem" Recht offensichtlich sein muss, während bei Verstößen gegen typisch baurechtliche Vorschriften der bloße Normwiderspruch genügen soll[35]. Dem Wortlaut des Gesetzes lässt sich eine solche Differenzierung nach Baurechtsnormen (BayBO) und „sonstigem Fachrecht" nicht entnehmen.[36]

Denken Sie bitte daran, dass das vom Gesetzgeber in Art. 68 Abs. 1 S. 1 Hs. 2 BayBO der Bauaufsichtsbehörde eröffnete Versagungsermessen nicht im Interesse des Dritten (Nachbar) besteht und sich nicht zu einem Anspruch für diesen verdichten kann. Bei Einordnung von Art. 68 Abs. 1 S. 1 Hs. 2 BayBO als gesetzlich geregeltem Fall des fehlenden Sachbescheidungsinteresses erscheint dies konsequent, da dem Sachbescheidungsinteresse nach herrschender Meinung keine drittschützende Wirkung zukommt.[37]

33 vgl. *BayVGH* BayVBl. 2014, 700 ff.
34 So insgesamt auch *Becker/Heckmann/Kempen/Manssen* Öffentliches Recht in Bayern Rn. 465 ff.
35 vgl. *Jäde*, BayVBl. 2010, 741 ff.
36 So auch *VG Augsburg*, Urteil v. 31.1.2013, Az. Au 5 K 12.1360.
37 *Manssen/Greim*, BayVBl. 2010, 421 ff.; *Wittreck*, BayVBl. 2004,193 ff.

Hinweis

Interessant ist nun aber die Frage, welchen Prüfungsmaßstab das Gericht in diesen Fällen im Rahmen einer Verpflichtungsklage des Bauherren nach Ablehnung eines Bauantrages aufgrund des Art. 68 Abs. 1 S. 1 Hs. 2 BayBO anzulegen hat, den des vereinfachten Baugenehmigungsverfahrens nach Art. 59 BayBO oder den von der Ausgangsbehörde aufgrund des Art. 68 Abs. 1 S. 1 Hs. 2 BayBO faktisch erweiterten. In einem solchen Fall ist gerichtlich zu prüfen, ob die Bauaufsichtsbehörde sachlich gerechtfertigt einen Verstoß gegen Normen außerhalb des Prüfprogramms angenommen und damit zurecht das besondere Sachbescheidungsinteresse des Art. 68 Abs. 1 S. 1 Hs. 2 verneint hat.[38] Hierbei ist auf den Zeitpunkt der letzten mündlichen Verhandlung abzustellen.[39]

1. Die Regelung über Abstandsflächen[40]

379 Die Abstandsflächen sollen zum einen die ausreichende Belichtung, Belüftung und Besonnung gewährleisten; zum anderen entfalten sie auch im Hinblick auf das Erfordernis eines Zugangs zum Grundstück Bedeutung (Feuerwehr!).

» Lesen Sie unbedingt alle Vorschriften, die nun erwähnt werden, in Ruhe durch! **«**

Die Pflicht zur Einhaltung von Abstandsflächen besteht nach Art. 6 Abs. 1 S. 1 BayBO im Grundsatz bei oberirdischen Gebäuden i.S.d. Art. 2 Abs. 2 BayBO (also beispielsweise nicht bei Tiefgaragen). Nach Art. 6 Abs. 1 S. 2 BayBO gelten sie entsprechend bei Anlagen, von denen Wirkungen wie von Gebäuden ausgehen.

Beispiel 1,80 Meter hohe und 17 Meter lange Schallschutzwand. ■

380 Keine Abstandsflächen sind nach Art. 6 Abs. 1 S. 3 BayBO bei planungsrechtlicher Verpflichtung oder Erlaubnis zu so genannter geschlossener Bauweise (vgl. § 22 BauNVO) einzuhalten (Vorrang des Bauplanungsrechts).

Bei der Bemessung der Abstandsflächen bleiben nach Art. 6 Abs. 8 BayBO bestimmte untergeordnete vortretende Bauteile sowie untergeordnete Vorbauten unter den dort genannten Voraussetzungen bei der Bemessung der Abstandsflächen außer Betracht.

Nach Art. 6 Abs. 5 S. 3 BayBO kann die Gemeinde in städtebaulichen Satzungen (Bebauungsplan) und in örtlichen Bauvorschriften abweichende Abstandsflächen bestimmen.

» Wenn die Voraussetzungen des Art. 6 Abs. 9 Nr. 1 BayBO erfüllt sind, bleiben diese bei der Bemessung der Abstandsflächen außer Betracht! **«**

Art. 6 Abs. 9 Nr. 1 BayBO enthält eine wichtige Sondervorschrift für Garagen und deren Nebengebäude, wonach diese unter den dort genannten Voraussetzungen in den Abstandsflächen des Gebäudes sowie ohne eigene Abstandsflächen gebaut werden. Achten Sie hier auf die gedankliche Verbindung zu Art. 57 Abs. 1 Nr. 1b BayBO (kommentieren!!).

Art. 6 Abs. 2 S. 1 BayBO bestimmt, dass Abstandsflächen grundsätzlich auf dem eigenen Grundstück liegen müssen und sich nicht überdecken dürfen (Art. 6 Abs. 3 BayBO). Ausnahmen hiervon regeln Art. 6 Abs. 2 S. 2 BayBO (öffentliche Verkehrsflächen, Grün- und Wasserflächen können zur Hälfte mit eingerechnet werden) sowie Art. 6 Abs. 2 S. 3 BayBO (Abstandsflä-

38 *BayVGH*, U.v. 30.5.2018 – 2 B 18.681 – juris.
39 vgl. *W.-R.Schenke/R.P.Schenke* in *Kopp/Schenke* Verwaltungsgerichtsordnung § 113 Rn. 186 f.
40 vgl. zum Ganzen auch *Becker/Heckmann/Kempen/Manssen* Öffentliches Recht in Bayern Rn. 627 ff.

chen auf dem Grundstück des Grundstücksnachbar möglich bei rechtlich oder tatsächlich gesicherter Freihaltung von Bebauung[41] oder bei Zustimmung des Nachbarn gegenüber der Bauaufsichtsbehörde).

Die Tiefe der Abstandsflächen bemisst sich nach Art. 6 Abs. 4 S. 1 BayBO nach der Wandhöhe, **381**
welche in S. 2 definiert wird. Die jeweilige Wandhöhe wird dadurch ermittelt, dass Sie an jeder Stelle des Hauses vom Grundstücksboden aus nach oben gehen und die Höhe des Gebäudes messen; damit erhalten Sie an jeder Stelle des Hauses das Maß H (Art. 6 Abs. 4 S. 6 BayBO), das für die Tiefe der Abstandsflächen relevant ist. Art. 6 Abs. 4 S. 3 und S. 4 BayBO bestimmen dabei, unter welchen Voraussetzungen und mit welchem Anteil Dächer[42] und Giebelflächen zu berücksichtigen sind.

Die Tiefe der Abstandsflächen beträgt gemäß Art. 6 Abs. 5 S. 1 BayBO dann letztlich 1 H, mindestens jedoch 3 Meter. Art. 6 Abs. 6 S. 1 BayBO enthält schließlich das so genannte 16-Meter-Privileg: Für zwei Außenwände des Gebäudes, die jeweils nicht länger als 16 Meter sind, genügt als Tiefe der Abstandsfläche die Hälfte der nach Absatz 5 vorgeschriebenen Abstandsflächentiefe (statt 1 H also nur 0,5 H), mindestens jedoch 3 Meter.

Hinweis

Sollte es durch Aufbringung einer nachträglichen Wärmedämmung an einem Gebäude zu einer Verkürzung und Unterschreitung der nach Art. 6 BayBO erforderlichen Abstandsflächentiefe kommen, sollten Sie stets an die Möglichkeit einer Abweichung nach Art. 63 Abs. 1 BayBO denken. Eine solche dürfte bei geringer Unterschreitung insbesondere aufgrund der gesetzgeberischen Bewertung des Energieeinsparungszieles in § 248 BauGB – dieser gilt unmittelbar aber nur in Gebieten mit Bebauungsplänen – nach Ermessensausübung der Bauaufsichtsbehörde möglich sein.[43]

2. Die Regelung über Stellplätze

Art. 47 BayBO fordert unter den dort genannten Voraussetzungen die Herstellung von **382**
Stellplätzen (definiert in Art. 2 Abs. 8 S. 1 BayBO); die Anzahl bestimmt sich aufgrund des Absatzes 2.

Bei der Stellplatzregelung handelt es sich um eine objektiv bestehende Anforderung, die keinen Drittschutz zugunsten von Nachbarn entfaltet. Zu beachten ist zudem, dass die Möglichkeiten zur Erfüllung der gesetzlichen Stellplatzpflicht, die Art. 47 Abs. 3 Nrn. 1 -3 BayBO schafft, gleichberechtigt nebeneinander stehen; sofern die Gemeinde beispielsweise zum Abschluss des Ablösungsvertrages nach Art. 47 Abs. 3 Nr. 3 BayBO bereit ist, muss der Bauherr deshalb keinen Antrag auf Abweichung i.S.d. Art. 63 BayBO stellen.

41 Rechtliche Sicherung insbesondere durch Grunddienstbarkeit im Grundbuch; tatsächliche Sicherung denkbar aufgrund der Gegebenheit des Grundstücks, dass keine Überbauung zulässt.

42 Beachten Sie insoweit die Möglichkeit der anderweitigen Bestimmung nach Art. 6 Abs. 7 Nr. 1 und 2 BayBO.

43 Weiterführende Hinweise zu dieser durchaus aktuellen Problematik finden Sie bei *Jäde*, Kommunalpraxis Bayern 2012, 47 ff.

Hinweis

Die Einhaltung des Gebotes des Art. 47 Abs. 4 BayBO kann der Bauherr nicht im Wege der Klage durchsetzen, da die Norm keine Schutzwirkung zu seinen Gunsten entfaltet. Ihm bleibt bei einem Verstoß der Gemeinde nur die Möglichkeit, bei der Aufsichtsbehörde ein Einschreiten gegen die Gemeinde anzuregen.

V. Zulässigkeit des Vorhabens im Hinblick auf andere öffentlich-rechtliche Anforderungen

383 Nach Art. 59 S. 1 Nr. 3 bzw. Art. 60 S. 1 Nr. 3 BayBO sind (in jedem Fall!) auch andere öffentlich-rechtliche Anforderungen zu prüfen, soweit wegen der Baugenehmigung eine Entscheidung nach anderen öffentlich-rechtlichen Vorschriften entfällt, ersetzt oder eingeschlossen wird. Insoweit spricht man vom sonstigen der Baugenehmigung aufgedrängten Recht. Folgende Tatbestände sollten Sie dabei kennen:

- Art. 20 Abs. 5 S. 1 BayWG i.V.m. Art. 56 S. 1 Nr. 1 Alt. 1 Hs. 2 BayBO, soweit die wasserrechtliche Anlagengenehmigung durch die Baugenehmigung ersetzt wird; insoweit sind die Anforderungen nach § 36 WHG i.V.m. Art. 20 Abs. 2 BayWG im bauaufsichtlichen Genehmigungsverfahren zu prüfen.
- Art. 6 Abs. 3 S. 1 Denkmalschutzgesetz (DSchG)[44] bei Maßnahmen an Baudenkmälern.
- §§ 14 Abs. 1, 15 Bundesnaturschutzgesetz (BNatSchG) hinsichtlich der Unterlassungspflicht von vermeidbaren Beeinträchtigungen und der Ausgleichspflicht bzw. Kompensationspflicht für unvermeidbare Beeinträchtigungen bei einem Eingriff in Natur und Landschaft i.S.d. § 14 Abs. 1 BNatSchG. § 18 BNatSchG regelt insofern das Verhältnis von Baurecht und Naturschutzrecht.

  Art. 56 S. 3 BayNatSchG für die Befreiung von Geboten, Verboten und Beschränkungen des BNatSchG sowie auf dessen Grundlage ergangener Rechtsverordnungen (auch dann, wenn in den Rechtsverordnungen kein Befreiungstatbestand geregelt ist und auch kein Verweis auf Art. 56 BayNatSchG enthalten ist); hier prüfen Sie also, ob eine Befreiung von Geboten, Verboten oder Beschränkungen nach Naturschutzrecht möglich ist.

44 *Ziegler/Tremel* Nr. 138.

VI. Übungsfall Nr. 2

„Gestörte Nachtruhe" 384

Der Unternehmer A ist Eigentümer eines großen unbebauten Grundstücks Flur Nr. 307 in der im Landkreis Augsburg gelegenen kreisangehörigen Gemeinde K. In der näheren Umgebung des Grundstücks befinden sich eine Bäckerei, eine Metzgerei, eine Kirche, ein Sportplatz sowie einige noch betriebene landwirtschaftliche Anwesen. Der Flächennutzungsplan der Gemeinde K aus dem Jahr 2015 stellt das Grundstück als Sonderbaufläche (S) für den Gemeinbedarf (Schule) dar. In der Gemeinderatssitzung vom 29.3.2018 hat die Gemeinde beschlossen, für das Gebiet einen Bebauungsplan aufzustellen. Für das dem A gehörende Grundstück ist eine Nutzung für Schulzwecke vorgesehen.

A ist mit diesen Plänen der Gemeinde K nicht einverstanden und auch nicht verkaufsbereit. Er möchte auf dem Grundstück eine Diskothek mit entsprechenden Parkflächen errichten. Die Diskothek soll dabei täglich im Zeitraum von 19.00 Uhr bis 1.00 Uhr betrieben werden. In der Besucherzahl ist die Diskothek auf 250 Personen ausgelegt.

Im Folgenden lässt A die Bauantragsunterlagen für die Diskothek erstellen. Die Beteiligung der Eigentümer der angrenzenden Nachbargrundstücke hält er für eine Überflüssigkeit.

Die Gemeinde K legte den Bauantrag nach einer ablehnenden Entscheidung im Gemeinderat am 24.4.2018 dem Landratsamt Augsburg vor. Die Gemeinde führte aus, dass zwar die Erschließung des Grundstücks gesichert sei, das Vorhaben aber der Planungsabsicht der Gemeinde zur Errichtung eines Schulgebäudes zuwider laufe.

Die Immissionsschutzabteilung des Landratsamtes Augsburg kam im Folgenden zu der Einschätzung, dass die Lärmbelastung der Diskothek durch Musikgeräusche, Verkehrsgeräusche und Gespräche beim Verlassen am nächstgelegenen Immissionsort einen Lärmrichtwert von 62 dB(A) verursache.

Aufgabe: Welche Entscheidung wird das Landratsamt Augsburg über den Bauantrag des A treffen? Der Bearbeitung ist der folgende Auszug aus der TA Lärm (§ 48 BImSchG) zugrunde zu legen:

6. Immissionsrichtwerte

6.1 Immissionsrichtwerte für Immissionsorte außerhalb von Gebäuden

...

c) in Kerngebieten, Dorfgebieten und Mischgebieten

tags 60 dB(A)

nachts 45 dB(A)

d) in allgemeinen Wohngebieten und Kleinsiedlungsgebieten

tags 55 d(A)

nachts 40 dB(A)

....

6.4 Beurteilungszeiten

Die Immissionsrichtwerte nach den Nummern 6.1 bis 6.3 beziehen sich auf folgende Zeiten:

Tags 6.00 – 22.00 Uhr

Nachts 22.00 – 6.00 Uhr

385 **Lösung**

Das Landratsamt Augsburg wird eine Baugenehmigung erteilen, wenn es hierfür zuständig und das Vorhaben genehmigungspflichtig sowie genehmigungsfähig ist. Es besteht dann ein **Anspruch** auf Erteilung der Genehmigung aus Art. 68 Abs. 1 S. 1 BayBO.

I. Zuständigkeit

Das Landratsamt Augsburg müsste zunächst für die Entscheidung über den Bauantrag des A sachlich wie örtlich zuständig sein. Dies ist nach Art. 53 Abs. 1 BayBO, 37 Abs. 1 S. 2 LKrO (sachliche Zuständigkeit) sowie nach Art. 3 Abs. 1 Nr. 1 BayVwVfG (örtliche Zuständigkeit) der Fall.

II. Genehmigungspflicht

Die beabsichtigte Diskothek müsste genehmigungspflichtig sein. Es handelt sich um eine bauliche Anlage nach Art. 2 Abs. 1 BayBO. Die Genehmigungspflicht für den Vorgang der Errichtung ergibt sich aus Art. 55 Abs. 1, 57 BayBO. Eine Verfahrensfreiheit nach Art. 57 BayBO ist nicht ersichtlich. Nachdem für das Grundstück derzeit noch kein wirksamer Bebauungsplan besteht, handelt sich auch nicht um einen Fall der Genehmigungsfreistellung (Art. 58 BayBO).

III. Genehmigungsfähigkeit

Das Vorhaben ist nur dann genehmigungsfähig, wenn es die formellen und materiellen Genehmigungsvoraussetzungen erfüllt.

1. Formelle Genehmigungsvoraussetzungen

Zunächst bedarf es an dieser Stelle eines von A wirksam gestellten Bauantrages. Der Antrag muss nach Art. 64 Abs. 1 BayBO schriftlich mit den nach Art. 64 Abs. 2 BayBO i.V.m. der Bauvorlagenverordnung geforderten Unterlagen bei der Gemeinde (Art. 64 Abs. 1 BayBO) eingereicht werden.

Fraglich ist, wie sich die von A kategorisch unterlassene Nachbarbeteiligung auf sein Baugenehmigungsverfahren auswirkt. Eine unterbliebene Nachbarbeteiligung nach Art. 66 Abs. 1 S. 1 BayBO stellt **kein formelles Genehmigungshindernis** dar. Rechtsfolge einer fehlenden Nachbarbeteiligung oder -unterschrift ist lediglich, dass die Baugenehmigung ihm zugestellt werden muss, Art. 66 Abs. 1 S. 6 BayBO, d.h. die fehlenden Nachbarunterschriften haben Auswirkung auf eine eventuelle Anfechtung Dritter gegen eine eventuell erteilte Baugenehmigung.

2. Materielle Genehmigungsvoraussetzungen

Zunächst gilt es den Prüfungsmaßstab im bauaufsichtlichen Genehmigungsverfahren zu bestimmen. Der Prüfungsmaßstab ergibt sich hier aus Art. 60 S. 1 BayBO. Da die Diskothek auf eine Besucherzahl von über 100 ausgelegt ist, liegt die Errichtung eines **Sonderbaus nach Art. 2 Abs. 4 Nr. 6 BayBO** vor. Bei Heranziehung des Prüfungsmaßstabes in Art. 60 S. 1 BayBO kommt insbesondere ein Verstoß gegen Vorschriften des Bauplanungsrechts (Art. 60 S. 1 Nr. 1 BayBO) in Betracht.

a) Nach § 29 Abs. 1 BauGB müssten die Vorschriften der §§ 30 ff. BauGB anwendbar sein. Mit der Neuerrichtung der Diskothek steht ein Vorhaben zur Beurteilung, das bodenrechtlich relevant ist. Es berührt im Hinblick auf Lärmentwicklung und Verkehr die Belange nach § 1 Abs. 6 Nr. 1 BauGB – gesunde Wohn- und Arbeitsverhältnisse –, so dass ein Bedürfnis nach regelnder Bauleitplanung hervorgerufen wird. § 38 BauGB steht der Prüfung in den §§ 29 ff. BauGB nicht entgegen.

b) Weiter ist zu bestimmen, in welchem bauplanungsrechtlichen Bereich das Vorhaben angesiedelt ist. Das geplante Vorhaben liegt hier im **Innenbereich**, d.h. innerhalb eines im Zusammenhang bebauten Ortsteils.

   Ein im Zusammenhang bebauter Ortsteil liegt vor, wenn eine tatsächlich aufeinanderfolgende Bebauung den Eindruck der Geschlossenheit (Zusammengehörigkeit) vermittelt und dieser Bebauungskomplex im Gebiet einer Gemeinde nach Zahl, Umfang und Zweckbestimmung sowie nach der räumlichen Zuordnung der vorhandenen Bauten ein gewisses Gewicht besitzt und Ausdruck einer organischen Siedlungsstruktur ist.

Hier beurteilt sich die Zulässigkeit des Vorhabens nach § 34 Abs. 1 BauGB. Es ist zulässig, wenn es sich in die **nähere Umgebung** einfügt. Dies ist dann der Fall, wenn es sich innerhalb des aus der Umgebung hervorgehenden Rahmens hält. Ausnahmen gibt es in zwei Richtungen: Zum einen fügt es sich trotz Einhaltung des Rahmens dann nicht ein, wenn es rücksichtslos ist. Zum anderen kann es sich im Einzelfall auch dann einfügen, wenn es sich zwar nicht in jeder Hinsicht innerhalb des aus seiner Umgebung hervorgehenden Rahmens hält, aber weder selbst noch in Folge seiner evtl. Vorbildwirkung geeignet ist, bodenrechtlich beachtliche Spannungen zu begründen noch vorhandene Spannungen zu erhöhen. Maßgeblich für das Einfügen und damit auch für die Bestimmung des Rahmens sind nach § 34 Abs. 1 BauGB vier Kriterien, nämlich die Art der baulichen Nutzung, das Maß der baulichen Nutzung, die Bauweise und die überbaubare Grundstücksfläche.

c) Die **Zulässigkeit des Vorhabens** nach seiner **Art** beurteilt sich hier gemäß § 34 Abs. 2 BauGB danach, ob es nach den Vorgaben der BauNVO in dem Baugebiet, dem die Eigenart der näheren Umgebung entspricht, zulässig ist.

Vorliegend handelt es sich aufgrund der nach wie vor vorhandenen landwirtschaftlichen Hofstellen um ein **faktisches Dorfgebiet**. Ein Überwiegen der landwirtschaftlichen Nutzung ist nach dem Wortlaut des § 5 Abs. 1 BauNVO nicht erforderlich. Diskotheken können dabei nicht unter den Begriff der allgemein zulässigen sonstigen Gewerbebetriebe (§ 5 Abs. 2 Nr. 6 BauNVO) subsumiert werden, da die BauNVO für derartige Einrichtungen den Sonderstatus der **„Vergnügungsstätten"**, vgl. § 4a Abs. 3 Nr. 2 bzw. § 5 Abs. 3 BauNVO, schafft. Der für Dorfgebiete einschlägige § 5 Abs. 3 BauNVO bestimmt, dass Vergnügungsstätten ausnahmsweise im Dorfgebiet zugelassen werden können. Dies aber auch nur dann, wenn sie nicht wegen ihrer Zweckbestimmung oder ihres Umfangs nur in Kerngebieten nach § 7 BauNVO allgemein zulässig sind. Ob dies vorliegend der Fall ist, kann dahinstehen, da, selbst wenn man unterstellt, die Diskothek wäre als Vergnügungsstätte im faktischen Dorfgebiet ausnahmsweise zulässig, nach §§ 5 Abs. 3 BauNVO, 31 Abs. 1 BauGB entsprechend im Einzelfall zu prüfen ist, ob das Bauvorhaben das in § 15 Abs. 1 BauNVO geregelte **Gebot der Rücksichtnahme** verletzt. Nach § 15 Abs. 1 BauNVO, der im Rahmen eines faktischen Baugebiets nach § 34 Abs. 2 BauGB direkte Anwendung findet, ist ein nach §§ 2 bis 14 BauNVO aufgeführtes Vorhaben im Einzelfall unzulässig, wenn es nach Anzahl, Lage, Umfang oder Zweckbestimmung der Eigenart des Baugebiets widerspricht (S. 1) oder wenn von ihm **unzumutbare** Belästigungen oder Störungen ausgehen können (S. 2).

d) Hier könnte das Bauvorhaben des A gegenüber seiner näheren Umgebung **„rücksichtslos"** sein. Das in § 34 Abs. 1 BauGB („einfügen", bzw. § 34 Abs. 2 BauGB i.V.m. § 15 Abs. 1 BauNVO) enthaltene Gebot der Rücksichtnahme trägt als Korrektiv der Tatsache Rechnung, dass die alleinige Orientierung an dem durch die Umgebung vorgegebenen Rahmen nicht immer zu befriedigenden Ergebnissen führt. Auch praktische Bedeutung erlangt das Rücksichtnahmegebot meist dann, wenn es zu einem Zusammentreffen von Wohnnutzung und mit Lärm verbundener gewerblicher Nutzung kommt. Die Frage, wann ein Vorhaben sich rücksichtslos auf die Umgebung auswirkt, kann nach den Begriffsbestimmungen des § 3 Abs. 1 BImSchG beantwortet werden. Anhaltspunkte hierfür gibt die TA Lärm. Die dort für Dorfgebiete genannten Werte von tagsüber 60 dB(A) und nachts 45 dB(A) werden bei der von A beabsichtigten Diskothek sowohl tagsüber (6.00 Uhr bis 22.00 Uhr) als auch nachts deutlich überschritten. Der Diskothek werden dabei auch die Geräusche der Anfahrt und Abfahrt der Besucher zugerechnet. Damit fügt sich das Vorhaben des A hinsichtlich seiner Art nicht in die nähere Umgebung ein.

e) Ob sich das von A geplante Vorhaben hinsichtlich der weiteren in § 34 Abs. 1 BauGB genannten Kriterien Maß der baulichen Nutzung, Bauweise und überbaubare Grundstücksflächen in die nähere Umgebung einfügt, kann nicht abschließend beurteilt werden.

f) Angesichts der Lärmentwicklung des Vorhabens werden auch Anforderungen an gesunde Wohn- und Arbeitsverhältnisse nicht gewahrt, § 34 Abs. 1 S. 2 Hs. 1 BauGB. Zur Beeinträchtigung des Ortsbildes, § 34 Abs. 1 S. 2 Hs. 2 BauGB, können mangels näherer Angaben keine Aussagen getroffen werden.

g) Die Erschließung müsste gesichert sein. Nach den Angaben der Gemeinde ist dies der Fall.

h) Fraglich ist schließlich noch, wie sich der Flächennutzungsplan und der Bebauungsplanaufstellungsbeschluss auf das geplante Vorhaben auswirken. Beide Pläne spielen vorliegend keine Rolle. Der Flächennutzungsplan kann nach dem durch § 34 BauGB gesetzten Prüfungsrahmen einem Innenbereichsvorhaben grundsätzlich nicht entgegengehalten werden. Der Entwurf eines Bebauungsplanes kann ebenfalls nicht zu einer Versagung im Rahmen des § 34 BauGB führen. § 33 BauGB stellt nur einen positiven, keinen negativen Genehmigungstatbestand dar. Will die Gemeinde ihre ortsplanerischen Vorstellungen sichern, muss sie auf das Instrumentarium in §§ 14, 15 BauGB zurückgreifen (Veränderungssperre, Zurückstellung).

i) Einer Genehmigung steht hier aber auch das fehlende gemeindliche Einvernehmen nach § 36 BauGB entgegen. Da A nach den bisherigen Ausführungen keinen Anspruch auf Baugenehmigung besitzt, erfolgte die Verweigerung des Einvernehmens zu Recht auf der Grundlage von § 36 Abs. 2 BauGB.

3. Ergebnis

Eine Genehmigung muss vorliegend zwingend versagt werden. A besitzt keinen Anspruch auf Erteilung einer Baugenehmigung.

D. Der Vorbescheid

I. Rechtsnatur und Wirkung des Vorbescheids

1. Abgrenzung zu Teilbaugenehmigung und Zusicherung

Der Vorbescheid i.S.d. Art. 71 BayBO ist Verwaltungsakt i.S.d. Art. 35 S. 1 BayVwVfG und enthält eine Aussage zu einzelnen Fragen des Bauvorhabens. Zu unterscheiden ist er von der Teilbaugenehmigung i.S.d. Art. 70 BayBO sowie der Zusicherung nach Art. 38 BayVwVfG. **386**

Während die Teilbaugenehmigung für einzelne Bauteile oder Bauabschnitte schon vor Erteilung der Baugenehmigung einen Beginn der Bauarbeiten gestattet und damit eine teilweise Baufreigabe enthält,[45] äußert sich der Vorbescheid lediglich zu einzelnen Fragen des Bauvorhabens und berechtigt aber nicht zum Beginn mit der Ausführung des Bauvorhabens[46] (mangels Verweis des Art. 71 S. 4 auf Art. 68 Abs. 5 BayBO, in welchem die Baufreigabe geregelt ist).

Anders als der Vorbescheid, der selbst Verwaltungsakt i.S.d. Art. 35 S. 1 BayVwVfG ist,[47] umfasst die Zusicherung i.S.d. Art. 38 BayVwVfG das gesamte bauliche Vorhaben im Sinne der Zusage, eine bestimmte Baugenehmigung zu erlassen. Zu beachten ist bei der Zusicherung des Weiteren, dass die Behörde kraft Gesetzes nach Art. 38 Abs. 3 BayVwVfG nicht mehr an die Zusicherung gebunden ist, wenn sich nach Abgabe der Zusicherung die Rechtslage derart ändert, dass sie bei Kenntnis der nachträglich eingetretenen Änderung die Zusicherung nicht gegeben hätte oder aus rechtlichen Gründen nicht hätte geben dürfen.

2. Wirkungen des Vorbescheides

Wie bereits erwähnt, enthält der Vorbescheid mangels Verweis des Art. 71 S. 4 auf Art. 68 Abs. 5 BayBO keine Baufreigabe und damit keine Gestattungswirkung. Hinsichtlich der im Vorbescheid behandelten Fragen entfaltet er jedoch echte Feststellungswirkung und auch Bindungswirkung für die Bauaufsichtsbehörde bei der späteren Erteilung einer Baugenehmigung; im Rahmen der im Vorbescheid geprüften einzelnen Fragen ist die Bauaufsichtsbehörde an ihre Rechtsansicht aus dem Vorbescheid gebunden und darf diesen Gesichtspunkt überhaupt nicht mehr prüfen; sie hat vielmehr ungeprüft die Ergebnisse aus dem Vorbescheid für die Baugenehmigung zu Grunde zu legen. Insoweit spricht man beim Vorbescheid auch von einem vorweggenommenen Teil der Baugenehmigung.[48] **387**

Da der Bauvorbescheid als Verwaltungsakt ergeht, können Nachbarn gegen den Vorbescheid Anfechtungsklage (§ 42 Abs. 1 Alt. 1 VwGO) erheben. Der Nachbar muss den Vorbescheid anfechten, um zu verhindern, dass dieser bestandskräftig wird. Eine spätere Anfechtung der Baugenehmigung wegen einer Rechtsverletzung, die im Prüfungsumfang des Vorbescheids liegt, wäre aussichtslos, da bei Erteilung der Baugenehmigung die im Vorbescheid bereits entschiedene Frage aufgrund der Bindungswirkung nicht mehr neu beantwortet werden musste.[49] Der Nachbar muss, um die Bindungswirkung des Vorbescheides zu beseitigen, also den Vorbescheid anfechten, auch wenn mittlerweile eine Baugenehmigung erteilt wurde.[50]

45 vgl. auch *Brenner* Öffentliches Baurecht S. 231 Rn. 761.
46 vgl. auch *Brenner* Öffentliches Baurecht S. 231 Rn. 760.
47 vgl. *Becker/Heckmann/Kempen/Manssen* Öffentliches Recht in Bayern Rn. 497.
48 vgl. *Brenner* Öffentliches Baurecht S. 230 Rn. 759.
49 *Becker/Heckmann/Kempen/Manssen* Öffentliches Recht in Bayern Rn. 505.
50 *Becker/Heckmann/Kempen/Manssen* Öffentliches Recht in Bayern Rn. 508.

Hinweis

In der Klausur taucht der Vorbescheid dann im Rahmen des Anspruchs auf Erteilung einer Baugenehmigung an der jeweiligen Stelle auf, an welcher die im Vorbescheid behandelten Fragen nun zu prüfen wären.

388 § 212a BauGB ist mangels Gestattungswirkung des Vorbescheides bei Rechtsbehelfen gegen diesen nicht anwendbar. Beim Bauvorbescheid handelt es sich nach h.M. um keine „bauaufsichtliche Zulassung" im Sinne von § 212a BauGB[51]. Sofern also eine nicht offensichtlich unzulässige Klage (insbesondere keine verfristete Klage) gegen den Vorbescheid erhoben wird, greift die aufschiebende Wirkung dieser Klage nach § 80 Abs. 1 VwGO ein; dies hat zur Folge, dass bei der Erteilung einer Baugenehmigung doch wieder vollumfänglich geprüft werden muss, da der Vorbescheid aufgrund der aufschiebenden Wirkung der Klage nicht vollziehbar ist.[52]

II. Anspruch auf Erteilung eines Vorbescheids

389 Bei der Entscheidung über die Erteilung eines Vorbescheides handelt es sich nach Art. 71 S. 4, 68 Abs. 1 S. 1 BayBO um eine rechtlich **gebundene Entscheidung**. Sofern alle formellen und materiellen Voraussetzungen gegeben sind, besteht also grundsätzlich auch ein Anspruch auf Erteilung des Vorbescheids.

PRÜFUNGSSCHEMA

Anspruch auf Erteilung eines Vorbescheides

I. Formelle Anforderungen
1. Antrag des Bauherrn
2. Sachliche Zuständigkeit der Bauaufsichtsbehörde
3. Örtliche Zuständigkeit der Bauaufsichtsbehörde
4. Ordnungsgemäße Nachbarbeteiligung
5. Schriftform des Vorbescheides

II. Materielle Anforderungen
1. Genehmigungspflichtiges Vorhaben
2. Einzelne Fragen des Bauvorhabens

1. Formelle Anforderungen

390 Bei den formellen Anforderungen gilt aufgrund der Verweisungen in Art. 71 S. 4 BayBO letztlich dasselbe wie bei der Baugenehmigung. Nach Art. 71 S. 4, 66 BayBO ist auch eine Nachbarbeteiligung durchzuführen; mit der Zustimmung durch Unterschrift verliert der Nachbar seine Klagebefugnis gegen den Vorbescheid, aber auch hinsichtlich der Baugenehmigung bezüglich des Teils, der im Vorbescheid behandelt wurde, da die Zustimmung zum Vorbescheid insoweit

51 *BayVGH*, BayVBl. 1999, 467; *Decker* in *Simon/Busse* BayBO Art. 71 Rn. 158; *BayVGH*, B.v. 12.11.2018 – 2 CS 18.2165 – juris

52 vgl. *Becker/Heckmann/Kempen/Manssen* Öffentliches Recht in Bayern Rn. 508.

in der Baugenehmigung fortwirkt.[53] Macht der Bauherr von der ihm in Art. 71 S. 4 Hs. 2 BayBO ihm eingeräumten Möglichkeit des Absehens von einer Nachbarbeteiligung Gebrauch, so entfaltet der Bauvorbescheid keine Rechtswirkungen zugunsten eines Nachbarn.[54] Es kommt in einem derartigen Fall auch nicht darauf an, ob der Nachbar vom Bauvorbescheid Kenntnis erlangt hat oder in zumutbarer Weise hätte erlangen können. Unklarheiten und Streitigkeiten im Verhältnis zum Nachbarn werden bei einem solchen in der BayBO ausdrücklich vorgesehenen Prozedere damit vollständig in das nachfolgende Baugenehmigungsverfahren verlagert.[55] Anders zu beurteilen ist dies nur, wenn es an einem Antrag des Bauherrn nach Art. 71 S. 4 Hs. 2 BayBO fehlt und die jeweilige Bauaufsichtsbehörde gleichwohl keine Nachbarbeteiligung durchführt.[56] Nur bei einer rechtswidrig unterbliebenen Nachbarbeteiligung sind die Grundsätze über die unterbliebene Nachbarbeteiligung im Baugenehmigungsverfahren anzuwenden und eine Klagebefugnis des Nachbarn anzuerkennen.

2. Materielle Anforderungen

391 In materieller Hinsicht muss ein genehmigungspflichtiges Vorhaben gegeben sein und die einzelnen vom Bauherren gestellten Fragen zu seinem Bauvorhaben müssen genehmigungsfähig sein.

392 Streitig ist, ob ein erteilter Vorbescheid durch eine zeitlich später erteilte Baugenehmigung „konsumiert" wird, d.h. die Baugenehmigung den Vorbescheid ersetzt. Da die Baugenehmigung dem Bauherrn ein Recht zum Bauen einräumt (Baufreigabe, Art. 68 Abs. 5 BayBO), der Bauvorbescheid aber nicht, erscheint dies naheliegend (jedenfalls in den Fällen, in denen der Prüfumfang der Baugenehmigung identisch ist mit dem Bauvorbescheid). Das Bundesverwaltungsgericht ist dem nicht gefolgt. Bundesrechtlich fehlt eine Regelung die besagt, dass ein nicht bestandskräftiger Vorbescheid durch eine nachfolgend erteilte Baugenehmigung konsumiert wird.[57] Es sei Aufgabe des landesrechtlichen Bauordnungsrechts, gegebenenfalls eine Regelung zu treffen, nach der sich ein Bauvorbescheid mit Erteilung der Baugenehmigung erledigt. Eine solche Regelung fehlt in Bayern.[58] Im Ergebnis erscheinen hier beide Ansichten für durchaus vertretbar.

» Sofern der Vorbescheid die Zulässigkeit des Vorhabens in bauplanungsrechtlicher Hinsicht behandelt, spricht man von einer so genannten Bebauungsgenehmigung! «

Letztlich soll noch auf eine Sonderkonstellation hingewiesen werden. Sofern die Baugenehmigungsbehörde einen Vorbescheid erlässt und bei dem nachfolgenden Bauantrag nicht die Ergebnisse aus dem Vorbescheid übernimmt, sondern abweichend entscheidet, verstößt sie im Grundsatz gegen die Bindungswirkung des Vorbescheides. Der Vorbescheid als Verwaltungsakt kann jedoch nach den allgemeinen Regeln der Art. 48 f. BayVwVfG zurückgenommen bzw. widerrufen werden. Es ist dabei anerkannt, dass eine Rücknahme bzw. ein Widerruf des Vorbescheides auch konkludent durch die abweichende Entscheidung über den Bauantrag erfolgen kann. In diesem Fall müssten Sie im Rahmen einer nachfolgenden Verpflichtungsklage im Bereich der vom Vorbescheid

53 *Erbguth/Mann/Schubert* Besonderes Verwaltungsrecht Rn. 1285 ff.

54 vgl. *BayVGH*, B.v. 12.7.2010 – 14 CS 10.327 – juris Rn. 27; B.v. 2.9.2010 – 14 ZB 10.604 – juris Rn. 10; B.v. 28.3.2006 – 25 ZB 03.33004 – juris Rn. 2; *Decker* in *Simon/Busse* BayBO, Art. 71 Rn. 56; *Molodovsky* in *Molodovsky/Famers/Waldmann* BayBO Art. 71 Rn. 53.

55 *Decker* in *Simon/Busse* BayBO Art. 71 Rn. 56.

56 vgl. *BayVGH*, B.v. 12.7.2010 – 14 CS 10.327 – juris Rn. 27.

57 *BVerwG* NVwZ 1995, 894.

58 vgl. zum Ganzen *Decker* in *Simon/Busse* BayBO Art. 71 Rn. 115 ff.

behandelten materiellen Voraussetzungen der Baugenehmigung zunächst klarstellen, dass die Baugenehmigungsbehörde eigentlich durch den Vorbescheid in ihrer Entscheidung gebunden ist, diesen aber möglicherweise durch die Ablehnung des Bauantrags konkludent zurückgenommen hat. Inzident müssen daher an dieser Stelle die Voraussetzungen nach Art. 48 f. BayVwVfG geprüft werden.

Online-Wissens-Check

Wonach beurteilt sich das Verhältnis zwischen Baugenehmigung und Abgrabungsgenehmigung?

Überprüfen Sie jetzt online Ihr Wissen zu den in diesem Abschnitt erarbeiteten Themen. Unter **www.juracademy.de/skripte/login** steht Ihnen ein Online-Wissens-Check speziell zu diesem Skript zur Verfügung, den Sie kostenlos nutzen können. Den Zugangscode hierzu finden Sie auf der Codeseite.

5. Teil
Rechtsschutz im Zusammenhang mit baulichen Einzelvorhaben

Im Bereich des Rechtsschutzes bei baulichen Einzelvorhaben spielen die Verpflichtungsklage des Bauherrn auf Erteilung einer Baugenehmigung sowie die Anfechtungsklage eines Dritten (oder Nachbarn) gegen eine an den Bauherren bereits erteilte Baugenehmigung die größte Rolle. Daneben wird bei einem Vorgehen eines Dritten gegen eine bereits erteilte Baugenehmigung auch der Antrag auf Gewährung einstweiligen Rechtsschutzes relevant. 393

A. Verpflichtungsklage auf Erteilung einer Baugenehmigung

Verpflichtungsklage auf Erteilung einer Baugenehmigung 394

A. Entscheidungskompetenz des Gerichts
- I. Eröffnung des Verwaltungsrechtswegs nach § 40 Abs. 1 S. 1 VwGO
- II. Sachliche und örtliche Zuständigkeit des Verwaltungsgerichts nach §§ 45, 52 Nr. 1 VwGO i.V.m. Art. 1 Abs. 2 AGVwGO

B. Zulässigkeit der Klage
- I. Statthaftigkeit
  - Nebenbestimmungen, vgl. Rn. 399
- II. Klagebefugnis nach § 42 Abs. 2 VwGO
  - Bauherr ist nicht Grundstückseigentümer, vgl. Rn. 400
- III. Erforderlichkeit der erfolglosen Durchführung eines Vorverfahrens nach § 68 VwGO
- IV. Klagefrist
- V. Partei- und Prozessfähigkeit nach §§ 61 f. VwGO
- VI. Rechtsschutzbedürfnis
- VII. Sonstige Zulässigkeitsvoraussetzungen

C. Begründetheit der Klage
- I. Passivlegitimation, § 78 Abs. 1 Nr. 1 VwGO
- II. Bestehen eines Anspruchs auf Erteilung einer Baugenehmigung
  - **1. Formelle Anspruchsvoraussetzungen**
    = Ordnungsgemäßer Bauantrag bei der Gemeinde eingereicht
  - **2. Materielle Anspruchsvoraussetzungen**
    - a) Genehmigungspflichtiges Vorhaben
      - aa) Anwendungsbereich der BayBO
      - bb) Anwendungsfall des Art. 55 BayBO
      - cc) Keine Genehmigungsfreiheit bzw. -freistellung
    - b) Genehmigungsfähigkeit des Vorhabens
      - aa) Festlegung des Prüfungsmaßstabs
      - bb) Bauplanungsrechtliche Voraussetzungen
      - cc) Bauordnungsrechtliche Voraussetzungen
      - dd) Sonstige Voraussetzungen

PRÜFUNGSSCHEMA

Soweit der Bauherr die Erteilung einer Baugenehmigung beantragt hat und dieser Antrag von der Bauaufsichtsbehörde abgelehnt worden ist, kann dieser im Wege der Verpflichtungsklage in Form der Versagungsgegenklage (§ 42 Abs. 1 Alt. 2 VwGO) auf Erteilung der Baugenehmigung klagen. Denkbar ist daneben auch die Verpflichtungsklage in Form der Untätigkeitsklage (§ 42 Abs. 1 Alt. 3 VwGO), sofern die Bauaufsichtsbehörde über den Bauantrag nicht entschieden hat.

395 Die Klage hat Erfolg, wenn das angerufene Gericht entscheidungskompetent ist und die Klage zulässig und begründet ist.

I. Entscheidungskompetenz des Gerichts

396 Der Verwaltungsrechtsweg ist nach § 40 Abs. 1 S. 1 VwGO bei jeder öffentlich-rechtlichen Streitigkeit nicht verfassungsrechtlicher Art eröffnet. Eine öffentlich-rechtliche Streitigkeit liegt nach der modifizierten Subjektstheorie vor, weil es sich bei den streitentscheidenden Normen des BauGB und der BayBO ausschließlich um öffentliche Rechtsnormen i.S.d. Sonderrechtstheorie handelt. Zudem liegt mangels einer doppelten Verfassungsunmittelbarkeit eine Streitigkeit nicht verfassungsrechtlicher Art vor.

Die sachliche und örtliche Zuständigkeit des Verwaltungsgerichts ergibt sich nach §§ 45, 52 Nr. 1 VwGO i.V.m. Art. 1 Abs. 2 Nr. 1–6 AGVwGO.

II. Zulässigkeit der Klage

397 Die Klage ist zulässig, wenn alle Sachentscheidungsvoraussetzungen gegeben sind.

1. Statthaftigkeit

398 Im Hinblick auf den statthaften Rechtsbehelf ist das Klagebegehren des Klägers gemäß §§ 86, 88 VwGO maßgeblich. Mit der Erteilung einer Baugenehmigung begehrt dieser die Erteilung eines Verwaltungsaktes i.S.d. Art. 35 S. 1 BayVwVfG; einschlägig ist damit die Verpflichtungsklage (in Form der Versagungsgegenklage oder Untätigkeitsklage) nach § 42 Abs. 1 VwGO.

399 **Nebenbestimmungen.**[1] Soweit dem Bauantrag des Bauherrn nicht die Ablehnung oder die Untätigkeit der Bauaufsichtsbehörde folgt, sondern die Erteilung einer Baugenehmigung mit ungewünschtem Inhalt oder zusätzlichen Bestimmungen, stellt sich das Problem der statthaften Klageart bei Nebenbestimmungen zur Baugenehmigung und die Abgrenzung zwischen echter Nebenbestimmung, Genehmigungsinhaltsbestimmung sowie modifizierender Gewährung bzw. modifizierender Auflage.[2]

Dabei ist nur bei einer echten Nebenbestimmung i.S.d. Art. 36 BayVwVfG nach allgemeiner Meinung die Möglichkeit der isolierten Anfechtung der Nebenbestimmung (mittels

1 vgl. zum Ganzen *Brenner* Öffentliches Baurecht S. 229 Rn. 754 ff.

2 Bei der modifizierenden Auflage handelt es sich nur um einen Fall der modifizierenden Gewährung, der mittels einer Auflage ausgestaltet wird.

der Anfechtungsklage) möglich. Dies gilt bei allen echten Nebenbestimmungen,[3] soweit die Baugenehmigung als Verwaltungsakt objektiv teilbar ist und der Rest-Verwaltungsakt (also die Baugenehmigung ohne die Nebenbestimmung) rechtmäßig weiterbestehen kann. Dabei handelt es sich aber um eine Frage der Begründetheit, so dass auf der Ebene der Zulässigkeit die Möglichkeit der Teilbarkeit und der Rechtmäßigkeit der Baugenehmigung ohne die Nebenbestimmung ausreichend ist. Auf der Ebene der Begründetheit prüfen Sie dann die Rechtmäßigkeit der Nebenbestimmung,[4] die Rechtsverletzung des Klägers durch diese bei deren Rechtswidrigkeit und die Rechtmäßigkeit der Baugenehmigung ohne die Nebenbestimmung.

Eine **echte Nebenbestimmung** liegt nur dann vor, wenn der Bauherr sein Bauvorhaben entsprechend seinem Bauantrag genehmigt erhält, die Baugenehmigung aber eine zusätzliche, weitere Regelung enthält.

Beispiel B beantragt die Errichtung einer Industrieanlage in einem Gebäude mit zahlreichen Detailanforderungen. Die Baugenehmigungsbehörde erteilt B eine Baugenehmigung für die Errichtung der Industrieanlage mit allen Detailanforderungen, die B beantragt hatte; zusätzlich enthält die Baugenehmigung aber die Regelung, dass der B eine Kühlanlage für abfließendes Wasser errichten soll. ■

Hinsichtlich der Art sind dabei alle Nebenbestimmungen i.S.d. Art. 36 Abs. 1 und 2 BayVwVfG denkbar. Schwierig abzugrenzen sind oftmals die Nebenbestimmungen der Bedingung und der Auflage; maßgeblich ist insoweit der Wille der Behörde: Bei einer Bedingung soll die Baugenehmigung erst dann Wirkung entfalten, wenn die Bedingung eingetreten ist. Bei einer Auflage soll die Baugenehmigung dagegen sofort voll wirksam sein, die Anforderungen nach der Auflage können auch nachfolgend eigenständig durchgesetzt werden. Im Zweifel ist aufgrund der geringeren Belastung für den Bauherrn, weil er seine Baugenehmigung sofort verwenden kann, von einer Auflage auszugehen.

Soweit dagegen keine echte Nebenbestimmung, sondern lediglich eine Genehmigungsinhaltsbestimmung oder eine modifizierende Gewährung bzw. Auflage vorliegt, ist keine isolierte Anfechtung möglich; vielmehr ist eine Verpflichtungsklage auf Erlass einer Baugenehmigung mit dem ursprünglich gewünschten und beantragten Inhalt (ohne die „Belastung" durch Genehmigungsinhaltsbestimmung oder modifizierende Gewährung bzw. Auflage) zu erheben.

Eine **Genehmigungsinhaltsbestimmung** liegt vor, wenn in der Baugenehmigung lediglich bereits kraft Gesetz bestehende Anforderungen aufgeführt werden.

---

3 Argument hierfür ist der Wortlaut des § 113 Abs. 1 S. 1 VwGO („soweit") und die Rechtsnatur der echten Nebenbestimmung, die zusätzlich zum Verwaltungsakt eine weitere eigenständige Belastung des Adressaten darstellt.

4 Nach den Anforderungen des Art. 36 BayVwVfG (Abs. 1 bei gebundenen Entscheidungen wie der Baugenehmigung); Art. 68 Abs. 3 BayBO kann dabei niemals als Rechtsgrundlage für Nebenbestimmungen herangezogen werden, denn dieser setzt bereits erlassene Nebenbestimmungen zur Baugenehmigung voraus. Maßgeblich ist damit nach Art. 36 Abs. 1 BayVwVfG die Erforderlichkeit der Herstellung der Genehmigungsfähigkeit; Sie müssen in der Klausur also prüfen, ob ohne die Nebenbestimmung ein Anspruch auf Erteilung der Baugenehmigung bestünde.

Beispiel A beantragt die Baugenehmigung für die Errichtung eines Hauses mit fünf Wohnungen. Er erhält die Baugenehmigung, unter Ziffer 5 heißt es: „Die Wohnungen eines Geschosses müssen barrierefrei erreichbar sein!"; insoweit handelt es sich um eine bloße Genehmigungsinhaltsbestimmung, weil lediglich die bereits nach Art. 48 Abs. 1 S. 1 BayBO kraft Gesetzes bestehende Anforderung aufgeführt wird.
B beantragt die Errichtung eines viergeschossigen Hauses mit Aufzug. Er erhält die Baugenehmigung, nach deren Ziffer 3 der Aufzug einen eigenen Fahrschacht haben muss; wiederum Genehmigungsinhaltsbestimmung, weil nur Aufführung der gesetzlichen Anforderung des Art. 37 Abs. 1 S. 1 BayBO. ■

Insoweit handelt es sich nicht um eine neben der Baugenehmigung stehende zusätzliche selbstständige Regelung, sondern lediglich um die Wiedergabe von gesetzlichen Anforderungen. Man bezeichnet die Genehmigungsinhaltsbestimmungen deshalb auch als integralen Bestandteil der Baugenehmigung.

Ein Fall der **modifizierenden Gewährung** liegt vor, wenn der Bauherr ein inhaltlich unterschiedliches Bauvorhaben genehmigt bekommt, als er mit seinem Bauantrag begehrt hat.

Beispiel B beantragt die Errichtung eines dreigeschossigen Hauses mit Flachdach. Die Baugenehmigungsbehörde genehmigt ihm die Errichtung eines zweigeschossigen Hauses mit Satteldach; hier erhält der B etwas anderes; denn er hatte weder ein zweigeschossiges Haus beantragt noch wollte er ein Satteldach errichten. ■

Vereinfacht spricht man davon, dass dem Bauherren im Vergleich zu seinem Bauantrag ein „aliud" gewährt wird. Entscheidend ist insoweit der Inhalt des ursprünglichen Bauantrags; darin liegt der Unterschied zur echten Nebenbestimmung, bei welcher der Bauherr exakt sein beantragtes Vorhaben genehmigt erhält, aber neben diese Genehmigung noch eine zusätzliche Regelung tritt.

2. Klagebefugnis nach § 42 Abs. 2 VwGO

400 Im Rahmen der Verpflichtungsklage besteht eine Klagebefugnis i.S.d. § 42 Abs. 2 VwGO, wenn der Kläger durch die Ablehnung des Bauantrags bzw. das Unterlassen der Behörde in seinen Rechten verletzt ist. Das ist dann der Fall, wenn ein Anspruch auf Erteilung einer Baugenehmigung zumindest möglich ist. Diese Möglichkeit ergibt sich aus Art. 68 Abs. 1 S. 1 BayBO.

Bauherr ist nicht Grundstückseigentümer. Klassisches Klausurproblem ist insoweit, dass die Klagebefugnis des Klägers mit dem Argument bestritten wird, dass dieser nicht dinglich am Grundstück berechtigt sei, auf dem das bauliche Vorhaben verwirklicht werden soll. Dies ist nach den obigen Ausführungen unerheblich,[5] weil die Bauherreneigenschaft nicht von einer dinglichen Berechtigung am betroffenen Grundstück abhängig ist. Auch ergeht die Baugenehmigung gem. Art. 68 Abs. 4 BayBO unbeschadet der privaten Rechte Dritter.

5 vgl. die Ausführungen unter Rn. 331.

3. Erfordernis der erfolglosen Durchführung eines Vorverfahrens

Die Durchführung eines Vorverfahrens ist nach § 68 Abs. 2, 1 S. 2 Hs. 1 VwGO i.V.m. Art. 15 Abs. 2, 1 AGVwGO gesetzlich ausgeschlossen. **401**

4. Klagefrist

Soweit der Antrag auf Erteilung der Baugenehmigung abgelehnt wurde (Fall der Versagungsgegenklage), ist nach § 74 Abs. 2, 1 S. 2 VwGO die Klage innerhalb eines Monats nach Bekanntgabe der Ablehnung zu erheben. **402**

Soweit über den Bauantrag von der Baugenehmigungsbehörde nicht entschieden wurde, ist § 75 VwGO einschlägig. Bei den dort angesprochenen drei Monaten handelt es sich nicht um eine Klagefrist, sondern eine Mindest-Zuwarte-Frist; eine zuvor erhobene Klage ist unzulässig.

Hinweis

Bei der Mindest-Zuwarte-Frist des § 75 VwGO handelt es sich allerdings um eine echte Sachentscheidungsvoraussetzung, für deren Beurteilung der Zeitpunkt der letzten mündlichen Verhandlung maßgeblich ist (arg. e. Art. 45 Abs. 2 BayVwVfG). Deshalb kann eine erhobene Klage also zunächst unzulässig sein, aufgrund des zeitlichen Verlaufs bis zur letzten mündlichen Verhandlung aber zulässig werden. In diesem Fall spricht man davon, dass die Klage in die Zulässigkeit hineinwächst.

5. Partei- und Prozessfähigkeit nach §§ 61 f. VwGO

Der Kläger als natürliche Person ist nach § 61 Nr. 1 Alt. 1 VwGO parteifähig und nach § 62 Abs. 1 Nr. 1 VwGO i.V.m. §§ 2, 104 ff. BGB prozessfähig. **403**

Hinweis

Denkbar ist hier natürlich auch eine juristische Person oder eine Gesellschaft; dann müssten Sie auf § 61 Nr. 1 Alt. 2 bzw. Nr. 2 VwGO und § 62 Abs. 3 VwGO abstellen!

Soweit ein Landratsamt zur Erteilung der Baugenehmigung zuständig ist, ist der Freistaat Bayern als juristische Person des öffentlichen Rechts nach § 61 Nr. 1 Alt. 2 VwGO parteifähig. Er ist selbst nicht prozessfähig und wird daher gemäß § 62 Abs. 3 VwGO i.V.m. § 3 Abs. 1 und 2 LABV durch die Baugenehmigungsbehörde als Ausgangsbehörde vertreten.

Soweit eine Gemeinde zur Erteilung der Baugenehmigung zuständig ist, ergibt sich deren Parteifähigkeit als juristische Person des öffentlichen Rechts ebenfalls aus § 61 Nr. 1 Alt. 2 VwGO. Auch die Gemeinden sind selbst nicht prozessfähig und müssen daher im Prozess nach § 62 Abs. 3 VwGO i.V.m. Art. 38 Abs. 1 GO durch den ersten Bürgermeister vertreten werden.

6. Rechtsschutzbedürfnis

404 Das Rechtsschutzbedürfnis für eine Klage fehlt dem Bauherren dann, wenn er die Erteilung einer Baugenehmigung nicht zuvor bei der Baugenehmigungsbehörde beantragt hat.

Hinweis

Insoweit handelt es sich um einen allgemeinen Grundsatz, dass bei einem Leistungsantrag zunächst ein Vorantrag bei der jeweiligen Behörde erforderlich ist. Dies ist nur logisch, denn andernfalls wüsste die Behörde schließlich gar nichts von dem klägerischen Begehren, weshalb ihr eine Nichterteilung auch nicht vorgeworfen werden könnte. Ausführungen dazu dürfen Sie in der Klausur aber nur in dem extrem seltenen Fall eines fehlenden Vorantrages machen!

7. Sonstige Zulässigkeitsvoraussetzungen

405 Letztlich müssen die sonstigen Zulässigkeitsvoraussetzungen erfüllt sein; insbesondere muss die Klage formgemäß i.S.d. §§ 81, 82 VwGO erhoben werden.

III. Begründetheit der Klage

406 Die Klage ist begründet, wenn sie gegen den gemäß § 78 Abs. 1 Nr. 1 VwGO richtigen Beklagten gerichtet ist und dem Kläger ein Anspruch auf Erlass der beantragten Baugenehmigung zusteht (§ 113 Abs. 5 VwGO).

1. Passivlegitimation, § 78 Abs. 1 Nr. 1 VwGO

407 Passivlegitimiert ist, soweit ein Landratsamt zuständige Baugenehmigungsbehörde ist, der Freistaat Bayern als Rechtsträger des Landratsamtes. Sofern dagegen eine Gemeinde Baugenehmigungsbehörde ist, ist diese als ihr eigener Rechtsträger zu verklagen.[6]

2. Anspruch auf Erteilung einer Baugenehmigung

408 Weiterhin muss dem Kläger ein Anspruch auf Erteilung einer Baugenehmigung zustehen. Dies ist der Fall, wenn alle erforderlichen formellen und materiellen Voraussetzungen erfüllt sind.

Hinweis

Maßgeblich zur Beurteilung der Frage, ob alle formellen und materiellen Voraussetzungen für die Erteilung der Baugenehmigung erfüllt sind, ist der Zeitpunkt der letzten mündlichen Verhandlung.[7]

---

6 vgl. dazu bereits die obigen Ausführungen unter Rn. 334.

7 vgl. *W.-R. Schenke/R.P. Schenke* in *Kopp/Schenke* Verwaltungsgerichtsordnung § 113 Rn. 217.

a) Formelle Anspruchsvoraussetzungen

In formeller Hinsicht muss der Kläger einen ordnungsgemäßen Bauantrag i.S.d. Art. 64 Abs. 1 BayBO samt unterschriebenen Bauvorlagen nach Art. 64 Abs. 2 S. 1, Abs. 4 BayBO bei der Gemeinde eingereicht haben.[8] Weitere formelle Voraussetzungen sollten Sie insofern nur erwähnen, wenn sie offensichtlich nicht gewahrt sind, aber auf die Entscheidung keinen Einfluss haben (beispielsweise unterlassene Nachbarbeteiligung[9]) oder aber von den Parteien entsprechender Vortrag im Sachverhalt vorhanden ist. 409

b) Materielle Anspruchsvoraussetzungen

Die materiellen Anspruchsvoraussetzungen sind erfüllt, wenn ein genehmigungspflichtiges und genehmigungsfähiges Vorhaben vorliegt. Insoweit prüfen Sie entsprechend den obigen Ausführungen.[10] Achten Sie dabei besonders auf die Beschränkung des Prüfungsmaßstabes im Rahmen des vereinfachten Baugenehmigungsverfahrens nach Art. 59 BayBO. 410

Hinweis für Referendare

Da es sich bei dem Anspruch auf Erteilung einer Baugenehmigung nach Art. 68 Abs. 1 S. 1 BayBO um einen rechtlich gebundenen Anspruch handelt, ergeht grundsätzlich ein so genanntes Vornahmeurteil i.S.d. § 113 Abs. 5 S. 1 VwGO, weil bei einer gebundenen Entscheidung **Spruchreife** gegeben ist. Ein so genanntes **Verbescheidungsurteil** i.S.d. § 113 Abs. 5 S. 2 VwGO ergeht dann, wenn ein Antrag auf Befreiung nach § 31 Abs. 2 BauGB oder ein Antrag auf Abweichung nach Art. 63 BayBO gestellt wurde und insoweit keine Ermessensreduktion auf Null (Regelfall!) einschlägig ist. Achten Sie in beiden Fällen auf das Erfordernis der doppelten Entscheidung; soweit eine ablehnende Entscheidung der Behörde vorangegangen ist, müssen Sie diese im Tenor des Urteils aufheben.

8 vgl. dazu bereits die obigen Ausführungen unter Rn. 330 ff.
9 vgl. dazu die Ausführungen unter Rn. 336 ff.
10 vgl. dazu die Ausführungen unter Rn. 340 ff.

3. Übungsfall Nr. 3

411 „Volle Windkraft voraus"

A, ein ehemaliger Landwirt, ist ein Freund alternativer Energien. Angesichts der täglichen Lektüre über künftige Versorgungsengpässe macht er sich folgende Überlegungen: Anfang des Jahres 2018 hat er von seinem Vater ein unbebautes Grundstück geerbt, das sich ca. 500 Meter außerhalb der nächsten Bebauung befindet. Das Grundstück befindet sich auf dem Gemeindegebiet der kreisangehörigen Gemeinde Frasdorf (Landkreis Rosenheim, Regierungsbezirk Oberbayern). Auf diesem Grundstück möchte A eine 25 Meter hohe Windkraftanlage errichten, deren erzeugten Strom er ins öffentliche Netz einspeisen will.

Von Seiten der Gemeinde erfährt A, dass das betreffende Grundstück im Flächennutzungsplan der Gemeinde Frasdorf (F) als „Allgemeine Grünfläche" dargestellt ist. Ein Bebauungsplan besteht für das Grundstück nicht.

Aufgabe: Nachdem A einen Bauantrag bei der Gemeinde Frasdorf eingereicht hat, wird dieser mit Bescheid des Landratsamtes Rosenheim vom 10.4.2018 abgelehnt. Die Gemeinde Frasdorf hatte diesbezüglich ihr Einvernehmen zum Bauvorhaben verweigert. Wie und unter welchen Voraussetzungen erlangt A Rechtsschutz gegen die Verweigerung der Erteilung einer Baugenehmigung?

Hinweis: Eine Verpflichtungserklärung, das Vorhaben nach Nutzungsaufgabe vollständig zurückzubauen, hat A abgegeben.

412 Lösung

Erfolgsaussichten einer verwaltungsgerichtlichen Klage

Eine verwaltungsgerichtliche Klage des A hätte Aussicht auf Erfolg, wenn sie zulässig und begründet wäre und das Verwaltungsgericht entscheidungszuständig ist.

A. Entscheidungskompetenz des Gerichts

I. Eröffnung Verwaltungsrechtsweg, § 40 Abs. 1 S. 1 VwGO

Zunächst müsste für das streitgegenständliche Verfahren der Verwaltungsrechtsweg eröffnet sein. Dies ist nach § 40 Abs. 1 S. 1 VwGO der Fall, wenn eine öffentlich-rechtlich zu beurteilende Streitigkeit nicht-verfassungsrechtlicher Art vorliegt. Dies beurteilt sich nach den maßgeblichen Normen des Rechtsstreits (Sonderrechtstheorie). Streit entscheidende Normen sind hier die Bestimmungen aus BauGB und BayBO (Sonderrechtstheorie), die dem öffentlichen Recht zugehörig sind. Diese Normen berechtigen und verpflichten einseitig einen Hoheitsträger. Die Streitigkeit ist darüber hinaus nicht-verfassungsrechtlicher Art, da keine Verfassungsorgane unmittelbar über die Auslegung von Verfassungsrecht streiten (doppelte Verfassungsunmittelbarkeit).

II. Zuständiges Gericht

Das zuständige Gericht bestimmt sich nach den §§ 45, 52 Nr. 1 VwGO. Mit der begehrten Erteilung einer Baugenehmigung liegt ein ortsgebundenes Rechtsverhältnis vor. Da der Fall im Landkreis Rosenheim im Regierungsbezirk Oberbayern angesiedelt ist, ist gemäß Art. 1 Abs. 2 Nr. 1 AGVwGO das VG München zur Entscheidung über die Streitsache aufgerufen.

B. Zulässigkeit der Klage

Weiter müsste die Klage des A zum Verwaltungsgericht München zulässig sein.

I. Statthaftigkeit

Die von A erhobene Klage müsste statthaft sein. Dies beurteilt sich nach dem jeweiligen Klägerbegehren, § 88 VwGO. Hier kommt die Erhebung einer Verpflichtungsklage in Form der Versagungsgegenklage nach § 42 Abs. 1 Alt. 2 VwGO in Betracht. Sowohl die begehrte Baugenehmigung als auch deren Ablehnung (actus contrarius) im streitgegenständlichen Bescheid des Landratsamtes Rosenheim stellen einen Verwaltungsakt im Sinne von Art. 35 S. 1 BayVwVfG dar Die **Verpflichtungsklage** in

Form der Versagungsgegenklage, § 42 Abs. 1 2. Alt. VwGO, ist damit die statthafte Klageart. Keine Klagemöglichkeit für A besteht hingegen in Bezug auf das von der Gemeinde verweigerte Einvernehmen nach § 36 BauGB. Das Einvernehmen stellt nämlich lediglich ein Verwaltungsinternum ohne rechtliche Außenwirkung dar. Ein Verwaltungsakt im Sinne von Art. 35 S. 1 BayVwVfG ist hierin nicht zu erblicken. Mithin kann es auch nicht im Wege der Verpflichtungsklage isoliert eingeklagt werden. A verbleibt insoweit nur die Möglichkeit der Verpflichtungsklage, gerichtet auf Erteilung der Baugenehmigung.

II. Klagebefugnis, § 42 Abs. 2 VwGO

A müsste weiterhin klagebefugt sein, d.h. er müsste geltend machen können, durch die ablehnende Entscheidung des Landratsamtes Rosenheim möglicherweise in eigenen Rechten verletzt zu sein. Bei der Verpflichtungsklage genügt es für A insoweit nicht, geltend zu machen, dass er Adressat einer ihn belastenden behördlichen Maßnahme (Ablehnung der Baugenehmigung) ist, Art. 2 Abs. 1 GG. Es ist insoweit stets auf den möglichen Anspruch des A abzustellen. Hier hat A möglicherweise einen Anspruch auf Erteilung einer Baugenehmigung aus Art. 68 Abs. 1 S. 1 BayBO. Die Möglichkeit des Bestehens eines solchen Anspruchs genügt für die Annahme einer Klagebefugnis aus § 42 Abs. 2 VwGO (Möglichkeitstheorie).

III. Vorverfahren, § 68 VwGO

Grundsätzlich bedarf es nach § 68 Abs. 2 VwGO vor Erhebung der Verpflichtungsklage einer erfolglosen Durchführung eines Vorverfahrens. Ein solches Vorverfahren entfällt hier jedoch nach § 68 Abs. 1 S. 2 VwGO in Verbindung mit Art. 15 Abs. 2 AGVwGO, da die ablehnende Entscheidung einer staatlichen Behörde in Streit steht. Das Landratsamt Rosenheim hat die ablehnende Entscheidung gegenüber A als Bauaufsichtsbehörde nach Art. 53 Abs. 1 S. 1 BayBO getroffen. Insoweit entscheidet das Landratsamt in seiner Funktion als Kreisverwaltungsbehörde nach Art. 37 Abs. 1 S. 2 LKrO und folglich als Staatsbehörde. Bei einem staatlichen Verwaltungsakt, der nicht der Regelung des Art. 15 Abs. 1 AGVwGO (fakultatives Vorverfahren) unterliegt, ist ein Vorverfahren unstatthaft.

IV. Klagefrist, § 74 VwGO

Weiterhin muss A die Klagefrist aus § 74 Abs. 2, Abs. 1 S. 2 VwGO wahren. Da vorliegend ein Vorverfahren ausgeschlossen ist, gilt über die Verweisung in § 74 Abs. 2 VwGO die Bestimmung des § 74 Abs. 1 S. 2 VwGO. Die Klage ist demnach bei unterstellter ordnungsgemäßer Rechtsbehelfsbelehrung innerhalb eines Monats ab Bekanntgabe der Versagung der Baugenehmigung von Seiten des A zu erheben.

V. Zwischenergebnis

Unter der Voraussetzung, dass A die Klagefrist in § 74 Abs. 2, Abs. 1 S. 2 VwGO wahrt, ist eine Verpflichtungsklage in Form der Versagungsgegenklage, § 42 Abs. 1 Alt. 2 VwGO, gerichtet auf Erteilung einer Baugenehmigung zulässig.

C. Beiladung, § 65 VwGO

Da die Gemeinde F ihr nach § 36 BauGB erforderlich werdendes Einvernehmen zur Erteilung der Baugenehmigung verweigert hat, ist die Gemeinde F im verwaltungsgerichtlichen Verfahren notwendig beizuladen, § 65 Abs. 2 VwGO. Die Entscheidung über die dem A eventuell zustehende Baugenehmigung kann nämlich nur einheitlich getroffen werden. Ergeht ein der Klage stattgebendes Urteil – Verpflichtung des Beklagten zur Erteilung der begehrten Baugenehmigung – ersetzt das Urteil das verweigerte Einvernehmen unmittelbar. Dies ist Folge der Rechtskrafterstreckung, § 121 VwGO als Folge der Beiladung in § 65 VwGO.

D. Begründetheit der Klage

Die Klage des A wäre begründet, wenn die Ablehnung der Baugenehmigung rechtswidrig erfolgt ist und der Kläger A dadurch in seinen Rechten verletzt ist, d.h. abweichend vom Wortlaut der Vorschrift in § 113 Abs. 5 S. 1 VwGO ist die Klage begründet, wenn A ein **Anspruch** auf Baugenehmigung zusteht (§ 113 Abs. 5 S. 1 VwGO). Darüber hinaus muss die Klage gegen den richtigen Beklagten gerichtet sein.

I. Passivlegitimation, § 78 VwGO

Die Klage muss gegen den richtigen Beklagten gerichtet werden. Das Landratsamt Rosenheim wurde vorliegend nach Art. 53 Abs. 1 S. 1 BayBO als Kreisverwaltungsbehörde und folglich als Staatsbehörde tätig. Dem folgend ist daher der Freistaat Bayern als Rechtsträger der Behörde Landratsamt von A zu verklagen, § 78 Abs. 1 Nr. 1 VwGO.

II. Anspruch auf Baugenehmigung

Die Klage des A ist nur dann begründet, wenn ihm ein Anspruch auf die begehrte Baugenehmigung zur Seite steht. Dann nämlich war die Versagung der Genehmigung im Bescheid des Landratsamtes Rosenheim vom 8.4.2015 rechtswidrig (§ 113 Abs. 5 S. 1 VwGO) Ein Anspruch auf Baugenehmigung besteht dann, wenn das beabsichtigte bauliche Vorhaben **genehmigungspflichtig** und **genehmigungsfähig** ist und mit dem Landratsamt Rosenheim die richtige Behörde entschieden hat.

> **Hinweis**
>
> Da für den Erfolg der Klage letztlich nur entscheidend ist, ob A ein Anspruch auf Baugenehmigung zusteht, ist im Weiteren nicht die ablehnende Entscheidung des Landratsamtes Rosenheim auf deren Rechtmäßigkeit zu untersuchen. Ob A beispielsweise vor Erlass des ablehnenden Bescheides von Seiten der Behörde angehört wurde, ist unerheblich, solange er keinen Anspruch auf Baugenehmigung geltend machen kann.

1. Zuständige Genehmigungsbehörde

Zunächst muss das Landratsamt Rosenheim die zuständige Behörde zur Erteilung der Baugenehmigung sein. Dies ist hier sachlich wie örtlich der Fall. Für die sachliche Zuständigkeit gilt Art. 53 Abs. 1 S. 1 BayBO. Die örtliche Zuständigkeit ergibt sich aus Art. 3 Abs. 1 Nr. 1 BayVwVfG, § 206 BauGB.

2. Genehmigungspflicht

Weiter müsste die von A beabsichtigte Windkraftanlage genehmigungspflichtig sein. Dies bestimmt sich maßgeblich nach den Bestimmungen in den Art. 55 ff. BayBO.

- Zunächst müsste die BayBO überhaupt auf die Errichtung der Windkraftanlage Anwendung finden. Nach Art. 1 BayBO ist dies der Fall, zumal immissionsschutzrechtliche Bestimmungen bei der Bearbeitung außer Betracht zu lassen sind (siehe Bearbeitervermerk).
- Weiter müsste eine bauliche Anlage im Sinne von Art. 2 Abs. 1 BayBO gegeben sein. Da die beabsichtigte Windkraftanlage ortsfest, dauerhaft und aus künstlichen Baustoffen errichtet wird, ist dies unproblematisch der Fall. Eine bauliche Anlage im Sinne der BayBO liegt vor.
- Diese müsste weiterhin einer Genehmigungspflicht nach Art. 55 Abs. 1 BayBO unterliegen. Mit der erstmaligen **Errichtung** liegt ein die Baugenehmigungsplicht auslösender Vorgang vor.
- Von dieser grundsätzlich bestehenden Genehmigungspflicht darf **keine Ausnahme** bestehen. Ein **vorrangiges Genehmigungsverfahren** nach Art. 56 BayBO ist nicht ersichtlich, zumal auch immissionsschutzrechtliche Bestimmungen nicht zur Anwendung gelangen. Ebenfalls ist keine **Verfahrensfreiheit** nach Art. 57 BayBO gegeben. Art. 58 BayBO – **Genehmigungsfreistellung** – scheitert bereits daran, dass für das in Aussicht genommene Grundstück kein Bebauungsplan besteht (vgl. Art. 58 Abs. 2 Nr. 1 BayBO).

3. Genehmigungsfähigkeit

Daneben müsste das bauliche Vorhaben des A genehmigungsfähig sein. Dies ist der Fall, wenn es sämtliche formellen und materiellen Genehmigungsvoraussetzungen erfüllt.

a) Formelle Genehmigungsvoraussetzungen

Die formellen Genehmigungsvoraussetzungen finden sich in den Art. 64 ff. BayBO.

Zunächst bedarf es eines Antrags nach Art. 64 Abs. 1 BayBO, der in Bayern bei der jeweiligen Belegenheitsgemeinde einzureichen ist, Art. 64 Abs. 1 S. 1 BayBO. Ein derartiger Antrag wurde von Seiten des A gestellt.

Zur erforderlich werdenden Nachbarbeteiligung nach Art. 66 BayBO lassen sich hier keine konkreten Aussagen treffen. Falls A es aber versäumt haben sollte, die an sein Grundstück angrenzenden bzw. von seiner Nutzung potentiell betroffenen Grundstückseigentümer am Verfahren zu beteiligen, kann ein derartiger Verfahrensmangel nach Art. 45 Abs. 1 Nr. 3 durch Nachholung geheilt bzw. nach Art. 46 BayVwVfG unbeachtlich sein. Nach Art. 66 Abs. 2 S. 2 BayBO findet nämlich nur Art. 28 BayVwVfG keine Anwendung. Die Art. 45, 46 BayVwVfG bleiben hingegen uneingeschränkt anwendbar. Eine eventuell fehlende Nachbarbeteiligung kann demnach den Anspruch des Eigentümers aus Art. 14 GG nicht beseitigen. Insofern bestimmt auch Art. 66 Abs. 1 S. 6 BayBO lapidar, dass dem Nachbarn, der nicht zugestimmt hat, eine Ausfertigung der Baugenehmigung zuzustellen ist.

b) Materielle Genehmigungsvoraussetzungen

Im Rahmen der materiellen Genehmigungsvoraussetzungen ist zunächst festzustellen, was Prüfmaßstab im bauaufsichtlichen Genehmigungsverfahren ist. Hierbei ist zwischen Art. 59 oder Art. 60 BayBO zu differenzieren. Es ist daher zunächst zu prüfen ob ein der Regelung des Art. 60 BayBO unterfallender Sonderbau im Sinne von Art. 2 Abs. 4 BayBO gegeben ist. Da hier kein Gebäude im Sinne von Art. 2 Abs. 2 BayBO errichtet wird, ist Art. 2 Abs. 4 Nr. 2 BayBO maßgeblich. Bei einer Höhe der baulichen Anlage von 25 Meter liegt kein Sonderbau vor. Der Prüfungsmaßstab beurteilt sich demnach anhand von Art. 59 BayBO. Nach S. 1 prüft die Bauaufsichtsbehörde insoweit insbesondere die Übereinstimmung mit den Vorschriften über die Zulässigkeit der baulichen Anlagen nach §§ 29 bis 38 BauGB (Art. 59 S. 1 Nr. 1 BayBO). Im Folgenden ist daher die bauplanungsrechtliche Zulässigkeit der Errichtung der Windkraftanlage zu untersuchen.

Zunächst müsste es sich um die Errichtung einer baulichen Anlage im Sinne von § 29 Abs. 1 BauGB handeln. Der Begriff der baulichen Anlage in § 29 Abs. 1 BauGB ist dabei nicht mit der landesrechtlichen Bestimmung in Art. 2 Abs. 1 BayBO deckungsgleich. § 29 Abs. 1 BauGB schafft einen eigenständigen bundesrechtlichen Begriff der baulichen Anlage und verlangt hierfür insbesondere das Vorliegen einer bodenrechtlichen Relevanz. Diese liegt vor, wenn das Vorhaben die Belange in § 1 Abs. 6 BauGB in einer Weise berühren kann, dass ein Bedürfnis für eine regelnde Bauleitplanung hervorgerufen werden kann. Da das Vorhaben des A der Energieversorgung dient, wird in jedem Fall der in § 1 Abs. 6 Nr. 8e BauGB angesprochene Belang durch die Errichtung des Vorhabens berührt.

Danach ist zu bestimmen, in welchem baurechtlichen Bereich die bauliche Anlage des A vorgesehen ist. Das BauGB schafft hierzu drei Bereiche (Planbereich, Innenbereich, Außenbereich). Da weder ein Bebauungsplan vorliegt und sich der Standort für die Errichtung der Anlage fünfhundert Meter außerhalb der Bebauung befindet, liegt der Standort im **Außenbereich**. Die weitere planungsrechtliche Beurteilung hat demnach am Maßstab des § 35 BauGB zu erfolgen.

Fraglich ist, ob ein privilegiertes Vorhaben nach § 35 Abs. 1 BauGB gegeben ist. Eine Privilegierung nach § 35 Abs. 1 Nr. 1 BauGB scheidet aus, da A als ehemaliger Landwirt seine landwirtschaftliche Nutzung aufgegeben hat. Überdies wäre bei der Einspeisung des erzeugten Stroms in das öffentliche Verbundnetz fraglich, ob die Stromerzeugung landwirtschaftlichen Zwecken dient. Es liegt aber ein Privilegierungstatbestand nach § 35 Abs. 1 Nr. 5 BauGB vor, da die Anlage der Nutzung der Windenergie dient. Sofern der Standort generell für die Erzeugung von Windenergie geeignet ist, dürfen auch an das Tatbestandsmerkmal des „Dienens" keine überzogenen Anforderungen gestellt werden.

Ungeachtet dessen, dass der Wortlaut von § 35 Abs. 3 BauGB von einer Beeinträchtigung öffentlicher Belange spricht und damit den Terminus in § 35 Abs. 2 BauGB aufgreift, ist auch das Entgegenstehen öffentlicher Belange am Maßstab von § 35 Abs. 3 BauGB zu beurteilen. Allerdings ist im Rahmen der vorzunehmenden Abwägungsentscheidung zwischen den für das Vorhaben streitenden Aspekten und den im Außenbereich berührten Belangen das besondere Gewicht der gesetzgeberischen Entscheidung der Privilegierung in § 35 Abs. 1 BauGB zu berücksichtigen. Da der Gesetzgeber diese Vorhaben planartig auf einen Standort im Außenbereich verwiesen hat, setzen diese sich regelmäßig gegen berührte öffentliche Belange in § 35 Abs. 3 BauGB durch.

Hier könnte dem Vorhaben des A die Aussage im Flächennutzungsplan „Allgemeine Grünfläche" entgegenstehen. Im Rahmen von § 35 Abs. 3 Nr. 1 BauGB (Darstellungen des Flächennutzungsplan) ist zwischen privilegierten und sonstigen Vorhaben nach § 35 Abs. 2 BauGB zu differenzieren. Während ein sonstiges Vorhaben nach § 35 Abs. 2 BauGB jede mit dem Vorhaben nicht zu vereinbarende Aussage/Darstellung im Flächennutzungsplan zu einer Beeinträchtigung öffentlicher Belange führt, überwindet das privilegierte Vorhaben hingegen allgemeine Aussagen im Flächennutzungsplan, die lediglich ohne konkrete Nutzungsaussage darlegen, dass die Funktion des Außenbereichs in einer Produktionsstätte für die Land- bzw. Forstwirtschaft bzw. in einer Erholungslandschaft für die Allgemeinheit besteht. Einem privilegierten Vorhaben stehen nur dann öffentliche Belange im Sinne von § 35 Abs. 3 Nr. 1 BauGB entgegen, wenn der Flächennutzungsplan eine konkrete, dem privilegierten Vorhaben zuwider laufende Nutzung vorsieht. Dies ist hier mit der Aussage einer „Allgemeinen Grünfläche" offensichtlich nicht der Fall.

Dass von dem Vorhaben schädliche Umwelteinwirkungen ausgehen, § 35 Abs. 3 Nr. 3 BauGB, ist nicht ersichtlich. Auch ein Verstoß gegen die natürliche Eigenart der Landschaft (§ 35 Abs. 3 Nr. 5 Alt. 2 BauGB) ist nicht offensichtlich. Selbst wenn man davon ausgeht, dass die Anlage im Außenbereich wesensfremd ist, ist im Rahmen der dann anzustellenden Abwägung zu berücksichtigen, dass der Gesetzgeber mit der Schaffung von § 35 Abs. 1 Nr. 5 BauGB Anlagen der Windenergieerzeugung auf Standorte im Außenbereich verwiesen hat. Der Privilegierungstatbestand des § 35 Abs. 1 Nr. 5 BauGB setzt sich insoweit durch. Die erforderliche Verpflichtungserklärung nach § 35 Abs. 5 S. 2 BauGB liegt gleichfalls vor.

Auch sonstige Verstöße gegen das Pflichtprüfprogramm aus Art. 59 S. 1 BayBO sind nicht ersichtlich.

Fraglich ist, wie sich das fehlende Einvernehmen der Gemeinde nach § 36 BauGB auswirkt. Das die Planungshoheit der Gemeinde sichernde Einvernehmen war hier nach § 36 Abs. 1 BauGB erforderlich, da ein Außenbereichsvorhaben nach § 35 BauGB zur Genehmigung ansteht. Die Verweigerung des Einvernehmens war allerdings rechtswidrig, da die Gemeinde ausweislich von § 36 Abs. 2 BauGB das Einvernehmen nur aus den planungsrechtlichen Gründen der §§ 31, 33, 34, 35 BauGB verweigern darf. Da das Bauvorhaben des A jedoch am vorgesehenen Außenbereichsstandort genehmigungsfähig ist, durfte die Gemeinde ihr Einvernehmen aus planungsrechtlichen Gründen nicht verweigern. Insoweit wäre eine Ersetzung des Einvernehmens durch die Bauaufsichtsbehörde nach § 36 Abs. 2 S. 3 BauGB bzw. Art. 67 Abs. 1 BayBO in Betracht gekommen.

III. Ergebnis

Da das Vorhaben des A genehmigungspflichtig und genehmigungsfähig ist, ist seine Klage begründet. Die damit in rechtswidriger Weise erfolgte Ablehnung der Baugenehmigung verletzt den Kläger A in seinen Rechten aus Art. 14 GG, Art. 68 Abs. 1 S. 1 BayBO.

Hinweis

Mit der Beiladung der Gemeinde nach § 65 Abs. 2 VwGO erreicht das Gericht hier eine Rechtskrafterstreckung des der Klage des A stattgebenden Urteils auf die Gemeinde F, § 121 VwGO. Damit bedarf es im Urteil auch nicht der Verpflichtung zur Ersetzung des rechtswidrig verweigerten Einvernehmens der Gemeinde.

B. Anfechtungsklage eines Dritten gegen die Baugenehmigung

Beliebte Klausurkonstellation ist weiterhin, dass sich ein Dritter (Nachbar) gegen die an den Bauherren erteilte Baugenehmigung zur Wehr setzen möchte und deshalb im Wege der Anfechtungsklage gegen diese vorgeht. 413

Hinweis

Wird vor Erlass der Baugenehmigung ein Vorbescheid, Art. 71 BayBO mit durchgeführter Nachbarbeteiligung erlassen, so hat der Nachbar, wenn der Bauvorbescheid Feststellungen zu nachbarschützenden Vorschriften enthält, sowohl den Bauvorbescheid als auch die nachfolgende Baugenehmigung anzufechten. Wird der dem Nachbarn zugestellte Bauvorbescheid bestandskräftig, ist der Nachbar gegen die Baugenehmigung mit seinen potentiellen Einwendungen, die bereits im Vorbescheid beurteilt wurden (Prüfumfang!) ausgeschlossen. Unterlässt der Nachbar die Anfechtung der nachfolgenden Baugenehmigung und wird diese ihm gegenüber bestandskräftig, dann entfällt das Rechtsschutzbedürfnis für die Klage gegen den Vorbescheid, weil durch dessen Aufhebung die Rechtsstellung des Nachbarn nicht verbessert werden kann.[11]

Anfechtungsklage des Dritten gegen die Baugenehmigung

A. Entscheidungskompetenz des Gerichts
- I. Eröffnung des Verwaltungsrechtswegs nach § 40 Abs. 1 S. 1 VwGO
- II. Sachliche und örtliche Zuständigkeit des Verwaltungsgerichts nach §§ 45, 52 Nr. 1 VwGO i.V.m. Art. 1 Abs. 2 AGVwGO

B. Zulässigkeit der Klage
- I. Statthaftigkeit
- II. Klagebefugnis nach § 42 Abs. 2 VwGO
  - 1. Geltendmachung einer nachbarschützenden Norm
  - 2. Kein Verlust der Klagebefugnis durch Zustimmung
    - Widerruf der Zustimmung, vgl. Rn. 430
- III. Erforderlichkeit eines ordnungsgemäß und erfolglos durchgeführten Vorverfahrens
- IV. Klagefrist nach § 74 Abs. 1 S. 2 VwGO
- V. Partei- und Prozessfähigkeit
- VI. Sonstige Zulässigkeitsvoraussetzungen

C. Begründetheit
- I. Passivlegitimation, § 78 Abs. 1 Nr. 1 VwGO
- II. Rechtmäßigkeit der Baugenehmigung
  - 1. Formelle Rechtmäßigkeit der Baugenehmigung
    - a) Nachbarbeteiligung
    - b) Schriftform
  - 2. Materielle Rechtmäßigkeit der Baugenehmigung
- III. Rechtsverletzung des Klägers

PRÜFUNGSSCHEMA

11 *Decker* in *Simon/Busse* BayBO Art. 71 Rn. 150; *BayVGH*, U. v. 14.7.2006, BayVBl. 2007, 334.

414 Die Klage hat Erfolg, wenn das angerufene Gericht entscheidungskompetent ist und die Klage zulässig und begründet ist.

I. Entscheidungskompetenz des Gerichts

415 Entsprechend den obigen Ausführungen[12] ist der Verwaltungsrechtsweg nach § 40 Abs. 1 S. 1 VwGO eröffnet. Die sachliche und örtliche Zuständigkeit des Verwaltungsgerichts ergibt sich nach §§ 45, 52 Nr. 1 VwGO i.V.m. Art. 1 Abs. 2 AGVwGO.

II. Zulässigkeit der Klage

416 Die Klage ist zulässig, wenn alle erforderlichen Sachentscheidungsvoraussetzungen gegeben sind.

1. Statthaftigkeit

417 Die Statthaftigkeit richtet sich wiederum gemäß §§ 86, 88 VwGO nach dem klägerischen Begehren. Dieser will gegen die Baugenehmigung, einen Verwaltungsakt i.S.d. Art. 35 S. 1 BayVwVfG, vorgehen. Statthaft ist deshalb die Anfechtungsklage nach § 42 Abs. 1 Alt. 1 VwGO.

2. Klagebefugnis nach § 42 Abs. 2 VwGO

418 Der Nachbar ist im Gegensatz zum Bauherren nicht Erklärungsadressat der Baugenehmigung. Auch sofern ihm eine Ausfertigung der Baugenehmigung nach Art. 66 Abs. 1 S. 6 BayBO zuzustellen ist, wird er nicht zum Adressaten der Regelungswirkung der Baugenehmigung, sondern ist lediglich Zustellungsadressat. Insoweit kann beim Nachbarn nicht auf die Adressatenstellung abgestellt werden.

a) Geltendmachung einer drittschützenden Norm

419 Als Nichtadressat ist die Möglichkeit der Verletzung in eigenen Rechten durch die Baugenehmigung erforderlich.

aa) Allgemeines zum Nachbarschutz im Baurecht

(1) Qualifikation einer Rechtsnorm als nachbarschützend

420 Die Baugenehmigung muss mit anderen Worten möglicherweise nachbarschützende Normen verletzen.

> Nach der Schutznormtheorie entfaltet eine Rechtsnorm **Drittschutz**, wenn diese nicht nur dem Schutz der öffentlichen Interessen zu dienen bestimmt ist, sondern (auch) dem Schutz eines erkennbar abgrenzbaren oder abgegrenzten Personenkreises dient.[13]

12 vgl. dazu die Ausführungen unter Rn. 396.

13 vgl. *Becker/Heckmann/Kempen/Manssen* Öffentliches Recht in Bayern Rn. 580 ff.

Wann eine Rechtsnorm Drittschutz bzw. Nachbarschutz verleiht, muss durch Auslegung, vorrangig anhand des Wortlauts sowie Sinn und Zweck und Entstehungsgeschichte der Norm, ermittelt werden; soweit der Wortlaut dabei keine eindeutige Entscheidung zulässt, ist insbesondere der Wille des Normgebers entscheidend.

Subsidiär kann dabei auch auf das so genannte Gebot der Rücksichtnahme abgestellt werden, das im Einzelfall Nachbarschutz vermitteln kann. Insoweit ist aber im Baurecht die Besonderheit zu beachten, dass die Rechtsprechung davon ausgeht, dass das Gebot der Rücksichtnahme ausschließlich dann nachbarschützende Wirkung entfaltet, wenn es in bestimmten Rechtsnormen zum Ausdruck gelangt.

Beispiel § 31 Abs. 2 BauGB stellt nach seinem Wortlaut das Erfordernis der Würdigung nachbarlicher Interessen auf; nach seinem Wortlaut handelt es sich deshalb bei § 31 Abs. 2 BauGB um eine Vorschrift, die dem Grunde nach Nachbarschutz vermitteln kann.
Die Gemeinde G nimmt in ihren Bebauungsplan eine Festsetzung auf, wonach lediglich eine eingeschossige Bebauung zulässig ist. Nach der Planbegründung soll damit eine ausreichende Belüftung und Belichtung der Nachbargrundstücke gewährleistet werden; in diesem Fall kann nach dem Wortlaut nicht entschieden werden, ob die Festsetzung Nachbarschutz entfalten soll oder nicht, maßgeblich ist damit der Wille der Gemeinde als Normgeber: Hier war die Festsetzung aufgrund der Planbegründung nicht alleine städtebaulich motiviert, sondern es ging der Gemeinde darum, ausreichende Belüftung und Belichtung der Nachbargrundstücke sicherzustellen. ■

Exkurs: Das Gebot der Rücksichtnahme im Baurecht[14] 421

Bei dem Gebot der Rücksichtnahme handelt es sich um einen von der Rechtsprechung entwickelten Grundsatz des Baurechts, mit welchem das Verhältnis eines baulichen Vorhabens zu den anderen bereits vorhandenen baulichen Vorhaben in der Umgebung beurteilt wird. Grundsätzlich handelt es sich dabei nur um ein objektiv-rechtlich zu beachtendes Gebot. Damit ist gemeint, dass es grundsätzlich keine subjektiven Rechte (also zugunsten bestimmter Personen) verleiht, sondern die Baugenehmigungsbehörde lediglich zur Ablehnung eines Bauantrags berechtigt. Das Gebot der Rücksichtnahme stellt im Baurecht kein generelles, übergreifendes Gebot dar, sondern lässt sich nur aus einzelnen Vorschriften des Baurechts ableiten, soweit es darin zum Ausdruck kommt (§§ 31 Abs. 2, 34 Abs. 1, 35 Abs. 3 Nr. 3 BauGB, § 15 Abs. 1 BauNVO).

Einschlägig ist es in der objektiv-rechtlichen Komponente, wenn ein Bauvorhaben im Hinblick auf seine Umgebung aus objektiver Sicht rücksichtslos erscheint. Maßgebend ist dabei das Verhältnis des baulichen Vorhabens zu seiner Umgebung: Entfaltet es eine erdrückende Wirkung? Ruft es unerträgliche bodenrechtliche Spannungen hervor?

Beispiel In einem unbebauten Innenbereich i.S.d. § 34 BauGB befindet sich ein landwirtschaftlicher Betrieb, der von Wohnhäusern umgeben ist. Der Landwirt plant eine erhebliche Erweiterung des Getreidesilos, die bei Realisierung aufgrund der Höhe und der Breite zur Folge hätte, dass die umliegenden Wohnhäuser deutlich verschattet würden. In diesem Fall kann die Baugenehmigungsbehörde die Realisierung der Erweiterung des Getreidesilos unter dem Gesichtspunkt des objektiv rechtlichen Gebots der Rücksichtnahme ablehnen, da von diesem eine erdrückende Wirkung zu seiner Umgebung ausge-

14 Vgl. zum Ganzen *Becker/Heckmann/Kempen/Manssen* Öffentliches Recht in Bayern Rn. 589 ff.

hen würde. Dies gilt insbesondere dann, wenn das Bauvorhaben die landesrechtlich zu beachtenden Abstandsflächen aus **Art. 6 BayBO** nicht beachtet. Werden diese hingegen beachtet bleibt im Regelfall kein Raum für eine Verletzung des Gebots der Rücksichtnahme. Dies folgt daraus, dass die landesrechtlichen Abstandsflächen gerade eine ausreichende Belichtung, Belüftung und Besonnung im Verhältnis der betroffenen Grundstücke zueinander sicherstellen sollen. ■

Im Einzelfall kann das Gebot der Rücksichtnahme daneben nachbarschützende Wirkung entfalten, wenn durch das bauliche Vorhaben Rechte von Nachbarn in individualisierter und qualifizierter Weise betroffen sind[15] und in der Folge die Nutzung des Nachbargrundstücks **unzumutbar** beeinträchtigt wird. Letztlich sind dabei die Interessen zwischen dem Bauherren und dem Nachbarn abzuwägen.

JURIQ-Klausurtipp

Diese konkrete Abwägung sollten Sie in der Klausur dabei erst auf der Ebene der Begründetheit im Rahmen der Erörterung der Rechtsverletzung des Klägers vornehmen.

422 Im Rahmen der Abwägung müssen Sie dabei folgende Grundausrichtungen beachten:

» Mit diesen Grundsätzen werden Sie in der baurechtlichen Klausur jede Interessensabwägung entscheiden können! «

- Eine Berufung auf das Gebot der Rücksichtnahme ist zunächst nur demjenigen möglich, der selber schutzwürdig ist; keine Schutzwürdigkeit besteht dann, wenn man selber eine bauliche Anlage in rechtswidriger Weise nutzt (z.B. Schwarzbau).
- Besonders schutzwürdig im Rahmen der Abwägung ist der Betreiber eines privilegierten Vorhabens nach § 35 Abs. 1 BauGB, da der Gesetzgeber in Planersatzfunktion die Zuordnung in den Außenbereich angeordnet hat.
- Verminderte Schutzwürdigkeit besteht bei einer besonderen Vorprägung oder Vorbelastung der Umgebung; insoweit handelt es sich um den Gedanken der Situationsgebundenheit der jeweiligen baulichen Anlage, da man es in der eigenen Hand hat, wohin und in welche Umgebung man zieht (z.B. müssen im Außenbereich oder in Ortsrandlage mehr industrielle und gewerbliche Emissionen hingenommen werden als in der Innenstadt; dagegen muss in der Innenstadt grundsätzlich mehr Verkehrslärm hingenommen werden als in Ortsrandlage).
- Nicht schützenswert ist im Regelfall der Erhalt einer freien Aussicht. Dieser stellt allenfalls eine „Chance" dar, die nicht dem Schutz durch das Gebot der Rücksichtnahme unterliegt.[16] Anders kann dies nur sein, wenn ein Grundstück durch eine besondere Aussichtslage in einer Weise geprägt ist, dass es hierdurch als „situationsberechtigt" gilt.[17]

Unerheblich ist dabei in allen Fällen eine persönliche Überempfindlichkeit des Betroffenen, maßgeblich ist also stets ein objektiver Maßstab.

15 *Jäde* JuS 1999, 961; *R.P. Schenke* in *Kopp/Schenke* Verwaltungsgerichtsordnung § 42 Rn. 98.
16 *VG München*, B.v. 3.3.2010 – M 11 SN 10.604 – juris Rn. 18.
17 *BayVGH*, B.v. 3.3.2006 – 1 CS 06.227 – juris.

JURIQ-Klausurtipp

Da diese Konstellationen so häufig in Klausuren auftauchen, sollten Sie sich noch Folgendes merken: Es besteht kein allgemeines Recht auf einen freien Ausblick; ebenso kein allgemeiner Schutz gegen Einsicht in die bauliche Anlage von anderen baulichen Anlagen aus. Einsichtsmöglichkeiten sind im bebauten innerstädtischen Bereich ortsüblich und grundsätzlich hinzunehmen. Zudem besteht kein allgemeiner Milieuschutz im Sinne der Zusammensetzung des sozialen Umfelds. Dies folgt daraus, dass das Baurecht einen städtebaulichen Ansatz verfolgt.

Art. 14 Abs. 1 GG in der Ausgestaltung der freien Nutzbarkeit des Grundeigentums kann auch in Extremfällen nicht zur Begründung von Drittschutz herangezogen werden. Mit der Rechtsprechung zum Gebot der Rücksichtnahme sind mittlerweile ausreichende und differenzierte Grundsätze vorhanden, welche es verwehren, weitere Abwehransprüche direkt aus der Verfassung herzuleiten.[18]

(2) Begriff des Nachbarn im Baurecht

Besondere Bedeutung kommt weiterhin der Frage zu, wer im Baurecht als Nachbar anzusehen ist, mit anderen Worten die Beurteilung der Frage, zu Gunsten welcher Personen die jeweilige Norm ihre nachbarschützende Wirkung entfaltet. 423

Dabei ist der baurechtliche Nachbarbegriff durch eine **rechtliche** und eine **räumliche** Komponente geprägt.[19]

Nachbarn in rechtlicher Hinsicht sind nur die Grundstückseigentümer und sonstigen dinglichen Berechtigten mit eigentumsähnlicher Position.[20]

Beispiele Eigentümer, Erbbauberechtigter, Wohnungseigentümer, Anwartschaftsberechtigter (Vormerkung zu seinen Gunsten bereits im Grundbuch eingetragen sowie Nutzen und Lasten bereits übergegangen[21]). ■

Wer dagegen lediglich ein obligatorisches Recht an einem Grundstück von einem Eigentümer ableitet, kann nach allgemeiner Meinung gegen die Baugenehmigung öffentlich-rechtlich nicht vorgehen. Daran hat sich auch durch die Rechtsprechung des BVerfG, wonach das Besitzrecht des Mieters dem Schutzbereich des Art. 14 Abs. 1 GG unterfällt, nichts geändert. Denn dieses Urteil betraf gerade nicht die Beziehung des Mieters zu dem Grundstück.[22]

Beispiele Mieter, Pächter. ■

Nachbarn in räumlicher Hinsicht sind nur diejenigen Anwohner, die durch das Bauvorhaben in ihren öffentlich-rechtlich geschützten Belangen berührt werden können. Hierbei ist auf die räumliche Reichweite des konkreten Vorhabens (insbesondere im Hinblick auf seine Auswirkungen) abzustellen.

18 *R.P. Schenke* in *Kopp/Schenke* Verwaltungsgerichtsordnung § 42 Rn. 118 f.
19 *R.P. Schenke* in *Kopp/Schenke* Verwaltungsgerichtsordnung § 42 Rn. 97.
20 vgl. *BVerwG* JuS 1999, 508; *R.P. Schenke* in *Kopp/Schenke* Verwaltungsgerichtsordnung § 42 Rn. 97.
21 *R.P. Schenke* in *Kopp/Schenke* Verwaltungsgerichtsordnung § 42 Rn. 97.
22 *R.P. Schenke* in *Kopp/Schenke* Verwaltungsgerichtsordnung § 42 Rn. 97.

Demnach ist der Nachbarbegriff in räumlicher Hinsicht gerade nicht generell auf die Eigentümer der unmittelbar angrenzenden Grundstücke beschränkt, sondern jeweils im Einzelfall anhand der betroffenen Vorschrift zu ermitteln.[23]

bb) Überblick über einzelne nachbarschützende Normen

424 Im Folgenden soll nach diesen abstrakten Ausführungen vorab, welche das Verständnis fördern sollten, ein Überblick über die nachbarschützenden Normen des materiellen Baurechts sowie deren jeweilige Reichweite in räumlicher Hinsicht gegeben werden. Die Verletzung von formellen Baurechtsvorschriften – also Zuständigkeits-, Verfahrens- und Formvorschriften – wirkt dagegen, wie oben bereits erwähnt, grundsätzlich nur relativ im Verhältnis zum Bauherren, begründet also keinesfalls eine Rechtsverletzung eines Nachbarn.[24]

(1) Nachbarschutz im Bauplanungsrecht

425
- Die Vorschriften der §§ 3 f. BauGB vermitteln keinen Nachbarschutz, weil es sich dabei ebenfalls um bloße Verfahrensvorschriften im Bebauungsplanverfahren handelt
- Die Missachtung einer Veränderungssperre nach § 14 BauGB vermittelt nur Nachbarschutz zugunsten der Erlass-Gemeinde, da sie nur zu dem Zweck der Sicherung von deren Bauleitplanung erlassen wurde.
- § 30 BauGB vermittelt alleine niemals nachbarschützende Wirkung. In Verbindung mit den Festsetzungen eines Bebauungsplans über die **Art der baulichen Nutzung** vermittelt er jedoch Nachbarschutz zugunsten aller Eigentümer in dem jeweiligen Plangebiet; jeder Eigentümer im Plangebiet verfügt über einen so genannten Gebietserhaltungsanspruch dergestalt, dass er einfordern kann, dass im Plangebiet nur solche Vorhaben verwirklicht werden, welche im Plangebiet auch vorgesehen sind (so genannte plankonforme Vorhaben[25]). Eine individuelle unzumutbare Betroffenheit wird insoweit nicht verlangt.
- Ein Nachbar im Baugebiet kann sich demnach auch dann gegen die Zulassung einer gebietswidrigen Nutzung wenden können, wenn er durch sie selbst nicht unzumutbar beeinträchtigt wird. Dieser bauplanungsrechtliche Nachbarschutz beruht auf dem Gedanken des wechselseitigen Austauschverhältnisses. Weil und soweit der Eigentümer eines Grundstücks in dessen Ausnutzung öffentlich-rechtlichen Beschränkungen unterworfen ist, kann er deren Beachtung grundsätzlich auch im Verhältnis zum Nachbarn durchsetzen.[26] Der Hauptanwendungsfall im Bauplanungsrecht für diesen Grundsatz sind die Festsetzungen eines Bebauungsplans über die Art der baulichen Nutzung. Durch sie werden die Planbetroffenen im Hinblick auf die Nutzung ihrer Grundstücke zu einer rechtlichen Schicksalsgemeinschaft verbunden. Die Beschränkung der Nutzungsmöglichkeiten des eigenen Grundstücks wird dadurch ausgeglichen, dass auch die anderen Grundeigentümer diesen Beschränkungen unterworfen sind[27]. Im Rahmen dieses nachbarlichen Gemeinschaftsverhältnisses soll daher jeder Planbetroffene im Baugebiet das Eindringen einer gebietsfremden Nutzung und damit die schleichende Umwandlung des Baugebiets unabhängig von einer konkreten Beeinträchtigung verhindern können. Daraus folgt, dass ein gebietsübergreifender Schutz des Nachbarn vor

23 *R.P. Schenke* in *Kopp/Schenke* Verwaltungsgerichtsordnung § 42 Rn. 97.
24 vgl. dazu die Ausführungen unter Rn. 337 f.
25 vgl. *R.P. Schenke* in *Kopp/Schenke* Verwaltungsgerichtsordnung § 42 Rn. 99.
26 BVerwGE 82, 61, 75.
27 BVerwGE 94, 151, 155.

(behaupteten) gebietsfremden Nutzungen im lediglich angrenzenden Plangebiet unabhängig von konkreten Beeinträchtigungen grundsätzlich nicht besteht.[28]

Beispiel In einem festgesetzten reinen Wohngebiet (§§ 1 Abs. 3 S. 2, 3 BauNVO) wird eine Baugenehmigung für die Errichtung einer Industrieanlage erteilt. Jeder Grundstückseigentümer im Bereich des reinen Wohngebietes kann die Baugenehmigung unter Berufung auf seinen Gebietserhaltungsanspruch anfechten. ■

- Gegen plankonforme Vorhaben kommt Drittschutz im Einzelfall über § 15 Abs. 1 BauNVO in Betracht, in welchem das Gebot der Rücksichtnahme verankert ist.[29]
- § 30 BauGB i.V.m. Festsetzungen über **Maß, Bauweise und überbaubare Grundstücksflächen** sind im Einzelfall nur dann drittschützend, soweit sich dies aus dem Willen des Normgebers ergibt. Danach muss sich ergeben, dass sie nicht nur städtebaulichen Belangen dienen, sondern durch sie auch private Belange geschützt werden sollen.[30] Liegen solche Hinweise in der Begründung zum Bebauungsplan nicht vor, sind Festsetzungen zum Maß der baulichen Nutzung, der Bauweise und der überbaubaren Grundstücksflächen nicht drittschützend.
- Im Rahmen des § 31 Abs. 1 BauGB besteht Nachbarschutz, soweit von einer drittschützenden Festsetzung abgewichen wird; nicht dagegen bei der **Abweichung** von einer nicht drittschützenden Festsetzung.[31] Bei Erteilung einer Ausnahme von einer nicht drittschützenden Vorschrift, wird der Drittschutz ausschließlich über das Gebot der Rücksichtnahme im Einzelfall geregelt.
- § 31 Abs. 2 BauGB vermittelt grundsätzlich Nachbarschutz, soweit von einer drittschützenden Festsetzung abgewichen wird.[32] Ansonsten wird Drittschutz nur über eine eventuelle Verletzung des Gebots der Rücksichtnahme gewährt.

Sofern im Rahmen des § 31 Abs. 2 BauGB von einer nicht nachbarschützenden Festsetzung befreit wird, sind nach dem Wortlaut auch die nachbarlichen Interessen zu würdigen; insoweit handelt es sich um eine Ausprägung des Gebots der Rücksichtnahme, weshalb im Einzelfall Nachbarschutz vermittelt werden kann; da die Behörde allerdings nur zur Würdigung der nachbarlichen Belange verpflichtet ist, kann eine drittschützende Wirkung insoweit nur angenommen werden, wenn die Behörde überhaupt gar keine Würdigung nachbarlicher Interessen vorgenommen hat, auf die Frage der Belange der Nachbarn also in keiner Weise eingegangen ist bzw. das Gebot der Rücksichtnahme verletzt wird.[33]

- § 34 Abs. 1 BauGB vermittelt im Einzelfall Nachbarschutz über das Gebot der Rücksichtnahme, das im Tatbestandsmerkmal „Einfügen" verankert ist.[34]
- § 34 Abs. 2 BauGB vermittelt in selber Weise wie § 30 BauGB i.V.m. Festsetzungen über die **Art der baulichen Nutzung** Nachbarschutz, gewährt also einen so genannten **Gebietserhaltungsanspruch**. Bei gebietskonformen Vorhaben kommt Nachbarschutz im Einzelfall über § 15 Abs. 1 BauNVO in Betracht, in welchem das Gebot der Rücksichtnahme verankert ist.[35]

---

28 *BVerwG* NVwZ 2008, 427 f.
29 vgl. *Becker/Heckmann/Kempen/Manssen* Öffentliches Recht in Bayern Rn. 637.
30 vgl. *R.P. Schenke* in *Kopp/Schenke* Verwaltungsgerichtsordnung § 42 Rn. 99; *BVerwG* U.v. 9.8.2018 – 4 C 7/17 – juris Rn 14 ff.
31 vgl. *Becker/Heckmann/Kempen/Manssen* Öffentliches Recht in Bayern Rn. 643.
32 vgl. *Becker/Heckmann/Kempen/Manssen* Öffentliches Recht in Bayern Rn. 644.
33 vgl. *Becker/Heckmann/Kempen/Manssen* Öffentliches Recht in Bayern Rn. 648.
34 vgl. *R.P. Schenke* in *Kopp/Schenke* Verwaltungsgerichtsordnung § 42 Rn. 100.
35 vgl. *Becker/Heckmann/Kempen/Manssen* Öffentliches Recht in Bayern Rn. 650.

426 • Die Anforderungen nach § 35 Abs. 3 BauGB entfalten grundsätzlich keine drittschützende Wirkung, da es sich nur um öffentliche Belange handelt. In § 35 Abs. 3 Nr. 3 BauGB (für die Emissionen i.S.d. § 3 Abs. 1 BImSchG) ist allerdings das Gebot der Rücksichtnahme verankert, weshalb insoweit im Einzelfall Nachbarschutz in Betracht kommt (außerhalb des Anwendungsbereichs des § 3 Abs. 1 BImSchG im Einzelfall über das Gebot der Rücksichtnahme als ungeschriebener öffentlicher Belang); beispielsweise kann sich der Inhaber einer Privilegierung nach § 35 Abs. 1 BauGB mit einem Abwehranspruch gegen eine heranrückende Wohnbebauung wehren, wenn die Wohnbebauung zur Folge hätte, dass er sicherheitsrechtliche Maßnahmen zu erwarten hätte.[36]

Beispiel Der Schweinemäster S betreibt seine Mästerei im Außenbereich. Gegen eine heranrückende Wohnbebauung hat er als Inhaber einer Privilegierung nach § 35 Abs. 1 Nr. 4 BauGB einen Abwehranspruch, da er damit rechnen müsste, aufgrund der erheblichen Geruchsbelastung (für das Überschreiten der zulässigen Grenze ist § 3 Abs. 1 BImSchG maßgeblich) sicherheitsrechtliche Auflagen (beispielsweise nach BImSchG) zu erhalten. ■

- § 36 BauGB vermittelt Nachbarschutz nur zugunsten der Gemeinde, welcher die Planungshoheit für das jeweilige Gebiet zusteht, aber insbesondere nicht für sonstige Grundstückseigentümer im Plangebiet.[37]
- Das Erfordernis der **gesicherten Erschließung** ist generell nicht nachbarschützend; denn die Einhaltung der damit aufgestellten Anforderungen liegt ausschließlich im öffentlichen Interesse.

(2) Drittschutz im Bauordnungsrecht und sonstigem Recht

427 • Art. 6 BayBO vermittelt Nachbarschutz[38] zugunsten der unmittelbar anliegenden Nachbargrundstücke, da die Vorschriften über die Abstandsflächen (auch) für eine ausreichende Belüftung, Besonnung und Belichtung der unmittelbar angrenzenden Nachbargrundstücke sorgen sollen.
- Die Vorschriften über die Standsicherheit nach Art. 10 BayBO und den Brandschutz nach Art. 12 BayBO[39] vermitteln nachbarschützende Wirkung. In räumlicher Hinsicht sind insoweit im Einzelfall die denkbaren Auswirkungen maßgeblich: Wie weit reicht eine Gefährdung in räumlicher Hinsicht bei fehlender Standsicherheit (also einem Einsturz eines Bauvorhaben) bzw. einem Brand des Bauvorhabens?
- Die Anforderungen nach Art. 20 Abs. 4 und 2 BayWG bei der Anlagengenehmigung entfalten Nachbarschutz, da unter den dort aufgeführten Voraussetzungen auch die Individualrechtsgüter Leben und Gesundheit aufgeführt werden. In räumlicher Hinsicht ist wiederum der Einzelfall maßgeblich, wie weitreichend entsprechende Auswirkungen gehen könnten.

428 Denken Sie in diesem Zusammenhang noch einmal an den Regelfall des vereinfachten Baugenehmigungsverfahrens mit der Beschränkung des Prüfungsmaßstabes nach Art. 59 BayBO. Sofern die Baugenehmigungsbehörde das vereinfachte Baugenehmigungsverfahren und das darin enthaltene Prüfprogramm zur Anwendung bringt und der Bauherr auch keine Abweichungen beantragt hat, verbleibt es in der Klausur beim **bauplanungsrechtlichen Dritt-**

36 vgl. *R.P. Schenke* in *Kopp/Schenke* Verwaltungsgerichtsordnung § 42 Rn. 101.
37 vgl. *Becker/Heckmann/Kempen/Manssen* Öffentliches Recht in Bayern S. Rn. 204.
38 vgl. *R.P. Schenke* in *Kopp/Schenke* Verwaltungsgerichtsordnung § 42 Rn. 102.
39 vgl. *R.P. Schenke* in *Kopp/Schenke* Verwaltungsgerichtsordnung § 42 Rn. 102.

schutz sowie dem **Drittschutz des Abstandsflächenrechts** aus Art. 6 BayBO. Der Nachbar kann sich bei seiner Klage immer nur auf solche Vorschriften berufen, welche auch Inhalt des gesetzlichen Prüfumfangs der Baugenehmigung, also Teil des Prüfungsmaßstabes nach Art. 59 f. BayBO sind. Überschreitet die Bauaufsichtsbehörde ihren in Art. 59 BayBO vorgesehenen Prüfrahmen, so ist es dem Nachbarn verwehrt, sich hierauf zu berufen. Die Bauaufsichtsbehörde ist nämlich nicht ermächtigt, die Feststellungswirkung der Baugenehmigung unter Missachtung der Beschränkung in Art. 59 BayBO zu erweitern.[40] Die einzige, der Bauaufsichtsbehörde eröffnete zusätzliche Möglichkeit schafft Art. 68 Abs. 1 S. 1 Hs. 2 BayBO. Damit wird der Bauaufsichtsbehörde aber lediglich ermöglicht, den Bauantrag aus Normen außerhalb des gesetzlich festgelegten Prüfprogrammes **abzulehnen**. Eine Möglichkeit der Genehmigung unter Überschreitung des Prüfprogrammes kennt die BayBO hingegen nicht.

Hinweis

Bei der Verletzung sonstiger drittschützender Vorschriften **außerhalb des gesetzlich festgelegten Prüfprogrammes** muss der Nachbar dann in diesem Fällen einen Antrag auf bauaufsichtliches Einschreiten stellen bzw. bauaufsichtliches Einschreiten rechtlich erzwingen (dazu später mehr).

b) Kein Verlust der Klagebefugnis durch Zustimmung

Soweit der Nachbar den vom Bauherrn vorgelegten Lageplan und die Bauzeichnungen 429
unterschrieben hat, gilt dies nach Art. 66 Abs. 1 S. 2 BayBO als Zustimmung; durch die Zustimmung verliert der Nachbar seine Klagebefugnis, weil diese den Verzicht auf materiellrechtliche subjektiv öffentliche Rechte oder öffentlich geschützte Interessen des Nachbarn enthält und damit durch Erteilung der Baugenehmigung keine Rechtsverletzung mehr vorliegen kann. Wie oben ausgeführt,[41] gilt die Zustimmung aber nur zu dem baulichen Vorhaben entsprechend den vorgelegten Unterlagen.

Hinweis

Bei mehreren dinglichen Berechtigten (Miteigentümern) entfaltet die Unterschrift zustimmende Wirkung nur für die Person, welche auch unterschreibt.

Widerruf der Zustimmung. Sofern der Nachbar die vorgelegten Unterlagen zunächst unter- 430
schrieben hat, sich dann aber doch gegen das bauliche Vorhaben wenden möchte, stellt sich das Problem des Widerrufs der Zustimmung. Insoweit besteht Einigkeit, dass ein Widerruf der Zustimmung gegenüber der Baugenehmigungsbehörde grundsätzlich möglich ist. Strittig ist dagegen, bis zu welchem Zeitpunkt ein solcher Widerruf vorgenommen werden kann. Nach der Ansicht des BayVGH[42] gelten § 130 Abs. 1 S. 2, Abs. 3 BGB analog; damit kann ein Widerruf nur bis zum Zeitpunkt des Eingangs der Zustimmung bei der Baugenehmigungsbehörde vorgenommen werden. Für den Zeitraum danach bleibt nur eine Anfechtung analog den §§ 119 ff. BGB möglich, sofern ein entsprechender Anfechtungsgrund gegeben ist.

40 zuletzt *BayVGH*, B.v. 23.4.2014, 9 CS 14.222 – juris; *BayVGH*, B.v. 17.3.2014, 15 CS 13.2648 – juris.

41 vgl. dazu die Ausführungen unter Rn. 336.

42 *BayVGH*, B. v. 3.11.2005 – 2 BV 04.1756 – juris.

Nach anderer Ansicht ist der Widerruf dagegen bis zur Erteilung der Baugenehmigung möglich; argumentiert wird insoweit, dass erst mit der Erteilung der Baugenehmigung ein relevanter Vertrauenstatbestand für den Bauherren bestehe (entsprechend dem Rechtsgedanken des § 183 BGB).

Vorzugswürdig ist die Ansicht des BayVGH. Bei der Zustimmung handelt es sich um eine empfangsbedürftige Willenserklärung im Baugenehmigungsverfahren, welche entsprechend § 130 BGB bis zum Zugang bei der Bauaufsichtsbehörde frei widerrufbar ist. Der Verweis auf den Rechtsgedanken des § 183 BGB ist dagegen nicht sachgerecht, weil insoweit keine vergleichbare Situation vorliegt; denn die wirksame Erteilung der Baugenehmigung hängt nicht von der Zustimmung des Nachbarn ab, sondern nach Art. 68 Abs. 1 S. 1 BayBO alleine von der Vereinbarkeit des Bauvorhabens mit den zu prüfenden öffentlich-rechtlichen Vorschriften.

3. Erforderlichkeit eines ordnungsgemäß und erfolglos durchgeführten Vorverfahrens

431 Ein Vorverfahren ist nach § 68 Abs. 1 S. 2 Hs. 1 VwGO i.V.m. Art. 15 Abs. 1, 2 AGVwGO unstatthaft.

4. Klagefrist

432 Nach § 74 Abs. 1 S. 2 VwGO ist die Klage innerhalb eines Monats nach Bekanntgabe der Baugenehmigung zu erheben. Beachten Sie insoweit die Zustellpflichten nach Art. 66 Abs. 1 S. 6 BayBO und nach Art. 68 Abs. 2 S. 3 BayBO, sofern die nicht zustimmende Gemeinde gegen eine Baugenehmigung vorgeht.

> **Hinweis**
>
> Bei mehreren dinglichen Berechtigten (Miteigentümern) muss die Baugenehmigung jedem einzeln zugestellt werden. Insbesondere kann es zur Konstellation kommen, dass an einen Miteigentümer nicht zugestellt werden muss, da dieser zugestimmt hat; an einen anderen dagegen schon, da dieser nicht zugestimmt hat. Bei Ehegatten als Miteigentümer gilt auch die Erleichterung des Art. 8a BayVwZVG nicht; vielmehr ist jedem einzeln eine Baugenehmigung zuzustellen.

Sofern die Baugenehmigung nicht zugestellt wird, läuft demnach grundsätzlich keine Klagefrist. Allgemein anerkannt ist aber, dass die Jahresfrist analog § 58 Abs. 2 VwGO von dem Zeitpunkt an läuft, in dem der Nachbar sichere Kenntnis von der Baugenehmigung erlangt hat oder sie hätte erlangen müssen (grob fahrlässige Unkenntnis). Diese grob fahrlässige Unkenntnis ist dann gegeben, wenn sich das Vorliegen einer Baugenehmigung aufdrängen musste (insbesondere gegeben beim tatsächlichen Baubeginn des Bauherrn) und es auch möglich und zumutbar war, sich hierüber Gewissheit zu verschaffen.

Die Jahresfrist analog § 58 Abs. 2 VwGO stellt jedoch nur eine zeitliche Obergrenze dar; im Einzelfall kann sich diese Frist auch über die Grundsätze der Verwirkung verkürzen.[43] Erforderlich ist hierfür ein Zeitmoment (seit der Möglichkeit der Klageerhebung ist längere Zeit ver-

43 vgl. *W.-R. Schenke* in *Kopp/Schenke* Verwaltungsgerichtsordnung § 74 Rn. 18 ff.

strichen) und ein Umstandsmoment (aufgrund besonderer Umstände des Einzelfalls kann der Bauherr darauf vertrauen, dass der Nachbar keine Klage erheben wird; insbesondere mündliche Zusagen oder Zustimmungen zum bereits im Bau befindlichen Bauvorhaben).

5. Partei- und Prozessfähigkeit und sonstige Zulässigkeitsvoraussetzungen

Insoweit ergeben sich keine Besonderheiten im Hinblick auf die obige Darstellung.[44] 433

III. Begründetheit der Klage

Die Anfechtungsklage ist begründet, wenn sie gegen den gemäß § 78 Abs. 1 Nr. 1 VwGO 434
richtigen Beklagten gerichtet ist, die angegriffene Baugenehmigung rechtswidrig ist und der Nachbar dadurch in seinen Rechten verletzt ist (§ 113 Abs. 1 S. 1 VwGO).

1. Passivlegitimation, § 78 Abs. 1 Nr. 1 VwGO

Richtiger Beklagter ist stets (!) der Rechtsträger der Behörde, welche die Baugenehmigung 435
tatsächlich erlassen hat (also Freistaat Bayern oder eine Gemeinde); dies gilt unabhängig davon, ob diese auch tatsächlich zur Entscheidung zuständig war.

2. Rechtmäßigkeit der Baugenehmigung

Hinweis 436

Zur Beurteilung der Rechtmäßigkeit der Baugenehmigung ist bei der Nachbarklage grundsätzlich der Zeitpunkt der letzten behördlichen Entscheidung maßgeblich. Aufgrund der in Art. 14 Abs. 1 GG verankerten Baufreiheit ist aber anerkannt, dass Änderungen zugunsten des Bauherren auch bis zum Zeitpunkt der letzten mündlichen Verhandlung zu berücksichtigen sind. Dies stellt auch eine sachgerechte Lösung dar; andernfalls läge ein unnötige Förmelei vor, da der Bauherr zugleich wieder eine neue Baugenehmigung beantragen könnte, bei welcher sich die Änderungen direkt zu seinen Gunsten auswirken würden (bei dem Bauherrn ungünstigen Umständen gilt dagegen der Normalfall des Entscheidungszeitpunktes der letzten behördlichen Entscheidung).[45]

a) Formelle Rechtmäßigkeit der Baugenehmigung

Die formelle Rechtmäßigkeit der Baugenehmigung erfordert die Einhaltung der Vorschriften 437
über Zuständigkeit, Verfahren und Form.

Insbesondere bedarf die Baugenehmigung nach Art. 68 Abs. 2 S. 1 BayBO der Schriftform und vor ihrem Erlass muss die Beteiligung der Eigentümer der benachbarten Grundstücke nach Art. 66 BayBO durchgeführt werden.

---

44 vgl. dazu die Ausführungen unter Rn. 403.

45 vgl. *Becker/Heckmann/Kempen/Manssen* Öffentliches Recht in Bayern Rn. 605.

Wie oben bereits ausgeführt,[46] führt alleine die Verletzung von Verfahrensvorschriften aber nicht zum Erfolg der Anfechtungsklage des Nachbarn; insoweit liegt keine Verletzung des Nachbarn in eigenen Rechten vor, da das Verfahren nur relativ zwischen Bauherrn und Baugenehmigungsbehörde ausgestaltet ist.

b) Materielle Rechtmäßigkeit der Baugenehmigung

438 Die Baugenehmigung ist materiell rechtmäßig, wenn ein genehmigungspflichtiges und genehmigungsfähiges Vorhaben vorliegt. Insoweit prüfen Sie nach den oben dargestellten Maßstäben.[47]

3. Rechtsverletzung des Klägers

439 Durch die rechtswidrige Baugenehmigung muss der Kläger zudem in eigenen subjektiven Rechten verletzt sein, damit seine Anfechtungsklage Erfolg hat. Insoweit muss die Baugenehmigung gegen eine drittschützende Vorschrift verstoßen, die zugunsten des Klägers Drittschutz entfaltet. Soweit insoweit eine detaillierte Abwägung im Rahmen des Gebots der Rücksichtnahme erforderlich ist, hat diese erst an dieser Stelle zu erfolgen!

Bei der Gemeinde kommt alleine die Berufung auf ihre Planungshoheit als Teil des kommunalen Selbstverwaltungsrechts nach Art. 28 Abs. 2 GG bzw. Art. 11 Abs. 2 BV in Betracht, welche in den Vorschriften des § 36 BauGB, § 14 BauGB und § 2 Abs. 2 BauGB zum Ausdruck kommt.

JURIQ-Klausurtipp

Streng genommen müssten Sie erst die gesamte Rechtmäßigkeit der Baugenehmigung prüfen und danach bei der Rechtsverletzung des Klägers noch einmal alle Rechtswidrigkeitsgründe daraufhin überprüfen, ob sie auch den Kläger in eigenen Rechten verletzen (es sich also um drittschützende Normen zu seinen Gunsten handelt oder nicht). Es hat sich aber in den Klausuren eingebürgert, die Frage nach einer Verletzung des Klägers in eigenen Rechten direkt im Anschluss an die Feststellung der Unvereinbarkeit mit der jeweiligen Rechtsvorschrift zu klären.

46 vgl. dazu die Ausführungen unter Rn. 337 f.

47 vgl. dazu die Ausführungen unter Rn. 340 ff.

4. Übungsfall Nr. 4

„Stadt gegen Freistaat Bayern" 440

Bernd Büser (B) plant in der kreisangehörigen Stadt Aichach im Landkreis Aichach-Friedberg ein Hotelgebäude für 1000 Gäste zu errichten. Als Standort ist ein Grundstück des B vorgesehen, das mehrere hundert Meter von der nächsten Bebauung liegt. Für dieses Grundstück existiert ein in Aufstellung befindlicher Bebauungsplan, wonach Grünflächen und eine Kleingartenanlage vorgesehen sind. Einen ordnungsgemäßen Bauantrag reicht B mit Schreiben vom 22.2.2018, eingegangen bei der Stadt Aichach am 23.2.2018, ein. In der Sitzung vom 22.3.2018 beschließt der Stadtrat der Stadt Aichach, die Erteilung des Einvernehmens nach § 36 BauGB zu verweigern. Zum einen füge sich das Hotelgebäude nicht in die umliegende Landschaft ein, die überwiegend ländlich geprägt sei; zum anderen stehe das geplante Vorhaben im Widerspruch zu dem sich in Aufstellung befindlichen Bebauungsplan. Nach der Weitergabe des Bauantrags, verbunden mit der Verweigerung der Erteilung des Einvernehmens, an das Landratsamt Aichach-Friedberg erteilte dieses am 17.4.2018 dem B die bauaufsichtliche Genehmigung entsprechend seinem Antrag vom 22.2.2018. Im Bescheid wird die Ersetzung des gemeindlichen Einvernehmens vorgenommen. Zuvor wurde die Stadt aufgefordert, die Erteilung des Einvernehmens noch einmal zu überdenken, da es ansonsten ersetzt werde. Das Landratsamt Aichach-Friedberg vertrat gegenüber der Stadt den Standpunkt, das Vorhaben entspreche öffentlichen Interessen, da hiermit eine nicht unerhebliche Zahl von Arbeitsplätzen geschaffen werde.

Die Stadt Aichach sieht ihre Planung gefährdet, weshalb der Stadtrat in seiner Sitzung vom 26.4.2018 beschließt, gegen die Zulassung des Vorhabens gerichtliche Schritte einzuleiten. Am 27.4.2018 erhebt daraufhin die Stadt Aichach, vertreten durch den ersten Bürgermeister, Klage zum Verwaltungsgericht Augsburg, mit dem Antrag, die dem B erteilte Baugenehmigung vom 17.4.2018 aufzuheben. Die Klage müsse schon deshalb Erfolg haben, weil das Selbstverwaltungsrecht der Gemeinde nach Art. 28 Abs. 2 GG verletzt und der in Aufstellung befindliche Bebauungsplan einfach ignoriert wurde.

Bearbeitervermerk: Prüfen Sie in einem Gutachten die Erfolgsaussichten der Klage der Stadt Aichach.

Lösung 441

Die Klage der Stadt Aichach (A) hat Aussicht auf Erfolg, wenn das angerufene Gericht entscheidungskompetent ist sowie die Klage zulässig und begründet ist.

A. Entscheidungskompetenz des Gerichts

Das angerufene Verwaltungsgericht Augsburg müsste zunächst entscheidungskompetent sein.

Mangels aufdrängender Sonderzuweisung kommt nur die allgemeine Rechtswegeröffnung nach § 40 Abs. 1 S. 1 VwGO in Betracht. Vorliegend handelt es sich um eine öffentlich-rechtliche Streitigkeit, da es sich bei den streitentscheidenden Normen des BauGB und der BayBO ausschließlich um öffentlich-rechtliche Vorschriften i.S.d. Sonderrechtstheorie handelt. Mangels doppelter Verfassungsunmittelbarkeit liegt eine Streitigkeit nicht verfassungsrechtlicher Art vor; die Berufung der A auf ihr grundgesetzlich garantiertes Selbstverwaltungsrecht ist insofern nicht ausreichend.

Die Zuständigkeit des Verwaltungsgerichts Augsburg ergibt sich aus §§ 45, 52 Nr. 1 VwGO i.V.m. Art. 1 Abs. 2 Nr. 6 AGVwGO.

B. Zulässigkeit der Klage

Weiterhin müsste die Klage zulässig sein; dies ist der Fall, wenn alle erforderlichen Sachentscheidungsvoraussetzungen erfüllt sind.

I. Statthaftigkeit

Die statthafte Klageart richtet sich gemäß §§ 86, 88 VwGO nach dem klägerischen Begehren; die A wendet sich gegen die an B erteilte Baugenehmigung und damit einen Verwaltungsakt i.S.d. Art. 35 S. 1 BayVwVfG; statthaft ist damit eine Anfechtungsklage nach § 42 Abs. 1 Alt. 1 VwGO.

II. Klagebefugnis nach § 42 Abs. 2 VwGO

A müsste durch die Baugenehmigung möglicherweise in eigenen Rechten verletzt sein. Da sie aber nicht Regelungsadressat der Baugenehmigung ist, kann nicht mit der Stellung als Adressat einer belastenden Regelung argumentiert werden. Daran würde auch eine eventuelle Zustellung nach Art. 68 Abs. 2 S. 3 BayBO nichts ändern, da die A hiermit nur zum Zustellungsadressaten, aber nicht zum Regelungsadressaten würde.

Erforderlich ist deshalb, dass A die mögliche Verletzung einer drittschützenden Norm durch die Baugenehmigung geltend machen kann. Da A ihr Einvernehmen nach § 36 BauGB versagt hat, das Landratsamt Aichach-Friedberg aber dennoch die Baugenehmigung an B erteilt hat, ist § 36 BauGB möglicherweise verletzt. Dabei handelt es sich auch um eine Norm, die (nur) Drittschutz zugunsten der Gemeinde/Stadt entfaltet, da es sich um den Ausfluss des gemeindlichen Selbstverwaltungsrechts nach Art. 28 Abs. 2 GG bzw. Art. 11 Abs. 2 BV im Baugenehmigungsverfahren handelt.

III. Ordnungsgemäß und erfolglos durchgeführtes Vorverfahren

Ein Vorverfahren ist nach § 68 Abs. 1 S. 2 Hs. 1 VwGO i.V.m. Art. 15 Abs. 1, 2 AGVwGO unstatthaft.

IV. Klagefrist

Nach § 74 Abs. 1 S. 2 VwGO ist die Klage innerhalb eines Monats nach Bekanntgabe der Baugenehmigung zu erheben. Nach Art. 68 Abs. 2 S. 3 BayBO ist die Baugenehmigung der Gemeinde/Stadt zuzustellen, wenn diese dem Vorhaben nicht zugestimmt hat. Da vorliegend keine Zustellung an die A ersichtlich ist, läuft die Jahresfrist nach § 58 Abs. 2 VwGO ab Erteilung der Baugenehmigung an B. Diese wurde durch Klagerhebung am 27.4.2018 offensichtlich gewahrt.

V. Partei- und Prozessfähigkeit und sonstige Zulässigkeitsvoraussetzungen

Die A ist als Gebietskörperschaft des öffentlichen Rechts nach § 61 Nr. 1 Alt. 2 VwGO parteifähig; sie ist selber nicht prozessfähig und wird daher im Prozess durch den ersten Bürgermeister nach § 62 Abs. 3 VwGO i.V.m. Art. 38 Abs. 1 GO vertreten.

Der Freistaat Bayern ist als Gebietskörperschaft des öffentlichen Rechts nach § 61 Nr. 1 Alt. 2 VwGO parteifähig; er ist selber nicht prozessfähig und wird daher gemäß § 62 Abs. 3 VwGO i.V.m. § 3 Abs. 1 und 2 LABV durch das Landratsamt Aichach-Friedberg als Ausgangsbehörde vertreten.

C. Beiladung, § 65 Abs. 2 VwGO

Im gerichtlichen Verfahren ist der B als Inhaber der Baugenehmigung notwendig beizuladen, § 65 Abs. 2 VwGO.

D. Begründetheit der Klage

Die Klage der A ist begründet, wenn sie gegen den gemäß § 78 Abs. 1 Nr. 1 VwGO richtigen Beklagten gerichtet ist, die B erteilte Baugenehmigung rechtswidrig ist und A in ihren Rechten verletzt (§ 113 Abs. 1 S. 1 VwGO).

I. Passivlegitimation

Richtiger Beklagter nach § 78 Abs. 1 Nr. 1 VwGO ist der Freistaat Bayern als Rechtsträger des Landratsamts Aichach-Friedberg, Art. 53 Abs. 1 S. 1 BayBO.

II. Rechtmäßigkeit der Baugenehmigung

Die dem B erteilte Baugenehmigung müsste weiterhin rechtswidrig sein.

1. Formelle Rechtmäßigkeit der Baugenehmigung

Die formelle Rechtmäßigkeit der Baugenehmigung erfordert die Einhaltung der Vorschriften über Zuständigkeit, Verfahren und Form.

Sachlich zuständig war nach Art. 53 Abs. 1 S. 1, 54 Abs. 1 BayBO i.V.m. Art. 37 Abs. 1 S. 2 LKrO das Landratsamt; die örtliche Zuständigkeit des Landratsamts Aichach-Friedberg ergibt sich aus Art. 3 Abs. 1 Nr. 1 BayVwVfG.

Hinsichtlich der Verfahrens- und Formvorschriften ergeben sich aus dem Sachverhalt keine Anhaltspunkte für eine Verletzung.

2. Materielle Rechtmäßigkeit der Baugenehmigung

Die Baugenehmigung ist materiell rechtmäßig, wenn ein genehmigungspflichtiges und genehmigungsfähiges Vorhaben vorliegt.

a) Genehmigungspflichtiges Vorhaben

Die von B geplante Errichtung des Hotelgebäudes müsste zunächst ein genehmigungspflichtiges Vorhaben darstellen. Der Anwendungsbereich der BayBO ist nach Art. 1 Abs. 1 S 1. Art. 2 Abs. 1 S. 1 BayBO eröffnet, da es sich bei dem Hotelgebäude um ein mit dem Erdboden fest verbundenes, aus Baustoffen hergestelltes Vorhaben, also ein bauliches Vorhaben handelt. B plant die Errichtung einer baulichen Anlage i.S.d. Art. 55 Abs. 1 BayBO; eine Verfahrensfreiheit nach Art. 57 BayBO ist nicht ersichtlich. Mangels eines bereits in Kraft getretenen Bebauungsplans kommt auch eine Genehmigungsfreistellung nach Art. 58 BayBO nicht in Betracht.

b) Genehmigungsfähiges Vorhaben

Weiterhin müsste das Vorhaben des B genehmigungsfähig sein.

aa) Festlegung des Prüfungsmaßstabs

Bei einer Hotelanlage für 1000 Gäste handelt es sich um eine Beherbergungsstätte mit mehr als zwölf Betten und damit um einen Sonderbau nach Art. 2 Abs. 4 Nr. 8 BayBO. Demgemäß findet das Baugenehmigungsverfahren nach Art. 60 BayBO Anwendung, bei dem keine Beschränkung des Prüfungsmaßstabs stattfindet.

bb) Vereinbarkeit mit den Vorschriften der §§ 29 ff. BauGB

Nach Art. 60 S. 1 Nr. 1 BayBO prüft die Baugenehmigungsbehörde zunächst die Vereinbarkeit des Vorhabens mit den §§ 29 ff. BauGB.

(1) Voraussetzungen von § 29 Abs. 1 BauGB eröffnet/kein Vorrang des Fachplanungsrechts nach § 38 BauGB

Die Voraussetzungen nach § 29 Abs. 1 BauGB sind vorliegend erfüllt. Bei dem Hotelgebäude handelt es sich um die Errichtung einer baulichen Anlage; auch die für die Bestimmung einer baulichen Anlage erforderliche bodenrechtliche Relevanz ist gegeben. Dies ergibt sich vorliegend bereits schon aufgrund der Einstufung als Sonderbau i.S.d. BayBO; ein derart umfangreiches Vorhaben ist stets geeignet, bodenrechtlich relevante Spannungen hervorzurufen.

Für eine Überörtlichkeit des Vorhabens und damit einen Vorrang des Fachplanungsrechts nach § 38 BauGB ist nichts ersichtlich.

(2) Festlegung des planungsrechtlichen Bereichs

Ein Bebauungsplan existiert für das betroffene Gebiet nach dem Sachverhalt noch nicht; ein solcher befindet sich lediglich in Aufstellung. Damit handelt es sich nicht um einen Planbereich nach § 30 Abs. 1 BauGB. Da sich das Grundstück nach dem Sachverhalt mehrere hundert Meter von der nächsten Bebauung entfernt befindet, ist auch nicht von einem im Zusammenhang bebauten Ortsteil i.S.d. § 34 BauGB auszugehen. Damit verbleibt eine Lage im Außenbereich nach § 35 BauGB.

(3) Vereinbarkeit des Vorhabens mit § 35 BauGB

Demnach müsste das Vorhaben mit § 35 BauGB vereinbar sein. Dazu muss zunächst geklärt werden, ob es sich um ein privilegiertes Vorhaben nach § 35 Abs. 1 oder um ein sonstiges Vorhaben nach § 35 Abs. 2 BauGB handelt. Mangels Einschlägigkeit des § 35 Abs. 1 BauGB handelt es sich um ein sonstiges Vorhaben nach § 35 Abs. 2 BauGB, durch das öffentliche Belange nicht beeinträchtigt werden dürfen. Aufgrund der laut Sachverhalt gegebenen ländlichen Prägung kommt vorliegend eine Verunstaltung des Orts- und Landschaftsbildes nach § 35 Abs. 3 Nr. 5 BauGB in Betracht. Jedenfalls würde die Errichtung eines Hotelgebäudes im Außenbereich die Entstehung einer Splittersiedlung nach § 35 Abs. 3 Nr. 7 BauGB befürchten lassen.

Weiterhin könnte dem Vorhaben der ungeschriebene öffentliche Belang der hinreichend konkretisierten Planungsabsicht der Stadt A entgegenstehen. Sofern eine hinreichend konkretisierte Planung für einen bestimmten Bereich vorliegt, kann diese als ungeschriebener öffentlicher Belang solchen Vorhaben entgegengesetzt werden, welche eine Verwirklichung der konkretisierten Planung verhindern würden. Dies ist vorliegend auch der Fall, da ein Hotelgebäude für 1000 Gäste aufgrund seiner Größe und seiner Emissionen die spätere Errichtung von Grünanlagen- und Kleingartenanlagen verhindern würde.

Nach alledem beeinträchtigt das Vorhaben öffentliche Belange und ist als sonstiges Vorhaben nach § 35 Abs. 2 BauGB unzulässig. An dieser Beurteilung ändert auch die Ansicht des Landratsamts nichts, wonach das Vorhaben aufgrund der damit verbundenen Schaffung von Arbeitsplätzen im öffentlichen Interesse stehe. Nach der grundsätzlichen Wertung des § 35 BauGB soll der Außenbereich von Bebauung freigehalten werden und der Allgemeinheit als Erholungsort zur Verfügung stehen; soweit ein sonstiges Vorhaben i.S.d. § 35 Abs. 2 BauGB öffentliche Belange beeinträchtigt, ergibt sich nach der gesetzlichen Wertung dessen Unzulässigkeit.

(4) Zulässigkeit des Vorhabens nach § 33 BauGB

Das Vorhaben könnte letztlich nach § 33 BauGB zulässig sein. Bei § 33 BauGB handelt es sich um einen subsidiären Zulassungstatbestand, der erst geprüft werden darf, wenn das Vorhaben mit den §§ 30, 34, 35 BauGB nicht im Einklang steht. § 33 BauGB erklärt Vorhaben ausnahmsweise im Hinblick auf einen zukünftigen Bebauungsplan, der sich bereits in Aufstellung befindet, für zulässig. Vorliegend kann dem geplanten Hotelgebäude aber bereits keine so genannte materielle Planreife i.S.d. § 33 Abs. 1 Nr. 2 BauGB bescheinigt werden; eine Übereinstimmung mit den künftigen Festsetzungen ist nicht gegeben, da nach dem Sachverhalt Grün- und Kleingartenanlagen geplant sind.

(5) Verstoß des Vorhabens gegen § 36 BauGB

Letztlich verstößt das Vorhaben auch gegen die Regelung des § 36 BauGB, da die Stadt ihr städtebaulich notwendiges Einvernehmen nicht erteilt hat. Bei dem Einvernehmen der Gemeinde/Stadt handelt es sich um eine materielle Genehmigungsvoraussetzungen für die Erteilung einer Baugenehmigung. Da sich das Vorhaben als bauplanungsrechtlich unzulässig darstellt, durfte das Landratsamt Aichach-Friedberg das fehlende Einvernehmen durch die Erteilung der Baugenehmigung auch nicht gemäß § 36 Abs. 2 S. 3 BauGB i.V.m. Art. 67 BayBO ersetzen; eine Ersetzungsbefugnis besteht lediglich für ein zu Unrecht versagtes Einvernehmen.

3. Zwischenergebnis

Somit ist das Vorhaben bauplanungsrechtlich unzulässig.

III. Rechtsverletzung der A

Da das Bauvorhaben genehmigt wurde, obwohl die A aufgrund der bauplanungsrechtlichen Unzulässigkeit zu Recht ihr Einvernehmen nach § 36 BauGB verweigert hatte, verletzt die Baugenehmigung das Selbstverwaltungsrecht der Gemeinde nach Art. 28 Abs. 2 GG bzw. Art. 11 Abs. 2 BV, dessen Ausfluss das Erfordernis des Einvernehmens darstellt.

IV. Vereinbarkeit mit Vorschriften des Bauordnungsrecht und sonstigem Recht

Für eine Prüfung der Vereinbarkeit mit den Vorschriften des Bauordnungsrechts nach Art. 60 S. 1 Nr. 2 BayBO und anderen öffentlich-rechtlichen Anforderungen nach Art. 60 S. 1 Nr. 3 BayBO enthält der Sachverhalt keine Anhaltspunkte.

Insoweit kommt es daher auch auf eine eventuelle zusätzliche Rechtsverletzung der A nicht (mehr) an.

V. Ergebnis

Die Klage der A ist auch begründet und hat demnach Aussicht auf Erfolg.

C. Antrag des Dritten auf einstweiligen Rechtsschutz gegen die Baugenehmigung

Ebenso häufig wie die Anfechtungsklage eines Dritten (Nachbarn) wird Ihnen in der Klausur die Konstellation begegnen, dass ein Dritter einstweiligen Rechtsschutz gegen die Baugenehmigung begehrt. Die große Bedeutung rührt daher, dass die Klage des Dritten nach § 80 Abs. 2 Nr. 3 VwGO i.V.m. § 212a BauGB **keine** aufschiebende Wirkung entfaltet; trotz der erhobenen Klage des Dritten ist der Bauherr also weiterhin im Besitz einer wirksamen Baugenehmigung, von der er auch Gebrauch machen darf. 442

Hinweis

Im Rahmen einer Anwaltsklausur ist dieser Antrag also immer zu stellen bzw. an ihn zu denken. Andernfalls liegt ein Haftungsfall vor!

Dabei steht dem Dritten zunächst der Antrag an die Behörde nach § 80a Abs. 1 Nr. 2 VwGO zur Verfügung. Diesem können regelmäßig aber keine besonderen Erfolgsaussichten attestiert werden, weil insoweit die Ausgangsbehörde entscheidet und es deshalb unwahrscheinlich ist, dass diese bei einer erneuten Entscheidung ihre Rechtsauffassung ändert; diese hatte ja bereits ursprünglich über die Baugenehmigung entschieden.

Hinweis

§ 80a Abs. 1 Nr. 2 VwGO verweist auf die Möglichkeit der Aussetzung der Vollziehung nach § 80 Abs. 4 VwGO, wonach die Ausgangsbehörde oder die Widerspruchsbehörde zur Entscheidung berufen sind. Aufgrund des § 68 Abs. 1 S. 2 Hs. 1 VwGO ist dies in Bayern aber zwingend immer die Ausgangsbehörde.

Relevanter und in Klausuren üblich ist deshalb der Antrag auf gerichtliche Gewährung einstweiligen Rechtsschutzes nach §§ 80a Abs. 3 S. 1 und 2, Abs. 1 Nr. 2 VwGO. 443

PRÜFUNGSSCHEMA

Antrag des Dritten auf einstweiligen Rechtsschutz gegen die Baugenehmigung

A. Entscheidungskompetenz des Gerichts
- I. Verwaltungsrechtsweg entsprechend § 40 Abs. 1 S. 1 VwGO
- II. Sachliche und örtliche Zuständigkeit des Verwaltungsgerichts nach §§ 80a Abs. 3 S. 2, 80 Abs. 5, 45, 52 Nr. 1 VwGO i.V.m. Art. 1 Abs. 2 AGVwGO

B. Zulässigkeit des Antrags
- I. Statthaftigkeit
  - Formulierung des Antrags, vgl. Rn. 447
- II. Antragsbefugnis, § 42 Abs. 2 VwGO analog
- III. Rechtsschutzbedürfnis
  1. Erfordernis eines vorherigen Hauptsacherechtsbehelfs?
  2. Erfordernis eines Vorantrags an die Behörden, §§ 80a Abs. 3 S. 2, 80 Abs. 6?
  3. Keine offensichtliche Erfolglosigkeit der Hauptsache
- IV. Beteiligten- und Handlungsfähigkeit
- V. Sonstige Zulässigkeitsvoraussetzungen

C. Begründetheit des Antrags
- I. Richtiger Antragsgegner analog § 78 Abs. 1 Nr. 1 VwGO
- II. Interessenabwägung des Gerichts unter Berücksichtigung der Erfolgsaussichten in der Hauptsache
  - bloß objektive Rechtswidrigkeit der Baugenehmigung, vgl. Rn. 458

I. Entscheidungskompetenz des Gerichts

444 Zunächst muss der Verwaltungsrechtsweg entsprechend (!) § 40 Abs. 1 S. 1 VwGO eröffnet sein. Sachliche und örtliche Zuständigkeit des Verwaltungsgerichts ergibt sich nach §§ 80a Abs. 3 S. 2, 80 Abs. 5, 45, 52 Nr. 1 VwGO i.V.m. Art. 1 Abs. 2 AGVwGO.

JURIQ-Klausurtipp

Auch im Bereich des einstweiligen Rechtsschutzes sollten Sie vorab die Entscheidungskompetenz des Gerichts prüfen, da §§ 17, 17a GVG nach allgemeiner Meinung auch im einstweiligen Rechtsschutz Geltung beanspruchen. Dem Einwand, dass eine Verweisung aufgrund der zeitlichen Dauer mit dem Charakter des einstweiligen Rechtsschutzes als Eilrechtsverfahren unvereinbar wäre, wird entgegnet, dass Verweisungen vom Gericht entsprechend schnell vorgenommen werden können und sollen.

1. Zulässigkeit des Antrags

445 Der Antrag ist zulässig, wenn alle erforderlichen Sachentscheidungsvoraussetzungen gegeben sind.

a) Statthaftigkeit des Antrags

Die Ermittlung des statthaften Antrags richtet sich gemäß §§ 122 Abs. 1, 88 VwGO nach dem Antragsbegehren. 446

Nach § 123 Abs. 5 VwGO sind die Fälle des §§ 80, 80a VwGO vorrangig. Diese sind dann einschlägig, wenn die Wiederherstellung oder Anordnung der aufschiebenden Wirkung im Streit steht. Das ist der Fall, soweit in der Hauptsache eine Anfechtungsklage nach § 42 Abs. 1 Alt. 1 VwGO vorliegt. Sofern gegen die Baugenehmigung vorgegangen wird, ist dies der Fall, da mit dieser ein gerichtlich angreifbarer Verwaltungsakt i.S.d. Art. 35 S. 1 BayVwVfG vorliegt. Dabei entfällt die grundsätzliche aufschiebende Wirkung des § 80 Abs. 1 S. 1 und 2 VwGO nach § 80 Abs. 2 Nr. 3 VwGO i.V.m. § 212a BauGB. Da es sich bei der Baugenehmigung um einen Verwaltungsakt mit Doppelwirkung (begünstigt den Bauherr, benachteiligt den Nachbar) handelt, ist § 80a VwGO einschlägig.

» § 122 VwGO ist anwendbar, weil im einstweiligen Rechtsschutz ein gerichtlicher Beschluss ergeht! «

Formulierung des Antrags. Dabei stellt sich das Problem der zutreffenden Antragsformulierung durch den Antragsteller. Nach §§ 80a Abs. 3 S. 1, 80a Abs. 1 Nr. 2 VwGO kann das Gericht auf Antrag die Aussetzung der Vollziehung anordnen.[48] Nimmt man dagegen die Verweisung des § 80a Abs. 3 S. 2 VwGO auf § 80 Abs. 5 VwGO ernst, ist der Antrag auf Anordnung der aufschiebenden Wirkung des Hauptsacherechtsbehelfs zu richten.[49] 447

JURIQ-Klausurtipp

Welchen Antrag Sie letztlich wählen, ist irrelevant, da beides mit dem Gesetz im Einklang steht. Wichtig ist nur, dass Sie jeweils die korrekte Normenkette dazu zitieren und das Klausurproblem einordnen können, wenn sich eine Partei darauf beruft, der Antrag sei nicht richtig formuliert, weshalb der Antrag unzulässig sei.

b) Antragsbefugnis, § 42 Abs. 2 VwGO analog

Entsprechend § 42 Abs. 2 VwGO muss der Antragsteller antragsbefugt sein; dies ist der Fall, wenn die Baugenehmigung *möglicherweise* gegen eine **drittschützende Norm** verstößt. Insoweit kann auf die obigen Ausführungen[50] verwiesen werden. 448

c) Rechtsschutzbedürfnis

Weiterhin muss dem Antragsteller für seinen Antrag auch das erforderliche Rechtsschutzbedürfnis zustehen. 449

aa) Erfordernis eines vorherigen Hauptsacherechtsbehelfs?

Dabei ist nach allgemeiner Ansicht vor der Antragsstellung nach § 80a VwGO die Einlegung eines Hauptsacherechtsbehelf erforderlich. Dies ergibt sich aus dem Wortlaut des § 80a Abs. 3 S. 1, Abs. 1 Nr. 2 VwGO „*legt* ein Dritter einen Rechtsbehelf […] ein“.[51] 450

48 *BayVGH* BayVBl. 1991, 720.
49 *BVerwG* NVwZ 1995, 903.
50 vgl. dazu Rn. 418 ff.
51 *OVG NRW* NVwZ-RR 1996, 184; a.A. ohne Begründung *W.-R. Schenke* in *Kopp/Schenke* Verwaltungsgerichtsordnung § 80a Rn. 13.

bb) Erfordernis eines Vorantrags an die Behörden, §§ 80a Abs. 3 S. 2, 80 Abs. 6 VwGO?

451 Fraglich ist jedoch, ob die Antragsstellung an das Gericht einen vorherigen erfolglosen Vorantrag an die Ausgangsbehörde nach §§ 80a Abs. 3 S. 2, 80 Abs. 6 S. 1 VwGO erfordert.

Das hängt davon ab, ob man die Verweisung nach § 80a Abs. 3 S. 2 VwGO als Rechtsgrund– oder als Rechtsfolgenverweisung verstehen möchte. Teilweise wird diese als Rechtsgrundverweisung betrachtet;[52] einschlägig wäre das Erfordernis des Vorantrags demnach nur in den Fällen des § 80 Abs. 2 Nr. 1 VwGO, also bei öffentlichen Abgaben und Kosten.

Nach Ansicht des BayVGH München handelt es sich insoweit um eine Rechtsfolgenverweisung.[53] Diese Ansicht ist einleuchtend, weil bei öffentlichen Abgaben und Kosten kein von § 80a VwGO vorausgesetztes Dreipersonenverhältnis denkbar ist, da es sich insoweit immer um ein lediglich zweipoliges Verhältnis handelt. Würde man die Verweisung als Rechtsgrundverweisung betrachten, würde sie aus diesen Gründen keinen Sinn machen, da sie keinen Anwendungsbereich hätte. Sofern man die Verweisung zu Recht als Rechtsfolgenverweisung versteht, muss in der Folge aber auch § 80 Abs. 6 S. 2 Nr. 2 VwGO entsprechend gelten; der Begriff der drohenden Vollstreckung wird dabei weit ausgelegt, als auch der faktische Vollzug ausreichend sein soll. Faktischer Vollzug liegt dabei bereits dann vor, wenn der tatsächliche Baubeginn unmittelbar bevorsteht.

cc) Keine offensichtliche Erfolglosigkeit der Hauptsache

452 Da der einstweilige Rechtsschutz die aufschiebende Wirkung der Hauptsacheklage (hier Anfechtungsklage des Dritten gegen die Baugenehmigung) herstellen soll, ist der Antrag nach § 80a Abs. 3, Abs. 1 Nr. 2 VwGO in gewisser Weise von der Hauptsacheklage abhängig. Sofern diese offensichtlich keine Aussicht auf Erfolg hat, macht auch der Antrag im einstweiligen Rechtsschutz keinen Sinn und diesem fehlt das Rechtsschutzbedürfnis. Daher darf die Hauptsacheklage insbesondere nicht verfristet sein.

JURIQ-Klausurtipp

Sofern kritisch, prüfen Sie an dieser Stelle also die Wahrung der Klagefrist im Rahmen der Anfechtungsklage des Dritten gegen die Baugenehmigung anhand der gesetzlichen Bestimmung in § 74 Abs. 1 VwGO.

d) Beteiligten- und Handlungsfähigkeit

» Achten Sie in der Klausur unbedingt auf diese besonderen Formulierungen im Verfahren des einstweiligen Rechtsschutzes! «

453 Die Beteiligten- und Prozessfähigkeit von Antragsteller und Antragsgegner ergeben sich aus den Regelungen der §§ 61 f. VwGO entsprechend den obigen Ausführungen.[54]

e) Sonstige Zulässigkeitsvoraussetzungen

454 Letztlich müssen die sonstigen Zulässigkeitsvoraussetzungen erfüllt sein, insbesondere muss der Antrag entsprechend § 82 Abs. 1 VwGO ordnungsgemäß erhoben worden sein.

52 *W.-R. Schenke* in *Kopp/Schenke* Verwaltungsgerichtsordnung § 80a Rn. 21.
53 *BayVGH* BayVBl. 1993, 565; ebenso *NdsOVG* NVwZ 1993, 592.
54 vgl. dazu Rn. 433.

2. Begründetheit des Antrags

Der Antrag ist begründet, wenn er gegen den gemäß § 78 Abs. 1 Nr. 1 VwGO analog richti- 455
gen Antragsgegner gerichtet ist und eine umfassende Interessenabwägung des Gerichts ergibt, dass das Aussetzungsinteresse des Dritten das Vollzugsinteresse des Bauherrn überwiegt.

a) Richtiger Antragsgegner analog § 78 Abs. 1 Nr. 1 VwGO

Der richtige Antragsgegner bestimmt sich analog § 78 Abs. 1 Nr. 1 VwGO nach den obigen 456
Ausführungen.[55]

» Achten Sie wiederum auf die abweichende Formulierung des Antragsgegners! «

b) Interessenabwägung des Gerichts[56]

Weiterhin muss das Gericht im Rahmen einer umfassenden eigenen originären Interessen- 457
abwägung zu dem Ergebnis kommen, dass das Aussetzungsinteresse des Dritten das Vollzugsinteresse des Bauherrn überwiegt. Maßgebliches Indiz im Rahmen dieser Interessenabwägung sind dabei die Erfolgsaussichten der Hauptsache. Diese werden vom Gericht im Rahmen einer summarischen Prüfung der Sach- und Rechtslage[57] beurteilt.

Hinweis

Es findet an dieser Stelle keine Überprüfung der Rechtmäßigkeit der behördlichen Entscheidung statt, sondern eine eigene Entscheidung des Gerichts, vollkommen losgelöst von der Entscheidung der Ausgangsbehörde. Deshalb ist es so bedeutsam, dass Sie die Begriffe der „eigenen, originären Interessensabwägung" verwenden.

Insoweit müssen nun die Erfolgsaussichten der Dritt-Anfechtungsklage geprüft werden. Hinsichtlich deren Zulässigkeit kann dabei auf die obigen Ausführungen verwiesen werden, da diese bereits im Rahmen der Zulässigkeit des Antrags geprüft wurden.[58] Im Rahmen der Begründetheit ist entsprechend den obigen Ausführungen[59] auf die Rechtmäßigkeit der Baugenehmigung und der Verletzung des Klägers in eigenen Rechten einzugehen.[60] Der maßgebliche Zeitpunkt der Entscheidung beurteilt sich dabei (natürlich) nach denselben Grundsätzen wie bei der Dritt- Anfechtungsklage.

Bloß objektive Rechtswidrigkeit der Baugenehmigung. Sofern Sie zu dem Ergebnis kom- 458
men, dass die Baugenehmigung rechtswidrig ist, aber nicht gegen eine drittschützende Norm verstößt (so genannte objektive Rechtswidrigkeit), ist der Antrag nach § 80a Abs. 3,

55 vgl. Rn. 435.

56 *W.-R. Schenke* in *Kopp/Schenke* Verwaltungsgerichtsordnung § 80a Rn. 23 sowie § 80 Rn. 146 ff.

57 Summarische Prüfung bedeutet dabei, dass auf die Erhebung von Beweisen verzichtet wird. Für Sie in der Klausur macht das also letztlich keinen Unterschied, da sich alle relevanten Probleme im rechtlichen Bereich abspielen werden.

58 Die Statthaftigkeit der Anfechtungsklage inzident bei der Abgrenzung von §§ 80, 80a und § 123 VwGO, die Klagebefugnis bei der Antragsbefugnis analog § 42 Abs. 2 VwGO, die Partei- und Prozessfähigkeit bei der Beteiligten- und Handlungsfähigkeit, die Klagefrist beim Rechtsschutzbedürfnis und die sonstigen Zulässigkeitsvoraussetzungen im Rahmen der sonstigen Antragsvoraussetzungen.

59 vgl. dazu Rn. 436 ff.

60 Keine Ausführungen sind dabei zur Passivlegitimation nach § 78 Abs. 1 Nr. 1 VwGO erforderlich, da diese bereits bei der Antragsbefugnis nach § 78 Abs. 1 Nr. 1 VwGO analog gemacht wurden.

Abs. 1 Nr. 2 VwGO auf Aussetzung der Vollziehung mangels Erfolgsaussichten der Klage des Dritten (und damit einem Ergebnis der Interessenabwägung zuungunsten des Dritten) grundsätzlich abzulehnen. Ausnahmsweise wird die Vollziehung bei bloß objektiver Rechtswidrigkeit auch dann ausgesetzt, wenn die Baugenehmigungsbehörde bereits den Wunsch bzw. Willen zur Rücknahme der Baugenehmigung konkret angekündigt hat; in diesem Falle wäre es widersprüchlich, den Bauherrn erst mit einem Erfolg im gerichtlichen Verfahren zum Baubeginn zu ermutigen, wenn bereits konkret geplant ist, die Baugenehmigung zurückzunehmen.

» Insoweit benötigen Sie aber konkrete Angaben im Sachverhalt! «

3. Reaktionsmöglichkeiten von Bauherr und Drittem

459 Sofern das Gericht mit einem Beschluss die Aussetzung der Vollziehung anordnet, stellt sich die Frage nach der Reaktion des Bauherrn. Für einen Antrag auf Anordnung oder Wiederherstellung der aufschiebenden Wirkung besteht in diesen Fällen kein Bedürfnis; denn mit einer Aufhebung (Kassation) der ergangenen gerichtlichen Entscheidung nach § 80a Abs. 3 S. 1 VwGO wird der gesetzliche Regelfall des § 212a BauGB wieder hergestellt. Der Bauherr hat demnach einen Antrag auf Aufhebung der gerichtlichen Entscheidung nach § 80a Abs. 3 S. 1 VwGO zu stellen.

Sofern das Gericht den Antrag des Dritten ablehnt, stehen diesem folgende Möglichkeiten offen: Er kann zunächst beim Gericht nach §§ 80a Abs. 3 S. 2, 80 Abs. 7 S. 1 VwGO die Änderung des Beschlusses von Amts wegen anregen (da mit § 80 Abs. 7 S. 1 VwGO lediglich eine Änderung von Amts wegen angeregt werden kann, stehen gegen die Ablehnung der Änderung dann keine weiteren Rechtsmittel zur Verfügung). Sofern sich die ursprünglichen Umstände geändert haben oder im ursprünglichen Verfahren ohne Verschulden nicht geltend gemacht worden sind, kann zudem ein Antrag auf Änderung des Beschlusses nach §§ 80a Abs. 3 S. 2, 80 Abs. 7 S. 2 VwGO gestellt werden. Letztlich handelt es sich bei dem ablehnenden Beschluss nach § 146 Abs. 4, 1 VwGO um eine rechtsmittelfähige Entscheidung, weshalb hiergegen auch die Beschwerde offensteht.[61]

4. Bewusste Missachtung der aufschiebenden Wirkung durch den Bauherrn

460 Sofern das Gericht die Aussetzung der Vollziehung angeordnet hat, darf der Bauherr die Baugenehmigung nicht mehr nutzen, mit anderen Worten nicht mit dem Bau beginnen. Wenn der Bauherr nun den gerichtlichen Beschluss missachtet und mit dem Bau trotzdem beginnt (so genannter **faktischer Vollzug**), kann der Dritte zum einen bauaufsichtliche Maßnahmen bei der Bauaufsichtsbehörde anregen. Daneben steht ihm aber auch ein gerichtliches Vorgehen zur Verfügung: Analog §§ 80a Abs. 3 S. 2, 80 Abs. 5 VwGO kann er die Feststellung der aufschiebenden Wirkung durch das Gericht beantragen; dabei erfolgt keine Interessenabwägung des Gerichts, sondern nur die tatsächliche Feststellung, ob eine aufschiebende Wirkung infolge eines vorherigen gerichtlichen Beschlusses gegeben ist oder nicht.[62] Fraglich ist insoweit, ob das Gericht zudem weitere Schutzmaßnahmen zugunsten des Dritten erlassen kann

61 dabei stehen dem Dritten beide Möglichkeiten gleichrangig zur Wahl; insbesondere schließt die Möglichkeit einer Beschwerde nach § 146 Abs. 4, 1 VwGO nicht das Rechtsschutzbedürfnis für einen Antrag nach §§ 80a Abs. 3 S. 2, 80 Abs. 7 S. 2 VwGO aus; vgl. *W.-R. Schenke* in *Kopp/Schenke* Verwaltungsgerichtsordnung § 80 Rn. 198.

62 Vgl. *W.-R. Schenke* in *Kopp/Schenke* Verwaltungsgerichtsordnung § 80 Rn. 181.

(insbesondere Erlass eines Baustopps). Nach überzeugender Ansicht des BayVGH[63] kann das Gericht in diesem Fall nach § 80a Abs. 3 S. 1, Abs. 1 Nr. 2 VwGO entsprechende Schutzmaßnahmen erlassen („einstweilige Maßnahmen zur Sicherung der Rechte des Dritten treffen"). Aufgrund des Vorrangs der §§ 80, 80a VwGO nach § 123 Abs. 5 VwGO ist in diesen Fällen kein Raum für eine einstweilige Anordnung nach § 123 Abs. 1 VwGO. Dabei trifft das Gericht nach dem Wortlaut des § 80a Abs. 3 S. 1, Abs. 1 Nr. 2 VwGO eigenständig entsprechende Maßnahmen und muss nicht erst die Bauaufsichtsbehörde zu entsprechenden Maßnahmen verpflichten. § 80a Abs. 3 S. 1, Abs. 1 Nr. 2 VwGO enthält insoweit eine eigenständige verfahrensrechtliche Rechtsgrundlage zum Erlass von Sicherungsmaßnahmen; ein Rückgriff auf die Art. 75 f. BayBO ist also nicht erforderlich.[64]

Online-Wissens-Check

Kann der Pächter eines Grundstücks die Baugenehmigung des Grundstücksnachbarn anfechten?

Überprüfen Sie jetzt online Ihr Wissen zu den in diesem Abschnitt erarbeiteten Themen. Unter **www.juracademy.de/skripte/login** steht Ihnen ein Online-Wissens-Check speziell zu diesem Skript zur Verfügung, den Sie kostenlos nutzen können. Den Zugangscode hierzu finden Sie auf der Codeseite.

63 Vgl. *BayVGH* DVBl. 1983, 38.

64 *BayVGH* BayVBl. 1993, 565; *W.-R. Schenke* in *Kopp/Schenke* Verwaltungsgerichtsordnung § 80 Rn. 181.

6. Teil
Bauaufsichtliche Maßnahmen

A. Überblick über die Rechtsgrundlagen

461 Nach Art. 54 Abs. 2 S. 1 BayBO haben die Bauaufsichtsbehörden darüber zu wachen, dass die maßgeblichen Vorschriften bei der Verwirklichung von baulichen Vorhaben eingehalten werden; insoweit handelt es sich um die Aufgabeneröffnung für bauaufsichtliche Maßnahmen. Entsprechende Befugnisse finden sich in einzelnen speziellen Vorschriften; eine allgemeine Befugnis, die aber gegenüber speziellen Befugnissen subsidiär ist, enthält Art. 54 Abs. 2 S. 2 BayBO. Weitaus klausurträchtiger sind insoweit die Befugnisnormen nach Art. 75 f. BayBO, welche den Erlass einer Baueinstellung, Nutzungsuntersagung oder Baubeseitigung ermöglichen.

B. Baueinstellung, Nutzungsuntersagung und Baubeseitigung

462 Regelmäßig wird Ihnen in der Klausur eine Baueinstellung, Nutzungsuntersagung oder Baubeseitigung begegnen.

I. Die Baueinstellung nach Art. 75 Abs. 1 S. 1 BayBO

463 Eine Baueinstellung nach Art. 75 Abs. 1 S. 1 BayBO ist rechtmäßig, wenn sie auf einer gültigen Rechtsgrundlage beruht sowie formell und materiell in rechtmäßiger Weise erlassen wurde.

PRÜFUNGSSCHEMA

Rechtmäßigkeit der Baueinstellung nach Art. 75 Abs. 1 S. 1 BayBO

I. Rechtsgrundlage

II. Formelle Rechtmäßigkeit der Baueinstellung
1. Zuständigkeit in sachlicher und örtlicher Hinsicht
2. Verfahren, insbesondere Anhörung
3. Form

III. Materielle Rechtmäßigkeit der Baueinstellung
1. Tatbestand der Befugnisnorm
   - Widerspruch zu öffentlich-rechtlichen Vorschriften, vgl. Rn. 470
2. Richtiger Adressat
3. Ermessensfehlerfreie Entscheidung

JURIQ-Klausurtipp

Sofern sie im zweiten Staatexamen einen Bescheid der Behörde erstellen müssen, achten Sie bitte darauf, dass es sich eingebürgert hat, die Zuständigkeit als ersten Punkt vorab zu prüfen!

1. Rechtsgrundlage

Die Baueinstellung beruht auf Art. 75 Abs. 1 S. 1 BayBO. Probleme der Gültigkeit der Norm werden hier regelmäßig keine Rolle spielen und sollten nur dann behandelt werden, wenn sich die Parteien in der Klausur ausdrücklich darauf berufen. **464**

2. Formelle Rechtmäßigkeit der Baueinstellung

Die bauaufsichtliche Maßnahme ist formell rechtmäßig, wenn die zuständige Behörde gehandelt hat und die Verfahrens- und Formvorschriften eingehalten wurden. **465**

a) Zuständigkeit

Sachlich zuständig ist nach Art. 53 Abs. 1 S. 1 BayBO die untere Bauaufsichtsbehörde; die örtliche Zuständigkeit ergibt sich aus Art. 3 Abs. 1 Nr. 1 BayVwVfG. Insoweit kann auf die obigen Ausführungen verwiesen werden.[1] **466**

b) Verfahren

Insbesondere ist der Adressat der Baueinstellung zuvor nach Art. 28 Abs. 1 BayVwVfG anzuhören; häufig wird die Anhörung aufgrund Zeitdrucks nach Art. 28 Abs. 2 Nr. 1 BayVwVfG entbehrlich sein.[2] Sofern die Anhörung unterlassen wurde, besteht Heilungsmöglichkeit nach Art. 45 Abs. 1 Nr. 3 BayVwVfG.[3] Diese Möglichkeit besteht nach Art. 45 Abs. 2 BayVwVfG bis zum Abschluss der letzten mündlichen Verhandlung in der Tatsacheninstanz (im Regelfall ist dies die Berufungsinstanz). **467**

c) Form

Die Baueinstellung kann nach Art. 37 Abs. 2 S. 1 BayVwVfG auch mündlich angeordnet werden; regelmäßig ist sie nach Art. 37 Abs. 2 S. 2 BayVwVfG aber schriftlich zu bestätigen. Schriftlichkeit ist aber nach § 80 Abs. 2 Nr. 4 VwGO erforderlich, wenn der Sofortvollzug angeordnet ist sowie allgemein im Hinblick auf § 58 Abs. 1 VwGO ratsam. **468**

Nach Art. 39 Abs. 1 BayVwVfG muss die Baueinstellung begründet werden; nach Art. 39 Abs. 1 S. 3 BayVwVfG müssen die Ermessenserwägungen dargestellt werden.

---

1 vgl. Rn. 334 ff.

2 vgl. auch *Brenner* Öffentliches Baurecht S. 248 Rn. 811.

3 die Nachholung kann nach Ansicht des *BayVGH* auch durch die Möglichkeit zur Äußerung im gerichtlichen Verfahren erfolgen; vgl. *Ramsauer* in *Kopp/Ramsauer* Verwaltungsverfahrensgesetz Art. 45 Rn. 5.

JURIQ-Klausurtipp

Die Darstellung der Ermessenserwägungen wird insbesondere bedeutsam, wenn Sie im zweiten Staatsexamen aus Sicht der Behörde einen Bescheid erstellen müssen!

3. Materielle Rechtmäßigkeit der bauaufsichtlichen Maßnahme

a) Tatbestand der Befugnisnorm

469 Nach Art. 75 Abs. 1 S. 1 BayBO kann die Bauaufsichtsbehörde die Einstellung der Arbeiten anordnen, wenn Anlagen im Widerspruch zu öffentlich-rechtlichen Vorschriften errichtet, geändert oder beseitigt werden.

Mit der Baueinstellung kann die Einstellung von laufenden Bauarbeiten angeordnet werden; nach allgemeiner Meinung ist sie aber auch dann zulässig, wenn konkrete Anhaltspunkte auf einen unmittelbar bevorstehenden Beginn hindeuten. Zeitliche Obergrenze für den Erlass einer Baueinstellung bildet dabei der Abschluss der Bauarbeiten; danach ist nach Art. 76 BayBO vorzugehen. Hieraus resultiert eine Überwachungspflicht der Bauaufsichtsbehörde, ob die Voraussetzungen der Baueinstellung noch gegeben sind.

Hinweis

Deshalb werden bei der Baueinstellung auch die Grundsätze des passiven Bestandsschutzes nicht relevant, da dieser nur bei einem bereits fertiggestellten Vorhaben denkbar ist.

Der Begriff der Anlage erfasst dabei als Oberbegriff die baulichen Anlagen nach Art. 1 Abs. 1 S. 1, Art. 2 Abs. 1 S. 1 BayBO sowie die sonstigen Anlagen nach Art. 1 Abs. 1 S. 2 BayBO.

470 **Widerspruch zu öffentlich-rechtlichen Vorschriften.** Diese Anlage muss im Widerspruch zu öffentlich-rechtlichen Vorschriften errichtet, geändert oder beseitigt werden. Insoweit unterscheidet man die Begriffe der formellen Illegalität und der materiellen Illegalität.

Formelle Illegalität liegt vor, wenn für die genehmigungspflichtige Anlage keine Baugenehmigung besteht oder die Anlage in Abweichung von einer erteilten Genehmigung ausgeführt wird.

Materielle Illegalität liegt vor, wenn die Anlage nicht genehmigungsfähig ist.

Im Rahmen der Baueinstellung besteht aufgrund des vergleichsweise geringen Eingriffsgewichts Einigkeit, dass alleine die formelle Illegalität ausreichend ist, um den Widerspruch zu den öffentlich-rechtlichen Vorschriften zu begründen.[4] Die Frage der materiellen Genehmigungsfähigkeit spielt bei der Baueinstellung keine Rolle. Ziel des Art. 75 BayBO ist es, den Bauherrn auf das Genehmigungsverfahren zu verweisen. Dabei genügt für den Erlass einer Baueinstellungsverfügung bereits der bloße „Anfangsverdacht" einer baurechtlichen Geneh-

4 vgl. *Brenner* Öffentliches Baurecht S. 248 Rn. 809.

migungspflicht. Selbst wenn sich im Fortgang der Angelegenheit herausstellen sollte, dass die Anlage verfahrensfrei beispielsweise nach Art. 57 BayBO ist, ist die Baueinstellung zunächst rechtmäßig erfolgt. Sie dient in diesen Fällen dazu, zu prüfen, ob tatsächlich Verfahrensfreiheit vorliegt bzw. das Bauvorhaben einer legalisierenden Genehmigung bedarf. Stellt sich das Vorhaben nach Prüfung tatsächlich als verfahrensfrei heraus und stehen auch keine sonstigen materiell-rechtlichen Gesichtspunkte entgegen, ist die Baueinstellung als Dauerverwaltungsakt behördlicherseits aufzuheben (Näheres siehe unten Hinweis zu Rn. 496). Nicht vorausgesetzt wird, dass bei Ausspruch der Baueinstellung eine Bautätigkeit festgestellt wurde. Sofern Anhaltspunkte dafür bestehen, dass das begonnene Bauvorhaben noch nicht abgeschlossen ist, ist eine Baueinstellung gerechtfertigt.

Hinweis

Eine formelle Illegalität ist nicht denkbar bei verfahrensfreien Vorhaben nach Art. 57 BayBO; insoweit ist dann ausnahmsweise die materielle Illegalität für eine Baueinstellung erforderlich! Dies gilt auch bei den anderen noch zu erläuternden Bauaufsichtsmaßnahmen. Die Vorschrift des Art. 55 Abs. 2 BayBO stellt dies noch einmal ausdrücklich klar.

b) Richtiger Adressat

Zur Bestimmung des richtigen Adressaten gelten die sicherheitsrechtlichen Grundsätze entsprechend Art. 9 LStVG; pflichtig ist regelmäßig der Bauherr als Handlungsstörer, womit alle mit der Ausführung des Vorhabens bestellten Personen gebunden werden. **471**

c) Ermessensfehlerfreie Entscheidung

Art. 75 Abs. 1 S. 1 BayBO stellt den Erlass einer Baueinstellung in das Ermessen der Behörde („kann"). Sofern die tatbestandlichen Voraussetzungen vorliegen, spricht jedoch ein Regelermessen (intendiertes Ermessen) für den Erlass einer Baueinstellung zur Herstellung rechtmäßiger Zustände. **472**

4. Weitere Hinweise für Referendare

Die Durchsetzung der Baueinstellung erfolgt regelmäßig mit Zwangsgeld nach Art. 31 BayVwZVG. Zudem enthält Art. 75 Abs. 2 BayBO spezielle Durchsetzungsmöglichkeiten (gilt nur bei der Baueinstellung), die sich alleine nach dem Tatbestand des Art. 75 Abs. 2 BayBO beurteilen und nicht die sonstigen Anforderungen nach dem BayVwZVG erfüllen müssen. **473**

Beispiel für einen Bescheidstenor nach vorheriger mündlicher Baueinstellung

„1. Die Bauarbeiten am Wohnhaus auf dem Grundstück FlNr… der Gemarkung … sind unverzüglich einzustellen. Die mündliche Baueinstellung vom 8.3.2018 wird hiermit bestätigt.

2. Die sofortige Vollziehung der vorstehenden Nr. 1 wird angeordnet.

3. Für den Fall der Nichtbefolgung der Anordnung in Nr. 1 wird ein Zwangsgeld in Höhe von … Euro zur Zahlung fällig.

4. Die Kosten des Verfahrens hat … zu tragen. Die Gebühr für diesen Bescheid wird auf … Euro festgesetzt." ■

Hinweis

Instandhaltungsarbeiten an einem Gebäude können nicht nach Art. 75 Abs. 1 S. 1 BayBO eingestellt werden. Das gilt auch dann, wenn die bauliche Anlage keinen Bestandsschutz genießt.[5]

II. Die Nutzungsuntersagung nach Art. 76 S. 2 BayBO

PRÜFUNGSSCHEMA

474 **Rechtmäßigkeit der Nutzungsuntersagung nach Art. 76 S. 2 BayBO**

I. Rechtsgrundlage

II. Formelle Rechtmäßigkeit der Baueinstellung
1. Zuständigkeit in sachlicher und örtlicher Hinsicht
2. Verfahren, insbesondere Anhörung
3. Form

III. Materielle Rechtmäßigkeit der Baueinstellung
1. Tatbestand der Befugnisnorm
   - Widerspruch zu öffentlich-rechtlichen Vorschriften, vgl. Rn. 475
   - Reichweite der Nutzungsuntersagung bei Untersagung von Nutzungen, vgl. Rn. 476
   - Nutzungsuntersagung führt zu Wohnungslosigkeit, vgl. Rn. 477
2. Bestandsschutz als Hindernis
3. Richtiger Adressat
4. Ermessensfehlerfreie Entscheidung

» Im Folgenden sollen lediglich die Punkte dargestellt werden, bei denen sich Abweichungen zu den Ausführungen im Rahmen der Baueinstellung ergeben! «

1. Rechtmäßigkeit der Nutzungsuntersagung

475 Der erforderliche Widerspruch zu öffentlich-rechtlichen Vorschriften ist nach allgemeiner Meinung bereits bei formeller Illegalität gegeben. Eine formelle Illegalität liegt dabei insbesondere auch dann vor, wenn eine genehmigte Anlage anders als in der genehmigten Art genutzt wird. Die materielle Illegalität wirkt dabei ermessenslenkend;[6] sofern eine Nutzung offensichtlich genehmigungsfähig ist, ist der Erlass einer Nutzungsuntersagung aufgrund der formellen Illegalität als ermessensfehlerhaft anzusehen.

Eine Nutzungsuntersagung ist in zeitlicher Hinsicht bereits dann möglich, wenn tatsächliche Anhaltspunkte dafür vorhanden sind, dass eine Nutzungsaufnahme unmittelbar bevorsteht.

476 **Reichweite der Nutzungsuntersagung bei Untersagung von Nutzungen.** Sofern die Nutzungsuntersagung nur dadurch realisiert werden kann, dass sämtliche in oder auf der Anlage gelagerten Gegenstände entfernt werden, dann ermöglicht Art. 76 S. 2 BayBO auch die Anordnung der mit der Nutzungsuntersagung verbundenen Räumung. „Grundsätzlich

5 *BayVGH* NVwZ-RR 2012, 956 f.
6 vgl. *Brenner* Öffentliches Baurecht S. 251 Rn. 823.

ermöglicht Art. 76 S. 2 BayBO nur die Anordnung einer Unterlassung der Nutzung, nicht aber auch die Entfernung von Gegenständen, die einer solchen Nutzung dienen können. Die Ausnahme besteht dann, wenn die unzulässige Nutzung gerade in der Lagerung dieser Gegenstände besteht."[7]

Beispiel Ein Grundstück im Außenbereich wird ohne Genehmigung als Lagerplatz genutzt. Auf Grundlage des Art. 76 S. 2 BayBO kann sowohl die Untersagung der Nutzung zu Lagerzwecken als auch die Anordnung der Beseitigung der gelagerten Gegenstände angeordnet werden. ■

Nutzungsuntersagung führt zu Wohnungslosigkeit. Sofern eine Nutzungsuntersagung einer Anlage zu Wohnzwecken zur Wohnungslosigkeit von Personen führt, erfordert der Widerspruch zu öffentlich-rechtlichen Vorschriften nach überzeugender Ansicht des BayVGH[8] sowohl formelle als auch materielle Illegalität; die materielle Illegalität wirkt in diesem Falle also nicht nur ermessenslenkend, sondern stellt ein echtes Tatbestandsmerkmal dar. 477

Beispiel Die Familie F wohnt im Obergeschoss eines Hauses, das lediglich zur Nutzung als Büro genehmigt wurde. Durch die Nutzungsuntersagung wäre diese ihrer einzigen Bleibe beraubt und damit obdachlos. ■

» Insoweit handelt es sich um eine Sonderkonstellation, die Sie nur dann ansprechen sollten, wenn von den Betroffenen das Argument der Wohnungslosigkeit angeführt wird! «

Sofern die Grundsätze des passiven Bestandsschutzes[9] zu Gunsten des Bauherrn eingreifen, ist der Erlass einer Nutzungsuntersagung ausgeschlossen.

Richtiger Adressat ist als Handlungsstörer grundsätzlich der Bauherr. Sofern dieser aber lediglich obligatorisch Berechtigter ist (Mieter, Pächter), soll grundsätzlich auch der jeweilige Eigentümer als Vermieter bzw. Verpächter Adressat der Nutzungsuntersagung sein. Andererseits wäre nicht sichergestellt, dass der baurechtswidrige Zustand dauerhaft beseitigt ist, da der Vermieter bzw. Verpächter das Objekt an einen anderen Mieter bzw. Pächter zur selben baurechtswidrigen Nutzung überlassen könnte. Denkbar ist es in diesen Fällen auch, die Nutzungsuntersagung gegen den Mieter/Pächter auszusprechen und gegen den Eigentümer eine Duldungsanordnung (gleichfalls auf der Grundlage des Art. 76 S. 2 BayBO) zu erlassen. Für den hiervon betroffenen Eigentümer stellt diese Duldungsanordnung einen separat mit der Anfechtungsklage (§ 42 Abs. 1 Alt. 1 VwGO) angreifbaren Verwaltungsakt dar. 478

2. Weitere Hinweise für Referendare

Die Nutzungsuntersagung wird ebenfalls nach dem BayVwZVG durchgesetzt (regelmäßig Zwangsgeld nach Art. 31 BayVwZVG). 479

Beispiel für einen Bescheidstenor „1. … wird als Pächter der Betrieb der Gaststätte … mit Zustellung dieses Bescheides sofort untersagt.

2. Den … wird als (gemeinsamen) Eigentümer (n) des Grundstücks FlNr. … der Gemarkung … die Nutzung der Gaststätte … mit Zustellung des Bescheids sofort untersagt.

3. Für die Nutzungsuntersagung nach Nrn. 1 und 2 dieses Bescheids wird die sofortige Vollziehung angeordnet.

7 *BayVGH* BayVBl. 1987, 150 f.

8 *BayVGH* BayVBl. 2006, 702 f., der davon spricht, dass der alleinige Mittelpunkt der privaten Existenz betroffen sein muss.

9 vgl. dazu die Ausführungen unter Rn. 302 ff.

4. Bei Nichtbeachtung der Nutzungsuntersagung nach Nr. 1 durch den Pächter wird ein Zwangsgeld in Höhe von … fällig, bei Nichtbeachtung durch die Eigentümer nach Nr. 2 ein Zwangsgeld in Höhe von jeweils[10] … Euro.

5. Die Kosten des Verfahrens tragen … als Gesamtschuldner. Die Gebühr für diesen Bescheid wird auf … Euro festgesetzt." ■

Hinweis

Sofern sich ein Bescheid an mehrere Personen richtet und eine Zwangsgeldandrohung enthält, muss diese genau bestimmen, welches Zwangsgeld bei einem Verstoß welcher Person fällig wird. Sofern die Zwangsgeldandrohung nicht auf die einzelnen Personen konkretisiert werden kann, ist diese unbestimmt nach Art. 37 Abs. 1 BayVwVfG und damit rechtswidrig.

Eine Nutzungsuntersagung wird regelmäßig mit der Anordnung des Sofortvollzuges, § 80 Abs. 2 Nr. 4 VwGO verbunden. Achten Sie hier aber auf das besondere Begründungserfordernis aus § 80 Abs. 3 VwGO.

III. Die Baubeseitigung nach Art. 76 S. 1 BayBO

PRÜFUNGSSCHEMA

480 **Rechtmäßigkeit der Baubeseitigung nach Art. 76 S. 1 BayBO**

I. Rechtsgrundlage

II. Formelle Rechtmäßigkeit der Baubeseitigung
1. Zuständigkeit in sachlicher und örtlicher Hinsicht
2. Verfahren, insbesondere Anhörung
3. Form

III. Materielle Rechtmäßigkeit der Baubeseitigung
1. Tatbestand der Befugnisnorm
   - Widerspruch zu öffentlich-rechtlichen Vorschriften, vgl. Rn. 481
2. Bestandsschutz als Hindernis
3. Richtiger Adressat
4. Ermessensfehlerfreie Entscheidung

1. Rechtmäßigkeit der Baubeseitigung

481 Da die Baubeseitigung als irreversible Maßnahme besonders intensiv in Art. 14 Abs. 1 GG eingreift, erfordert der Widerspruch zu öffentlich-rechtlichen Vorschriften sowohl formelle als auch materielle Illegalität. Das Erfordernis auch der materiellen Illegalität kann man mit Art. 76 S. 1 Hs. 2 BayBO begründen, wonach Voraussetzung ist, dass „nicht auf andere Weise rechtmäßige Zustände hergestellt werden können". Der rechtmäßige Zustand kann gerade

10 Die Formulierung „jeweils" ist erforderlich, weil beide Miteigentümer gegen die Verpflichtung isoliert verstoßen können und im Hinblick auf Art. 37 Abs. 1 BayVwVfG klar sein muss, was passiert, wenn nur einer der Miteigentümer gegen die Verpflichtung verstößt.

und vorrangig (vgl. auch Art. 76 S. 3 BayBO, wonach die Stellung eines Bauantrags verlangt werden kann) auch dadurch hergestellt werden, dass eine Baugenehmigung erteilt wird.[11]

Sofern der Bauherr nur obligatorisch Berechtigter ist oder nicht alleiniger dinglicher Berechtigter, ist zusätzlich der Erlass einer Duldungsanordnung gegen die dinglich Berechtigten erforderlich. Eine solche Duldungsanordnung ist immer erforderlich, wenn durch den Vollzug einer Maßnahme zugleich in den Rechtskreis eines anderen Berechtigten eingegriffen wird und stützt sich a maiore ad minus auf eine entsprechende Anwendung des Art. 76 S. 1 BayBO. **482**

Hinweis

Dasselbe gilt, wenn mehrere dingliche Berechtigte (Ehegatten als Miteigentümer eines Grundstücks) vorhanden sind und die Baubeseitigung nur an einen als Bauherrn ergeht. Sofern eine notwendige Duldungsanordnung im Bescheid fehlt, besteht ein Vollstreckungshindernis, welches einer Vollstreckung nach BayVwZVG entgegensteht. Denken Sie aber stets daran, dass eine fehlende Duldungsanordnung lediglich die Vollstreckung einer Baubeseitigung hindert bzw. eine solche rechtswidrig macht. Die Grundmaßnahme aus Art. 76 S. 1 BayBO bleibt hingegen rechtmäßig.

Soweit sich der Bauherr auf die Grundsätze des passiven Bestandsschutz berufen kann, ist der Erlass einer Baubeseitigung ausgeschlossen.

Häufiger Einwand in Klausuren ist ein willkürliches Handeln der Behörde, wenn diese bei Schwarzbausiedlungen nicht gegen alle Betroffenen gleichzeitig eine Baubeseitigung erlässt, sondern zuerst nur gegen einzelne oder gar nur gegen eine einzige Person vorgeht. Insoweit ergibt sich aus dem Grundsatz der Selbstbindung der Verwaltung infolge der zuvor eventuell praktizierten Duldung dieser Schwarzbausiedlungen kein Hindernis für ein Vorgehen der Behörde.[12] Dabei kann sich der Betroffene aufgrund des Grundsatzes „keine Gleichheit im Unrecht" auch nicht darauf berufen, dass alle Betroffenen zwingend gleichzeitig mit einer Baubeseitigung belegt werden müssen. Die Bauaufsichtsbehörde handelt aber dann willkürlich, wenn ihrem Vorgehen kein Gesamtkonzept zugrunde liegt, aus dem sich ergibt, dass sie nach und nach gegen alle Betroffenen vorgehen möchte. Sofern sie jedoch über ein solches Konzept verfügt, kann sie zulässiger Weise zunächst nur gegen einzelne Betroffenen vorgehen.[13] **483**

Beachten Sie auch, dass die notwendig werdenden Kosten für die Baubeseitigung keinen tauglichen Einwand des Betroffenen gegen die Baubeseitigung und die dabei vorgenommene Ermessensbetätigung darstellen. Schließlich war es gerade der Bauherr, der sich nicht im Einklang mit dem formellen und materiellen Baurecht verhalten hat. Dies stellt eine beliebte Klausurfalle dar.

Denken Sie schließlich auch daran, dass die Befugnis der Bauaufsichtsbehörde zur Baubeseitigung nicht verwirkt werden kann. Verwirkt werden können begrifflich nur Rechte, nicht aber behördliche Rechtspflichten und Eingriffsbefugnisse. Zu letzteren gehören auch die Befug-

---

11 vgl. *Brenner* Öffentliches Baurecht S. 249 Rn. 814.

12 Der Grundsatz der Selbstbindung der Verwaltung erfasst nur Vorgänge des positiven Tuns der Behörde; hier liegt mit der Duldung aber das Unterlassen des Einschreitens vor.

13 vgl. *Brenner* Öffentliches Baurecht S. 250 Rn. 819.

nisse der Bauaufsichtsbehörden aus Art. 75 f. BayBO. Dies gilt im Übrigen für alle bauaufsichtlichen Maßnahmen.

Beispiel Im Außenbereich der kreisfreien Gemeinde G befindet sich eine Wochenendhaussiedlung; sämtliche Häuser sind Schwarzbauten (formell illegal errichtet) und nicht genehmigungsfähig. Die Gemeinde beschließt nun, gegen diese Siedlung vorzugehen. Dabei will sie in alphabetischer Reihenfolge vorgehen und zunächst gegen die Betroffenen mit den Buchstaben „A-D" vorgehen. Die Gemeinde verfolgt insoweit ein schlüssiges Gesamtkonzept. ■

2. Weitere Hinweise für Referendare

484 Die Durchsetzung erfolgt wiederum nach dem BayVwZVG, vorrangig mit Zwangsgeldandrohung nach Art. 31 BayVwZVG.

Beispiel eines Bescheidstenor einer Baubeseitigung mit Duldungsanordnung

„1. Herrn Mustermann wird aufgegeben, die Hütte auf dem Grundstück FlNr. … der Gemarkung … bis zum … zu beseitigen.

2. Frau Mustermann wird verpflichtet, die Beseitigung der in oben stehender Ziffer bezeichneten Anlage zu dulden.

3. Die sofortige Vollziehung der vorstehenden Nr. 1 und Nr. 2 wird angeordnet.

4. Falls Herr Mustermann die in Nr. 1 festgelegte Pflicht nicht erfüllt, wird ein Zwangsgeld in Höhe von 5 000,– Euro zur Zahlung fällig.

5. Falls Frau Mustermann der in Nr. 2 festgelegten Duldungspflicht zuwiderhandelt, wird ein Zwangsgeld in Höhe von 1 000,– Euro zur Zahlung fällig.

6. Die Kosten des Verfahrens hat Herr Mustermann zu tragen. Für die Duldungsanordnung nach Nr. 2 dieses Bescheides werden keine Kosten erhoben.[14] Die Gebühr für diesen Bescheid wird auf … Euro festgesetzt."

Der Sofortvollzug einer Baubeseitigungsanordnung entspricht nicht der Regel. Da Folge der Baubeseitigung die Schaffung irreversibler Zustände ist, erlaubt die Rechtsprechung nur dann die Anordnung eines Sofortvollzuges, wenn die Anlage leicht zu beseitigen bzw. erneut zu errichten ist. Bei der Beseitigung größerer Anlagen sehen die Bauaufsichtsbehörden regelmäßig von der Anordnung der sofortigen Vollziehung ab. ■

Online-Wissens-Check

Kann bei einer Nutzungsuntersagung für einen Lagerplatz auch die Entfernung der gelagerten Gegenstände verlangt werden?

Überprüfen Sie jetzt online Ihr Wissen zu den in diesem Abschnitt erarbeiteten Themen. Unter **www.juracademy.de/skripte/login** steht Ihnen ein Online-Wissens-Check speziell zu diesem Skript zur Verfügung, den Sie kostenlos nutzen können. Den Zugangscode hierzu finden Sie auf der Codeseite.

14 Grundlage hierfür ist Art. 3 Abs. 1 Nr. 2 BayKG.

C. Rechtsschutz im Zusammenhang mit bauaufsichtlichen Maßnahmen

Da es sich bei den bauaufsichtlichen Maßnahmen sämtlich um Verwaltungsakte i.S.d. Art. 35 S. 1 BayVwVfG handelt, steht dem Bauherren als Adressat von belastenden Maßnahmen zunächst die Anfechtungsklage nach § 42 Abs. 1 Alt. 1 VwGO offen. In Klausuren und auch in der Praxis werden bauaufsichtliche Maßnahmen (regelmäßig Baueinstellung und Nutzungsuntersagung), soweit zulässig, aber regelmäßig nach § 80 Abs. 2 Nr. 4 VwGO für sofort vollziehbar erklärt; insoweit wird der Antrag auf Wiederherstellung der aufschiebenden Wirkung nach § 80 Abs. 5 VwGO relevant. **485**

Daneben ist in Klausuren auch häufig die Konstellation anzutreffen, dass ein Dritter mit Rechtsbehelfen den Erlass von bauaufsichtlichen Maßnahmen gegen den Bauherren erreichen möchte; insoweit kann er Verpflichtungsklage nach § 42 Abs. 1 Alt. 2 VwGO erheben oder (weitaus klausurträchtiger) einen Antrag im einstweiligen Rechtsschutz auf Erlass von bauaufsichtlichen Maßnahmen nach § 123 Abs. 1 VwGO stellen.

I. Anfechtungsklage des Bauherrn gegen bauaufsichtliche Maßnahmen

Anfechtungsklage des Bauherrn gegen bauaufsichtliche Maßnahmen **486**

PRÜFUNGSSCHEMA

A. Entscheidungskompetenz des Gerichts

I. Eröffnung des Verwaltungsrechtswegs nach § 40 Abs. 1 S. 1 VwGO
II. Sachliche und örtliche Zuständigkeit des Verwaltungsgerichts nach §§ 45, 52 Nr. 1 VwGO i.V.m. Art. 1 Abs. 2 AGVwGO

B. Zulässigkeit der Klage

I. Statthaftigkeit
II. Klagebefugnis, § 42 Abs. 2 VwGO
III. Ordnungsgemäß und erfolglos durchgeführtes Vorverfahren
IV. Klagefrist, § 74 Abs. 1 S. 2 VwGO
V. Partei- und Prozessfähigkeit und sonstige Zulässigkeitsvoraussetzungen

C. Begründetheit der Klage

I. Passivlegitimation, § 78 Abs. 1 Nr. 1 VwGO
II. Rechtmäßigkeit der bauaufsichtlichen Maßnahme
  1. Rechtsgrundlage
  2. Formelle Rechtmäßigkeit der bauaufsichtlichen Maßnahme
    a) Zuständigkeit
    b) Verfahren, insbesondere Anhörung
    c) Form
  3. Materielle Rechtmäßigkeit der bauaufsichtlichen Maßnahme
    a) Tatbestand der Befugnisnorm
    b) Bestandsschutz als Hindernis
    c) Richtiger Adressat
    d) Ermessensfehlerfreie Entscheidung
III. Rechtsverletzung des Klägers

Die Anfechtungsklage des Bauherrn hat Aussicht auf Erfolg, wenn das angerufene Gericht entscheidungskompetent ist, die Klage zulässig und begründet ist.

1. Entscheidungskompetenz des Gerichts

487 Hier kann auf die obigen Ausführungen verwiesen werden.[15]

2. Zulässigkeit der Klage

488 Die Klage ist zulässig, wenn alle erforderlichen Sachentscheidungsvoraussetzungen gegeben sind.

a) Statthaftigkeit

489 Die statthafte Klageart richtet sich gemäß §§ 86, 88 VwGO nach dem klägerischen Begehren; der Kläger wendet sich gegen bauaufsichtliche Maßnahmen und damit gegen Verwaltungsakte i.S.d. Art. 35 S. 1 BayVwVfG; statthaft ist damit die Anfechtungsklage nach § 42 Abs. 1 Alt. 1 VwGO.

b) Klagebefugnis, § 42 Abs. 2 VwGO

490 Die Klagebefugnis des Klägers ergibt sich aus seiner Stellung als Adressat einer belastenden Maßnahme, womit zumindest die Verletzung des Art. 2 Abs. 1 GG möglich erscheint.

> **Hinweis**
>
> Achten Sie insoweit auf die Regelung des Art. 54 Abs. 2 S. 3 BayBO, wonach bauaufsichtliche Maßnahmen auch Wirkung für und gegen den Rechtsnachfolger entfalten; auch dieser kann also gleichfalls Anfechtungsklage erheben, soweit es für ihn noch möglich ist, die Klagefrist aus § 74 Abs. 1 S. 2 VwGO zu wahren.

c) Ordnungsgemäß und erfolglos durchgeführtes Vorverfahren

491 Ein Vorverfahren ist nach § 68 Abs. 1 S. 2 Hs. 1 VwGO i.V.m. Art. 15 Abs. 1, 2 AGVwGO entbehrlich.

d) Klagefrist, § 74 Abs. 1 S. 2 VwGO

492 Die Klagefrist beträgt nach § 74 Abs. 1 S. 2 VwGO einen Monat ab Bekanntgabe der bauaufsichtlichen Maßnahme.

e) Partei- und Prozessfähigkeit und sonstige Zulässigkeitsvoraussetzungen

493 Partei- und Prozessfähigkeit bestimmen sich nach den §§ 61 ff. VwGO.[16] Zudem muss die Klage insbesondere ordnungsgemäß i.S.d. §§ 81, 82 Abs. 1 VwGO erhoben werden.

15 vgl. Rn. 415.
16 insoweit kann auf die Ausführungen unter Rn. 403 verwiesen werden.

3. Begründetheit der Klage

Die Klage ist begründet, wenn sie gegen den gemäß § 78 Abs. 1 Nr. 1 VwGO richtigen Beklagten gerichtet ist, die bauaufsichtliche Maßnahme rechtswidrig ist und den Kläger in seinen Rechten verletzt (§ 113 Abs. 1 S. 1 VwGO). **494**

a) Passivlegitimation, § 78 Abs. 1 Nr. 1 VwGO

Passivlegitimiert ist der Freistaat Bayern als Rechtsträger des Landratsamtes oder die Gemeinde als ihr eigener Rechtsträger nach § 78 Abs. 1 Nr. 1 VwGO. **495**

b) Rechtmäßigkeit der bauaufsichtlichen Maßnahme

Die bauaufsichtliche Maßnahme ist rechtmäßig, wenn sie auf einer gültigen Rechtsgrundlage beruht sowie formell und materiell in rechtmäßiger Weise ergangen ist. **496**

Insoweit prüfen Sie die Rechtmäßigkeit der bauaufsichtlichen Maßnahme nach den obigen Ausführungen. Grundsätzlich ist der entscheidungsrelevante Zeitpunkt im Rahmen der Anfechtungsklage derjenige der letzten behördlichen Entscheidung, hier also der Zeitpunkt des Erlasses der bauaufsichtlichen Maßnahme. Bei bauaufsichtlichen Maßnahmen sind hier Modifikationen angezeigt. Da es sich bei der **Baueinstellung** um einen Dauerverwaltungsakt handelt, ist im Streitfall nicht auf den Zeitpunkt des Bescheidserlasses abzustellen, sondern auf den Zeitpunkt der letzten mündlichen Verhandlung.[17] Die **Baubeseitigung** ist zwar anders als die Baueinstellung und die Nutzungsuntersagung kein Dauerverwaltungsakt, jedoch ist auch hier aus den nachfolgenden Erwägungen regelmäßig auf den Zeitpunkt der letzten mündlichen Verhandlung abzustellen. Sofern sich bis zum Zeitpunkt der letzten mündlichen Verhandlung Änderungen zugunsten des Bauherrn ergeben, sind diese zugunsten des Bauherrn zu berücksichtigen;[18] eine Abweisung der Klage wäre in diesem Fall unnötige Förmelei, wenn das Vorhaben des Bauherrn im Zeitpunkt der letzten mündlichen Verhandlung die Vorschriften des materiellen Rechts wahrt.[19] Der Betroffene müsste bei Abstellen auf den Bescheidszeitpunkt die Anlage zunächst beseitigen, könnte dann aber wieder eine entsprechende Baugenehmigung zur Neuerrichtung beantragen. Dieses Ergebnis erscheint widersinnig und bedarf daher der dargestellten Korrektur. Bei der **Nutzungsuntersagung** als Dauer-Verwaltungsakt wird ebenfalls maßgeblich auf den Zeitpunkt der letzten mündlichen Verhandlung abgestellt.

Hinweis

Bei der Baueinstellung ist zusätzlich zu beachten, dass die Bauaufsichtsbehörde diese nach Erlass in der Folgezeit verfahrensmäßig fortlaufend unter Kontrolle zu halten und zu prüfen hat, ob weiterhin gegen baurechtliche Vorschriften verstoßen wird. Ist das nicht der Fall, weil zwischenzeitlich beispielsweise die Bauarbeiten abgeschlossen wurden, ist die Baueinstellungsverfügung aufzuheben.[20] Dies gilt nach der Rechtsprechung auch dann, wenn die Arbeiten entgegen der regelmäßig für sofort vollziehbar erklärten Baueinstellungsverfügung abgeschlossen wurden.[21]

---

17 *Decker* in *Simon/Busse* BayBO Art. 75 Rn. 137, 138.

18 vgl. *W.-R. Schenke/R.P. Schenke* in *Kopp/Schenke* Verwaltungsgerichtsordnung § 113 Rn. 45.

19 vgl. *Becker/Heckmann/Kempen/Manssen* Öffentliches Recht in Bayern Rn. 536.

20 *Decker* in *Simon/Busse* BayBO Art. 75 Rn. 137; *VGH BW* BauR 2007, 358; *BayVGH*, B.v. 19.1.2007, 2 CS 06.3083 – juris.

21 *BayVGH*, B.v. 14.11.2001, 20 ZB 01.2648 – juris; *Decker* in *Simon/Busse* BayBO Art. 75 Rn. 140.

c) Rechtsverletzung des Klägers

497 Durch eine rechtswidrige bauaufsichtliche Maßnahme ist der Kläger als Eigentümer des Grundstücks in seinem Eigentumsrecht nach Art. 14 Abs. 1 GG und der Nicht-Eigentümer in Art. 2 Abs. 1 GG verletzt.

II. Einstweiliger Rechtsschutz des Bauherrn auf Wiederherstellung der aufschiebenden Wirkung

498 Soweit, wie im Regelfall, die Bauaufsichtsbehörde den Sofortvollzug der bauaufsichtlichen Maßnahmen angeordnet hat, kann der Bauherr Rechtsschutz über § 80 Abs. 4 und 5 VwGO erlangen. Denkbar ist dabei zunächst ein Antrag auf Aussetzung der Vollziehung an die Bauaufsichtsbehörde nach § 80 Abs. 4 VwGO; da insoweit aber nochmals die Erlassbehörde entscheidet, ist es eher unwahrscheinlich, dass diese ihre Rechtsmeinung ändern wird.

Regelmäßig wird der Bauherr daher den gerichtlichen Antrag auf Wiederherstellung der aufschiebenden Wirkung nach § 80 Abs. 5 S. 1 Alt. 2 VwGO stellen.

PRÜFUNGSSCHEMA

Einstweiliger Rechtsschutz des Bauherrn auf Wiederherstellung der aufschiebenden Wirkung

A. Entscheidungskompetenz des Gerichts

- I. Eröffnung des Verwaltungsrechtswegs nach § 40 Abs. 1 S. 1 VwGO
- II. Sachliche und örtliche Zuständigkeit des Verwaltungsgerichts nach § 80 Abs. 5 S. 1 i.V.m. §§ 45, 52 Nr. 1 VwGO i.V.m. Art. 1 Abs. 2 AGVwGO.

B. Zulässigkeit des Antrags

- I. Statthaftigkeit
- II. Antragsbefugnis, § 42 Abs. 2 VwGO analog
- III. Rechtsschutzbedürfnis
  1. Erfordernis eines vorherigen Hauptsacherechtsbehelfs?
  2. Erfordernis eines erfolglosen Vorantrags an die Behörden?
  3. Keine offensichtliche Erfolglosigkeit der Hauptsache
- IV. Beteiligten- und Handlungsfähigkeit und sonstige Zulässigkeitsvoraussetzungen

C. Begründetheit des Antrags

- I. Richtiger Antragsgegner analog § 78 Abs. 1 Nr. 1 VwGO
- II. Formelle Rechtmäßigkeit der Sofortvollzugsanordnung
  1. Zuständigkeit
  2. Verfahren
     Erfordernis der vorherigen Anhörung vgl. Rn. 511
  3. Form
     Lediglich formelle Rechtswidrigkeit der Vollzugsanordnung vgl. Rn. 513
- III. Interessenabwägung des Gerichts zwischen Aussetzungsinteresse des Adressaten gegen Vollzugsinteresse der Allgemeinheit

1. Entscheidungskompetenz des Gerichts[22]

Der Verwaltungsrechtsweg muss entsprechend § 40 Abs. 1 S. 1 VwGO eröffnet sein. Die sachliche und örtliche Zuständigkeit des Verwaltungsgerichts ergibt sich nach § 80 Abs. 5 S. 1 i.V.m. §§ 45, 52 Nr. 1 VwGO i.V.m. Art. 1 Abs. 2 AGVwGO. **499**

2. Zulässigkeit des Antrags

Der Antrag ist zulässig, wenn alle erforderlichen Sachentscheidungsvoraussetzungen gegeben sind. **500**

a) Statthaftigkeit

Maßgeblich ist insoweit nach §§ 122 Abs. 1, 88 VwGO das Begehren des Antragstellers. Nach § 123 Abs. 5 VwGO sind die §§ 80, 80a VwGO vorrangig. Da der Antragsteller die Wiederherstellung der aufschiebenden Wirkung begehrt und damit in der Hauptsache eine Anfechtungsklage einschlägig ist, ist der Antrag nach § 80 Abs. 5 S. 1 Alt. 2 VwGO statthaft. Die grundsätzlich gegebene aufschiebende Wirkung der Anfechtungsklage entfällt nach § 80 Abs. 2 Nr. 4 VwGO. **501**

b) Antragsbefugnis, § 42 Abs. 2 VwGO analog

Analog § 42 Abs. 2 VwGO ist der Antragsteller im Hinblick auf jeden belastenden Verwaltungsakt antragsbefugt, da als deren Adressat zumindest die Möglichkeit der Verletzung in Art. 2 Abs. 1 GG besteht. **502**

c) Rechtsschutzbedürfnis

aa) Erfordernis eines vorherigen Hauptsacherechtsbehelfs?

Die vorherige Einlegung eines Hauptsacherechtsbehelfs ist nach § 80 Abs. 5 S. 2 VwGO nicht erforderlich. **503**

> **Hinweis für Referendare**
>
> Sollte dieser Fall tatsächlich einmal auftreten, müssten Sie im gerichtlichen Beschluss tenorieren: „Die aufschiebende Wirkung der noch einzulegenden Anfechtungsklage gegen den Bescheid ... wird hinsichtlich Ziffer/Nr. ... wiederhergestellt und hinsichtlich Ziffer/Nr. ... angeordnet."

bb) Erfordernis eines erfolglosen Vorantrags an die Behörden?

Ein erfolgloser Vorantrag an die Behörden nach § 80 Abs. 4 VwGO ist nach § 80 Abs. 6 S. 1 VwGO nur in den Fällen des § 80 Abs. 2 Nr. 1 VwGO erforderlich. In sonstigen Fällen ist ein behördlicher Vorantrag damit nicht erforderlich. **504**

---

22 vgl. zur Geltung der §§ 17, 17a GVG die Ausführungen unter Rn. 444.

cc) Keine offensichtliche Erfolglosigkeit der Hauptsache

» Insoweit besteht also eine gewisse Verknüpfung mit der Hauptsacheklage in Abweichung von § 80 Abs. 5 S. 2 VwGO! «

505 Da der einstweilige Rechtsschutz der Wiederherstellung bzw. Anordnung der aufschiebenden Wirkung einer Anfechtungsklage dient, besteht für seine Geltendmachung nur dann ein Rechtsschutzbedürfnis, wenn diese Anfechtungsklage auch (noch) erhoben werden kann bzw. zulässig erhoben wurde. Insbesondere darf eine erhobene oder noch zu erhebende Anfechtungsklage noch nicht verfristet sein.

d) Beteiligten- und Handlungsfähigkeit und sonstige Zulässigkeitsvoraussetzungen

506 Die Beteiligten- und Handlungsfähigkeit beurteilt sich entsprechend §§ 61 f. VwGO.[23]

3. Begründetheit des Antrags

507 Der Antrag ist begründet, wenn er gegen den gemäß § 78 Abs. 1 Nr. 1 VwGO analog richtigen Antragsgegner gerichtet ist, die Anordnung des Sofortvollzugs formell rechtswidrig ist und/oder die Interessenabwägung des Gerichts ein überwiegendes Aussetzungsinteresse des Bauherrn ergibt.

a) Richtiger Antragsgegner analog § 78 Abs. 1 Nr. 1 VwGO

508 Richtiger Antragsgegner ist der Freistaat Bayern als Rechtsträger eines handelnden Landratsamts bzw. die Gemeinde als ihr eigener Rechtsträger, sofern eine solche gehandelt hat.

b) Formelle Rechtmäßigkeit der Sofortvollzugsanordnung

509 Die Sofortvollzugsanordnung ist formell rechtmäßig, wenn sie von der zuständigen Behörde erlassen wurde und die Anforderungen an Verfahren und Form eingehalten wurden.

aa) Zuständigkeit

510 Zuständig ist nach § 80 Abs. 2 Nr. 4 VwGO die Behörde, die den Verwaltungsakt erlassen hat, also die Bauaufsichtsbehörde.[24] Maßgeblich ist dabei stets die Behörde, die den Verwaltungsakt tatsächlich erlassen hat, unabhängig von der Tatsache, ob diese auch zur Entscheidung zuständig war.

bb) Verfahren

511 **Erfordernis der vorherigen Anhörung.** Eine Anhörung nach Art. 28 Abs. 1 BayVwVfG direkt vor Anordnung des Sofortvollzugs ist unstreitig nicht erforderlich, da die Anordnung keinen Verwaltungsakt i.S.d. Art. 28 Abs. 1 BayVwVfG darstellt, sondern lediglich einen Annex zu einem solchen. Überwiegend wird deshalb auch ein Anhörungserfordernis entsprechend Art. 28 Abs. 1 BayVwVfG abgelehnt. Sofern dieses teilweise bejaht wird, kann der Streit in der Regel dahinstehen, da in diesem Fall dann auch Art. 45 Abs. 1 Nr. 3 BayVwVfG entsprechend anwendbar sein müsste; Heilung würde danach im laufenden Verfahren des einstweiligen Rechtsschutzes eintreten.[25]

23 vgl. dazu die Ausführungen unter Rn. 493.

24 Die zweite Alternative der Widerspruchsbehörde hat in Bayern dagegen aufgrund des § 68 Abs. 1 S. 2 Hs. 1 VwGO i.V.m. Art. 15 Abs. 1, 2 AGVwGO keine Bedeutung mehr.

25 zu allem sehr ausführlich *W.-R. Schenke* in *Kopp/Schenke* Verwaltungsgerichtsordnung § 80 Rn. 82.

cc) Form

Nach § 80 Abs. 2 Nr. 4, Abs. 3 VwGO ist das besondere Interesse an der Anordnung des Sofort- 512
vollzugs durch die Bauaufsichtsbehörde schriftlich zu begründen, sofern kein Ausnahmefall nach § 80 Abs. 3 S. 2 VwGO vorliegt. Erforderlich ist dabei eine auf den Einzelfall abstellende Darlegung des besonderen öffentlichen Interesses, welche erkennen lässt, dass sich die Bauaufsichtsbehörde bewusst war, von der Grundregel der aufschiebenden Wirkung nach § 80 Abs. 1 VwGO abzuweichen. Diesen Anforderungen genügen insbesondere nicht formelhafte schematische Begründungen wie beispielsweise „Die Anordnung des Sofortvollzugs liegt im besonderen öffentlichen Interesse".

Die Baueinstellung kann nach § 80 Abs. 2 Nr. 4 VwGO für sofort vollziehbar erklärt werden; bei der besonderen schriftlichen Begründung des Vollzugsinteresses nach § 80 Abs. 3 VwGO ist ein abweichendes Regel-Ausnahme-Verhältnis[26] zu beachten. Die Baueinstellung wegen formeller Illegalität verhindert die Schaffung vollendeter Tatsachen, verfolgt also einen präventiven Zweck; daher ist der Sofortvollzug notwendig und deshalb dessen Anordnung die Regel. An die Begründung sind deshalb in der Folge geringere Anforderungen zu stellen wie im Normalfall.

Auch die Nutzungsuntersagung kann nach diesen Grundsätzen gemäß § 80 Abs. 2 Nr. 4 VwGO für sofort vollziehbar erklärt werden.

Dagegen stellt die Anordnung des Sofortvollzugs nach § 80 Abs. 2 Nr. 4 VwGO bei der Baubeseitigung den absoluten Ausnahmefall dar. Dies liegt daran, dass mit der Baubeseitigung regelmäßig ein irreversibler Eingriff in die Bausubtanz erfolgt; deshalb muss aus der Begründung eindeutig erkennbar sein, aus welchen Gründen ein Abwarten der Hauptsacheentscheidung nicht möglich ist (beispielsweise erhebliche Nachahmungswirkung oder erhebliche Gefahr für Leib und Leben). Die Rechtsprechung lässt eine Sofortvollzugsanordnung einer Baubeseitigung ausnahmsweise bei kleineren, leicht zu beseitigenden baulichen Anlagen zu.

Lediglich formelle Rechtswidrigkeit der Vollzugsanordnung. Sofern lediglich die formelle 513
Rechtswidrigkeit der Vollzugsanordnung gegeben ist, die nachfolgende Interessenabwägung aber zuungunsten des Antragstellers ausfällt, ist strittig, ob das Gericht in seinem Beschluss nur die Vollzugsanordnung aufhebt oder aber die Wiederherstellung der aufschiebenden Wirkung anordnet. Zwar entspricht es teilweise gerichtlicher Praxis, lediglich die Sofortvollzugsanordnung aufzuheben; dafür findet sich aber keinerlei Anhaltspunkt im Gesetz. Auch bei einer „bloß" formellen Rechtswidrigkeit der Vollzugsanordnung ist daher die Wiederherstellung der aufschiebenden Wirkung anzuordnen.[27]

Hinweis für Referendare

Sofern Sie im zweiten Staatsexamen einen Beschluss zu fertigen haben, müssen Sie dem Antrag schon alleine aufgrund der formellen Rechtswidrigkeit der Vollzugsanordnung stattgeben; die Interessenabwägung behandeln Sie in diesem Fall im Hilfsgutachten.

---

26 vgl. zu den Anforderungen im Grundsatz *W.-R. Schenke* in *Kopp/Schenke* Verwaltungsgerichtsordnung § 80 Rn. 85, wo klar wird, dass der Sofortvollzug grundsätzlich die Ausnahme ist und die Begründung ergeben muss, dass sich die Behörde dieser Ausnahmestellung bewusst ist.

27 so zutreffend *W.-R. Schenke* in *Kopp/Schenke* Verwaltungsgerichtsordnung § 80 Rn. 148.

c) Interessenabwägung des Gerichts

514 Letztlich trifft das Gericht eine eigene originäre Interessenabwägung zwischen dem Aussetzungsinteresse des Antragstellers und dem Vollzugsinteresse der Allgemeinheit. Dabei ist nach dem Rechtsgedanken des § 80 Abs. 4 S. 3 VwGO die Rechtmäßigkeit des angegriffenen Verwaltungsaktes zu berücksichtigen. Maßgebliches Indiz im Rahmen der Interessensabwägung sind daher die Erfolgsaussichten in der Hauptsache, welche das Gericht summarisch prüft.

In der Folge prüfen Sie nun die Erfolgsaussichten in der Hauptsache, also die Zulässigkeit und Begründetheit der Anfechtungsklage; hinsichtlich der Zulässigkeit der Anfechtungsklage und der Passivlegitimation können Sie auf die bisherigen Ausführungen verweisen.[28] Danach prüfen Sie die Rechtmäßigkeit der bauaufsichtlichen Maßnahme und die Rechtsverletzung des Klägers. Für den entscheidungsrelevanten Zeitpunkt gelten (natürlich) dieselben Grundsätze wie im Rahmen der Anfechtungsklage des Bauherrn gegen bauaufsichtliche Maßnahmen.

III. Erweiterte Hinweise zum Rechtsschutz gegen bauaufsichtliche Maßnahmen

515 Die soeben gemachten Ausführungen des Rechtsschutzes beziehen sich ausschließlich auf den Rechtsschutz gegen die eigentliche bauaufsichtliche Maßnahme, also gegen die Baueinstellung, Nutzungsuntersagung und die Baubeseitigung im Bescheid.

Ein Bescheid, mit dem eine bauaufsichtliche Maßnahme erlassen wird, enthält aber regelmäßig nicht nur den Verwaltungsakt der bauaufsichtlichen Maßnahme an sich, sondern mehrere Verwaltungsakte i.S.d. Art. 35 S. 1 BayVwVfG. Neben der bauaufsichtlichen Maßnahme selber stellt auch eine eventuelle Androhung des Zwangsgeldes einen Verwaltungsakt dar (vgl. Art. 31 Abs. 3 S. 2, Art. 23 Abs. 1 BayVwZVG) und eröffnet nach Art. 38 Abs. 1 BayVwZVG die Möglichkeit der Erhebung einer Anfechtungsklage. Beachten Sie dabei, dass nach Art. 21a BayVwZVG die aufschiebende Wirkung einer Klage gegen Maßnahmen der Zwangsvollstreckung entfällt. Auch eine Kostenentscheidung im Bescheid stellt einen Verwaltungsakt dar und kann nach Art. 12 Abs. 3 BayKG[29] zusammen mit dem Hauptverwaltungsakt (Regelfall) oder aber auch isoliert angefochten werden. Gegen die im Bescheid regelmäßig auch enthaltene Anordnung eines Sofortvollzuges ist dagegen ausschließlich der Antrag nach § 80 Abs. 5 VwGO einschlägig.

Sofern Ihnen in der Klausur ein solcher Bescheid mit mehreren Verwaltungsakten begegnet und der Kläger ohne weitere Äußerung eine Anfechtungsklage gegen den bauaufsichtlichen Bescheid erhebt, wendet er sich also gegen mehrere Verwaltungsakte gleichzeitig (denkbar sind dabei die Verwaltungsakte bauaufsichtliche Maßnahme, Zwangsgeldandrohung und die Kostenentscheidung). Dies bedeutet für Sie, dass Sie in der Klausur eine Anfechtungsklage mit mehreren Begehren prüfen. Die verschiedenen Verwaltungsakte stellen Sie bei der Statthaftigkeit der Klage dar, im Rahmen der Klagebefugnis beurteilen Sie die Rechtsverletzung für jeden Verwaltungsakt nach der Adressatenstellung. Auf der Ebene der Begründetheit klären Sie die Passivlegitimation und prüfen dann in der Folge zunächst die Rechtmäßigkeit der bauaufsichtlichen Maßnahme und eine Rechtsverletzung des Klägers insoweit, danach even-

28 vgl. dazu die Erläuterungen bei Rn. 499–508.

29 Bayerisches Kostengesetz (*Ziegler/Tremel* Nr. 380).

tuell die Rechtmäßigkeit der Zwangsgeldandrohung und die Rechtsverletzung des Klägers insoweit und letztlich die Rechtmäßigkeit der Kostenentscheidung und die Rechtsverletzung des Klägers insoweit.

516 Dieselben Grundsätze gelten auch, wenn einstweiliger Rechtschutz in Bezug auf den gesamten Bescheid begehrt wird, in dem mehrere Verwaltungsakte enthalten sind. Hinsichtlich der bauaufsichtlichen Maßnahme selbst ist der Antrag auf Wiederherstellung der aufschiebenden Wirkung nach § 80 Abs. 5 S. 1 Alt. 2 VwGO einschlägig, soweit die Bauaufsichtsbehörde insoweit den Sofortvollzug erklärt hat.[30] Hinsichtlich einer Zwangsgeldandrohung im Bescheid ist der Antrag auf Anordnung der aufschiebenden Wirkung der Klage nach § 80 Abs. 5 S. 1 Alt. 1 VwGO statthaft (vgl. Art. 21a S. 2 BayVwZVG).[31] Die Kostenentscheidung im Bescheid teilt nach allgemeiner Meinung hinsichtlich der Vollziehbarkeit das Schicksal der Hauptsacheentscheidung,[32] also der bauaufsichtlichen Maßnahme; insoweit muss also kein eigener Antrag auf einstweiligen Rechtsschutz gestellt werden und Sie können einfach klarstellen, dass dasselbe Ergebnis wie bei der bauaufsichtlichen Maßnahme maßgeblich ist. Insoweit prüfen Sie also eventuell wiederum mehrere Begehren in einem Antrag auf einstweiligen Rechtsschutz; das stellen sie bei der Statthaftigkeit und bei der Antragsbefugnis dar; im Rahmen der Begründetheit prüfen Sie die Interessensabwägung für jedes Begehren dann getrennt.

IV. Antrag eines Dritten auf bauaufsichtliches Einschreiten

517 Oben[33] wurde klargestellt, dass der Nachbar nur dann im Wege der Anfechtungsklage und des einstweiligen Rechtsschutzes nach § 80a VwGO gegen die Baugenehmigung vorgehen kann, wenn eine Baugenehmigung vorhanden ist und der Nachbar die Verletzung einer Rechtsnorm geltend macht, die vom Prüfungsprogramm der Bauaufsichtsbehörde nach Art. 59 f. BayBO erfasst ist (Reichweite der Feststellungswirkung der Baugenehmigung). In den anderen Fällen (keine Baugenehmigung, Geltendmachung der Verletzung einer Rechtsnorm außerhalb des Prüfungsprogramms nach Art. 59 f. BayBO) ist zunächst Art. 55 Abs. 2 BayBO zu beachten, wonach die Beschränkung des Prüfungsprogramms sowie die Verfahrensfreiheit von Bauvorhaben und das Genehmigungsfreistellungsverfahren die Möglichkeit des Erlasses von bauaufsichtlichen Maßnahmen unberührt lässt.

Wenn der Dritte in diesen Fällen das Bauvorhaben verhindern möchte, muss er sich an die Bauaufsichtsbehörde wenden, um diese zum Erlass von bauaufsichtlichen Maßnahmen zu bewegen. Dabei kann er dies zunächst formlos bei der Behörde anregen; regelmäßig wird er aber an der Erhebung von Rechtsbehelfen interessiert sein. Da es sich bei bauaufsichtlichen Maßnahmen um Verwaltungsakte i.S.d. Art. 35 S. 1 BayVwVfG handelt, könnte er eine **Verpflichtungsklage** nach § 42 Abs. 1 Alt. 2 VwGO erheben. Dies

30 Ursprünglich hätte eine Anfechtungsklage aufschiebende Wirkung entfaltet; nur aufgrund der behördlichen Anordnung des Sofortvollzugs nach § 80 Abs. 2 Nr. 4 VwGO entfällt diese; deshalb muss die Wiederherstellung derselben beantragt werden.

31 Der Zwangsgeldandrohung kam von Anfang an kraft Gesetzes nach § 80 Abs. 2 Nr. 3 VwGO i.V.m. Art. 21a BayVwZVG keine aufschiebende Wirkung zu; deshalb muss diese nun (erstmals) angeordnet werden.

32 *W.-R. Schenke* in *Kopp/Schenke* Verwaltungsgerichtsordnung § 80 Rn. 62: Unter den Begriff der Kosten i.S.d. § 80 Abs. 2 Nr. 1 VwGO, bei denen kraft Gesetzes die aufschiebende Wirkung entfällt, fällt lediglich der Fall einer isolierten Anfechtung der Kostenentscheidung nach Art. 12 Abs. 3 BayKG; sofern der gesamte Bescheid angegriffen wird, richtet sich die Vollziehbarkeit der Kostenentscheidung nach dem Schicksal der Hauptsacheentscheidung.

33 vgl. die Ausführungen unter Rn. 366, 428.

gilt jedenfalls in den Fällen, in denen die Behörde über das Gesuch auf bauaufsichtliches Einschreiten entschieden hat (Konstellation der **Versagungsgegenklage**, § 42 Abs. 1 Alt. 2 VwGO). Entscheidet die Behörde hingegen nicht über den Antrag auf bauaufsichtliches Einschreiten, ist eine Verpflichtungsklage in Gestalt der **Untätigkeitsklage** unter den in § 75 VwGO geregelten Voraussetzungen denkbar.

Klassisch in den Klausuren ist aber das Begehren nach einstweiligem Rechtsschutz, weil eine Verpflichtungsklage erheblichen Zeitverlust mit sich bringen würde.

Hinweis

In einer anwaltlichen Beratungsklausur oder in einem anwaltlichen Schriftsatz im zweiten Staatsexamen müssen Sie immer den Weg des einstweiligen Rechtsschutzes wählen, damit durch den Zeitverlust keine vollendeten Tatsachen geschaffen werden.

1. Antrag des Dritten im einstweiligen Rechtsschutz

PRÜFUNGSSCHEMA

518 **Antrag des Dritten auf Erlass einer einstweiligen Anordnung nach § 123 VwGO**

A. Entscheidungskompetenz des Gerichts
- I. Eröffnung des Verwaltungsrechtswegs entsprechend § 40 Abs. 1 S. 1 VwGO
- II. Örtliche und sachliche Zuständigkeit des Verwaltungsgerichts nach §§ 123 Abs. 2 S. 1, 45, 52 Nr. 1 VwGO i.V.m. Art. 1 Abs. 2 AGVwGO

B. Zulässigkeit des Antrags
- I. Statthaftigkeit
- II. Antragsbefugnis analog § 42 Abs. 2 VwGO
- III. Rechtsschutzbedürfnis
  1. Erfordernis eines Vorantrags an die Behörde
  2. Keine offensichtliche Erfolglosigkeit der Hauptsache
  3. Keine Vorwegnahme der Hauptsache
- IV. Beteiligten- und Handlungsfähigkeit und sonstige Zulässigkeitsvoraussetzungen

C. Begründetheit des Antrags
- I. Richtiger Antragsgegner, § 78 Abs. 1 Nr. 1 VwGO analog
- II. Glaubhaftmachung von Anordnungsanspruch und Anordnungsgrund
  - Ermessensreduktion auf Null, vgl. Rn. 532
  - Genehmigungsfreistellungsverfahren nach Art. 58 BayBO, vgl. Rn. 533

Der Antrag des Dritten auf Erlass einer einstweiligen Anordnung nach § 123 Abs. 1 VwGO hat Aussicht auf Erfolg, wenn das angerufene Gericht entscheidungskompetent ist und der Antrag zulässig und begründet ist.

a) Entscheidungskompetenz des Gerichts[34]

Der Verwaltungsrechtsweg muss entsprechend § 40 Abs. 1 S. 1 VwGO eröffnet sein. Die sachliche und örtliche Zuständigkeit des Verwaltungsgerichts ergibt sich aus §§ 123 Abs. 2 S. 1, 45, 52 Nr. 1 VwGO i.V.m. Art. 1 Abs. 2 AGVwGO. **519**

b) Zulässigkeit des Antrags

Der Antrag ist zulässig, wenn alle erforderlichen Sachentscheidungsvoraussetzungen gegeben sind. **520**

aa) Statthaftigkeit

Der statthafte Antrag ergibt sich nach §§ 122 Abs. 1, 88 VwGO aus dem Begehren des Antragstellers. Nach § 123 Abs. 5 VwGO sind §§ 80, 80a VwGO vorrangig. Hier begehrt der Dritte den Erlass von bauaufsichtlichen Maßnahmen durch die Bauaufsichtsbehörde; in der Hauptsache wird also nicht um die Anordnung oder Wiederherstellung der aufschiebenden Wirkung einer Anfechtungsklage gestritten. Damit sind die §§ 80, 80a VwGO nicht einschlägig, sondern § 123 VwGO. **521**

§ 123 Abs. 1 VwGO unterscheidet zwischen der Sicherungsanordnung in Satz 1[35] und der Regelungsanordnung in Satz 2.[36] Mit dem Begehren des Erlasses bauaufsichtlicher Maßnahmen strebt der Antragsteller eine Erweiterung seiner Rechtsposition an; einschlägig ist deshalb eine Regelungsanordnung nach § 123 Abs. 1 S. 2 VwGO.[37]

JURIQ-Klausurtipp

Oftmals wird in den Klausuren nur pauschal der Erlass einer einstweiligen Anordnung beantragt und der Antragsgegner beruft sich darauf, dass dieser Antrag nicht hinreichend konkret sei. Zwar erlässt das Gericht in seinem Beschluss immer eine konkrete Sicherungsmaßnahme, allerdings reicht eine pauschale Beantragung durch den Antragsteller aus, da das Gericht nach § 123 Abs. 3 VwGO i.V.m. § 938 ZPO einen Ermessensspielraum hinsichtlich der konkreten Anordnung hat.

bb) Antragsbefugnis analog § 42 Abs. 2 VwGO

Analog § 42 Abs. 2 VwGO muss der Antragsteller antragsbefugt sein. Dazu muss er das Bestehen eines Anordnungsanspruchs und Anordnungsgrunds geltend machen, welche jeweils entsprechend der Möglichkeitstheorie möglich sein müssen. **522**

Ein möglicher Anordnungsanspruch stellt der eventuelle Anspruch auf Erlass bauaufsichtlicher Maßnahmen nach Art. 75 f. BayBO dar, sofern der Antragsteller die mögliche Verletzung einer drittschützenden Norm durch das Vorhaben, gegen das er sich wendet, geltend machen kann.

34 Zur Geltung der §§ 17, 17a GVG auch im Verfahren des einstweiligen Rechtsschutzes vgl. Rn. 444.

35 Diese dient der Erhaltung des status quo im Sinne der Wahrung der Rechtspositionen.

36 Diese dient der Erlangung einer bisher noch nicht vorhandenen Rechtsstellung im Sinne der Erweiterung der Rechtspositionen.

37 *VG München* NVwZ 1997, 928.

» Hier gehen Sie entsprechend den obigen Grundsätzen bei der Drittanfechtungsklage vor und stellen eine möglicherweise verletzte drittschützende Norm dar! «

Ein Anordnungsgrund ist möglich, wenn der Antragsteller eine gewisse Dringlichkeit geltend macht; dabei ist es regelmäßig ausreichend, dass er vorträgt, der Baubeginn stehe unmittelbar bevor.

Zu beachten gilt es, dass es im Rahmen der Zulässigkeit des Antrags genügt, Anordnungsanspruch und -grund geltend zu machen. Ob Anordnungsanspruch und Anordnungsgrund tatsächlich bestehen, d.h. glaubhaft gemacht sind, ist hingegen eine Frage der Begründetheit.

cc) Rechtsschutzbedürfnis

(1) Erfordernis eines Vorantrags an die Behörde

523 Ein zuvor erfolgter Vorantrag an die Behörde – im Sinne der bereits erwähnten Anregung zum Erlass von bauaufsichtlichen Maßnahmen – ist nach allgemeiner Meinung grundsätzlich erforderlich. Dies ist sachgerecht, da mit dem Antrag nach § 123 Abs. 1 VwGO die Behörde zu einer Handlung verpflichtet werden soll; insoweit muss ihr aber zunächst die Möglichkeit gegeben werden, entsprechend zu handeln, bevor sie gerichtlich verpflichtet wird.[38] Davon wird dann eine Ausnahme gemacht, wenn die Sache sehr eilig ist und die Wahrscheinlichkeit sehr gering ist, dass der Antrag bei der Behörde von dieser noch rechtzeitig positiv erledigt wird;[39] maßgeblich ist insoweit also, wie unmittelbar der Baubeginn bevorsteht.

Hinweis

Eine vorherige oder gleichzeitige Klageerhebung ist dagegen nach dem Wortlaut des § 123 Abs. 1 S. 1 VwGO nicht erforderlich!

(2) Keine offensichtliche Erfolglosigkeit der Hauptsache

524 Der Erlass einer einstweiligen Anordnung dient der vorläufigen Regelung bis zum Erlass einer Entscheidung in der Hauptsache, ist insoweit also auch in gewisser Weise von der Hauptsache abhängig. Soweit diese offensichtlich erfolglos ist, macht auch der Erlass einer einstweiligen Anordnung keinen Sinn. Insbesondere darf diese nicht bereits verfristet sein, weshalb an dieser Stelle inzident die Wahrung bzw. noch mögliche Wahrung der Klagefrist zu prüfen ist.

(3) Keine Vorwegnahme der Hauptsache

» Insoweit vergleichen Sie die Rechtsschutzziele von einstweiliger Anordnung und Hauptsacheklage; diese dürfen nicht vollständig identisch sein! «

525 Die einstweilige Anordnung nach § 123 VwGO soll nur bis zum Erlass einer Entscheidung in der Hauptsache Wirkung entfalten. Insofern darf der Antragsteller durch sie nicht so gestellt werden, wie er durch die Hauptsacheklage gestellt werden möchte; zu seinen Gunsten dürfen nur vorläufige Sicherungsmaßnahmen erlassen werden (grundsätzliches Verbot der Vorwegnahme der Hauptsache).[40]

Ausnahmsweise kann eine Vorwegnahme der Hauptsache aber zulässig sein, wenn ein hoher Grad an Wahrscheinlichkeit für einen Erfolg auch in der Hauptsache spricht und dem Antragsteller ansonsten irreversible, also im Rahmen des Hauptsacheverfahrens nicht mehr rück-

38 *W.-R. Schenke* in *Kopp/Schenke* Verwaltungsgerichtsordnung § 123 Rn. 22.
39 *W.-R. Schenke* in *Kopp/Schenke* Verwaltungsgerichtsordnung § 123 Rn. 22.
40 *W.-R. Schenke* in *Kopp/Schenke* Verwaltungsgerichtsordnung § 123 Rn. 13.

gängig machbare, Nachteile drohen. Bei diesen Grundsätzen handelt es sich aber um eine Frage der Begründetheit, so dass erst auf dieser Ebene geklärt werden kann, ob eine beantragte Vorwegnahme der Hauptsache ausnahmsweise zulässig ist.

dd) Beteiligten- und Handlungsfähigkeit

Beteiligten- und Handlungsfähigkeit beurteilen sich nach §§ 61 f. VwGO entsprechend. **526**

c) Begründetheit des Antrags

Der Antrag ist begründet, wenn er gegen den gemäß § 78 Abs. 1 Nr. 1 VwGO analog richtigen Antragsgegner gerichtet ist und der Antragsteller einen Anordnungsanspruch und einen Anordnungsgrund nach § 123 Abs. 3 VwGO i.V.m. §§ 920 Abs. 2, 294 ZPO glaubhaft machen kann. **527**

aa) Richtiger Antragsgegner, § 78 Abs. 1 Nr. 1 VwGO analog

Richtiger Antragsgegner analog § 78 Abs. 1 Nr. 1 VwGO ist der Freistaat Bayern (Landratsamt als zuständige Bauaufsichtsbehörde) oder eine Gemeinde (sofern diese zuständige Bauaufsichtsbehörde ist). **528**

bb) Glaubhaftmachung von Anordnungsanspruch und Anordnungsgrund

Nach § 123 Abs. 3 VwGO i.V.m. §§ 920 Abs. 2, 294 ZPO hat der Antragsteller einen Anordnungsanspruch und einen Anordnungsgrund glaubhaft zu machen. **529**

(1) Glaubhaftmachung

Bei der Glaubhaftmachung handelt es sich um ein spezielles Beweisverfahren mit speziellen Beweismitteln nach § 294 ZPO. So ist die Beweisführung auf präsente Beweismittel beschränkt, dafür stellt aber auch die eidesstattliche Versicherung des Antragstellers selber ein taugliches Beweismittel dar. Im Rahmen der Glaubhaftmachung genügt zudem ein geringerer Überzeugungsmaßstab des Richters; ausreichend ist, dass dieser das Bestehen des geltend gemachten Anspruchs für überwiegend wahrscheinlich hält. **530**

> **JURIQ-Klausurtipp**
>
> Die Erfahrung zeigt, dass diese allgemeinen Ausführungen im ersten Staatsexamen sehr positiv beim Korrektor ankommen; im zweiten Staatsexamen dürfen Sie dagegen darüber kein Wort verlieren, weil es als bekannt vorausgesetzt wird!

(2) Glaubhaftmachung von Anordnungsanspruch

Die Glaubhaftmachung des Anordnungsanspruchs setzt zunächst voraus, dass auf der Grundlage präsenter Beweismittel i.S.d. § 294 ZPO das Bestehen eines Anspruchs auf bauaufsichtliches Einschreiten geltend gemacht werden kann. **531**

Dazu muss zunächst der Tatbestand der jeweiligen Befugnisnorm nach Art. 75 f. BayBO erfüllt sein. Sofern dies der Fall ist, steht der Erlass einer bauaufsichtlichen Maßnahme als Rechtsfolge aber grundsätzlich im Ermessen der Bauaufsichtsbehörde.

Hinweis

Der entscheidungsrelevante Zeitpunkt ist hier derjenige der letzten mündlichen Verhandlung. Eine Behördenentscheidung, auf die man abstellen könnte, ist regelmäßig auch (noch) gar nicht vorhanden. Dasselbe gilt bei der nachfolgenden Verpflichtungsklage des Dritten (dazu sogleich mehr).

532 **Ermessensreduktion auf Null.** Ein Anspruch auf Einschreiten besteht somit nur im Falle einer Ermessensreduktion auf Null. Eine solche kann aber nur dann angenommen werden, wenn

- eine drittschützende Norm durch das Vorhaben verletzt ist und
- eine besonders hohe Intensität der Störung vorliegt oder eine Gefährdung eines wesentlichen Rechtsguts (wie Leib und Leben) droht.[41]

Hinweis

Insoweit bestehen sehr hohe Anforderungen, die mit einem Verweis auf die gesetzgeberische Entscheidung hinsichtlich der Beschränkung des Prüfungsprogrammes nach Art. 59 f. BayBO gerechtfertigt werden. Ein Anspruch auf Einschreiten ist deshalb insoweit die absolute Ausnahme.[42]

533 **Genehmigungsfreistellungsverfahren nach Art. 58 BayBO.** An diesen Grundsätzen hält die Rechtsprechung dagegen in den Fällen des Genehmigungsfreistellungsverfahrens nach Art. 58 BayBO nicht fest.[43] Insoweit wendet sie die Grundsätze des §§ 80, 80a VwGO an; das bedeutet, dass die Verletzung des Antragstellers in einer drittschützenden Norm (entsprechend den Punkten Rechtmäßigkeit und Rechtsverletzung) bereits ausreicht, um einen Anspruch auf bauaufsichtliches Einschreiten zu begründen. Dies gilt aber nur im Rahmen des Genehmigungsfreistellungsverfahrens nach Art. 58 BayBO; die Rechtsprechung argumentiert überzeugend, dass mit der Einführung des Genehmigungsfreistellungsverfahrens der Nachbar nicht schlechter gestellt werden sollte als vor dessen Einführung; denn ohne das Genehmigungsfreistellungsverfahren hätte eine Baugenehmigung zu ergehen, die der Nachbar nach §§ 80, 80a VwGO angreifen könnte, wobei in diesem Rahmen jede tatsächliche Verletzung in einer drittschützenden Norm ausreichen würde.[44]

(3) Glaubhaftmachung von Anordnungsgrund

534 Letztlich muss ein Anordnungsgrund im Sinne einer besonderen Eilbedürftigkeit glaubhaft gemacht werden. Zudem darf die gegebene Eilbedürftigkeit nicht selbst vom Antragsteller verschuldet sein, da ansonsten ein widersprüchliches Verhalten vorliegen würde.

41 *BayVGH* NVwZ 1997, 923; *R.P. Schenke* in *Kopp/Schenke* Verwaltungsgerichtsordnung § 42 Rn. 102a (versteckt in der Fn. 243).

42 vgl. *Becker/Heckmann/Kempen/Manssen* Öffentliches Recht in Bayern Rn. 588, 607ff.

43 *VG München* NVwZ 1997, 928; *BayVGH* NVwZ 1997, 923.

44 *R.P. Schenke* in *Kopp/Schenke* Verwaltungsgerichtsordnung § 42 Rn. 102a.

Hinweis

An dieser Stelle könnte nun entschieden werden, ob eine grundsätzlich unzulässige oder ausnahmsweise zulässige Vorwegnahme der Hauptsache vorliegt. Zudem soll noch darauf hingewiesen werden, dass dem Gericht hinsichtlich des Erlasses („Ob") der einstweiligen Anordnung kein Ermessen zusteht, sofern die dargestellten Voraussetzungen gegeben sind. Hinsichtlich deren konkreten Inhalts („Wie") steht dem Gericht dagegen nach § 123 Abs. 3 VwGO i.V.m. § 938 ZPO volles Ermessen zu; es kann beispielsweise auch eine andere geeignete Regelung als die beantragte erlassen.[45]

2. Verpflichtungsklage des Dritten auf bauaufsichtliches Einschreiten

Neben dem Antrag auf Erlass einer einstweiligen Anordnung hat der Dritte auch eine Verpflichtungsklage auf bauaufsichtliches Einschreiten einzureichen, da die einstweilige Anordnung ja nur eine vorläufige Regelung bis zum Ergehen der Entscheidung in der Hauptsache darstellt. **535**

Verpflichtungsklage des Dritten auf bauaufsichtliches Einschreiten

PRÜFUNGSSCHEMA

A. Entscheidungskompetenz des Gerichts
- I. Eröffnung des Verwaltungsrechtswegs nach § 40 Abs. 1 S. 1 VwGO
- II. Sachliche und örtliche Zuständigkeit des Verwaltungsgerichts nach §§ 45, 52 Nr. 1 VwGO i.V.m. Art. 1 Abs. 2 AGVwGO

B. Zulässigkeit der Klage
- I. Statthaftigkeit nach § 42 Abs. 1 Alt. 2 VwGO, weil bauaufsichtliche Maßnahme und damit Verwaltungsakt i.S.d. Art. 35 S. 1 BayVwVfG begehrt wird
- II. Klagebefugnis nach § 42 Abs. 2 VwGO, möglicher Anspruch auf Erlass bauaufsichtlicher Maßnahmen nach den Art. 75 f. BayBO
- III. Vorverfahren entbehrlich nach § 68 Abs. 1 S. 2 Hs. 1 VwGO i.V.m. Art. 15 Abs. 1, 2 AGVwGO
- IV. Klagefrist, § 74 Abs. 2, Abs. 1 S. 2 VwGO
- V. Partei- und Prozessfähigkeit nach §§ 61 f. VwGO
- VI. Rechtsschutzbedürfnis (vorherige Anregung bei der Behörde)
- VII. Sonstige Zulässigkeitsvoraussetzungen

C. Begründetheit der Klage
- I. Passivlegitimation, § 78 Abs. 1 Nr. 1 VwGO
- II. Bestehen eines Anspruchs auf Erlass bauaufsichtlicher Maßnahmen
  1. Tatbestand der jeweiligen Befugnisnorm
  2. Rechtsfolge grundsätzlich Ermessen, außer Ermessensreduktion auf Null nach obigen Grundsätzen (im Bereich des Genehmigungsfreistellungsverfahrens nach Art. 58 BayBO genügt dagegen wiederum jede Verletzung einer drittschützenden Norm)

45 dazu *W.-R. Schenke* in *Kopp/Schenke* Verwaltungsgerichtsordnung § 123 Rn. 28.

Online-Wissens-Check

Besteht eine Pflicht der Behörde, den Betroffenen vor der Anordnung des Sofortvollzugs anzuhören?

Überprüfen Sie jetzt online Ihr Wissen zu den in diesem Abschnitt erarbeiteten Themen. Unter **www.juracademy.de/skripte/login** steht Ihnen ein Online-Wissens-Check speziell zu diesem Skript zur Verfügung, den Sie kostenlos nutzen können. Den Zugangscode hierzu finden Sie auf der Codeseite.

Sachverzeichnis

Die Zahlen verweisen auf die Randnummern.